WILLIAM JAMES

RUTH ANNA PUTNAM (Org.)

WILLIAM JAMES

DIRETOR EDITORIAL:
Marcelo C. Araújo

EDITORES:
Avelino Grassi
Márcio Fabri dos Anjos

TRADUÇÃO:
André Oídes

COORDENAÇÃO EDITORIAL:
Ana Lúcia de Castro Leite

REVISÃO:
Bruna Marzullo
Leila Cristina Dinis Fernandes

DIAGRAMAÇÃO:
Juliano de Sousa Cervelin

CAPA:
Vinicio Frezza / Informat
Detalhe da obra de Thomas Eakins,
"The Clinic of Dr. Gross", the Philadelphia
Museum of Art, 1875.

Coleção Companions & Companions

Título original: The Cambridge Companion to William James
© Cambridge University Press
The Edinburgh Building, Cambridge, CB2 2RU, UK
ISBN 0-521-45906-0

Todos os direitos em língua portuguesa, para o Brasil, reservados à Editora Idéias & Letras, 2010.

Editora Idéias & Letras
Rua Pe. Claro Monteiro, 342 – Centro
12570-000 Aparecida-SP
Tel. (12) 3104-2000 – Fax (12) 3104-2036
Televendas: 0800 16 00 04
vendas@ideiaseletras.com.br
www.ideiaseletras.com.br

Dados Internacionais de Catalogação na Publicação (CIP)
(Câmara Brasileira do Livro, SP, Brasil)

William James / Ruth Anna Putnam (org.); [tradução André Oides]. – Aparecida, SP: Idéias & Letras, 2010. – (Companions & Companions)

Título original: The Cambridge companion to William James
ISBN 978-85-7698-065-0

1. Filósofos - Estados Unidos 2. James, William, 1842-1910 - Crítica e interpretação 3. Pragmatismo I. Putnam, Ruth Anna. II. Série.

10-02634   CDD-191

Índices para catálogo sistemático:
1. Filósofos norte-americanos 191

Sumário

Colaboradores – 7
Método de citação – 11

Introdução – 13
    Ruth Ana Putnam

1. Pragmatismo e psicologia introspectiva – 25
    Gerald E. Myers

2. A consciência vista por um pragmatista – 43
    Owen Flanagan

3. A naturalização de William James por John Dewey – 71
    Richard M. Gale

4. James, Clifford e a consciência científica – 95
    David A. Hollinger

5. Fé religiosa, responsabilidade intelectual e romance – 113
    Richard Rorty

6. A surpreendente intimidade do mundo material: os últimos pensamentos de William James – 135
    Bruce Wilshire

7. James, atinência e os críticos britânicos –161
    T. L. S. Sprigge

8. Princípios lógicos e atitudes filosóficas: A resposta de Peirce ao pragmatismo de James – 187
    Christopher Hookway

9. A teoria da verdade de James – 211
    HILARY PUTNAM

10. A disputa entre James e Royce e o desenvolvimento da "solução" de James – 235
    JAMES CONANT

11. William James acerca da experiência religiosa – 269
    RICHARD R. NIEBUHR

12. Interpretando o universo segundo uma analogia social: Intimidade, panpsiquismo e um deus finito em um universo pluralista – 297
    DAVID C. LAMBERTH

13. A filosofia moral e o desenvolvimento da moralidade – 325
    GRAHAM H. BIRD

14. Alguns dos ideais da vida – 353
    RUTH ANNA PUTNAM

15. "Um abrigo da mente": Henry, William e a cena doméstica – 375
    JESSICA R. FELDMAN

16. A influência de William James na cultura americana – 401
    ROSS POSNOCK

17. Pragmatismo, política e o corredor – 427
    HARVEY J. CORMIER

18. James e a tradição kantiana – 451
    THOMAS CARLSON

Bibliografia – 477
Índice – 495

Colaboradores

GRAHAM H. BIRD é Professor de Filosofia Sir Samuel Hall na Universidade de Manchester, Reino Unido, e ocupou postos nas Universidades de Oxford, Aberdeen, St. Andrews e Stirling. Ele é o autor de *Kant's Theory of Knowledge* (1962), *Philosophical Tasks* (1972) e *William James* (1986).

THOMAS CARLSON reside nos arredores de Vinton, Iowa. Ele ensinou em Harvard, Howard, na Universidade da Virgínia e em Macalester. Atualmente, é afiliado ao Projeto sobre Retórica da Investigação na Universidade de Iowa.

JAMES CONANT é Professor Assistente de Filosofia na Universidade de Pittsburgh. É autor de artigos sobre Kant, Frege, Kierkegaard, Nietzsche e Wittgenstein.

HARVEY J. CORMIER ensina filosofia na Universidade do Texas, em Austin. Atualmente está completando um livro sobre teorias pragmáticas de verdade e suas implicações políticas.

JESSICA R. FELDMAN é Professora Assistente de Inglês na Universidade da Virgínia. Ela é autora de *Gender on the Divide: The Dandy in Modernist Literature* (1993) e está completando um estudo sobre o esteticismo na Inglaterra e na América do século XIX.

OWEN FLANAGAN é Professor de Filosofia, Psicologia Experimental e Neurobiologia, e Professor Adjunto do programa de pós-graduação em Literatura da Universidade Duke. Seus interesses dizem respeito à filosofia da mente e à ética. Ele é o autor de *Varieties of Moral Personality: Ethics and Psychological Realism* (1991), *Consciousness Reconsidered* (1992) e *Self-Expressions: Mind, Morals, and the Meaning of Life* (1996).

RICHARD M. GALE é Professor de Filosofia na Universidade de Pittsburgh. Ele é o autor de *The Language of Time* e *On the Nature and Existence of God*.

DAVID A. HOLLINGER é Professor de História na Universidade da Califórnia, em Berkeley. Ele é o autor de *Morris R. Cohen and the Scientific Ideal* (1975), *In the American Province* (1985) e *Postethnic America* (1995).

CHRISTOPHER HOOKWAY é Professor de Filosofia na Universidade de Sheffield. Ele é o autor de *Peirce* (1985), *Quine: Language, Experience and Reality* (1988) e *Scepticism* (1990).

DAVID C. LAMBERTH é Professor Assistente de Religião na Universidade do Estado da Flórida, em Tallahassee. Ele é o autor de *Metaphysics, Experience and Religion in William James's Thought*, futuro título da coleção *Cambridge Studies in Religion and Critical Thought*, da Cambridge University Press.

GERALD E. MYERS é Professor Emérito na City University of New York. Ele é o autor de *William James: His Life and Thought* e de numerosos ensaios sobre James; ele é coeditor de *Echoes from the Holocaust*. Atualmente, é filósofo-residente e diretor de humanidades do *American Dance Festival* na Carolina do Norte e na cidade de Nova York.

RICHARD R. NIEBUHR é Professor Hollis de Teologia na Universidade de Harvard. Possui diplomas de Harvard, do Union Theological Seminary e das Universidades de Nova York e Yale, publicou textos sobre a teologia e filosofia de Schleiermacher, entre outros temas, e ministrou conferências em universidades da Inglaterra, do Japão e Estados Unidos.

ROSS POSNOCK é Professor Andrew Hilen de Literatura Americana na Universidade de Washington. Sua obra mais recente é *The Trial of Curiosity: Henry James, William James and the Chalenge of Modernity* (1991), e ele está atualmente escrevendo um livro sobre intelectuais negros e a política do pragmatismo.

HILARY PUTNAM é Professor da Universidade de Cogan, na Universidade de Harvard. Seus livros incluem *Reason, Truth and History, Realism with a Human Face, Renewing Philosophy, Words and Life* e *Pragmatism*.

RUTH ANNA PUTNAM é Professora de Filosofia no Wellesley College. Ela é autora de artigos sobre William James, John Dewey e teoria ética. Está atualmente trabalhando com Hilary Putnam em um livro sobre William James.

RICHARD RORTY é Professor Universitário de Humanidades na Universidade da Virgínia. Seus livros incluem *Philosophy and the Mirror of Nature* e *Contingency, Irony and Solidarity*.

T. L. S. SPRIGGE foi Professor de Lógica e Metafísica na Universidade de Edimburgo, e agora ensina na mesma universidade em meio período. Seus livros incluem *Santayana: An Examination of His Philosophy* (1974), *The Vindication of Absolute Idealism* (1983), *The Rational Foundations of Ethics* (1987) e *James and Bradley: American Truth and British Reality* (1993). Está atualmente trabalhando em um livro sobre a fenomenologia do pensamento.

BRUCE WILSHIRE é Professor de Filosofia na Universidade Rutgers. Ele é o autor de *William James and Phenomenology: A Study of "The Principles of Psychology", Role Playing and Identity: The Limits of Theater as Metaphor* e *Wild Hunger: Nature's Excitements and Their Addictive Distortions*. Ele é o editor de *William James: The Essential Writings*.

Método de citação

As obras completas de William James foram agora publicadas em uma edição acadêmica pela Harvard University Press. As referências aos volumes dessa edição são feitas da seguinte maneira:

ECR	*Essays, Comments and Reviews* [Ensaios, comentários e resenhas]
EPh	*Essays in Philosophy* [Ensaios em filosofia]
EPs	*Essays in Psychology* [Ensaios em psicologia]
EPR	*Essays in Psychical Research* [Ensaios em pesquisa parapsicológica]
ERE	*Essays in Radical Empiricism* [Ensaios em empirismo radical]
ERM	*Essays in Religion and Morality* [Ensaios em religião e moralidade]
MEN	*Manuscripts, Essays and Notes* [Manuscritos, ensaios e notas]
ML	*Manuscripst Lectures* [Conferências manuscritas]
MT	*The Meaning of Truth* [O significado de verdade]
P	*Pragmatism* [Pragmatismo]
PB	*Psychology: The Briefer Course* [Psicologia: curso breve]
PP	*Principles of Psychology* (seguida de número do volume) [Princípios da psicologia]
PU	*A Pluralistic Universe* [Um universo pluralista]
SPP	*Some Problems of Philosophy* [Alguns problemas de filosofia]
TT	*Talks to Teachers on Psychology* [Palestras sobre psicologia para professores]

VRE	*Varieties of Religious Experience* [Variedades de experiência religiosa]
WB	*The Will to Believe* [A vontade de crer]

Com exceção de *ECR*, *EPh*, *EPs*, *ERM*, *MEN* e *ML*, as edições originais desses livros foram repetidamente reimpressas mantendo as mesmas paginações. Na edição de Harvard dessas obras, os volumes correspondentes fornecem uma chave correlacionando a paginação. No presente volume, as referências feitas a essas edições originais, em vez de às da edição de Harvard, utilizam as mesmas abreviaturas seguidas de asterisco (*).

As referências às cartas de William James são feitas da seguinte maneira:

Corresp.	*The Correspondence of William James* (seguida de número do volume)
Letters	*Correspondence: The Letters of William James* (seguida de número do volume)
Sel. Letters	*Selected Letters of William James*

Cartas adicionais podem ser encontradas em Perry (1935) e na James Family Collection na Biblioteca Houghton, Universidade de Harvard, citada neste volume como Houghton.

Introdução

Ruth Anna Putnam

Jacques Barzun deu a seu livro sobre William James o título de "Um Passeio com William James" [*A Stroll with William James*] e explicou esse título da seguinte maneira. Dizendo ter já lido filosofia de modo amplo e variado, Barzun perguntava: "Qual é, então, a diferença quando volto a ler William James?", e respondia que

> suas ideias, suas palavras, seu temperamento se dirigem a mim com intimidade e também com força... "ele me faz bem." ... Ele é para mim a mente mais inclusiva a que posso ouvir, a mais concreta e a menos perturbada por ninharias... ele me ajuda a entender o que seus contemporâneos e os meus estavam e estão fazendo. Eu passeio com ele muitas vezes, porque ele conhece melhor do que ninguém a região material e espiritual através da qual estou viajando (Barzun, 1983, p. 4).

Os colaboradores deste volume se revelarão, creio eu, companheiros estimulantes, informativos e esclarecedores para os leitores que empreenderem seu próprio passeio com James.

James tinha 36 anos quando, em 1878, publicou seus primeiros escritos filosóficos, bem como seus primeiros escritos psicológicos. Em um ponto anterior de sua vida, ele havia estudado pintura, havia acompanhado Louis Aggassiz em uma expedição de pesquisa ao Brasil e havia obtido um diploma de medicina em Harvard em 1869. Em 1872, após se recuperar de problemas de saúde e depressão, ele começou a ensinar em Harvard, onde permaneceria até sua aposentadoria em 1907. James começou sua carreira acadêmica ensinando fisiologia e anatomia; ministrou seu primeiro curso de psicologia em 1875 e seu primeiro curso de filosofia em 1879. Durante o período da vida de James, a psicologia e a filosofia, enquanto disciplinas, tornaram-se independentes uma da outra, e James contribuiu decisivamente para essa separação. Em um notável parágrafo do prefácio a seu monumental *Principles of Psychology* ["Princípios da psicologia"] (1890), ele escreveu:

> Mantive-me próximo ao ponto de vista da ciência natural ao longo do livro. Toda ciência natural aceita certos dados acriticamente... A Psicologia, ciência das mentes individuais finitas, assume como seus dados (1) *pensamentos e sentimentos* e (2) um *mundo físico* no tempo e no espaço, com o qual eles [os pensamentos e sentimentos] coexistem e o qual (3) eles *conhecem*. É claro que esses dados por si próprios são discutíveis; mas sua discussão (assim como a de outros elementos) é chamada metafísica e extrapola o escopo deste livro. Este livro, assumindo que pensamentos e sentimentos existem e são veículos de conhecimento, por esse motivo sustenta que a psicologia, quando houver determinado a correlação empírica dos vários tipos de pensamento ou sentimento com as condições definidas do cérebro, não pode ir mais adiante – isto é, não pode ir mais adiante como ciência natural. Se vai adiante, ela se torna metafísica. Todas as tentativas de *explicar* como produtos de entidades mais profundas nossos pensamentos fenomenicamente dados... são metafísicas. Este livro, consequentemente, rejeita tanto a teoria associacionista quanto a espiritualista; e o único traço dele pelo qual me sinto tentado a reivindicar originalidade consiste nesse ponto de vista estritamente positivista (*PP*, 1:6).

Não obstante, encontramos a filosofia ao longo dos *Principles*, e eu suspeito que isso, bem como o estilo magistral de James, explica o duradouro apelo dessa obra, um apelo que extrapola o fato de esta ser, na frase de Gerald Myers, "a fonte clássica – e a mais interessante – para se entender a psicologia fisiológica do século XIX" (Myers, 1986a, p. 54).

No presente volume, Myers (Capítulo 1) examina de modo favorável, mas crítico, o método introspectivo na psicologia conforme utilizado por James e por seu contemporâneo Titchner. Owen Flanagan (Capítulo 2) rejeita sua própria leitura "naturalista" anterior da teoria da consciência de James (Flanagan, 1984, capítulo 2). Ele examina com grande cuidado a procura de James, no período de 1884 a 1904, por uma alternativa ao dualismo de substâncias. Finalmente, Richard Gale (Capítulo 3) rejeita convincentemente a "naturalização" da ontologia de James por parte de

John Dewey, e desse modo questiona se James podia sustentar ou sustentou de fato o "monismo" de seu empirismo radical.

Os psicólogos assumem, juntamente com o senso comum, a existência (distinta) de eventos ou estados mentais e físicos e investigam, entre outras coisas, as interações entre a mente e o corpo ou, como James havia cautelosamente colocado, a correlação empírica entre a mente e o cérebro. Mas, continuava ele no prefácio aos *Principles*, "os homens devem continuar pensando; e os dados assumidos pelas psicologia, da mesma forma que aqueles assumidos pela física e pelas outras ciências naturais, devem algum dia ser revisados". Penso ser correto dizer que James dedicou o resto de sua vida à tentativa de formular uma metafísica e uma epistemologia satisfatórias. Pois ele rejeitava "tanto a teoria associacionista quanto a espiritualista" não apenas porque elas constituíam intrusões injustificadas na ciência da psicologia, mas porque, como doutrinas metafísicas, ele achava-as profundamente insatisfatórias. Finalmente, especialmente após o completamento dos *Principles of Psychology*, o dualismo interacionista que a psicologia aceita como pressuposto lhe parecia sempre prestes a se tornar um materialismo redutivo, e James achava profundamente repulsiva a ideia de um universo composto, em última instância, unicamente de matéria sujeita a leis deterministas. Sempre propenso à depressão, ele havia, enquanto jovem, alcançado as profundezas do desespero, quando os escritos do filósofo francês Renouvier persuadiram-no de que ele tinha o direito intelectual de crer no livre-arbítrio. Ele decidiu – naquilo que ele descreveu como seu primeiro ato de livre-arbítrio – acreditar no livre-arbítrio.

Dadas a profundidade e a integridade intelectual de James, essa decisão precoce, apesar de nunca revogada, foi simplesmente um outro convite à busca por uma posição metafísica abrangente. Mas a natureza dos "argumentos" a favor das hipóteses metafísicas forçou James a indagar também pelas condições de adequação ou aceitabilidade dessas posições. Episódios iniciais deste último questionamento podem ser encontrados no ensaio "The Sentiment of Rationality" ["O sentimento de racionalidade"], de 1879, em que ele busca um critério por meio do qual determinar a adequação de uma filosofia; em "The Dilemma of Determinism" ["O dilema do determinismo"], em que apresenta considerações tanto metafísicas quanto morais a favor da crença no livre-arbítrio; e no famoso (ou infame) e muito mal compreendido "The Will to Believe" ["A vontade de crer"], em que ele defende o direito de crer sem evidências, nos casos, e somente nestes casos, em que (a) há muita coisa em jogo, (b) a evidência disponível não resolve o caso, e (c) a pessoa não pode esperar por mais evidências, seja porque nenhuma quantidade de evidências é capaz de resolver o caso, seja porque o ato de esperar é o mesmo que decidir não acreditar. David Hollinger (Capítulo 4) oferece uma cuidadosa leitura não apenas do ensaio de James, mas também do ensaio de Clifford, ao qual James estava respondendo. Ele situa o "The Will to Believe" no contexto mais amplo do esforço vitalício de James para reconciliar ciência e religião, um esforço que obteve sucesso, de acordo com Hollinger, apenas nas conferências sobre Pragmatismo ministradas no inverno de 1906-1907. Richard Rorty (Capítulo 5) oferece uma leitura radicalmente diferente de "The Will to Believe" e uma perspetiva diferente sobre a questão mais ampla da crença religiosa, em uma era de ciência. James Conant (Capítulo 10) aplica a doutrina de "The Will to Believe" ao próprio pragmatismo. Há mais coisas a serem ditas sobre a crença religiosa e sobre os critérios de razoabilidade das doutrinas metafísicas. Isso e mais será encontrado nos ensaios de Richard Niebuhr (Capítulo 11) e David Lamberth (Capítulo 12).

Por ora, nosso passeio nos conduz aos aspectos técnicos da filosofia de James: seu pragmatismo e seu empirismo radical. Devo começar por este último, pois como apontou John J. McDermott em sua introdução à edição de Harvard dos *Essays in Radical Empiricism* ["Ensaios em empirismo radical"], "os escritos de James acerca da 'vontade de crer', de *The Varieties of Religious Experience* ["As variedades de experiência religiosa"], *Pragmatism* ["Pragmatismo"], *A Pluralistic Universe* ["Um universo pluralista"] e da 'pesquisa parapsicológica' são sem fundamentos e sujeitos à incompreensão, a menos que sejam examinados à luz das considerações e afirmações do empirismo radical" (*ERE*, xii).

Já em 1897, no prefácio a *The Will to Believe*, James referia-se a sua própria visão como um empirismo radical, mas não apresentava ainda os elementos-chave da visão, desenvolvida em uma série de ensaios publicados durante 1904 e 1905 e reunidos por Ralph Barton Perry no volume publicado postumamente como *Essays in Radical Empiricism*. Em 1904, James enunciou um desses elementos-chave, a base de sua rejeição do associacionismo, como se segue:

> Para ser radical, um empirismo não deve nem admitir em suas construções qualquer elemento que não seja diretamente experienciado, nem excluir delas qualquer elemento que seja diretamente experienciado. Para uma tal filosofia, *as relações que conectam as experiências devem elas mesmas ser relações experienciadas, e qualquer tipo de relação experienciada deve ser considerada "real", como qualquer outra coisa no sistema* (*ERE*, 22; ênfase no original).

McDermott notou que os germes dessa visão já estavam presentes em 1884 e são encontrados repetidamente nos *Principles* (*ERE*, xviii ss.).

Outro elemento-chave do empirismo radical de James é sua rejeição do dualismo de mente e matéria, bem como da redução desse dualismo ao materialismo ou ao idealismo. Em lugar desse dualismo, ele oferece – esse é o título de um de seus ensaios – um mundo de experiência pura. Naquele mundo, a consciência como uma entidade não existe. Tampouco existe a consciência como uma função da matéria, pois a matéria como uma entidade também não existe. Em última instância, há apenas experiências puras (e, talvez, experienciáveis – esta é uma difícil questão interpretativa), experiências que somente em retrospecto são tomadas ou como parte de um fluxo de pensamento ou como objetos físicos.

Embora alguém seja tentado a chamar essa visão de monismo neutro, ela é, em minha opinião, mais apropriadamente pensada como um pluralismo neutro – neutro por não favorecer nem o pensamento nem a matéria, e plural porque "não há nenhum substrato *geral* do qual a experiência como um todo seja feita. Há tantos substratos quanto há 'naturezas' nas coisas experienciadas... e salvo o tempo e o espaço (e, se quiserem, o 'ser'), não parece haver nenhum elemento universal do qual todas as coisas sejam feitas" (*ERE*, 14-15).

O empirismo radical não é apenas a ontologia de James, mas também sua teoria da percepção e sua teoria da intencionalidade. Ele explica como meu percepto de, digamos, uma caneta particular é de fato daquela caneta e não dos milhares de outras canetas virtualmente indistinguíveis. Ele explica também como o meu percepto e o seu percepto são da mesma caneta quando, como normalmente dizemos, estamos olhando para a mesma caneta. Finalmente, ele explica como conseguimos pensar sobre um objeto, e como você e eu podemos pensar e conversar sobre o mesmo objeto. O empirismo radical, em outras palavras, explica como é que vivemos em um mundo comum e como podemos comunicar-nos a respeito desse mundo comum. A falha de James, nos *Principles*, em explicar como os estados mentais se referem a seus objetos levou-o, como explica Bruce Wilshire (Capítulo 6), a desenvolver a doutrina do empirismo radical. Havia, por certo, uma resposta alternativa à mão: aquela oferecida pelo idealismo absoluto do colega de James em Harvard, Josiah Royce. T. L. S. Sprigge (Capítulo 7), no contexto da recepção de James na Inglaterra, discute não apenas as objeções levantadas por Moore e Russell, mas também o desafio de Royce a James, a resposta de James e a crítica de Bradley àquela resposta. James Conant (Capítulo 10) explora a relação entre a filosofia de Royce e a de James em grande detalhe. Tanto Wilshire quanto Sprigge notam as íntimas conexões entre a teoria da intencionalidade de James e sua teoria da verdade, uma teoria que resulta quando o método pragmático é aplicado ao conceito de verdade; Conant, por contraste, argumentará que James não tem e não pode ter uma *teoria* da verdade, mas que ele oferece em vez disso uma *concepção*.

Embora James afirmasse ter aprendido sua teoria (ou concepção) da verdade de John Dewey e F. C. S. Schiller, ele atribuía o crédito do método pragmático e sua máxima a Charles Sanders Peirce. O primeiro enunciado dessa máxima feito por Peirce (em 1878) lê-se como se segue: "Considerem-se quais efeitos, dentre os que possam concebivelmente ter significado prático, concebemos como sendo possuídos pelo objeto de nossa concepção. Então nossa concepção desses efeitos é o todo de nossa concepção do objeto" (Peirce, 1931-1960, 5.402).

Quando James reenunciou a máxima em *Pragmatism* ["Pragmatismo"], ele escreveu: "Para desenvolver o significado de um pensamento, precisamos apenas determinar que conduta ele está apto a produzir. Essa conduta é para nós a sua única significância". E, no mesmo parágrafo:

"Para obtermos perfeita clareza em nossos pensamentos acerca de um objeto, portanto, precisamos apenas considerar quais efeitos concebíveis de tipo prático o objeto pode envolver – quais sensações devemos esperar dele e quais reações devemos preparar" (*P*, 29).

Christopher Hookway (Capítulo 8) argumenta que esse princípio era um princípio lógico para Peirce, mas um princípio filosófico para James. A máxima não deve ser confundida com o critério positivista de verificabilidade para o significado; ele não é usado, nem por Peirce nem por James, para condenar enunciados metafísicos como contrassensos. Ele é usado, particularmente por James, para esclarecer hipóteses metafísicas; isso pode mostrar que elas são desinteressantes – a doutrina de uma alma substancial meramente reenuncia, mas não explica, a sensação que uma pessoa tem de ser um eu contínuo (*PP*, 1:326-328) – ou moralmente repugnantes – o determinismo, especialmente quando aliado à visão otimista de que tudo ocorre para o bem, é visto por James como um convite à preguiça moral ("The Dilemma of Determinism", em *WB*).

Contudo, algumas hipóteses metafísicas evidentemente sobrevivem a esse teste. *Pragmatism*, um conjunto de conferências ministradas por James logo após sua aposentadoria de Harvard, oferece o pragmatismo como uma filosofia que "preserva uma relação cordial com os fatos [como a de Spencer]" e trata "as construções religiosas... cordialmente da mesma maneira" (*P*, 26). Hollinger (Capítulo 4) sustenta que James conseguiu desenvolver no *Pragmatism*, como não havia conseguido em "The Will to Belive", uma posição que inclui a religião na esfera da investigação científica. Acerca desse pequeno livro, esse conjunto de oito conferências, James escreveu a seu irmão Henry: "Acabo de concluir as provas de um pequeno livro chamado pragmatismo, que mesmo você *pode* gostar de ler. Ele é bastante 'sincero'... não particularmente original em ponto algum, mas ainda assim... com a quantidade exata de barulho ou agudeza na voz, que permite a um livro *fazer-se sentir*, quando outros não o fazem, a suplantar seus irmãos, e ser tratado posteriormente como 'representativo'". Ele prossegue dizendo não ter dúvidas de que esse modo de pensar triunfará: "Creio que ele seja algo bastante similar à reforma protestante" (*Corresp.*, 3:339).

James aplicou o método pragmático não apenas a hipóteses metafísicas, mas também minuciosa e notoriamente ao conceito de verdade. Ele dedicou uma conferência e meia somente a esse assunto, mas o resultado provou-se desapontador. Ele foi amplamente mal compreendido – de fato, ele ainda é amplamente mal compreendido – e sua tentativa de esclarecer as coisas reunindo várias respostas a essas incompreensões em *The Meaning of Truth* ["O Significado de Verdade"] foi ainda menos bem-sucedida do que ele havia esperado. Hilary Putnam (Capítulo 9) não apenas oferece um enunciado claro das visões de James sobre as verdades (note-se o plural), mas explica também a fonte dessas incompreensões. James Conant (Capítulo 10) sugere que a resposta de James à crítica de Royce – a crítica de que a teoria pragmática da verdade cai em incoerência quando perguntamos se *ela* é verdadeira – é negar que o pragmatismo ofereça uma *teoria* da verdade, isto é, uma afirmação que seja ou verdadeira ou falsa. Em vez disso, argumenta Conant, James oferece uma *concepção* de verdade e sugere como viver com esta noção.

Embora James pensasse que alguém pudesse ser um pragmatista sem ser um empirista radical, as duas visões estão, pelo menos em seus escritos, intimamente relacionadas. Ao passo que não pretendo dizer que todos os pragmatistas devam ser "empiristas radicais" no estreito sentido da doutrina de James, penso que eles devem explicar de alguma maneira como é que você e eu experienciamos, não mundos privados separados, mas um mundo público comum, e como conseguimos comunicar-nos a respeito desse mundo. Pois faz sentido buscarmos um conhecimento compartilhado e nos preocuparmos com o bem-estar dos outros, porque, e apenas porque, vivemos em um mundo comum. Talvez seja bom enfatizar, no entanto, que o empirismo radical não fornece um "fundamento do conhecimento"; uma "experiência pura" não é um conhecer. Pois, por um lado, "apenas recém-nascidos ou homens em semicoma devido ao sono, drogas, doenças ou pancadas, podem supostamente ter uma experiência pura no sentido literal de um *aquilo* que não é ainda qualquer *quê* definido" (*ERE*, 46) e, por outro lado, qualquer "quê definido" (qualquer conceito) falsifica a continuidade da experiência real, pois "a essência da vida é seu caráter continuamente mutante; mas nossos conceitos são descontínuos e fixos, e o único modo de fazê-los coincidir com a vida é supor arbitrariamente posições de repouso em seu interior" (*PU*, 113). No entanto, isso não deve ser entendido como um irracionalismo. James reconhece a enorme importância prática daquilo que ele chama de "método conceitual".

> Esse tratamento supõe que a vida já tenha se consumado, pois os conceitos, sendo várias visões adotadas após o fato, são retrospectivos e *post mortem*. Não obstante, podemos tirar conclusões a partir deles e projetá-los no futuro. Não podemos aprender deles como a vida transcorreu ou como ela transcorrerá, mas, com base na suposição de que suas maneiras de transcorrer são imutáveis, podemos calcular quais posições de interrupção imaginadas ela exibirá mais adiante sob dadas condições (*PU*, 109).

Esse tipo de conhecimento, o conhecimento que adquirimos na vida cotidiana e na ciência, é, obviamente, de extrema importância prática. O objetivo de James aqui não é denegri-lo. Sua disputa não é com os cientistas ou engenheiros, nem com os fazendeiros ou encanadores, mas apenas com os filósofos que pensam que "o método conceitual" fornece uma introvisão da realidade, quando na verdade ele "toca apenas a superfície exterior da realidade" (*PU*, 111).

A Pluralistic Universe foi não apenas a última tentativa de James para desenvolver uma posição metafísica coerente e inclusiva, mas também forneceu a discussão filosófica da religião que havia sido apenas esboçada na última de suas Gifford Lectures [conferências Gifford], publicadas como *The Varieties of Religious Experience*. Nas *Varieties*, James mostra-se como sendo de fato um empirista radical, radical na introdução dos métodos empíricos no estudo da religião. Ele não apenas forneceu um rico e detalhado levantamento de experiências religiosas, mas levantou também questões concernentes ao valor espiritual e às consequências morais da experiência religiosa. Ele perguntou, finalmente, se a experiência religiosa fornece evidências a favor da existência de uma divindade e concluiu que, ao passo que nenhuma demonstração seja possível, o núcleo comum encontrado nas crenças tanto das religiões organizadas quanto da fé dos indivíduos particulares é objetivamente verdadeiro. Esse núcleo consiste no senso de que o eu consciente de um indivíduo é parte de um eu mais amplo, que é a fonte dos ideais morais e das experiências religiosas daquele indivíduo. Richard Niebuhr (Capítulo 11) fornece uma leitura maravilhosamente esclarecedora das *Varieties*. Aquele livro havia sido planejado para ser a primeira parte de uma obra maior, cuja segunda parte teria desenvolvido uma filosofia da religião. Problemas de saúde impediram que James escrevesse o livro, mas parte de sua ambição foi realizada em *A Pluralistic Universe*. Não surpreendentemente, James retornou ali à questão levantada em "The Sentiment of Rationality" ["O sentimento de racionalidade"], a questão de um critério de razoabilidade para hipóteses metafísicas. David Lamberth (Capítulo 12) argumenta que esse critério é a intimidade, e que a posição defendida por James como satisfazendo esse critério é um panpsiquismo pluralista.

O filosofar de James era motivado por uma preocupação profundamente moral. Ele buscava uma visão de mundo que motivasse uma vida moral estrênua. Ele sustentou do início ao fim que apenas uma crença no livre-arbítrio, em um futuro genuinamente aberto, em valores objetivos e em uma divindade que coopera conosco e necessita de nossa cooperação para produzir um mundo melhor, poderia motivar tal vida. O esforço mais sistemático de James em teoria ética é "The Moral Philosopher and the Moral Life" ["O filósofo moral e a vida moral"], um ensaio tão rico e sugestivo que Graham Bird (Capítulo 13) encontrou amplo material para reflexão em poucas de suas páginas. James era cônscio da complexidade de nossas vidas morais como poucos filósofos morais o são. Ele rejeitava o hedonismo como sendo falsamente redutivo e tentava fazer justiça tanto ao momento existencial da escolha quanto à autoridade, ou objetividade, dos valores morais. Nossos juízos mais importantes, nossos ideais, sustentava ele, são prospectivos ao invés de retrospectivos, embora a questão de se um ideal devia ter sido realizado só possa ser respondida em retrospecto; neste sentido, a ética, e isso inclui a política, é empírica. James acreditava ardentemente na tolerância, no respeito por uma multidão de modos de vida. Estes compromissos são mais claramente expressos em "On a Certain Blindness in Human Beings" ["Sobre uma certa cegueira nos seres humanos"], um ensaio sobre o qual ele disse desejar tê-lo feito "mais impressionante" (*TT*, 4). Examinei este ensaio e seu ensaio irmão "What Makes a Life Significant" ["O que torna uma vida significativa"] e tentei relacionar as visões que James defendeu ali a algumas de suas outras atividades como filósofo público (Capítulo 14). Jessica Feldman (Capítulo 15), considerando "On a Certain Blindness" em relação aos romances de Elizabeth Stoddard, extrai uma lição bastante diferente: ela considera o pragmatismo jamesiano como "um produto da decadência da virada do século".

As conferências ocasionais de James, aquelas reunidas em *The Will to Believe*, aquelas mencionadas no parágrafo anterior e algumas outras agora encontradas no volume *Comments, Essays and Reviews* ["Comentários, ensaios e resenhas"] da edição padrão, explicam, talvez mais que sua filosofia mais técnica, a influência de James sobre seus alunos e sobre os alunos deles, embora um crédito considerável deva também ser atribuído a sua personalidade. Ross Posnock (Capítulo 16) expõe a influência de James sobre vários de seus alunos mais publicamente visíveis, em particular W. E. B. DuBois e Alain Locke. O ensaio de Posnock pode ser utilizado para apoiar a defesa de Harvey Cormier (Capítulo 17) de James contra as críticas da esquerda como formuladas por Gramsci e Cornel West. Para esse fim, Cormier nos reconduz a diversos capítulos de *Pragmatism*. Nosso passeio com William James conclui com um longo olhar retrospectivo, quando Thomas Carlson (Capítulo 18) argumenta a favor de uma leitura kantiana de James.

Este volume não tenta oferecer uma interpretação única da filosofia de James e nem mesmo de qualquer aspecto particular de sua filosofia. Ao contrário, busquei, nem sempre com sucesso, encontrar leituras alternativas. Acredito que James teria desejado que fosse assim. Um homem tão apaixonadamente dedicado ao pluralismo quanto ele teria desejado atrair atenção para compreensões plurais de sua própria obra. Como Barzun tão claramente compreendeu, quando alguém passeia com James, não segue uma trilha única.

Finalmente, desejo agradecer a meu marido, Hilary Putnam, seu encorajamento inquebrantável e suas críticas úteis acerca de minhas próprias contribuições a este volume.

1 Pragmatismo e psicologia introspectiva

Gerald E. Myers

O reavivamento do interesse em William James parece resultar em grande parte de um novo gosto pelo pragmatismo americano. Levando isso em conta, não deveríamos surpreender-nos que, da parte de muitos filósofos presidindo esse reavivamento, Dewey e Peirce recebam a maior parte da atenção. Ou então que esse interesse contemporâneo, quando concentrado em James, renova os esforços para colocar seu pragmatismo em ordem, uma vez que esse é admitidamente um conceito espinhoso, especialmente quando ligado a outras doutrinas jamesianas, tais como a vontade-de-crer.

Aqueles que retornam a James hoje em dia são aparentemente menos estimulados pelo fato de ele ter sido um dos últimos grandes psicólogos introspectivos antes da tomada do poder pelos behavioristas. O porquê disso pode ser difícil de compreender, mas, por alguma razão, quando a psicologia introspectiva foi extinta, ela aparentemente levou consigo para o túmulo as memórias de si mesma. Aqueles que ocasionalmente se lembram são em sua maior parte andarilhos solitários, caminhando por cemitérios, falando sozinhos por falta de companhia para conversar.

Isso é lamentável por vários motivos. Um olhar detalhado sobre a obra de James força-nos a fixar energicamente não apenas a noção de introspecção, mas também, para além das interpretações visando James, as análises que a noção merece. Embora a literatura seja amplamente polvilhada de referências ao conceito, longos tratamentos dele são incomuns. A excelente contribuição de William Lyon, de alguns anos atrás, até onde eu sei, é o único estudo de livro inteiro dedicado à introspecção.[1] Uma ideia tratada tão rudemente quanto a

---

[1] O ensaio descritivo de Edwin G. Boring, "A History of Introspection", também é útil e merece menção. Publicado originalmente em 1953 no *Psychological Bulletin*, foi reimpresso em Boring, 1961.

introspecção deveria ser exposta a uma diagnose cuidadosa. Essa é uma consequência que podemos esperar de um reavivamento jamesiano.

Há o trabalho inicial de esclarecer o conceito. Em adição a isso, o emprego desse conceito deveria ser reconhecido como essencial para a interpretação das histórias da filosofia e da psicologia. Sem ele, como alguém pode compreender Descartes, Locke, Hume, Bain, Spencer, Wundt, Titchener e James? Ou Dewey, Peirce, Watson, Ryle, Wittgenstein, Russell, Freud, Jung e Skinner? E, voltando ao presente, quão relevante é a introspecção para o filosofar atual? Responder a essa questão é, creio, mais do que uma cortesia; essa resposta preenche uma responsabilidade intelectual e profissional.

Para James, uma psicologia pragmática (em vez de, digamos, racionalista) utiliza a introspecção como uma ferramenta investigativa apenas porque ela é valiosa na prática, e isso não pode ser ignorado ao decifrarmos completamente o pragmatismo jamesiano. Ele expressa essa convicção enfaticamente no importante ensaio de 1884 "On Some Omissions of Introspective Psychology" ["Sobre algumas omissões da psicologia introspectiva"], que reaparece de modo fragmentado seis anos depois em vários capítulos de *The Principles of Psychology* ["Os Princípios da Psicologia"].² Hoje, quando os filósofos abordam o tema da introspecção, eles normalmente estão preocupados com a questão: Será que possuímos uma faculdade *infalível* de autoescrutínio? Sua investigação concentra-se menos no que é a introspecção do que em se, como às vezes se afirma, as revelações da introspecção são indubitáveis.

A posição de James a esse respeito estava caracteristicamente a meio caminho. Diferentemente de Brentano, que parecia estar do lado da infalibilidade, mas também contra Comte, que parecia condenar a introspecção como algo sem valor, James insistia na utilidade falível da introspecção para a

---

2   "On Some Omissions of Introspective Psychology" ["Sobre algumas omissões da psicologia introspectiva"], *Mind* 9 (1884), p. 1-26. O ensaio reaparece, em seções, no capítulo 7 ("Methods and Snares of Psychology" ["Métodos e armadilhas da psicologia"]), no capítulo 9 ("Stream of Thought" ["Fluxo do pensamento"]), capítulo 10 ("Consciousness of Self" ["Consciência de si"]) e no capítulo 12 ("Conception" ["Concepção"]) de *The Principles of Psychology* ["Os princípios da psicologia"]. O ensaio de 1884 foi reimpresso em *EPs*, 142-168.

psicologia experimental. De fato, seu motivo no ensaio de 1884 era mostrar como a introspecção falha feita por seus predecessores havia omitido detalhes importantes da experiência consciente, detalhes que realmente podem ser detectados pela introspecção, se esta for feita cuidadosamente.

As bases, portanto, para a rejeição da infalibilidade eram empíricas. Mas James apelava para outro argumento, um argumento que foi frequentemente usado antes dele e depois. A questão de se esse argumento é empírico ou *a priori*, como imaginamos nos casos de Comte e James, é algo aberto à interpretação. De qualquer modo, James sustentava que "nenhum estado subjetivo, enquanto presente, é seu próprio objeto; seu objeto é sempre alguma outra coisa" (*EP's*, 142). Daí, se um estado subjetivo tal como a raiva é introspectivamente cognoscível, ele só pode estar presente para um estado subjetivo conhecedor *subsequente*; isto é, aquilo que chamamos de introspecção é na verdade uma retrospecção. E, visto que há uma lacuna temporal entre o estado subjetivo que é conhecido e o estado que o conhece ao formar sobre ele uma opinião, reportá-lo e assim por diante, as descobertas retrospectivas são inevitavelmente arriscadas e suscetíveis de erro.

Há, creio, um curioso equívoco no uso que James faz do termo "introspecção", um equívoco que pode ser visto ao comparar-se o argumento acima com aquilo, por exemplo, que ele escreveu nos *Principles*: "*A Observação Introspectiva é aquilo em que devemos apoiar-nos primeiro, e acima de tudo, e sempre*. A palavra introspecção dificilmente precisa ser definida – ela significa, é claro, o ato de olharmos para o interior de nossas próprias mentes e relatar o que descobrimos ali. *Todos concordam que ali descobrimos estados de consciência*" (*PP*, 1:185).[3]

---

[3] A passagem citada continua imediatamente com uma expressão de dúvida da parte de James acerca do estatuto *metafísico* dos "estados de consciência", uma dúvida que reaparece ao longo dos *Principles* e que, subsequentemente aos *Principles*, o conduz a seu conceito de "experiência pura". Essa ideia, acreditava ele, poderia ser desenvolvida para substituir o dualismo cartesiano tradicional.

Uma vez que a questão do dualismo metafísico tradicional não é minha preocupação aqui, omito as referências de James a ela. Mas é importante notar que os méritos práticos da introspecção permanecem, qualquer que seja o destino do dualismo. Nesse ponto, James poderia concordar com opiniões recentes, como a de Churchland, 1984, p. 32 ss., 73 ss., 158 ss. Mas compare-se, para um ponto de vista contemporâneo diferente, Lyons, 1986, p. 151 ss.

Aqui, a introspecção é um tipo de *observação* interna que reconhecemos porque a realizamos tão frequentemente. Quando chamados a praticar a introspecção, nós "olhamos para dentro" e relatamos o que "vemos". O que tipicamente "vemos" são disposições de ânimo, sentimentos, impulsos, pensamentos, imagens e assim por diante. Mas, ao rejeitar a infalibilidade introspectiva, James deslocou o sentido da "introspecção", vista como um tipo relativamente direto e não incomum de observação, para um tipo mais complexo (mas também não incomum) de processo inferencial chamado "retrospecção". O que não é claro é se ele sempre manteve esses dois significados distintos em suas afirmações em prol de uma psicologia introspectiva melhorada. Tais afirmações podem exigir que a introspecção seja vista como uma observação direta ou simultânea, ao invés de uma retrospecção subsequente.

Seja como for, pode-se questionar a premissa de que um estado subjetivo só pode ser conhecido por um estado posterior, a qual é utilizada para apoiar a conclusão de que o que é comumente chamado de introspecção deve ser uma retrospecção. A *feltness* de um estado tal como a raiva, concordava James, é autointimadora ou autorreveladora; ela se registra na consciência não posteriormente, mas enquanto ocorre. Uma vez que nenhuma teoria especial do inconsciente era relevante para o raciocínio de James nesse caso, pareceria que, de acordo com a visão dele, se um estado é *sentido*, então ele deve *ser notado* de algum modo. Como se pode determinar que o estado subjetivo de alguém é sentido sem ser notado, sem ser trazido à atenção desse alguém em algum grau? Se é assim, ele deve ser *observado* de algum modo, simplesmente porque o notar é uma forma de observação. Alguns estados subjetivos, consequentemente, são observáveis simultaneamente com sua ocorrência.

A questão de se a introspecção-como-*observação* existe não é, convenhamos, nenhuma questão menor e tampouco é motivo de estardalhaço no que diz respeito seja à filosofia histórica seja à contemporânea. Ryle e Hebb, ecoando a polêmica behaviorista anterior de Watson, negaram sua existência, embora Skinner estivesse mais próximo de James e de Titchener do que seus próprios colegas. O espaço não permite aqui uma recapitulação dos diferentes argumentos empregados por esses e outros debatedores acerca da observação introspectiva, mas alego que um estudo de seus escritos apoiará meu argumento de que o que esteve em jogo é se a observação introspectiva (ou qualquer que seja o nome que lhe seja dado) é uma capacidade humana disponível.[4]

Nossa conclusão acima – de que a observação e o ato de notar podem ocorrer simultaneamente com o estado subjetivo que é notado e que o ato de notar ocorre incluso, por assim dizer, no estado notado –, se adotada, auxiliaria a psicologia de James. Ela auxiliaria porque ele claramente desejava reter algo da visão tradicional da introspecção-como-observação, enquanto aparentemente abandonava grande parte dela ao defini-la como retrospecção. E também porque, julgo eu, não se pode fazer com que a retrospecção realize aquilo que apenas a observação direta e simultânea pode realizar. Alguém pode tentar representar um estado retrospectivo de consciência ou cognição como sendo tão proximamente justaposto no tempo a um estado anterior, digamos, de ansiedade, que se possa dizer que a consciência posterior, apesar de retrospectiva, "observa" as ansiedades, ou seja, pode-se representá-lo como um vizinho temporal tão próximo que possa espiar a ansiedade (que é pouco anterior).

Mas por hipótese a pretensa observação seria uma ilusão, abrindo a porta para os tipos de erro que James enfatizava que sempre assombraram a retrospecção. Admitidamente, o risco de erro diminui se o juízo retrospectivo for virtualmente simultâneo com o estado "observado", mas o risco diminuído acompanha não a observação, mas a memória de curto prazo. Nós geralmente recordamos mais acuradamente nossas experiências menos remotas. Reconhecer isto, no entanto, não nos força a confundir a memória de curto prazo com a observação.

Além disso, se aquilo que alguns chamaram de observação introspectiva revelar-se como de fato uma retrospecção, como este fato é determinado? Se for por experiência e não por algum tipo de argumento *a priori*, então por qual tipo de experiência senão a observação introspectiva? James aparentemente acreditava que a introspecção (cuidadosa) realmente

---

[4] Ver Hebb, 1949; Ryle, 1949; Skinner, 1976; Titchener, 1909; e Watson, 1919.

mostra que, quando supomos observar interiormente estados presentes de ansiedade, estamos de fato considerando retrospectivamente (recordando imediatamente) aqueles estados que acabaram de ocorrer. Mas, para reiterar minha afirmação, parece que necessitamos da observação introspectiva simultânea, justamente para fazer aquela determinação, para trazer à atenção introspectiva a diferença entre introspecção-como-observação (contemporânea com aquilo que é observado) e a introspecção-como-retrospecção (juízo de memória de curto prazo).

Um argumento frequentemente levantado contra a afirmação de que alguém possa observar introspectivamente um estado subjetivo contemporâneo é que a observação altera ou interfere no estado que a pessoa tenta perceber. A melhor evidência para esse argumento é que nós realmente às vezes descobrimos que esse é o caso, mas por que deveríamos concluir que sempre *deve* ser assim? Concluir isso em bases *a priori* é injustificado, e certamente os indícios empíricos indicam apenas a falibilidade, e não a falha inevitável, da observação introspectiva.[5]

A proeminente razão de James para identificar a introspecção com a retrospecção é que o fluxo de consciência do indivíduo acontece tão rapidamente que no momento em que este pode reportá-lo, ele já desapareceu. Em alguns contextos, James também concordava que a observação altera o estado observado, mas, curiosamente, isso entra em conflito com uma convicção sua bastante diferente, que ele expressava assim: "Lutar contra um mau sentimento apenas prende nossa atenção a ele e o mantém fixo na mente; ao passo que, se agimos como se for a partir de algum sentimento melhor, o velho mau sentimento logo recolhe sua tenda como um árabe e foge silenciosamente" (*TT*, 118).

Esse enunciado de James é significativo porque revela como ele, como incontáveis outros, preocupava-se com a tendência da introspec-

---

[5] Essa observação se aplica também, creio, à celebrada crítica da introspecção feita por Nisbett e Wilson (1977, p. 231-259). Nisbett e Wilson certamente são persuasivos quanto às evidências que apresentam para serem céticos acerca dos relatos subjetivos de primeira pessoa, mas isso é algo que está longe de permitir a dispensa completa da introspecção como se essa fosse inútil.

ção de levar à morbidez, à preocupação consigo mesmo, resultando em depressão. E a conexão entre introspecção e morbidez discernida por alguns deve-se evidentemente à crença de que a observação introspectiva não altera ou elimina um estado subjetivo, mas de fato o *sustenta*. O problema em prestar atenção a seu desespero não é que você irá mudá-lo, mas que você o prolongará, e isso para seu sofrimento. Portanto, negar a observação introspectiva a partir das bases foram há pouco consideradas é certamente questionável.

Devemos conceder a James, no entanto, que mesmo que a observação possa ocorrer inclusa, por assim dizer, em um estado de consciência passageiro, o que frequentemente se entende por "introspecção" na literatura filosófica e psicológica é algo diferente. O termo foi introduzido para designar uma suposta atividade de atentar para ou estudar um outro estado de consciência já existente; isto é, a introspecção foi tipicamente interpretada como um atentar ou "olhar" que é sobreposto a um estado prévio, e o intento introspectivo é o de localizar naquele estado prévio detalhes que possam eludir a apreensão casual ou não introspectiva. Interpretada como um tipo de olho interno sondando uma consciência já exposta, a introspecção é uma atividade que é adicional aos estados supostamente observados por ela, uma atividade que pode exigir algum tempo para ser realizada e que pode descobrir que seu trabalho é bastante complicado. Assim concebida, a introspecção teria de ser falível, como insistia James, necessitando de testes e evidências complementares. E não apenas isso. A introspecção como uma observação *estudada* ou investigadora teria de ser retrospectiva. Contudo, tenhamos em mente, devido ao que argumentei acima, de os dados rememorados podem precisar incluir observações introspectivas diretas/contemporâneas.

James defendia um tipo de psicologia introspectiva, mas essa psicologia era apenas uma parte do processo experimental. Ele escreveu:

> Os escritores ingleses, no campo da psicologia, e a escola de Herbart, na Alemanha, contentaram-se em geral com resultados como os fornecidos pela introspecção imediata de indivíduos particulares e mostraram o corpo de doutrina que estes resultados podem produzir. As

obras de Locke, Hume, Reid, Hartley, Stewart, Brown, os Mills, serão sempre clássicas nesta linha; e no *Treatise* ["Tratado"] do Professor Bain temos provavelmente a última palavra daquilo que este método tomado essencialmente por si mesmo pode fazer – o último monumento da juventude de nossa ciência, ainda não técnica e inteligível de modo geral, como a química de Lavoisier ou a anatomia antes do uso do microscópio... Mas a psicologia está passando para uma fase menos simples. Em poucos anos, aquilo que podemos chamar de uma psicologia microscópica emergiu na Alemanha, conduzida por métodos experimentais, solicitando, é claro, dados introspectivos a todo momento, mas eliminando a incerteza desses dados mediante a operação em larga escala e a adoção de médias estatísticas (*PP*, 1:191-2).

A psicologia introspectiva prévia ou pré-experimental, dizia James, sofria por causa de sua dependência em relação à linguagem cotidiana. Uma vez que nosso vocabulário é dominado por substantivos e refere-se principalmente a objetos exteriores, carecemos de um idioma subjetivo para relatar todos, exceto os mais óbvios e recorrentes detalhes subjetivos. Os empiristas, argumentava ele, assumiam que as palavras produzem significado ao designar objetos, e, de modo correspondente, que se não existe uma palavra para *x*, então não existe *x*; a falta de um vocabulário subjetivo adequado conduz à ideia de que não há muita subjetividade. "É difícil concentrar nossa atenção no inominado, e daí resulta uma certa vacuidade nas partes descritivas da maioria das psicologias" (*PP*, 1:192).

Essa falha associa-se a uma outra, a de supor, dado que identificamos tipicamente nossa apreensão de um objeto através de nossa identificação do objeto, que nossa apreensão deve assemelhar-se essencialmente ao objeto. Para James, isso tem resultados desastrosos, e ele nunca se cansava de apontá-lo como aquilo que sua psicologia introspectiva buscava substituir. Toda a tradição da psicologia inglesa, derivada de Locke e Hume, e todo o movimento alemão iniciado por Herbart, em sua opinião, tratavam a consciência como se esta fosse constituída por unidades ("ideias") que são discretas, independentes, substantivas e mesmo recorrentes como o ambiente físico para o qual temos uma linguagem descritiva comum. O principal objetivo do famoso capítulo dos *Principles*, "The Stream of Thought"

["O fluxo do pensamento"], é refutar esse ponto de vista e substituí-lo, baseando-se amplamente na introspecção, pela representação da consciência como um rápido fluxo contínuo.

James sustentava que a especial continuidade que nossos estados subjetivos sucessivos exibem à introspecção (cuidadosa) fora ignorada por seus predecessores (exceto por uns poucos, incluindo Herbert Spencer), fossem eles ingleses, alemães ou franceses. Essa era uma clara omissão por parte da psicologia introspectiva tradicional, que se concentrava não nas partes "transitivas", mas sim nas partes "substantivas" do fluxo consciente, tais como as ideias, imagens e sensações. As passagens subjetivas de um estado para o próximo não eram reconhecidas. A obsessão por imagens e sensações, dizia ele, levou à "fantástica afirmação de Hume, de que não podemos formar nenhuma ideia de uma coisa, seja com a qualidade ou com a quantidade, sem representar seus graus exatos de cada uma... É estranho que um fato interior tão patente quanto a existência de imagens 'misturadas' pudesse ser ignorado! Estranho que pudesse virtualmente ser feita a afirmação de que não podemos imaginar uma página impressa sem ao mesmo tempo imaginar cada letra presente nela – e feita também por uma escola que se orgulhava particularmente de seus poderes de observação! No entanto, a história da psicologia é composta desses erros crassos" (*EPs*, 145).

A psicologia introspectiva anterior havia também falhado em relação a nossa vida subjetiva, ao nunca avaliar suas sutilezas, sua fineza de detalhes, seu alcance de modulações. Correspondente a cada conjunção ou preposição, a cada frase adverbial, forma sintática ou inflexão de fala, afirmava James (uma afirmação que mais tarde evocou respostas céticas, por exemplo, de Wittgenstein), existe "uma ou outra nuance" no sentimento ou consciência. Existem, além das cognições de objetos, das imagens e das sensações, sentimentos de relações. Podemos *sentir* as passagens de um estado para o próximo, e então "devemos dizer um sentimento de *e*, um sentimento de *se*, um sentimento de *mas* e um sentimento de *por*, tão prontamente quanto dizemos um sentimento de *azul* ou um sentimento de *frio*" (*EPs*, 146).

James acusava a tradição lockeana de omitir outros detalhes subjetivos que ele agrupava sob o título de "sentimentos de tendência". Um exemplo: as palavras "espere!", "ouça!" e "olhe!", quando gritadas para nós, sustentava ele, despertam em nós três tipos diferentes de tendências ou expectativas; não temos nomes para elas, mas elas podem ser introspectivamente reconhecidas, e quando o fazemos, chegamos a apreciar o quanto nossa vida subjetiva é mais rica do que o indicado pelas psicologias anteriores. Outro exemplo: se estou tentando lembrar o nome de Spalding, minha consciência difere (em tendência ou expectativa) do que ela seria se eu estivesse tentando recordar ("na ponta da língua") o nome de Bowles. Essa diferença em subjetividade evidentemente é fácil ignorar, fornecendo outro exemplo de como, devido à falta de introspecção ou à introspecção descuidada, aliada a um vocabulário subjetivo empobrecido, podemos terminar com uma concepção estéril de nossas vidas interiores.

Aquela mesma tradição se extraviou, sustentava James, ao localizar a unidade básica de consciência em algo discreto como uma imagem ou sensação. A figura resultante, da consciência se agrupando em "ideias complexas", foi especialmente nociva. Ela não apenas fomentou um tipo errôneo de introspecção, negligenciando relações, sentimentos de continuidade, mudanças na consciência e assim por diante, mas também promoveu a noção de que as unidades básicas da consciência se assemelham a objetos físicos por serem discretas, independentes, substantivas e capazes de ser rearranjadas em complexos sucessivos.

James foi vigoroso no ataque a essa concepção. Ele insistia que a sugestão, derivada dessa concepção, de que estados subjetivos, como, por exemplo, os sentimentos, as imagens e as sensações, possam persistir e ocorrer novamente enquanto permanecem autoidênticos oculta completamente a importantíssima distinção entre a experiência subjetiva e o mundo físico. Mas, argumentava ele, ela *é* refutável por meio da combinação de uma introspecção cuidadosa com evidências ulteriores provenientes da psicologia experimental e de laboratório. Pratique cuidadosamente a introspecção e você não descobrirá nada ali que corresponda ao esquema de ideias simples e complexas, representadas como átomos mentais que retêm sua identidade enquanto entram e saem de sucessivos compostos moleculares. Mas você não precisa confiar unicamente na introspecção, porque o laboratório mostra que a fisiologia cerebral é tal que o cérebro nunca permanece idêntico em momentos sucessivos. "Para que um sentimento idêntico ocorra novamente, ele teria de ocorrer novamente em um cérebro não modificado, o que é uma impossibilidade" (*EPs*, 152).

A complementação dos achados introspectivos com aqueles provenientes da fisiologia era apenas um exemplo de como a introspecção seria verificada. É claro que James não estava sozinho ao tentar salvar a introspecção como um método investigativo indispensável, mas falível, inserido em um contexto experimental mais amplo. Havia Wundt em Leipzig, Marbe e outros em Würzburg, e Titchener na Cornell University. Eles estavam particularmente interessados no uso experimental da introspecção para fazer avançar a "psicologia do pensamento". Titchener elogiava o "gradual e crescente reconhecimento do valor da introspecção, com sua promessa de uma ampla extensão do método experimental" (Titchener, 1909, 4-5). Ele enfatizava que um dos principais obstáculos era a dificuldade de se obterem os mesmos resultados de diferentes psicólogos introspectivos, devido às diferentes constituições mentais destes últimos. Assim, afirmava ele, "a criação de uma psicologia científica a partir destas diferenças é... uma as principais realizações do método experimental" (6-7).[6]

Titchener acreditava que o primeiro passo em direção a uma psicologia científica era colocar na mesa, abertamente, suas próprias tendências introspectivas. Naquele que é talvez o único livro didático de psicologia a começar com uma confissão introspectiva, ele ofereceu um detalhado autoestudo. Um exemplo: "Quando estou trabalhando para mim mesmo, lendo, escrevendo ou pensando, experimento uma complexa mistura de imagens que é difícil descrever ou, de qualquer modo, descrever com a ênfase correta. Minha tendência natural é empregar a fala interna; e há ocasiões em que minha voz soa claramente para o ouvido mental e minha garganta parece ainda como se estivesse falando bastante. Mas em geral a fala interna é reduzida a um leve tremor de movimento articulatório" (Titchener, 1909, 9). Assim, argumentava Titchener, se diferentes experimentadores começassem com uma determinação de suas próprias inclina-

---

[6] Para mais sobre Titchener, bem como Wundt e a escola de Würzburg, ver Humphrey, 1951.

ções introspectivas, deveria ser possível conectá-las cientificamente. E seu laboratório em Cornell tornou-se o lugar no século XX onde os esforços mais extraordinários foram direcionados para esse fim.

Mas Watson fez a declaração que geralmente prevaleceria na psicologia (e posteriormente na filosofia): "Como um resultado desta importante assunção de que existe tal coisa como a consciência e que podemos analisá-la por introspecção, encontramos tantas análises quanto há psicólogos individuais. Não há nenhuma maneira de atacar e resolver experimentalmente problemas psicológicos e padronizar métodos" (Watson, 1924/1925, 6). O behaviorismo assumiria o comando, e as investigações introspectivas de Titchener, James e outros seriam, em sua maior parte, esquecidas pela profissão da psicologia.

Não é meu propósito aqui esquadrinhar a cozinha da história em busca de petiscos saborosos que possam adoçar as reputações de James e Titchener como psicólogos introspectivos experimentais. Hoje, é claro que os psicólogos, juntamente com os médicos e técnicos de laboratório, continuam a confiar em relatos de primeira pessoa para diagnosticar seus pacientes; e se isso for chamado de dependência em relação à introspecção, que assim seja. Mas relatos não controversos rotineiros de primeira pessoa dificilmente constituem a introspecção comprovativa que James e Titchener buscavam. Eles buscavam através da introspecção resultados "inovadores" que produziriam sério impacto na psicologia experimental (e na filosofia). No entanto, há muito tempo a profissão da psicologia deu seu veredicto nesse caso, e não vejo nenhum sinal de que ele seja revogado.

Ele não será revogado porque a introspecção tem a peculiaridade de ser muito hipostática; em intento, técnica e efeito ela é preeminentemente *pessoal*. Adotada para propósitos contemporâneos e de laboratório na profissão da psicologia, ela é forçada a uma atitude impessoal, tornando-se sem vida e com um produto em geral tedioso. Que as introspecções mais admiráveis de James nos *Principles* sejam admiravelmente pessoais, frequentemente desafiando a compreensão imediata, não é, portanto, algo surpreendente. Sendo favorável à concepção de James de nossas vidas interiores como veios ricos, mas elusivos, para a mineração introspectiva, fico sempre intrigado com seus esforços pessoais, eles próprios frequentemente tão elusivos quanto sugestivos, para decifrá-las. Pela mesma razão, acho (parecendo diferir de James nesse ponto) que algumas de suas afirmações introspectivas são importantes, não porque derivam de atos introspectivos difíceis ou engenhosos, mas porque são dirigidas contra teóricos cujos argumentos simplesmente evitam a introspecção. Isso é geralmente verdadeiro acerca dos argumentos de James quando eles são do tipo "qualquer um pode realizar a introspecção e ver que..."; como, por exemplo, na afirmação de que qualquer um pode "olhar para dentro" e descobrir que a experiência é um "fluxo" e não uma série de itens discretos.

Mas muitos teóricos não ficam satisfeitos em restringir o valor das pesquisas introspectivas apenas no caso da psicologia experimental e de laboratório, mas estendem suas reservas também ao contexto pessoal ou idiossincrático. Ainda assim, uma vez que sejam concedidas a falibilidade e as limitações de acesso privilegiado, defender o papel da introspecção (tanto como observação direta quanto como retrospecção) na obtenção do autoconhecimento torna-se algo importante e alcançável. Quando pergunto "Por quê?", "O que isso significa?", "Isso se assemelha a algo em minha experiência anterior?", "Será que sou realmente sincero sobre isso?", "Será que tenho negado isso (me autoiludindo) todo o tempo?", "Qual a concepção que melhor se ajusta a essa experiência?" e assim por diante – onde o que está em questão é um sentimento, emoção, disposição de ânimo, atitude, impulso, impressão, pensamento, consciência alterada e assim por diante –, a introspecção, tomada tanto como observação direta quanto como retrospecção, eu sugiro, é frequentemente uma parte essencial do processo de fornecer respostas responsáveis a tais questões que colocamos para nós mesmos. Essas questões ocorrem em contextos psicanalíticos e de autoajuda, mas também ocorrem em contextos filosóficos.[7]

O pragmatismo de James e sua psicologia introspectiva são complementares em dois grandes aspectos. Convencido de que as experiências são ricas em textura e compostas de múltiplas camadas, talvez superficialmente

---

[7] Para minha defesa da introspecção no autoconhecimento, bem como para minha análise mais completa da introspecção-como-retrospecção, ver Myers, 1986, 199-207.

claras para o olhar interior casual, mas crescentemente turvas para o olhar investigador, James reconhecia o quão introspectiva é a tarefa de fornecer ou encontrar o valor prático de termos como "eu", "vontade", "consciência", "sentido", "atenção", "lembrar", "imaginar" e assim por diante. As experiências devem ser exploradas introspectivamente, em parte por causa das descobertas experimentais usufruídas, mas também para revelar o valor pragmático de noções como, por exemplo, o *si mesmo*. Se falharmos em compreender isso, nunca sobreviveremos a uma leitura de *The Principles of Psychology*. Essa obra é uma tentativa monumental de conectar introspectivamente conceitos filosóficos e psicológicos essenciais com experiências relevantes, de modo que as diferenças experienciais (de valor prático) feitas pelas distinções contidas nos conceitos sejam reveladas. Foi justamente essa, é claro, a tentativa que Wittgenstein, apesar de sua admiração por James, criticou amplamente e, em minha opinião, com bastante sucesso. Elaborar nosso entendimento de nosso vocabulário mais subjetivo, *sem* consultar intimamente os delicados detalhes das experiências efêmeras, deveria parecer o que é – uma tarefa impossível.[8]

A segunda interseção entre o pragmatismo de James e sua psicologia introspectiva, apesar de crucial, é estranhamente ignorada nos comentários sobre James. Com muita frequência, seu pragmatismo é tratado como sendo duas teorias, uma do significado e outra da verdade, e elas são avaliadas, por assim dizer, por si mesmas. Mas, para James, a revisão pragmática dos conceitos de verdade ("funcionalidade") e significado ("valor prático") não representava um fim em si mesma, mas apontava, em vez disso, para aquilo que ele chamava de "o *método* pragmático". Que tipo de método? Tal método é de fato uma técnica para a tomada de decisões, para concordar voluntariamente com *p* em vez de *q*, especialmente quando se carece de evidências irresistíveis seja a favor de *p* ou de *q*.

---

[8] Para argumentos adicionais nesta linha, ver minha introdução a *The Principles of Psychology, The Works of William James* (Cambridge: Harvard University Press, 1981), p. xxvii ss.; e Myers, 1986a, 346 ss.

Uma das mais notáveis formulações dessa ideia ocorre no *Pragmatism* de James. "Desejo agora falar sobre o *método pragmático*. O método pragmático é principalmente um método de resolver disputas metafísicas que de outro modo poderiam ser intermináveis. O mundo é uno ou múltiplo? – Fadado ou livre? – Material ou espiritual? ... as disputas acerca de tais noções são intermináveis. O método pragmático nestes casos é tentar interpretar cada noção mediante o traçado de suas respectivas consequências práticas. Que diferença faria praticamente para alguém se esta noção em vez daquela fosse verdadeira? Se não fizer nenhuma diferença prática... toda a disputa é ociosa" (*P*, 28). O que é frequentemente ignorado é o papel utilitário desempenhado pelos conceitos pragmáticos de significado e verdade de James a serviço do método pragmático. Será que somos livres ou determinados? Podemos debater isso para sempre. Como podemos nos libertar e adotar uma crença em uma direção ou em outra? Após determinar em termos de valor prático os significados de "livre" e "determinado" e descobrir (talvez através de experimentos na imaginação) o que significaria para nós "praticamente" se um lado do debate fosse verdadeiro em detrimento do outro, poderíamos então *decidir* em que acreditar. Como se sabe, as bases do próprio James para a decisão eram altamente pessoais ou idiossincráticas. Em tais casos, insistia ele, você tem o direito de escolher o lado cujas consequências parecem praticamente "melhores" que as do outro lado, do seu ponto de vista. No passado, consequentemente, chamei isso de pragmatismo *subjetivo*, um rótulo que também serve para distinguir o pragmatismo de James dos pragmatismos de Dewey e Peirce (Myers, 1986a, 279-281).

Decidir quais consequências de proposições opostas são praticamente "melhores" era para James uma questão de decidir quais são psicologicamente preferíveis, e, dado que determinar isso nos tipos de casos contemplados por ele é algo expressamente subjetivo, não há como evitar o envolvimento da introspecção no processo. Anos antes de advogar oficialmente o pragmatismo, James já exibia sua adoção; sinais dela apareciam, por exemplo, ao longo dos *Principles*. Que o pragmatismo tenha emergido de sua psicologia introspectiva é indicado em sua afirmação nos *Principles*: "*A teoria que será mais geralmente acreditada será aquela que, além de nos oferecer objetos capazes de explicar satisfatoriamente nossa experiência sensível, oferecer também aqueles que são mais interessantes, aqueles que detêm um apelo mais urgente para nossas necessidades estéticas, emocionais e ativas*" (*PP*, 2:940).

Se essa tese de James for um pouco restringida, ela poderá então ser recomendada como um princípio regulador para o filosofar contemporâneo. Deve-se acrescentar que a introspecção (tanto como observação quanto como retrospecção) é frequentemente necessária para se decifrar o que "realmente" detêm apelo para as necessidades estéticas e emocionais de alguém; o reconhecimento das necessidades de alguém ou do que detêm apelo para elas não precisa ocorrer automática ou abruptamente em um momento de tipo "Eureka!". Os atos de notar ou registrar os sentimentos, somados à paciente introspecção na forma de autointerrogação e diagnose, precedem os veredictos confiantes de um indivíduo acerca de suas próprias necessidades estéticas, emocionais, conceituais e morais.

Isso sugere um restrição adicional a ser imposta à tese de James, a saber, que as crenças de um indivíduo sejam baseadas apenas (presumindo-se que as considerações de verdade e evidência tenham sido satisfeitas tão bem quanto as circunstâncias permitirem) naquilo que ele acredita que *deva* ter apelo para aquelas necessidades que *devam* ser favorecidas. Assim restringida, a importância da introspecção como um processo de autodiálogo que busca estabelecer a sinceridade, a compreensão de propósitos e motivações, e a honestidade nas alegações de conhecimento é ainda mais proeminente.

É claro que o processo introspectivo não ocorre no vazio, mas em um contexto onde numerosos fatores, especialmente argumentos filosóficos, estabelecem a agenda. O trabalho do filósofo, como frequentemente se diz, é encontrar e seguir o argumento certo aonde quer que este conduza, e isso exige acuidade e probidade intelectuais, portanto esqueçam as travessuras introspectivas! Mas o problema aqui é a inconclusividade endêmica dos argumentos filosóficos. Não apenas os debates sobre questões metafísicas do tipo que ocupou James ao longo de sua carreira, mas todos os debates atuais – sobre o aborto, a pena de morte, as guerras justas, as responsabilidades profissionais, bem como sobre o fisicalismo, o essencialismo, o realismo e assim por diante – são inconclusivos. Se o resultado pretendido é uma decisão ou escolha responsável de crenças, não resta alternativa a não ser a intromissão do elemento *pessoal*, para pesar os argumentos, mas também as relações especiais (possivelmente comprometedoras) que possam existir entre eles e o próprio indivíduo. No espírito do pragmatismo subjetivo de James, argumentei aqui que a introspecção, conforme esboçada anteriormente, é frequentemente uma condição necessária para conclusões proferidas com responsabilidade.

Conforme minhas reflexões me dizem, o único tipo de pragmatismo que pode se ligar higienicamente a esta assim chamada era pós-moderna é o pragmatismo jamesiano, enraizado na psicologia introspectiva. Ouvimos muito acerca da filosofia como conversação, mas quase nada acerca da filosofia como uma conversa consigo mesmo. Em uma época em que o ceticismo, o relativismo, o antifundacionismo e a morte do autor ou do eu anuviam o horizonte filosófico, a mais fina ironia é que um novo senso de *si mesmo* é necessário para que o indivíduo encontre seu caminho. Pensar e agir hoje em dia requer um ego suficientemente intacto para construir – para si mesmo, de qualquer modo – um tipo de centro ou fundamento a partir do qual e pelo qual as prioridades intelectuais, morais e estéticas sejam desenvolvidas. A construção de um centro interior de convicções que permita uma hierarquia de crenças e valores, escapando desse modo ao niilismo, será inevitavelmente um processo intensamente introspectivo.

2 A consciência vista por um pragmatista

Owen Flanagan

Introdução

É claro que não há uma maneira única de um pragmatista enxergar a natureza e a função da consciência humana. Estarei preocupado neste ensaio com a maneira como William James entendia a consciência. As lutas de James com o problema da consciência fornecem, creio eu, um irresistível exemplo do método pragmático em ação – o método de tentar manter em jogo, de uma só vez, todas as coisas em que precisamos acreditar. Essa não é uma tarefa fácil, uma vez que as coisas em que precisamos acreditar normalmente representam as necessidades de diferentes aspectos da vida humana, de diferentes práticas humanas. Haverá coisas em que precisamos acreditar a fim de fazer psicologia, de viver moralmente, de tornar a vida significativa e assim por diante. E não há nenhuma garantia de que as coisas em que achamos que precisamos acreditar não competirão entre si. De fato, o ato de permitir, e mesmo o de apreciar a competição entre diferentes crenças, a constante alternância, revisão e dissipação das aparências de inconsistências, a refinação e a reunião das várias partes de uma visão de mundo que funciona, que faz sentido – tanto sentido quanto se pode fazer do aqui-e-agora – é o que torna James uma figura tão irresistível. Sua maneira de agir é tão visível em seu trabalho sobre a consciência quanto em qualquer outra parte de sua filosofia.

O pragmatismo é um método para fazer o que mais importa: encontrar uma maneira de acreditar, pensar e ser que torne a vida significativa, que torne a vida digna de ser vivida, no sentido mais amplo possível. O pragmatismo envolve antes e acima de tudo as virtudes intelectuais da honestidade e da humildade.

Pluralismo e pontos de vista

James questionou a aspiração filosófica de encontrar uma única maneira de ver o mundo e insistiu, ao longo de sua obra, que a experiência resiste à análise unificadora redutiva. No prefácio a *The Will to Believe and Other Essays in Popular Philosophy* ["A vontade de crer e outros ensaios em filosofia popular"], ele escreve:

> Depois que tudo que a razão pode fazer tenha sido feito, permanece ainda a opacidade dos fatos finitos meramente dados, com a maioria de suas peculiaridades mutuamente não mediadas e não explicadas. Até o fim, há vários "pontos de vista" que o filósofo deve distinguir ao discutir o mundo... Aquele que toma como hipótese a noção de que [o pluralismo] é a forma permanente do mundo é o que eu chamo de empirista radical. Não há nenhum ponto de vista possível a partir de qual o mundo possa aparecer como um fato absolutamente único. Possibilidades reais, indeterminações reais, começos reais, fins reais, mal real, crises, catástrofes e fugas reais, um Deus real e uma vida moral real, exatamente como o senso comum concebe estas coisas, podem permanecer no empirismo como concepções que aquela filosofia desiste de tentar "superar" ou reinterpretar de forma monista[1] (*WB*, viii-ix).

O compromisso com o pluralismo envolvia para James um compromisso com a existência de diferentes pontos de vista que servem a diferentes propósitos. Segue-se daí que não seremos capazes de compreender as visões de James acerca da consciência sem prestar séria atenção ao ponto de vista a partir do qual ele fala.

---

[1] Pode-se pensar que um traço característico do pragmatismo é que ele resistirá a qualquer visão totalizante – naturalista ou não naturalista. Em outras palavras, pode-se pensar que o pragmatismo será pluralista no sentido que James descreve na passagem acima. Mas eu não acho que isso esteja correto, uma vez que Dewey e Quine são pragmatistas e são ao mesmo tempo completos naturalistas, ao passo que Goodman e Hilary Putnam são pragmatistas que são pluralistas.

Não-naturalismo

No passado, eu pensava que essa ênfase nos pontos de vista me permitia oferecer uma leitura da teoria da consciência de James baseada unicamente em *The Principles of Psychology* ["Os princípios da psicologia"] e em *Psychology: The Briefer Course* ["Psicologia: o curso breve"], ambos escritos do ponto de vista do psicólogo empírico. Segundo essa leitura, a teoria da consciência de James envolveria um naturalismo consistente e de longo alcance. Passei a enxergar que isso não pode ser feito. Há partes da filosofia de James como um todo que requerem que ele resista ao naturalismo, e mesmo os textos escritos do ponto de vista da "psicologia como uma ciência natural" não podem, sem uma boa dose de malabarismo interpretativo, receber uma leitura naturalista consistente.[2] O que pode ser estabelecido, no entanto, é que James sempre esteve buscando uma maneira de se livrar do dualismo de substâncias, um dualismo que ele ambivalentemente adotou para propósitos metodológicos nos *Principles*, mas do qual eventualmente escapou nos *Essays in Radical Empiricism* ["Ensaios em empirismo radical"]. Mas mesmo no capítulo "Stream of Thought" ["Fluxo do pensamento"], escrito em 1884 – e, portanto, uma das primeiras peças do projeto monumental que se tornou os *Principles* – vemos ampla evidência de que James estava lutando contra o dualismo de substâncias antes de completar o livro no qual ele provisoriamente assumia esta mesma forma de dualismo.

Para provar minha afirmação, discuto o que me parecem ser diversos textos à primeira vista inconsistentes, dedicados à discussão da consciência. Os textos são o par *Principles of Psychology* e sua versão mais curta e

---

[2] Sou grato a W. E. Cooper (1990) por uma excelente e decisiva crítica de minha tentativa de fornecer uma leitura naturalista consistente, mesmo das obras puramente psicológicas. O ensaio de Cooper é cheio de introvisões acerca da dificuldade de interpretar a teoria de James sobre a mente. Segundo Cooper, não apenas minha própria leitura naturalista precisa ser corrigida, mas também as leituras baseadas no panpsiquismo, no monismo neutro, e as leituras protofenomenológicas. Sou extremamente grato a ele por seu ensaio extremamente paciente, pensativo e erudito.

um pouco diferente, *Psychology: The Briefer Course*, publicados em 1890 e 1892, respectivamente; os ensaios escritos entre o início dos anos 1880 e a metade dos anos 1890 e reunidos em *The Will to Believe and Other Essays in Popular Philosophy*, que foi publicado em 1897; a conferência de 1898 sobre "Human Immortality" ["Imortalidade humana"]; e os ensaios "Does Consciousness Exist?" ["A consciência existe?"] e "A World of Pure Experience" ["Um mundo de experiência pura"], escritos em 1904 e reunidos postumamente nos *Essays in Radical Empiricism*. Algumas das passagens que são à primeira vista inconsistentes ocorrem, como acabo de sugerir, nos próprios *Principles*, de modo que o problema interpretativo não ocorre simplesmente entre diferentes textos, mas também dentro deles.

Incoerência textual?

A inconsistência que à primeira vista ocorre entre os textos é fácil de enxergar. Nos *Principles*, James escreve que a psicologia é a ciência das "mentes humanas finitas" (*PP*, 1:v) e que "*a observação introspectiva é aquilo em que devemos apoiar-nos primeiro, e acima de tudo, e sempre*. A palavra introspecção dificilmente precisa ser definida – ela significa, é claro, o ato de olharmos para o interior de nossas próprias mentes e relatar o que descobrimos ali. *Todos concordam que ali descobrimos estados de consciência*" (*PP*, 1:185).

Nos ensaios reunidos em *The Will to Believe and Other Essays in Popular Philosophy*, o tema dominante é que a crença na liberdade da vontade – a liberdade da vontade conscientemente orquestrada – é necessária para tornar a vida significativa, ao passo que nos *Principles* aprendemos que a psicologia deve assumir o determinismo.

Na conferência sobre "Human Immortality", publicada em 1898, James sugere que assumamos que "*o pensamento é uma função do cérebro*" (*ERM*, 81). Em seguida, ele passa a argumentar que essa assunção não cria nenhum obstáculo para a doutrina de que nosso eu consciente "pode ainda continuar quando o próprio cérebro estiver morto" (*ERM*, 82). Com efeito, uma ciência das mentes humanas finitas, que assume que a consciência é funcionalmente ligada ao cérebro, é compatível com a tese de que depois que a ligação funcional entre o cérebro e a consciência deixa de existir devido à morte corporal, a consciência pode continuar a existir por toda a eternidade.

Finalmente, no artigo "Does Consciousness Exist?", publicado catorze anos após os *Principles* e oito anos após a conferência sobre "Human Immortality", James escreve: "[Consciência] é o nome de uma não-entidade e não possui lugar correto entre os primeiros princípios. Aqueles que ainda se apegam a ele estão apegando-se a um mero eco, o débil rumor deixado para trás pela 'alma' em desaparecimento, no ar da filosofia" (*MEN*, 169).

Mudando de ideia?

Tomar estas passagens em seu sentido manifesto sugere que a tática mais sábia pode ser simplesmente afirmar que James mudou de ideia acerca da consciência ou que ele foi inconsistente. A consciência é o dado primário nos *Principles*, mas é reduzida a nada nos *Essays in Radical Empiricism*. A psicologia assume o determinismo, mas a filosofia moral requer o livre-arbítrio – uma afirmação feita não apenas na maioria dos ensaios de *The Will to Believe*, mas também no *Psychology: The Briefer Course* de 1892.

Nos *Principles*, a consciência é uma propriedade de mentes finitas com cérebros, mas pode existir sem o cérebro de acordo com a visão enunciada em "Human Immortality". Finalmente, a imortalidade pessoal, que envolve minha existência continuada como um eu consciente desencarnado, parece exigir a assunção de que a consciência existe. Na obra posterior, essa assunção é vista como dependente da tola aderência a um postulado injustificado – a *Consciência* – "um mero eco, o débil rumor deixado para trás pela 'alma' em desaparecimento, no ar da filosofia".

Estes são alguns dos problemas interpretativos. Resistirei à tática de argumentar que James mudou fundamentalmente de ideia sobre a natureza e a função da consciência ou que ele foi simplesmente inconsistente. Se pude ou não ter sucesso em fornecer uma leitura não naturalista coerente é algo que resta ao leitor julgar.

A Psicologia

No "Prefácio" aos *Principles* James escreve:

> Mantive-me próximo ao ponto de vista da ciência natural ao longo do livro... Este livro, assumindo que pensamentos e sentimentos existem e são veículos de conhecimento, por esse motivo sustenta que a psicologia, quando houver determinado a correlação empírica dos vários tipos de pensamento ou sentimento com as condições definidas do cérebro, não pode ir mais adiante – isto é, não pode ir mais adiante como ciência natural. Se vai adiante, ela se torna metafísica (*PP*, 1: v-vi).

O primeiro ponto a ser notado é que o ponto de vista da ciência natural, no caso da psicologia, não é um ponto de vista no qual a consciência *é* um processo cerebral. A consciência é correlacionada com certos processos cerebrais. O segundo ponto no qual desejo insistir é este: para James, como para filósofos contemporâneos, tais como John Searle e Galen Strawson, o problema da relação entre mente e corpo *é* o problema da relação entre consciência e cérebro. Isso é porque o significado de "mental" envolve essencialmente a ideia de experiência. Quando descrevemos como "processos mentais" os processos visuais inconscientes, ou os processos que nos levam do pensar à realização de atos de fala que expressam nossos pensamentos, isso é um tipo de cortesia linguística, semelhante a chamar um menino de "rapaz". O processamento visual inconsciente é "mental" apenas no sentido de que tem lugar em ou sobrevém a processos cerebrais, e tem alguma relação interessante com a experiência visual consciente. Fazer com que o aparato vocal produza a fala envolve indubitavelmente um conjunto complexo de processos neurais, e tipicamente o ato de um indivíduo dizer o que tenciona envolve a consciência do início e do fim do processo. Mas não temos nenhuma ideia de como acontece o ato de dizermos o que pretendemos.

Além disso, não há nada semelhante a um Inconsciente Freudiano nos *Principles* – de fato, a possibilidade, quando cogitada, é rejeitada. E embora casos de mentes dissociativas e desunificadas sejam discutidos, bem como casos de cegueira histérica, nos quais, por exemplo, a paciente insiste que não vê nada, enquanto a evidência mostra que ela está vendo algumas coisas em seu campo visual, todos estes casos são explicados em termos daquilo que James chama de "consciência secundária" – uma variação sobre o tema, e não algo inconsciente.

Pelo menos uma coisa é certa: quando James está preocupado com o problema da relação entre mente e corpo nos *Principles*, ele está preocupado com o problema da consciência – sua natureza, função e relação com o cérebro e com o resto do corpo.

Há diversas visões deflacionárias sobre a relação entre mente e corpo que são rejeitadas por James. Aquela que ele chama de "teoria do autômato" ocorre em duas versões: uma versão epifenomenalista e uma versão paralelista.

O epifenomenalismo é a teoria de que a vida mental consciente é um subproduto causalmente inconsequente, ou um efeito colateral, de processos físicos em nossos cérebros. James cita a surpreendente versão do epifenomenalismo de Huxley:

> A consciência dos brutos parece estar relacionada ao mecanismo de seu corpo simplesmente como um produto colateral do funcionamento deste, e carecer completamente de qualquer poder de modificar esse funcionamento, assim como o apito de vapor que acompanha o trabalho de um motor de locomotiva não tem nenhuma influência sobre seu maquinário. Sua volição, se eles possuem alguma, é uma emoção *indicativa* de mudanças físicas, e não uma *causa* dessas mudanças... A alma está para o corpo como a campainha de um relógio está para as engrenagens, e a consciência corresponde ao som que a campainha produz quando soa... segundo meu melhor julgamento, a argumentação que se aplica aos brutos serve igualmente para os homens... Nós somos autômatos conscientes (*PP*, 1:131).

James refere-se adequadamente à posição epifenomenalista como sendo a visão do "espectador inerte" em relação à mente.

A posição epifenomenalista é implausível, se não incoerente. Primeiro, assumindo que o epifenomenalismo é proposto como uma resposta ao problema de interação que assola o dualismo cartesiano clássico, ele mina seu próprio motivo, que é o de impedir a interação de tipos metafísicos distintos, ao permitir a interação causal entre o corpo e a mente em uma direção. Na visão epifenomenalista, os estados mentais conscientes são o resultado causal de certos processos físicos – isto é, os estados mentais conscientes são efeitos colaterais terminais de processos biológicos. O epifenomenalista, no entanto, não fornece nenhuma razão inteligível quanto ao porquê de a causalidade na direção corpo/mente ser menos problemática ou preocupante que na direção mente/corpo.

Alternativamente, se realmente levamos a sério a analogia do motor de locomotiva e do apito de vapor, não temos nenhuma razão para pensar sobre estados mentais conscientes em termos imateriais, antes de mais nada. O barulho de um apito de vapor é, no fim das contas, um processo inteiramente físico. Mas se não estamos sob nenhuma pressão para pensar sobre estados mentais conscientes em termos não físicos, então não temos nenhum problema de interação com que nos preocupar, e o epifenomenalismo perde seu apelo como solução para *esse* problema.

Além disso, tão logo notamos que a posição epifenomenalista é compatível com a possibilidade de a consciência ser um processo físico envolvendo aquilo que hoje chamaríamos de algum tipo de relação de superveniência, tal posição perde seu lugar como uma solução distintiva para o problema da relação entre mente e corpo. Ela torna-se simplesmente, em vez disso, uma posição teórica particular acerca da relativa *eficácia causal* dos diferentes componentes e processos físicos que formam uma pessoa. Segundo essa interpretação, o epifenomenalismo é a tese de que a vida mental consciente tem, para com a pessoa como um todo, a mesma relação incidental que o apito de vapor tem com o motor da locomotiva.

Para James, uma tal visão parece altamente implausível em bases, como ele diz, "de senso comum". Toda a evidência aponta para a vida mental consciente como sendo mais análoga ao motor a vapor, que provê de movimento a locomotiva e produz o vapor, do que ao barulho exótico, mas terminal, do apito. James insiste que o epifenomenalismo é uma "*impertinência injustificável no presente estado da psicologia*" (*PP*, 1:138).

Contra o epifenomenalista, James reúne a evidência de senso comum de que nós frequentemente parecemos realizar aquilo que de fato intentamos mentalmente. Ele então associa essa evidência à teoria evolutiva, argumentando que é "inconcebível que a consciência não tenha *nada a ver* com uma atividade à qual ela se dedica tão fielmente". E a questão "o que ela tem a ver?" é uma questão que a psicologia não tem nenhum direito de "superar", pois é seu claro dever considerá-la (*PP*, 1:136). James, no entanto, imediatamente acrescenta que "toda a questão da interação e influência entre as coisas é uma questão metafísica acerca da qual somos inteiramente desprovidos de conhecimento".

O segundo tipo de "teoria do autômato" é o paralelismo com uma agenda eliminativista. James descreve essa posição da seguinte maneira:

> Se conhecêssemos inteiramente o sistema nervoso de Shakespeare, bem como todas as suas condições ambientais, deveríamos ser capazes de mostrar por que em certo período de sua vida a mão dele veio a traçar em certas folhas de papel aquelas pequenas marcas ilegíveis que nós, para sermos breves, chamamos de manuscrito do *Hamlet*. Deveríamos compreender... tudo isso sem admitir, mesmo no menor grau, a existência de pensamentos na mente de Shakespeare. [Mas], por outro lado, nada disso poderia impedir-nos de fornecer um relato igualmente completo da... história espiritual de Shakespeare, um relato no qual o brilho do pensamento e da emoção deveria encontrar seu lugar. A história mental correria paralelamente à história corporal de cada homem, e cada ponto de uma corresponderia a, mas não reagiria sobre, um ponto da outra (*PP*, 1:136-137).

Esse tipo de paralelismo é logicamente idêntico ao tipo de paralelismo que nos é familiar a partir dos escritos de Leibniz e Malebranche. Mas Leibniz e Malebranche propuseram suas versões um pouco diferentes da doutrina em uma tentativa de resolver o problema da interação entre os dois tipos metafísicos distintos exigidos pelo cartesianismo, mantendo ao mesmo tempo o primado metafísico e explicativo da explicação mentalista.

O tipo de paralelismo que James toma como alvo enxerga a possibilidade de histórias mentais e físicas paralelas, mas distintas, como justificando a eliminação da história mental do campo da ciência.

Por que alguém favoreceria a eliminação da história mentalista? Os fenômenos mentais são metafisicamente fantasmagóricos, ontologicamente ortogonais à perspectiva materialista dominante no restante das ciências naturais, e portanto dignos de serem eliminados. Ademais, a parcimônia favorece a eliminação de uma das duas histórias, supondo-se que ambas tenham igual poder explicativo, especialmente quando uma delas é metafisicamente esquisita.

Como faz com todas as posições acerca do problema mente/corpo, James reconhece que o paralelismo não pode ser diretamente provado ou refutado. Mas o paralelismo tem diversos aspectos preocupantes. Primeiro, há o pertinaz problema do porquê da existência destas duas cadeias de eventos absolutamente independentes, mas paralelas – sendo este, ele próprio, um estado de coisas metafisicamente estranho. Não menos estranho, afinal, do que se os dois tipos metafisicamente distintos interagissem. Segundo, há o enigma de como as duas cadeias mantêm sua perfeita simetria. A única resposta decente jamais proposta para essa questão na literatura filosófica foi uma resposta teológica: Deus orquestra a simetria paralela com perfeição – seja ao colocar os fluxos físico e mental em harmonia no início do nascimento ou criação (Leibniz), seja ao manter a harmonia a cada instante (Malebranche). O primeiro tipo de paralelismo pode ser apelidado de "paralelismo deísta", e o segundo, de "paralelismo panteísta".

Talvez o paralelismo evite o problema da interação. Ainda assim, mesmo quando Deus é invocado, parece que o paralelismo deve ser uma doutrina determinista. Deus realiza todo o trabalho de manter os eventos corpóreos e os eventos mentais em harmonia, e tanto o caminho mental quanto o corpóreo parecem ser à primeira vista deterministas. Não é como se eu alguma vez *escolhesse* realmente qualquer sequência de atos ao longo do caminho mental ou alguma vez *escolhesse* realizar quaisquer movimentos corporais.

Deixando o determinismo à parte, mesmo supondo que pudesse haver duas histórias absolutamente distintas acerca da escrita do *Hamlet* de Shakespeare, sendo uma delas a história da sequência mental e a outra a sequência coordenada de movimentos corporais, esse fato dificilmente favoreceria a eliminação da história mental. A razão é simples. As duas histórias não explicam os mesmos fenômenos. A eliminação do relato mental da composição do *Hamlet* de Shakespeare elimina algo fundamental que necessita de explicação, a saber, o caráter intencional da produção do *Hamlet* por Shakespeare e nossa apropriação intencional da peça escrita como sendo sobre aquilo a que ela se refere. Certamente, de um ponto de vista físico, essa peça chamada *Hamlet* é apenas uma série de marcas de tinta em um papel, mas para Shakespeare e para nós ela é uma história, um objeto intencional significativo. Qualquer análise de um ato humano significativo construída completamente com base nas linguagens das ciências naturais, incluída a neurociência, falhará em capturar certos fatos relacionados ao sentido e à significância daquele ato. Uma ciência da mente pode muito bem exigir níveis diferentes de descrição, alguns intencionais, outros não, a fim de responder a diferentes questões explicativas. Mas mesmo a partir de assunções paralelistas, a cadeia de eventos puramente física dificilmente explica a mesma coisa que a cadeia mental.

Para James, a falha fundamental do paralelismo é ainda mais profunda. Ela é a mesma falha que a do epifenomenalista, a saber, a evidência a favor da interação é esmagadora. É simplesmente implausível demais assumir que a decisão de Shakespeare de escrever uma peça não tenha estado causalmente relacionada com seu ato de pegar a pena, mas em vez disso que os dois eventos – a decisão de escrever uma peça e os movimentos de sua mão sobre o papel – simplesmente coincidiram por acaso!

Dewey ("The Vanishing Subject", 1940) afirmou que o próprio James foi um paralelista. Mas o paralelismo de James e seu compromisso com aquilo que ele chamou de "harmonia preestabelecida" entre Sujeito e Objeto é, segundo meu melhor discernimento, epistêmico e não metafísico, ou possivelmente uma confusa mistura dos dois. O "dualismo completo" que James insiste ser o ponto de partida do psicólogo envolve, em primeiro lugar, uma distinção entre o organismo conhecedor e as coisas que ele conhece. Depois de citar uma longa passagem de Borden Parker Browne, na qual os dados sensíveis são introduzidos como um intermediário entre o sujeito conhecedor e as coisas do mundo, James faz a estranha e textualmente singular asserção sobre a necessidade de assumir um "dualismo de Sujeito e Objeto e a harmonia preestabelecida de ambos" (*PP*, 1:218-221). Estas palavras invocam o espectro do paralelismo. Mas no contexto, afirmo que a melhor interpretação é que James estava pensando aqui na "harmonia preestabelecida" como envolvendo as ligações geralmente bem coordenadas entre o conhecedor e o conhecido, o fato de que o mundo de algum modo evoluiu para colocar os elementos relacionados e metafisicamente distintos – mente, cérebro e mundo exterior – em relações tais que "intencionar" e "conhecer" possam ocorrer.

James frequentemente argumenta que devemos assumir que para cada evento mental existe um correlato cerebral. Mas essa doutrina não requer a defesa de nenhuma forma tradicional de paralelismo. Por certo, as correlações são brutas e não fornecem nenhuma garantia para a identificação do mental com o neural – como, por exemplo, algum tipo de teoria de identidade ou teoria de duplo aspecto poderia fazer. Não obstante, eventos mentais e eventos neurais interagem em ambas as direções. Minha visão de você será correlacionada com o evento neural n, ambos no tempo t; mas se, quando eu vejo você, decido então lhe contar um boato, essa decisão em t_1, que também terá seu correlato neural em t_1, precederá temporalmente meu ato de fala que será causado por ela em t_2.

Nos *Principles*, James também considera uma *Teoria do Homúnculo Mestre*, um tipo de modelo da consciência como diretor-geral. Esse modelo ocorre em duas versões: uma versão materialista e uma espiritualista. A versão materialista propõe que existe "entre as células uma célula central ou pontifical à qual nossa consciência está atrelada" (*PP*, 1:179).

James objeta a essa tática materialista descarada de alegar a existência de uma localização física para nossas obras-primas mentais com base no argumento de que não há absolutamente nenhuma evidência física de que exista algum local desse tipo no cérebro. "Não há nenhuma célula ou grupo de células no cérebro que tenha tal preeminência anatômica ou funcional a ponto de parecer ser a chave ou o centro de gravidade do sistema como um todo" (*PP*, 1;180).[3]

---

[3] Caso alguém esteja se perguntando, isso é verdadeiro. Nenhum neurocientista respeitável está procurando por algum "Trono Sagrado" no tecido cerebral (o que, por falar nisso, é diferente de procurar por padrões neurais característicos que possam servir às experiências conscientes – essa é mais ou menos a situação no momento em que escrevo).

Está à espera, é claro, nosso velho amigo, o cartesiano, que sustenta o que James chama de "teoria da mônada espiritual". Ele sustenta que toda teoria da mente remotamente plausível requer a existência de um Homúnculo Mestre que compreenda e orquestre os funcionamentos do sistema cognitivo. O cartesiano insiste, uma vez que não há nenhuma evidência de que esse Homúnculo Mestre esteja localizado no quilo e meio de matéria cinzenta entre nossas orelhas, que somos logicamente compelidos a assumir que ele existe não fisicamente – como uma *alma* ou *substância pensante* imaterial.

James é bastante atraído pela visão da mônada espiritual, embora ele enxergue maneiras pelas quais o psicólogo pode evitar comprometer-se com ela. Primeiro, o cartesiano não é capaz de produzir nenhuma evidência empírica direta a favor de sua hipótese imaterialista. Portanto, sua teoria deve ter uma forte justificativa intuitiva, introspectiva e fenomenológica, ou deve ter a lógica e a parcimônia a seu lado. Mas James insiste que ela não tem a primeira, uma vez que não apreendemos introspectivamente uma *alma* cartesiana – e menos ainda um *puro ego imutável*. Em vez disso, apreendemos pela introspecção nosso eu cotidiano ordinário, pensando. Assim, o cartesianismo falha no teste introspectivo que seria esperado como sua principal justificativa.

E quanto à justificativa com base na lógica e na parcimônia? Não surpreendentemente, dado o que foi dito até aqui, James elimina as preocupações corriqueiras acerca da interação entre dois tipos de substâncias metafisicamente diferentes, seguindo Hume, com base no argumento de que toda causalidade é metafisicamente misteriosa (*PP*, 1:181).

James escreve: "o único problema que resta a nos assombrar é o problema metafísico de entender como um tipo de mundo ou coisa existente pode afetar ou influenciar outro. Esse problema, no entanto, uma vez que ele existe no interior de ambos os mundos, e não envolve nem a improbabilidade física nem a contradição lógica, é relativamente pequeno. Confesso, portanto, que postular uma alma influenciada de alguma maneira misteriosa pelos estados mentais e respondendo a eles mediante afecções conscientes pertencentes a ela própria me parece a linha de menor resistência lógica, até onde pudemos chegar" (*PP*, 1:181). Mas novamente James nos lembra de que de fato não experienciamos uma "alma", mas apenas estados de consciência. Acreditar em uma alma que orquestra a vida mental e corpórea é uma opção, mas a psicologia pode, para seus propósitos, ser capaz de se arranjar com menos.

Essa sugestão é desenvolvida no capítulo "Stream of Thought" ["Fluxo do pensamento"], que foi escrito em 1884, embora não publicado nos *Principles* até 1890. Neste capítulo e no seguinte, "The Consciousness of Self" ["A consciência de si"], James diz que os próprios pensamentos são os pensadores. Eu sou uma criatura cognitiva ou, se essa é uma maneira muito materialista de colocar as coisas, sou uma coisa pensante unificada. Isso é suficiente para explicar por que eu tenho minhas próprias experiências, e não as suas. O pensar ou o experienciar são atividades poderosamente apropriativas. Assim, meu pensamento agora transmite seu passado a si próprio, um passado que dá ao meu pensamento textura, riqueza e significado. Além disso, fui levado a construir conceitos de "mim", "eu mesmo" e "eu". Estas são maneiras úteis de me conceber ou conceber o-que-está-acontecendo-aqui, ou conceber diferentes maneiras de o fluxo da consciência apropriar-se de si mesmo a partir de diferentes perspectivas. Mas o que estes pronomes assinalam não é uma mente cartesiana substancial, nem um ego transcendental kantiano, mas este organismo metafisicamente complexo, este sujeito da experiência, apropriado de diferentes maneiras reflexivas. Estes temas a respeito da qualidade construtiva dos pronomes, das diferentes maneiras de conceber o eu (em termos corporais, psicológicos ou sociais), da ideia de que a consciência é uma entidade, e das distinções entre estados físicos e mentais, são a chave para os escritos posteriores acerca do monismo neutro.

Nós temos experiências que depois categorizamos e analisamos. Sobre que bases nós categorizamos e analisamos? Com base nas interações humanas reveladas nas linguagens que aprendemos, no prévio senso comum e no filosofar – algumas com uma força histórica mundial por trás de si, e algumas que são provocadas por nosso tempo e lugar, por nossa situação única no mundo.

Evolução

Pode-se pensar que ler James como um não naturalista, como um dualista de algum tipo, é algo que entra em conflito (algo, de fato, incompatível) com seu darwinismo. Parece correto pensar que o comprometimento de James com a teoria da evolução de Darwin exigia que ele fornecesse uma teoria da natureza e função da vida mental consciente que explicasse como ela podia ser a característica adaptativa e causalmente eficaz que ele pensava que ela era. Mas pode parecer que a visão de James nos *Principles*, a visão de que a consciência é imaterial, seja incompatível com o darwinismo. Pode haver maneiras de evitar esse problema, mesmo considerando a forma como o darwinismo se desenvolveu em nossa época. Deixem-me explicar. A natureza seleciona o que ela pode ver. O que ela vê é o sucesso reprodutivo. Os organismos reprodutivamente bem-sucedidos conseguem passar adiante suas características, o que resulta em um incremento da frequência dessas características que levam ao sucesso. Agora, se o *Homo sapiens* chegou a desenvolver a singular e estranha capacidade de "forçar os dados", de selecionar cursos de ação por meio da vontade consciente, de transmitir informações de eventos importantes para si e para os outros, então ele se dará bem na luta pela sobrevivência. Mas aqui alguém pode pensar que o seguinte problema se mostrará insuperável: precisamos entender o processo da transmissão e manutenção da consciência no interior da espécie. A natureza não vê a consciência. Ela não pode fazê-lo. Ela vê apenas os efeitos que a consciência confiavelmente produz, e que estão implicados no sucesso reprodutivo. Enquanto a consciência está ligada à produção de efeitos relevantes, não há nenhum problema quanto à existência de pressões seletivas sobre a consciência. Isto é, a menos que a consciência seja imaterial. Hoje em dia, diríamos que, se há genes que são selecionados em favor da consciência e se as criaturas com consciência se comportam de maneiras reprodutivamente bem-sucedidas, então os genes que são selecionados em favor da consciência aumentarão em frequência ou se manterão como uma característica da espécie. O problema é este: como é que a seleção de características fenotípicas, tais como os comportamentos ou características que são pensadas como causadas pela consciência, isto é, pela atenção seletiva

– as capacidades de fazer o que se intenciona, de "forçar os dados" e coisas semelhantes –, seleciona também aquilo que produz estes comportamentos e características, a não ser que aquilo que produz os comportamentos e características seja ligado ao que hoje chamamos de "genes"? As pressões seletivas operam sobre o esperma e os óvulos, e sobre o que pensamos que eles carregam – o material genético.

Embora eu pessoalmente não ache essa resposta atrativa, James pôde manter a imaterialidade da mente e a ideia de que há poderosas pressões seletivas impulsionando-a. Primeiro, há seu sempre pronto argumento sobre nossa fundamental ignorância acerca da causalidade. Nós não sabemos – podemos nunca saber – como a causalidade funciona. Mas se somos dualistas que acreditam na interação do mental e do físico no domínio das relações entre mente e corpo, não há nenhuma incoerência interna na crença de que a evolução também opera sobre o mental e o físico. Ocorre que compreendemos apenas os mecanismos que governa a transmissão física. Mas ou Deus ou nossa ignorância podem ser postos a trabalhar.

Alternativamente, pode-se optar pela teoria comum e puramente fisicalista da seleção e sustentar que certos genes, uma vez em funcionamento, têm como propriedades emergentes a produção de uma mente imaterial que é causalmente eficaz de alguma maneira misteriosa. A aceitação, por parte de James, da doutrina humeana de que toda causalidade é misteriosa dá a ele um grande espaço para operar.

Concluirei esta seção com a seguinte afirmação: nos *Principles*, James era um dualista. Seu dualismo envolvia um comprometimento com a interação entre o mental e o físico. Segue-se que todos os enunciados sobre correlações psicofísicas devem ser tomados, não como apoio para algum tipo de paralelismo, mas sim como envolvendo a crença de que para cada evento mental particular haverá um evento cerebral correspondente (mas provavelmente não o inverso). Finalmente, o tipo de interacionismo dualista que James aceita nos *Principles* é ambivalentemente cartesiano, uma forma ambivalente de dualismo de substâncias. A ambivalência aparece em muitos lugares, especialmente nas passagens dos capítulos "The Stream of Thought" e "Consciousness of Self", nas quais a visão que será adotada posteriormente, a visão de que "a consciência não é uma coisa", começa a se revelar.

Voluntarismo

Uma razão pela qual James não é – de fato, não pode ser – um naturalista tem a ver com seu comprometimento com o voluntarismo. Ou James não entendia o compatibilismo, ou então ele não o respeitava como uma solução para o problema do livre-arbítrio e do determinismo – possivelmente ambos. Para ele, duas opções vivas existiam: uma concepção libertária de livre-arbítrio e o determinismo duro. O que estava em jogo era o sentido da vida, e não apenas as perspectivas para uma psicologia científica. Nesse meio tempo, James insistia que a psicologia científica devia assumir o determinismo.

Quando James diz que a psicologia deve assumir o determinismo, o que exatamente ele quer dizer? Uma coisa que ele certamente pensa é que cada evento mental singular tem um correlato cerebral, possivelmente um com o qual parece ter uma conexão necessária (mais uma vez, tais conexões pressagiam uma "conexão constante" e uma aparente causalidade necessária, mas são, no fundo, misteriosas). Mas em segundo lugar, uma vez que a consciência pode forçar os dados e influenciar a direção da ação corporal, ele deve querer dizer que devemos assumir que quaisquer leis que descrevam essa interação serão deterministas.

Por que pensar assim? Uma possibilidade é que assumir o determinismo pode tornar mais provável a descoberta de qualquer que seja o tipo de generalizações semelhantes a leis que a psicologia possa eventualmente produzir, mesmo que essas generalizações acabem por se revelar não deterministas – isto é, mesmo que o determinismo seja falso. Essa ideia é similar à ideia de que se eu assumir que um dia ficarei rico, pode ser que eu seja mais cuidadoso do que eu normalmente teria sido com meus investimentos, e que dessa maneira eu me torne mais rico do que eu teria sido se não tivesse feito essa assunção, mesmo que eu nunca me torne rico de fato.

Ainda assim, alguém pode questionar a plausibilidade de adotar mesmo a assunção regulativa de que as leis da psicologia, se é que existem, serão deterministas, quando já há na filosofia de James a assunção de que possuímos o livre-arbítrio. Voltando ao exemplo do meu futuro financeiro, parece que estou assumindo que eu poderia tornar-me rico mesmo em uma situação em que tenho razões independentes para crer que ninguém nunca se torna rico. Será que não estou tendo uma atitude estranha, se procuro por algo que sei, por outras bases, que não pode ser encontrado? James não fornece nenhuma resposta a essas perguntas.

Uma possibilidade é que ele pensasse que a psicologia não pode alçar-se por trás da ação conscientemente iniciada; mas que, se ela permitir que suas generalizações comecem com ações conscientemente geradas, ela pode terminar de posse de leis deterministas, ligando a vontade consciente à ação: "Se uma pessoa P conscientemente decide fazer x, ela fará x". À próxima questão: "Por que P decidiu fazer x?", duas respostas se sugerem: "P simplesmente decidiu, foi uma questão de livre-arbítrio"; ou, se isso parece uma obstrução da questão, podemos reportar-nos ao reino das razões que são distintas das causas, para racionalizar a escolha de P, mas não causalmente explicá-la.

Outra possibilidade é que James achasse que o estado da arte era tranquilizador. O tipo de lei mencionado acima será de fato não determinista, trazendo consigo várias cláusulas que não alterariam em nada as anteriores. Enquanto a psicologia não tiver descoberto nenhuma lei, a assunção determinista é realmente regulativa, não constitutiva – de certa forma, acho que isso não poderia ser concebido se a física fosse a ciência em discussão. No epílogo a seu *Psychology: The Briefer Course*, publicado dois anos após os *Principles*, James escreve:

> Quando falamos sobre a "psicologia como uma ciência natural", não devemos assumir que isso significa um tipo de psicologia que se ergue finalmente sobre um terreno sólido. Significa exatamente o contrário; significa uma psicologia particularmente frágil, na qual as águas do criticismo metafísico se infiltram em cada articulação, uma psicologia cujas assunções e dados elementares devem todos ser reconsiderados em relação a conexões mais amplas... é estranho ouvir as pessoas falarem sobre "a Nova Psicologia"... quando não existe o menor vislumbre de introvisão clara acerca dos elementos e forças reais que a palavra abrange. Uma série de fatos crus; um pouco de boato e disputa de opiniões; um pouco de classificação e generalização no nível mais descritivo... mas nem uma única lei no sentido em que a física nos mostra leis, nem uma única proposição a partir da qual alguma consequência possa ser causalmente deduzida... Isso não é nenhuma ciência, é apenas a esperança de uma ciência.

James então repete na última sentença do livro o aviso de que "as assunções da ciência natural das quais partimos são coisas provisórias e sujeitas à revisão" (*PB*, 334-5). A restrição das assunções da ciência natural à descoberta de correlações psicofísicas, nenhuma das quais produziu ainda qualquer lei genuinamente preditiva, explica em parte por que James se sentiu perfeitamente confortável dizendo apenas alguns parágrafos antes:

> A psicologia admite francamente que *para seus propósitos científicos* o determinismo pode ser *afirmado*, e ninguém pode achar nisso uma falha... Mas a ética faz uma contra-afirmação; e o presente autor, por sua vez, não hesita em considerar esta última uma afirmação mais forte, e assume que nossas vontades são "livres"... a assunção determinista da psicologia é meramente provisória e metodológica (*PB*, 328).

Essa passagem é emblemática de certo tipo de movimento característico da filosofia de James. Primeiro, há a ideia de que os pontos de vista podem competir. A inconsistência, no entanto, é evitada ao notar-se a provisoriedade ou a natureza metodológica de certos pontos de vista.

James frequentemente fala como se todos os pontos de vista fossem igualmente parciais, provisórios, relativos a interesses, falíveis e assim por diante. Mas às vezes há um momento em que ele toma o partido da metafísica ou da moral e dá a elas a autoridade final, a última palavra – um ponto em que ele permite que elas afirmem uma visão que não é meramente provisória ou metodológica, mas verdadeira. Segundo, o livre-arbítrio e a consciência são profundamente conectados no pensamento de James, uma vez que a consciência é causalmente eficaz ao exercer a vontade – ela "força os dados". Terceiro, sabemos a partir da obra e da própria biografia de James que ele era obcecado pelo problema da liberdade da vontade. A discussão do livre-arbítrio nos *Principles* (*PP*, 2:572) – "a questão do livre-arbítrio é insolúvel em bases estritamente psicológicas" – entra em ressonância com e de fato quase duplica a linha de argumentação dos famosos artigos de meados dos anos 1880 reunidos em *The Will to Believe*. Ali, James argumenta a partir das premissas de que os argumentos filosóficos contra ou a favor de Deus e do livre-arbítrio são inconclusivos, e que a crença em Deus e no livre-arbítrio contribuem para uma vida significativa, enquanto o ateísmo e o determinismo minam o significado, para chegar à conclusão de que as crenças em Deus e no livre-arbítrio são, afinal, justificadas. No trabalho sobre a imortalidade, James deixa claro que mesmo que um cérebro ou um corpo sejam necessários para que a consciência apareça como ela o faz aos *seres encarnados*, não se segue que a consciência, a identidade e todo o seu conjunto necessitem de um cérebro ou de um corpo. A crença na imortalidade pessoal, assim como a crença em Deus e no livre-arbítrio, são opções para pessoas filosoficamente honestas, tentando encontrar as crenças que sustentarão uma vida significativa.

Não é claro que a posição que James assume acerca dos pontos de vista seja estável. Enquanto a psicologia não contém uma lei preditiva sequer, dificilmente pode-se afirmar que a assunção determinista provisória seja o ponto de vista que melhor captura a natureza de todas as coisas. O que é menos claro é como alguém poderia resistir a dar a essa assunção provisória mais que um peso provisório, se ela funcionasse de modo a produzir uma ciência explicativa e preditiva da mente. Se alguém começa a atribuir mais que um peso provisório ou metodológico a duas visões rivais, é difícil enxergar como esse alguém pode evitar aproximar-se da inconsistência. Essa pessoa certamente se aproximará de algum tipo de dissonância cognitiva.

Minha Alma Imortal

Como indiquei há pouco, James complica ainda mais as coisas na conferência sobre "Human Immortality". Ele escreve:

> Para os propósitos do meu argumento, agora, desejo adotar essa doutrina geral como se ela fosse estabelecida absolutamente, sem nenhuma possibilidade de restrição. Durante essa hora, desejo também que vocês a aceitem como um postulado, quer pensem nela como incontrovertidamente estabelecida ou não; então, peço a vocês que concordem comigo hoje em aderir à grande fórmula psicofisiológica: *O pensamento é uma função do cérebro* (*ERM*, 81).

Ele então pergunta se essa doutrina nos compele logicamente a rejeitar a ideia da imortalidade pessoal, e responde "não". O raciocínio de James requer a distinção entre três tipos de função e, portanto, três diferentes maneiras segundo as quais podemos entender a tese de que "*o pensamento é uma função do cérebro*". Existem, primeiro, funções produtivas, como a que opera quando uma chaleira quente produz vapor. Segundo, existem funções liberadoras ou permissivas. "O gatilho de uma balestra tem uma função liberadora: ele remove o obstáculo que sustenta a corda e permite que o arco retorne a sua forma natural" (*ERM*, 85). Terceiro, existem funções transmissoras. A luz atinge um prisma e cores surpreendentes são transmitidas; um órgão emite sons.

Uma vez feitas as distinções, James diz: "Agora minha tese é esta: que, quando pensamos na lei de que o pensamento é uma função do cérebro, não somos obrigados a pensar apenas em uma função produtiva; *podemos também considerar uma função permissiva ou transmissora*" (*ERM*, 86).

Não afirmo que entendo completamente as distinções, mas na conferência fica claro que James pretende algo semelhante à seguinte proposta. Se todas as funções são "produtivas", então dizer que o pensamento é uma função do cérebro equivale a afirmar que o pensamento não pode existir sem o cérebro. Cérebros produzem pensamentos. Eles são as únicas coisas que produzem pensamentos; e quando o cérebro morre, o pensamento também morre.

Por outro lado, se o pensamento é uma função do cérebro no sentido de que, para os seres encarnados, o cérebro permite e/ou transmite o pensamento, se o cérebro é mais um condutor que um produtor, então não há nenhuma incoerência na ideia de que o pensamento, incluindo o fluxo do pensamento, possa ser (1) de um tipo metafísico diferente do cérebro, que (2) interage com o cérebro enquanto estamos vivos e que (3) absorve e retém, nessa interação, a identidade, a personalidade e as memórias constitutivas, e finalmente (4) pode continuar a ocorrer sem o cérebro.

Tomar a metáfora em sentido literal exige que pensemos em algo desse tipo: ao passo que apenas a água fervente produz vapor, os efeitos prismáticos e a música, apesar de necessitarem de prismas e instrumentos musicais no mundo real, podem possivelmente existir sem aquilo que tipicamente os transmite ou permite que existam.

James escreve: "quando finalmente um cérebro pára de funcionar de todo ou se deteriora, aquele fluxo especial de consciência ao qual ele servia desaparece inteiramente desse mundo natural. Mas a esfera de ser que forneceu a consciência ainda estaria intacta; e naquele mundo mais real, com o qual ela era contínua mesmo enquanto estava aqui, a consciência pode ainda, de maneiras desconhecidas para nós, continuar" (*ERM*, 87).

Possibilidade

Acrescentarei apenas isto: James está certo. Tudo isso é possível. Alguém, possivelmente a maioria dos modernistas e pós-modernistas ou o que quer que nós agora supostamente sejamos, achará isso ultrapassado e improvável. O que James mostra (para seu grande crédito, penso eu) é que quando alguém toma como dados tudo aquilo que a experiência ofereceu até então e oferecerá no futuro, o conceito de ultrapassado pode encontrar seu lugar, mas a noção daquilo que é mais ou menos provável é uma noção absolutamente obscura. O conceito de Peirce, daquilo que será justificado afirmar ao final da investigação, é apenas uma maneira de nos alertar para o fato de que as afirmações sobre o que é mais provável agora podem no máximo abarcar uma pequena porção da experiência atual e possível. O quão parcial, assim como o quão provável, é algo que não podemos dizer. Mas a humildade é aconselhável.

Consciência: epistemológica, não metafísica

Os últimos textos que irei considerar neste ensaio fazem parte dos *Essays in Radical Empiricism*. Estes, mais que quaisquer outros ensaios no conjunto da obra jamesiana, são vistos como expressando a posição de James sobre a natureza da consciência. Minha visão, como eu disse no início, é que eles expressam a culminação de duas décadas de pensamento, achando que havia algo errado com o dualismo de substâncias e possivelmente com o dualismo em geral. Em "Does 'Consciousness' Exist?", James admite que por mais de vinte anos, e portanto desde antes de ele escrever os *Principles*, ele havia "desconfiado da 'consciência' como uma entidade" (*ERE*, 4). O que isso poderia significar? James responde: "Pretendo não apenas negar que a palavra representa uma entidade, mas insistir mais enfaticamente que ela representa uma função" (*ERE*, 4). Parte da motivação geral é fornecer uma rota para longe do dualismo de substâncias e de fato para longe de uma multidão de outros postulados intimamente relacionados. O postulado das substâncias física e mental é um construto, assim como a distinção metafísica entre sujeito e objeto, especialmente no que se refere aos mundos subjetivo e objetivo. Há poderosas tensões históricas que nos inclinam a adotar essas distinções em sua forma corriqueira, mas o valor pragmático destes dualismos e distinções, uma vez reexaminado, sugere que seu valor prático está superestimado.

James tinha dois argumentos em prol dessa visão. De um deles eu gosto, do outro não. Primeiro, aquele do qual não gosto. Ele consiste na articulação daquilo que Russell chamou de "monismo neutro". James escreve:

> "Experiência pura" é o nome [para]... o fluxo imediato da vida, que fornece o material para nossa reflexão posterior com suas categorias conceituais. Apenas recém-nascidos ou homens em semicoma devido ao sono, drogas, doenças ou pancadas podem supostamente ter uma experiência pura no sentido literal de um *aquilo* que não é ainda um *quê* definido (*ERE*, 46).

Esse enunciado é de um ensaio de 1905. Mas, tanto nos *Principles* de 1890 quanto no *Psychology: The Briefer Course* de 1892, James fala sobre a vida mental das crianças pequenas e faz uma afirmação similar. Crianças pequenas não adotam posições metafísicas, não dividem o mundo em substância mental e material, e possivelmente nem mesmo em eu e não-eu, e talvez elas careçam completamente de conceitos. Algo semelhante é válido até mesmo para quem não é uma criança pequena – para nós adultos, embora nosso aparato conceitual esteja tão à mão que percamos de vista o fato de que primeiro temos experiências, e depois, e somente então, nós as colocamos em compartimentos, em mundos – mental-físico, real-irreal e assim por diante.

> Uma experiência tal como o *azul*, quando imediatamente dada, só pode ser chamada de algum nome neutro, como *fenômeno*. Ela não chega a nós *imediatamente* como uma relação entre duas realidades, uma mental e uma física. É somente quando ainda estamos pensando nela como o *mesmo* azul... que ela se duplica, por assim dizer, e se desenvolve em duas direções; e, tomada em conexão com alguns associados, figura como uma qualidade física, enquanto que com outros ela figura como um sentimento da mente (*PB*, 332).

As experiências ocorrem, e então as necessidades práticas e as práticas linguísticas e sociais existentes nos levam a construir os conceitos de interior e exterior, mente e matéria, consciência e conteúdo. James insistiu nesse ponto de 1890 em diante. O que é diferente na obra posterior a 1904 é que ele parece – ou foi assim interpretado – querer tomar esse fato fenomenológico como tendo significado metafísico, isto é, como revelando algo acerca daquilo que é ontologicamente básico. Se formos empiristas radicais, então insistiremos que ambos, mente e matéria, são construtos. A experiência pura, que é neutra entre os dois, é primordial.

Não estou convencido de que o monismo neutro deva ser lido como uma doutrina ontológica, em vez de epistêmica ou psicológica. Mas assumindo que ela seja ontologicamente intencionada, então acho que há um erro, um tipo de falácia genética, considerando erroneamente o que vem primeiro ou antes na ordem da experiência como tendo significado ontológico. O pragmatismo, eu teria pensado, é uma abordagem de "esperar para ver".

A leitura metafísica é uma das maneiras de ler o argumento em prol do monismo neutro. E, se essa maneira de ler James é correta, então ele comete o erro de pensar que aquilo que as coisas *parecem* ser tem uma importância metafísica óbvia ou significativa. O argumento, interpretado como um movimento que parte da experiência não teórica dos não iniciados e chega a uma conclusão metafísica, requer algo semelhante à assunção de que a *ontologia recapitula a ontogenia*. Isso não me parece uma boa premissa para se introduzir implicitamente – não importando de onde se está partindo.

James pode estar inteiramente certo acerca do fato de que aquilo que ele chama de "experiência pura" é o que a fenomenologia revela como primordial, tanto no caso da criança pequena quanto no caso do adulto (nos casos em que, como adultos, podemos deixar de lado nossa pesada bagagem conceitual). Mas estar certo sobre isso não tem absolutamente nenhuma consequência para aquilo que é metafisicamente básico. O monismo neutro faz sentido como uma fenomenologia – muito possivelmente, a supremacia da "experiência pura", se verdadeira, tem alguma significância epistemológica. Mas até onde compreendo, tal primazia fenomenológica não carrega nenhum peso ontológico. James escreve em "La Notion de Conscience" ["A noção de consciência"], um dos ensaios reunidos em *Essays in Radical Empiricism*, que:

> As atribuições "sujeito" e "objeto", "representado" e "representante", "coisa" e "pensamento" significam, portanto, uma distinção prática que é da maior importância, mas que é unicamente de ordem FUNCIONAL, e nunca ontológica como o dualismo clássico a representa (*ERE*, 117).

Mesmo que todas essas distinções sejam funcionais, não ontológicas, não se segue que aquilo que se apresenta como funcionalmente indiviso seja ontologicamente básico. Assumindo que a doutrina seja essa, então isso é o que não aprecio nos artigos em que o monismo neutro é defendido. Espero ter apontado o erro lógico que está sendo cometido – de modo que essa não seja simplesmente uma discussão acerca de preferências.

O que aprecio naqueles artigos é algo inteiramente diferente; e acho que o que aprecio é algo que não tem nenhuma conexão conceitual importante com o monismo neutro. E o que é isso que aprecio?

É a doutrina de que a consciência não é uma coisa, uma substância ou uma entidade. A consciência não pertence a nossa lista de primeiros princípios como uma substância – seja como uma substância imaterial ou como uma *faculdade* do cérebro. Quando James anuncia sua rejeição da ideia de que a consciência é uma coisa, ele imediatamente acrescenta, de modo a corrigir a impressão de que ele agora enxerga a consciência sendo semelhante ao flogisto ou ao éter, que "os pensamentos inegavelmente existem... há uma função na experiência que é realizada pelos pensamentos... Essa função é a de *conhecer*... A 'consciência' é supostamente necessária para explicar o fato de que as coisas não apenas são, mas são relatadas, são conhecidas. Quem quer que risque a noção de consciência de sua lista de primeiros princípios deve ainda fornecer alguma maneira de essa função ser realizada" (*ERE*, 4).

Terei de explicar o que James pretende dizer aqui de modo bastante breve, uma vez que a exegese destes últimos escritos metafísicos é um tópico em si mesma. Primeiro, não há nada nos *Essays in Radical Empiricism* que sugira que James seja um eliminativista acerca da experiência consciente. A experiência, como eu disse no início, é para James o que nós hoje chamaríamos apenas de "experiência consciente" – embora não seja claro hoje, assim como não era claro então, se há uma categoria contrastante de "experiências inconscientes" para a qual se atentar. Segundo, a crença de James de que as coisas são relatadas e conhecidas não requer o postulado de uma faculdade de consciência, seja material ou imaterial. As experiências são suficientes. O que acontecerá, e esse é o terceiro ponto, é que nossas experiências se relacionarão de maneiras que levarão tipicamente às construções de certas distinções, como, por exemplo, entre o que é mental e o que é não mental. Mas essa distinção pode ser feita sem qualquer comprometimento com alguma diferença ontológica subjacente e essencial. Ela pode ser semelhante à distinção entre acima e abaixo, dentro e fora, e outras do gênero. Quarto, essa distinção pragmaticamente motivada levará a uma distinção entre experiências, eventos e coisas – não me importa como vocês os chamem – com diferentes propriedades causais. Aprenderemos que a "água mental" não apaga o "fogo", ao passo que a "água" sim. Aprenderemos que a atenção e a concentração ajudam a resolver problemas aritméticos no papel. Quando a produção de distinções ocorre – e quando esta tem a garantia de ser apoiada, embora nem sempre do modo mais sábio, pela comunidade que participa do projeto de interpretar nossas "experiências puras" –, estamos envolvidos no projeto vitalício de conhecer, conceber e pensar sobre o mundo de maneiras que parecem úteis, e que de fato podem ser verdadeiramente úteis. Mas as oportunidades de erro são inúmeras. Um erro que podemos cometer é aquele que James cometeu ao pensar que o dualismo de substâncias tinha de ser adotado a fim de se fazer psicologia científica, atribuindo um peso excessivo ao filosofar anterior e ao senso comum. Whitehead chamou esse tipo de erro de "falácia da concretude mal posicionada". As pessoas transformam em coisas ou entidades aquilo que se revela de maneira vívida e poderosa. Por que fazemos isso? Talvez, no caso da noção de consciência como uma entidade ou uma coisa, haja o peso combinado da tradição filosófica – que foi quem abriu consideravelmente esse caminho –, bem como certas tendências de pensamento às quais o *Homo sapiens* é propenso. Essa não é uma linha que James tenha adotado, mas Quine sugeriu, e eu concordo, que procuramos pedaços físicos ao longo de fatias de tempo e procuramos partes destacadas quando estamos individuando as coisas. Não seria particularmente surpreendente se as tendências naturais ou algum tipo de extensão metafórica do caso físico normal levassem à reificação quando estivéssemos fazendo alguma individuação mental.

C'est fini

Devemos parar em algum lugar, em algum momento. Eu escolho agora. William James é meu filósofo favorito. Não concordo com quase nenhuma das visões sustentadas por ele. Mas isso não é porque eu pense que seus argumentos sejam geralmente ruins. Eu preferiria que James acreditasse no compatibilismo, que ele enxergasse a possibilidade de que alguns eventos "mentais" fossem conscientes e de que aqueles que o fossem pudessem ter poderes causais, distintos daqueles que não possuíssem a propriedade relevante. Eu gostaria que ele não sustentasse o monismo neutro como uma tese metafísica, se é que ele o fez, e gostaria também de algumas outras coisas. Por que eu o adoro? Deixem-me contar as maneiras? Não há tempo ou espaço suficiente. Colocado de modo simples, a atração de James, o filósofo, é que ele é para mim o melhor exemplo que conheço de *uma pessoa fazendo filosofia*; nada de esconder a pessoa por trás da obra, nada de discutir a obra sem a pessoa, nenhum fingimento de que há uma maneira de fazer filosofia que não seja pessoal. Além disso, os problemas que absorveram e possivelmente obcecaram James são bons problemas para se preocupar. O que são experiências? Que capacidades uma criatura para a qual *há algo que é ser aquela criatura* tem e que um autômato não tem? Como conceitos tais como agência, eu, ação livre, e outros semelhantes se enquadram no esforço de desenvolver uma psicologia científica, e, acima de tudo, o que torna uma vida digna de ser vivida? James nunca deixou essas questões saírem da agenda, em um esforço de concentrar seus esforços em fornecer um retrato de apenas uma parte do mundo. Ele desejou e trabalhou em um retrato da coisa como um todo.

A maioria dos psicólogos infantis hoje pensa que James estava errado em pensar que o mundo de uma criança pequena é uma "confusão murmurante e vicejante". Comecei a pensar que para William James, o homem e o filósofo, a experiência quase certamente aparecia dessa forma. Sua grandeza como filósofo e como pessoa vem do seu ato de permitir que essa "confusão murmurante e vicejante" continuamente se apresentasse a ele. Nenhuma experiência deve ser desconsiderada; deve-se atentar a tudo, mesmo que não se explique tudo; e todos os interesses e projetos que temos como seres conscientes devem ser tomados seriamente. Para James, o homem e o filósofo, essa atitude trouxe consigo uma quantidade não desprezível de dificuldades intelectuais e pessoais. Mas ao mesmo tempo ela fez dele um modelo para os filósofos ainda hoje; um modelo valioso, de fato.

3 A naturalização de William James por John Dewey

RICHARD M. GALE

William James foi o herói filosófico de John Dewey, porque sua "psicologia biológica" dos *Princípios da psicologia* [*Principles of Psychology*] de 1890 libertou Dewey de seu aprisionamento na terra de Hegel, permitindo seu ingresso na maravilhosa região do naturalismo. Dewey tentou retribuir o favor através de uma apaixonada exposição e defesa da filosofia de James por um período de 51 anos, de 1897 a 1948. Apesar de não questionarmos o brilho filosófico desses ensaios, será mostrado que eles forneceram uma explicação extremamente distorcida da filosofia de James, em benefício do próprio Dewey. Os objetivos básicos daquela explicação foram desmistificar e despersonalizar a filosofia de James, de modo que ela concordasse com o naturalismo de Dewey e sua socialização de todas as coisas distintamente humanas. A intenção de minha "denúncia" desse ato de veneração transformado em usurpação filosófica, no entanto, é revelar de modo claro os traços salientes de ambas as filosofias, mediante o realce de suas diferenças profundamente assentadas. Por causa das limitações de espaço, somente a tentativa de naturalização de James por parte de Dewey será considerada.

O termo "naturalismo" significou coisas muito diferentes para diferentes filósofos. Uma vez que minha afirmação é que Dewey tentou transformar James em "um bom naturalista, como ele próprio", o sentido relevante é aquele que Dewey atribui ao termo. Seu naturalismo compreende dois componentes. Primeiro, não há nenhum dualismo ontológico entre o físico e o mental, seja na forma de uma substância física/mental irredutível, seja na forma de um dualismo de eventos físicos e mentais, sendo os estados e processos psicológicos redutíveis a certas maneiras distintivas, segundo as quais um organismo interage com seu ambiente natural. Isso é chamado por Dewey de "behaviorismo biológico" e é hostilmente contrastado com um "behaviorismo fisiológico", que entende os fenômenos mentais exclusivamente em termos de processos e estados físicos ocorrendo *no interior* do organismo. Segundo, somente as ciências nos fornecem conhecimento da realidade, e elas conseguem isso através de um padrão objetivo comum de investigação. Assim, todo tipo de indivíduo é um "tipo natural" no sentido de que sua natureza deve ser determinada através da investigação científica. Apesar do fato de que Dewey abominaria essa terminologia, é com isso que seu cientificismo está realmente comprometido, excluindo-se, é claro, qualquer tipo de fixidez de espécies ou pretensões não falibilistas de certeza. Cada um desses dois componentes será agora discutido separadamente.

Naturalismo ontológico

A tentativa de Dewey de transformar James em um naturalista ontológico ocorre principalmente em seu "O sujeito em desaparecimento na psicologia de James" ["The Vanishing Subject in the Psychology of James"].[1] Dado que esse ensaio oscila entre um uso italicizado e um uso não italicizado do termo "psicologia", sua tese é ambígua entre o desaparecimento do eu e da consciência em geral do livro *Psicologia* ["*Psychology*"] (sendo esta a abreviação de Dewey para *The Principles of Psychology*), e seu desaparecimento da psicologia desenvolvida naquele livro. (Note-se o uso não italicizado de "psicologia" no título do ensaio, mas o uso italicizado de "psicologia" em *LW*, 14:156, 166.) Essa distinção é importante porque há numerosas incursões metafísicas e epistemológicas entremeadas com psicologia ao longo do livro, apesar das repetidas

---

[1] Reimpresso em *John Dewey, The Later Works*, vol. 14 (Carbondale: Southern Illinois University Press, 1988). Todas as referências dirão respeito à paginação encontrada nesse volume e aparecerão no corpo do artigo. Todas as referências a Dewey serão às edições dessa editora e utilizarão o seguinte sistema de abreviação: *EW*, *MW* e *LW* corresponderão, respectivamente, a *Early*, *Middle* e *Later Works*, e serão seguidas pelos números do volume e da página.

resoluções de James pelo contrário. Torna-se aparente que Dewey argumenta a favor da tese mais forte de desaparecimento (o desaparecimento de dentro da psicologia) – e, portanto, do desaparecimento do eu da filosofia de James em geral – quando Dewey faz um apelo a favor do apoio à doutrina jamesiana da experiência pura de 1904-1905, que é o ponto central da metafísica e da epistemologia de James. Com o devido respeito a Dewey, será argumentado que o eu não desaparece nem da psicologia de James, nem de seu livro *Os princípios da psicologia*, nem de sua filosofia em geral.

Ao longo dos *Princípios*, James adere estritamente ao dualismo de senso comum entre as experiências conscientes e os objetos e eventos físicos que são percebidos ou aos quais se referem essas experiências. Dewey afirma que a aceitação desse dualismo por parte de James é meramente verbal, uma concessão que ele faz para fins táticos a seus oponentes – os associacionistas, racionalistas e automatistas –, todos os quais aceitavam esse dualismo. Isso é razoável, uma vez que o principal propósito de James nos *Princípios* era reunir todo o trabalho recente que havia sido realizado na psicologia, a fim de ajudá-la a alcançar o estatuto de uma ciência legítima. Desafiar o dualismo físico/mental, que era quase universalmente aceito, seria para James o mesmo que alienar sua audiência, e com isso provocar um distração que o levaria à autoderrota.

Dewey levanta diversas considerações em apoio a essa tese. Primeiro, há a afirmação subsequente de James em seu ensaio de 1904 "A 'consciência' existe?" ["Does 'Consciousness' Exist?"] de que "há vinte anos tenho desconfiado da 'consciência' como uma entidade" (*ERE*, 4). James está se referindo, em retrospecto, ao seu ensaio de 1884 "A função da cognição" ["The Function of Cognition"], no qual o "abismo epistemológico" é eliminado "de modo que a relação de verdade incide totalmente no interior das continuidades da experiência concreta e é constituída de processos particulares, variando com cada sujeito e objeto, e suscetível de ser descrita em detalhes".[2] Apesar de não haver nenhuma negação explícita do dualismo

---

[2] Esse ensaio apareceu posteriormente como o capítulo 1 de *O significado da verdade* [*The Meaning of Truth*]. A referência é à página 32 daquele volume.

ontológico entre o físico e o mental, em certo ponto James faz uma insinuação de sua doutrina posterior da experiência pura, quando ele diz que "acreditamos que todos nós conhecemos e pensamos e falamos sobre o mesmo mundo, porque *acreditamos que nossos* PERCEPTOS *são possuídos por nós em comum*" (*MT*, 29-30). Aqui não há nenhuma duplicação, na consciência, dos objetos exteriores percebidos, pois se houvesse, duas mentes não poderiam partilhar um e o mesmo percepto. Dewey especula que se James tivesse que reescrever os *Princípios* depois de 1904, ele teria prescindido completamente da consciência como um tipo especial de entidade, seja ela substancial ou de outro tipo de importância, substituindo-a por um behaviorismo biológico completamente desenvolvido.

Se a tese de Dewey sobre o desaparecimento tivesse sido baseada apenas nessa especulação sobre como James teria reescrito os *Princípios*, ela não mostraria como ocorre tal desaparecimento – ou mesmo como ocorrem as dúvidas sobre o dualismo físico/mental – no interior do livro ou da psicologia nele desenvolvida. De acordo com Dewey, as dúvidas sobre a consciência são expressadas não apenas subsequentemente aos *Princípios*, mas também no próprio livro. James havia gradualmente reduzido o eu ao pensamento passageiro – um estágio total momentâneo da consciência – e, supostamente, ele havia então passado a "expressar uma dúvida sobre a existência até mesmo de um tipo qualquer de 'pensamento' ou estado mental separado como o conhecedor, dizendo que se poderia sustentar que 'a existência desse pensador nos seria dada mais como um postulado lógico que como uma percepção interior direta de atividade espiritual, a qual naturalmente cremos possuir'" (*LW*, 14:157). Imediatamente, ao expressar essa dúvida, James se refere a um "importante artigo" de Souriau, no qual a existência da consciência com um tipo de substância original é negada, o que antecipa a doutrina da experiência pura de James.

Apesar da explicação de Dewey, James não expressa qualquer dúvida *sua* nos *Princípios* sobre a existência da consciência, mas meramente alude a uma teoria que elimina a consciência. Imediatamente após sua breve exposição dessa teoria, ele acrescenta que "Especulações como essa contradizem o senso comum" e que ele "[tratará] portanto as últimas páginas como uma digressão parentética e, de agora em diante, até o fim do volume, [retornará] novamente ao caminho do senso comum" (*PP* 1:291). Isso dificilmente seria uma expressão de dúvida da parte de James. Longe de expressar quaisquer dúvidas sobre a consciência nos *Princípios*, James aproveitará, como veremos, toda oportunidade de tomar o caminho espectral.

Felizmente, Dewey tem coisas mais fortes a dizer em favor de sua tese do desaparecimento, outras que não a falsa afirmação de que James expressou dúvidas sobre a consciência nos *Princípios*, e também não as especulações contrafactuais sobre como James teria reescrito sua psicologia depois de 1904. O que tem mais peso é o apelo de Dewey ao teor e orientação geral dos *Princípios*, juntamente com a abordagem biológico-behaviorista de certos tópicos, mais notavelmente o eu.

Quanto à orientação geral, há uma tentativa deliberada, sem dúvida graças à formação médica de James, de dar um fundamento biológico à psicologia. Essa é uma tentativa que, "se houvesse sido consistentemente desenvolvida, teria resultado em uma explicação biológico-behaviorista dos fenômenos psicológicos" (*LW*, 14:158). Dewey acrescenta também, em favor de sua interpretação comportamental, a afirmação de James de que "a perseguição de fins futuros e a escolha de meios para sua obtenção são a marca e o critério da mentalidade em um fenômeno" (*PP*, 1:21). Mas, como Dewey corretamente aponta, uma vez que isso é dito ser apenas "a marca e o critério pelos quais circunscrever o tema dessa obra *na medida em que a ação é considerada*", isso permite que haja fenômenos psíquicos que não admitem uma análise em termos de comportamento (*LW*, 14:158-9).

O maior apoio à tese do desaparecimento vem da maneira como James lida com tópicos específicos. Um exemplo importante é a explicação que James oferece para os hábitos, em termos de caminhos neurais estabelecidos no cérebro por experiências passadas, os quais permitem comportamentos subsequentes de tipo arco-reflexo. A discriminação, por sua vez, é baseada no hábito, um ponto que James não enfatizou suficientemente. E o que é válido para a discriminação valerá também para a atenção (bem como para a vontade e para a crença, uma vez que cada uma delas é, para James, uma maneira de atentar). Dewey cita também a explicação que James oferece para o interesse – o eixo de sua psicologia e a base de seu pragmatismo posterior. "Oficialmente, ele assume que o interesse é mentalista. O que ele realmente diz a respeito é mais prontamente entendido em termos da seleção por fatores motores no comportamento" (*LW*, 14:160).

James não tratava as sensações ou impressões como processos fisiológicos, mas devia tê-lo feito, uma vez que ele admitia que elas pudessem ocorrer sem ser notadas (*LW*, 14:159). (Aqui Dewey ignora a introdução, por parte de James, de eus secundários aos quais essas sensações são conscientemente presentes.) Uma indicação de quão desesperado está Dewey para mostrar que as sensações realmente são fisiológicas para James é que ele oferece na página 160 duas citações supostamente corroboradoras, tiradas dos *Princípios*, as quais não corroboram coisa alguma.

Dewey apela também para o exemplo da "primeira sensação do bebê", oferecido por James, considerando que este exemplo contém o germe da posterior teoria das entidades neutras de James. Neste exemplo não há nenhuma distinção entre o mental e o físico, sendo que, para o bebê, aquela primeira sensação é o mundo inteiro.

> O significado empírico direto de *neutro*, neste caso, pareceria ser o da indiferença em relação à distinção entre subjetivo e objetivo, sendo que essa distinção emerge quando a condução apropriada do comportamento exige que sejamos capazes de dizer se um dado som ou cor é um sinal de um objeto ambiental ou de algum processo no interior do organismo. Infelizmente, seus escritos posteriores parecem às vezes dar a impressão de que estas entidades são um tipo de substância a partir da qual tanto o subjetivo quanto o objetivo são feitos – em vez de a distinção ser uma questão que diz respeito ao tipo de um objeto ao qual uma qualidade se refere (*LW*, 14:164).

Aqui Dewey está ampliando seu "Postulado do empirismo imediato" ["Postulate of Immediate Empiricism"] de 1907, no qual ele forneceu sua variante da doutrina jamesiana da experiência pura de 1904-1905. É interessante notar que a negação de Dewey, neste ensaio, de que a experiência imediata seja "alguma substância [*stuff*] original a partir da qual as quais coisas tenham evoluído" (*MW*, 3:166) é quase uma citação direta da afirmação de James em "A consciência existe?" ["Does Consciousness

Exist?"] de que "devo agora dizer que não existe nenhuma substância *geral* [*general stuff*] da qual seja feita a experiência como um todo" (*ERE*, 14). A negação de James aparentemente contradiz suas afirmações, presentes no mesmo ensaio, de que "minha tese é que, se partirmos da suposição de que há apenas uma substância ou material primordial [*one primal stuff or material*] no mundo, uma substância da qual tudo é composto, e se chamarmos essa substância de 'experiência pura', então o conhecimento pode ser facilmente explicado como um tipo particular de relação de umas para com as outras, da qual porções de experiência pura podem participar" (*ERE*, 4), e que "os pensamentos tomados concretamente são feitos da mesma substância [*stuff*] de que as coisas são" (*ERE*, 19), bem como sua identificação da experiência pura com a "*materia prima*" em "O lugar dos fatos afeccionais em um mundo de experiência pura" ["The Place of Affectional Facts in a World of Pure Experience"] (*ERE*, 69; ver também 13 e 46). Essa caracterização da experiência pura como um tipo de matéria-prima é, sem dúvida, o que Dewey tinha em mente quando dizia em tom de zombaria, em uma carta a Bentley, que "às vezes ele [James] parece misturar suas entidades neutras com uma substância do mundo que é um tipo de gelatina cósmica de experiência pura..." (Ratner e Altman, 1964, 115).

Acredito que a maneira de neutralizar essa inconsistência superficial, que James havia enxergado mas não tentou resolver, é distinguir entre constituintes metafísicos e empíricos (ou científicos). Sua matéria-prima é proposta como um constituinte metafísico de tudo, o que é consistente com sua negação de que haja quaisquer entidades empíricas ou científicas, tais como átomos, das quais tudo seja composto.

Há ao longo dos *Princípios* uma corrente de um tipo de materialismo fenomenológico que reduz muitos fenômenos psíquicos a sensações físicas no interior do corpo. Há a famosa teoria de James das emoções como sensações fisiológicas e, mais notavelmente para Dewey, sua redução fenomenológica do eu espiritual, aquele eu ativo de onde as vontades e esforços parecem se originar, a um conjunto de sensações intracefálicas. E "o que posteriormente é dito acerca da identidade pessoal é consistente com essa interpretação comportamental. As apropriações do pensamento passageiro são feitas 'menos para si mesmo do que para a parte mais intimamente sentida de seu Objeto presente, isto é, o corpo e os ajustes centrais que acompanham o ato do pensamento, na cabeça'" (*LW*, 14:165-166). Mas, como notou perspicazmente T. L. S. Sprigge, "o materialismo fenomenológico de James não implica que a consciência desses processos físicos seja ela própria um processo físico em qualquer sentido ordinário. Ele afirma, em vez disso, que nosso modo de 'ser no mundo' é um modo completamente físico" (Sprigge, 1993, 76).

Agora será mostrado que a tentativa de naturalização ontológica de James por parte de Dewey falha em abarcar a espectralidade global dos *Princípios*, bem como a extrema espectralidade de *As variedades de experiência religiosa* [*The Varieties of Religious Experience*] e *Um universo pluralista* [*A Pluralistic Universe*], tanto em relação à metafísica presente nessas obras quanto ao tratamento que nelas é dado a importantes tópicos psicológicos, tais como o eu e os fenômenos paranormais. As principais causas dessa falha devem-se a uma total ignorância das partes espectrais da metafísica e da psicologia de James e a uma falha em apreciar as restrições que James colocava sobre suas afirmações materialistas. O fato de Dewey ignorar essa espectralidade se assemelha à situação de um pai que inventa argumentos para não notar o comportamento indisciplinado do filho, esperando que assim esse comportamento desapareça. Há alguma desculpa para tais omissões, em ensaios que lidam com algum aspecto limitado da filosofia de James, como "O que o pragmatismo entende por prático" ["What Pragmatism Means by Practical"], de 1908, e "O desenvolvimento do pragmatismo americano" ["The Development of American Pragmatism"], de 1925, ambos os quais se concentram principalmente na teoria pragmática de James sobre o significado e a verdade. Mas não há desculpa para os muitos artigos que tentam fornecer um resumo amplo da filosofia de James, mais notavelmente as duas notas de falecimento de 1910, a conferência chinesa sobre James proferida em 1920 (*MW*, vol. 12) e os dois ensaios do centenário de James em 1942, "William James e o mundo hoje" ["William James and the World Today"] e "William James como empirista" ["William James as Empiricist"] (*LW*, vol. 15). Mais especificamente, as seguintes coisas serão mostradas: (I) Longe de adotar o dualismo apenas verbalmente nos *Princípios*, James *argumenta* a favor de sua forma mais virulenta, o interacionismo. (II) Uma justificação de tipo vontade-de-crer é dada para a crença em atos espirituais contracausais de esforço ou atenção. (III) Os fenômenos paranormais, onde ele pensava que se encontraria o futuro da psicologia, recebem uma explicação espiritualista que dispõe as bases para a subsequente ontologia da(s) alma(s) envolvente(s) do mundo, presente nas *Variedades* e em *Um universo pluralista*, apesar das especulações de Dewey sobre como James teria posteriormente reescrito sua psicologia.

(I) Para início de conversa, James apresenta uma protoversão de um argumento conceitual de objeção a propriedades, em favor da não-identidade da consciência com quaisquer eventos físicos. "Todo o mundo admite a inteira incomensurabilidade do sentimento enquanto tal com o movimento material enquanto tal. 'Um movimento tornou-se um sentimento!' – nenhuma frase que nossos lábios possam formular é tão carente de sentido apreensível" (*PP*, 1:149). Parece que James está argumentando em favor da não-identidade do mental e do físico com base no fato de que eles necessariamente não têm todas as suas propriedades em comum, assumindo, como ele realmente o faria, a indiscernibilidade dos idênticos.

O capítulo 5, atacando a "Teoria do Autômato", é uma extensa defesa metafísica de um dualismo de tipo interacionista. O argumento seguinte é uma defesa da eficácia causal da consciência, baseado no sucesso evolutivo.

> o estudo *a posteriori* da *distribuição* da consciência mostra que ela é exatamente como poderíamos esperar no caso de um órgão adicionado com o propósito de pilotar um sistema nervoso que se tornou complexo demais para regular a si mesmo. A conclusão de que ela é útil, depois de tudo isso, é bastante justificável. Mas, se ela é útil, deve sê-lo através de sua eficácia causal, e a teoria do autômato deve sucumbir à teoria do senso comum (*PP*, 1:147).

(II) Ao longo de sua vida adulta, James acreditou ardentemente na doutrina libertária do livre-arbítrio, repleta de seus esforços espirituais contracausais. Foi essa a crença que o sustentou durante suas crises emocionais, permitindo que ele levasse uma vida moralmente estrênua. Dewey ignora completamente as apaixonadas defesas dessa doutrina por parte de James nos capítulos sobre a "Atenção" ["Attention"] e a "Vontade" ["Will"]. Em vez disso, ele se concentra exclusivamente na redução fenomenológica que James faz do eu ativo a um conjunto de sensações intracefálicas.[3] A pedra angular de sua desespectralização de James é a afirmação de James de que

> o "Eu dos eus", quando cuidadosamente examinado, parece consistir principalmente no conjunto desses movimentos peculiares na cabeça ou entre a cabeça e a garganta... seguir-se-ia que todo nosso sentimento de atividade espiritual, ou aquilo que comumente recebe esse nome, é realmente um sentimento de atividades corporais, cuja exata natureza é ignorada pela maioria dos homens (*PP*, 1: 228).

O que Dewey falha em perceber é que a identificação de James do eu ativo com essas sensações físicas é restrita às aparências fenomenológicas. No início de sua análise, James torna manifesta essa restrição quando diz: "*Agora*, tentemos estabelecer para nós mesmos, tão definidamente quanto pudermos, exatamente como pode ser o sentimento desse núcleo central do Eu, não importando se ele é uma substância espiritual ou apenas uma palavra enganosa". Há vários outros lugares nos *Princípios* em que James faz afirmações que seguem uma disposição mental rija, mas as restringe a certo interesse ou perspectiva (ver *PP*, 1:33 e 2:1179). No capítulo sobre "A percepção da realidade" ["The Perception of Reality"], James desenvolve uma explicação radicalmente relativizada da realidade, segundo a qual algo é real somente em relação a ou *enquanto* interesse de alguém em certo "mundo", tal como o mundo dos objetos do senso comum, as entidades

---

[3] Essa negligência em seu ensaio de 1940 é especialmente surpreendente, uma vez que no ensaio de 1897 intitulado "A psicologia do esforço" ["The Psychology of Effort"] Dewey reconhecia que a explicação de James para a vontade é "espiritual" no que diz respeito ao esforço moral; contudo, mesmo naquela época, ele tentava incluir James no campo do naturalismo, apontando que aquela não deveria ser sua posição considerada, uma vez que ela é inconsistente com a afirmação de James de que sua redução das emoções à sensação não diminui a significância espiritual daquelas.

teóricas da ciência, os reinos ficcionais, as abstrações platônicas e assim por diante. Ele é um legítimo Poobah, o personagem de *Mikado* que exerca todos os cargos do Estado e sempre falava *enquanto* esse ou aquele oficial, exceto que para James isso equivale a *enquanto* esse ou aquele interesse. Tudo são cláusulas "*enquanto*", até que James chega ao conteúdo das experiências místicas, sobre o qual são feitas afirmações irrestritas de realidade.

Dewey ignorou deliberadamente certas passagens dos *Princípios*, principalmente nos capítulos interconectados sobre a "Atenção" e a "Vontade". Basicamente, a volição não é nada além da atenção sobre uma ideia. A crença, por sua vez, é um estado em que uma ideia preenche a consciência sem competidores, com a consequência de que, em certos casos, podemos acreditar segundo nossa vontade ou voluntariamente, conforme exigido pela doutrina jamesiana da vontade-de-crer, com sua *opção* de acreditar em uma proposição. Para James, todas as ações são inicialmente involuntárias. Em alguns casos, uma ideia sensorial do movimento ou de seus efeitos imediatos é formada. Isso cria um caminho neural que vai do cérebro até o órgão motor em questão, de modo que agora a mera consciência dessa ideia causa a ação. Nos casos mais simples, os casos de vontade "ideomotora", não há volição ou esforço. Mas os seres humanos tornam-se rapidamente mais complexos, de modo que, para muitas ideias que eles possam alimentar, há uma ideia rival que bloqueia sua descarga motora. Um tal caso de conflito gera as circunstâncias para a ocorrência de um esforço de atentar para uma dessas ideias rivais, de modo que somente ela preencha a consciência por um tempo suficiente, com intensidade suficiente, e conduza portanto à sua descarga motora. Esse esforço de atentar é a vontade voluntária.

> *A façanha essencial da vontade... quando ela é mais "voluntária", é* ATENTAR *para um objeto difícil e mantê-lo firme diante da mente. Isso é a volição*; e é um mero incidente fisiológico que, quando assim se atenta para o objeto, resultem consequências motoras imediatas (*PP*, 2:1166).

James assume que ambas as coisas são causalmente determinadas: tanto quais ideias entram na consciência, quanto se um esforço é ou não feito para atentar para um delas, excluindo suas rivais. A questão mais importante de todas, para James, é se a *quantidade* desse esforço de atentar é também causalmente determinada, sendo que a resposta determina "o próprio eixo sobre o qual nossa imagem do mundo oscilará do materialismo, do fatalismo, do monismo, para o espiritualismo, a liberdade, o pluralismo – ou então no sentido inverso" (*PP* 1: 424). A razão para isso é que a quantidade desse esforço, especialmente nos casos em que tentamos resistir atuando na direção de menor resistência, pode ser o fator decisivo para determinar qual ideia emerge vitoriosa, e, assim, qual a ação resultante, a qual, por sua vez, pode ter graves consequências. É apenas ao "*esforço de atentar*, e não ao mero atentar, que somos seriamente tentados a atribuir poder espontâneo. Pensamos que podemos fazer mais esforço, *se quisermos*; e a quantidade que fazemos não parece ser uma função fixa das próprias ideias, como teria necessariamente de ser se nosso esforço fosse um efeito e não uma força espiritual" (426-427).

James caracteriza essa força espiritual como uma "força original" e como o "ator principal" (*PP*, 1:428). Para ser uma força original, para James, ela deve ser um evento irredutivelmente consciente que não seja causalmente determinado. Após fazer uma exposição bastante convincente e imparcial da "teoria do efeito" acerca da quantidade do esforço de atenção, segundo a qual esse esforço é apenas um efeito causalmente determinado de eventos fisiológicos, ele expressa sua preferência pessoal pela "teoria da causa". "O leitor por gentileza observará que estou dizendo tudo o que pode *possivelmente* ser dito em favor da teoria do efeito, uma vez que, inclinando-me eu mesmo para a teoria da causa, não desejo subvalorizar o inimigo" (424-425). A base de sua preferência é "ética", uma vez que "todo o sentimento de realidade, todo o estímulo e a excitação de nossa vida voluntária, depende de nosso senso de que nela as coisas estão *realmente sendo decididas* de um momento a outro e de que ela não é o monótono tilintar de uma cadeia que foi forjada inúmeras eras atrás" (429).

A versão do libertarismo de James é muito superior à de outros, desde Aristóteles, passando por Sartre e Chisholm, pois ele é o único que fornece uma imagem detalhada e minuciosa de como exatamente o livre-arbítrio funciona. O que há de distintivo nessa versão é que o efeito imediato de uma volição livre, a quantidade do esforço de atenção, é a sustentação e a intensificação de uma ideia na consciência, em vez de um movimento corporal, como no exemplo de Aristóteles do pau que move a pedra, a mão que move o pau, e o homem move sua mão. Há razões para crer que essa abordagem pode ter essas duas vantagens sobre seus rivais, as quais, surpreendentemente, não foram mencionadas nem por James nem por seus expositores. Primeiro, ela evita questões problemáticas de causação retroativa, pois quando o homem de Aristóteles move sua mão, ele provoca eventos *anteriores* ao longo dos nervos eferentes que ligam seu cérebro a sua mão. (Ao fechar meu punho eu contraio os músculos de meu antebraço.) Segundo, ela dá alguma esperança de escapar de uma violação da conservação de momento angular, uma vez que seu efeito imediato, sendo o fortalecimento de uma ideia na consciência, não envolve uma aceleração, como ocorre quando o homem move sua mão.

James levanta uma opção do tipo vontade-de-crer, como a já desenvolvida em seu ensaio de 1878 "Algumas reflexões sobre o método subjetivo" ["Some Reflections on the Subjective Method"], para justificar a crença na realidade de tais atos espirituais contracausais de atenção. Alguém tem tal direito ou permissão de acreditar, quando a proposição em questão não pode ser determinada em bases epistêmicas ou intelectuais e quando, ao crer nela, esse alguém ajuda a produzir algum estado de coisas moralmente ou mesmo prudencialmente desejável.[4]

O fato de que a quantidade desses esforços de atenção contra a linha de menor resistência, como no caso de uma tentação moral, seja causalmente indeterminada é algo que não pode ser epistemicamente determinado, dado que não podemos realizar medidas tão sutis de eventos cerebrais a ponto de descobrirmos se a teoria do efeito é verdadeira. "O sentimento de esforço certamente *pode* ser um acompanhamento inerte e não o elemento ativo que parece ser. Nenhuma medição foi realizada até hoje (é seguro dizer que nenhuma jamais será realizada) que pudesse mostrar que ele contribui com alguma energia para o resultado" (*PP*, 1:428).

---

[4] Para uma explicação completa, ver Gale, 1991, cap. 9.

Assim, "a última palavra da psicologia aqui é a ignorância, pois as 'forças' envolvidas são certamente delicadas e numerosas demais para serem seguidas em detalhes" (*PP*, 1:429).

No que se refere ao bem que é produzido, pelo fato de alguém que seja possuidor de uma constituição psicológica semelhante à dele próprio acreditar na teoria da vontade como causa, James aparece como um pregador itinerante da Nova Inglaterra decidido a salvar nossas almas, e é isso que ele realmente era. O próprio senso que temos de nosso valor como pessoas e de nossa habilidade de atuar como agente morais depende dessa crença, uma vez que "o esforço parece pertencer a um domínio completamente diferente, como se ele fosse a coisa substantiva que nós *somos*, e estas ['nossa força e nossa inteligência, nossa riqueza e mesmo nossa boa sorte'] fossem apenas exterioridades que nós *carregamos*" (*PP*, 2:1181). James exalta o herói estoico que, independentemente dos impedimentos exteriores, pode ainda achar a vida significativa "mediante a pura disposição interior de aceitar o mundo juntamente com esses objetos impeditivos" (1181). "O mundo então encontra no homem heroico seu parceiro digno e seu igual; e o esforço que ele é capaz de exercer para se manter ereto e manter seu coração inabalado é a medida direta de seu valor e função no jogo da vida humana" (1181). Isso prepara o cenário para o eloquente parágrafo final da seção sobre o livre-arbítrio.

> Assim não apenas nossa moralidade, mas nossa religião, na medida em que esta última é deliberada, dependem do esforço que podemos fazer. "Você concorda ou não concorda?" é a questão mais penetrante que nos pode ser feita; ela nos é feita a todos os momentos do dia e acerca das maiores, bem como das menores coisas, das coisas mais teóricas, bem como das mais práticas. Nós respondemos por consentimentos ou não-consentimentos, e não por palavras. Que maravilha é que estas mudas respostas pareçam ser nosso mais profundo órgão de comunicação com a natureza das coisas! Que maravilha se o esforço que elas demandam for a medida de nosso valor como homens! Que maravilha se a quantidade que produzimos desse esforço for a única contribuição estritamente original e independente que fazemos ao mundo! (*PP*, 2:1182)

Aqui está o James apaixonado, existencial, e é uma fonte de surpresa a maneira como Dewey pôde tê-lo ignorado completamente em todas as suas muitas exposições da filosofia de James, particularmente ao afirmar que os *Princípios* são uma obra dualista somente na terminologia.⁵ Mesmo que o eu ativo interior, quando tomado como objeto fenomenológico, não seja nada além de sensações cefálicas – como Dewey estava certo em apontar –, quando tomado como uma entidade metafísica exigida para que alguém seja um agente moral responsável, ele é uma "força espiritual" que é a "coisa substantiva que nós *somos*" (*PP*, 2:1181). E a perspectiva que adotamos é algo a ser decidido em termos dos benefícios morais resultantes.

(III) Alguma atenção é dedicada nos *Princípios* a fenômenos paranormais que envolvem delírios insanos, personalidades alternantes e mediunidade. Em suas obras posteriores, James desenvolveu uma teoria metafísica panpsíquica para explicar esses fenômenos, bem como as experiências místicas e de conversão. Essa teoria é na verdade uma inferência unificadora visando a melhor explicação. Ela postula um oceano original de consciência – podendo haver mais de um – que é revelado nestas experiências excepcionais. Na conferência de 1898 sobre a "Imortalidade humana" ["Hu-

---

⁵ Estranhamente, até mesmo o próprio James o ignora às vezes, como, por exemplo, quando faz essa rejeição em seu ensaio de 1904 "A experiência da atividade" ["The Experience of Activity"]: "Me vi mais de uma vez sendo acusado, em veículos impressos, de ser o afirmador de um princípio metafísico de atividade. Uma vez que as incompreensões literárias atrasam a resolução de problemas, eu gostaria de dizer que uma tal interpretação das páginas que publiquei sobre o esforço e a vontade é absolutamente estranha àquilo que pretendi expressar... Cláusulas individuais de meus escritos, ou sentenças lidas fora de conexão, podem possivelmente ter sido compatíveis com um princípio de energia transfenomênico; mas eu desafio qualquer um a mostrar uma única sentença que, tomada em seu contexto, deva ser naturalmente tida como uma defesa de tal visão" (*ERE*, 93). As sentenças dos *Princípios* que acabam de ser citadas acerca do esforço como uma "força espiritual original" mais que enfrentam o desafio de James. Pode-se conjeturar que a razão para James recuar de sua explicação "metafísica" da vontade nos *Princípios* é que ele queria impressionar seus "irmãos" da Associação Psicológica Americana, a quem seu discurso de 1904 foi dirigido, como se ele fosse de uma disposição mental tão rija quanto a deles.

man Immortality"], é dito que na mediunidade verídica faz-se contato com estados conscientes em um

> mundo transcendental, e tudo o que é necessário é uma redução anormal do limiar cerebral para deixá-los atravessar. Em casos de conversão, direcionamentos providenciais, curas mentais súbitas etc., parece aos próprios sujeitos da experiência que um poder exterior, bastante diferente da ação ordinária dos sentidos ou da mente guiada pelos sentidos, entrou em sua vida, como se esta última subitamente se abrisse para aquela vida maior na qual ela tem sua fonte... Todas essas experiências, bastante paradoxais e sem sentido do ponto de vista da teoria da produção [segundo a qual a consciência é causalmente dependente de eventos cerebrais], ajustam-se bastante naturalmente à outra teoria [a de que o cérebro é meramente um filtro através do qual a consciência passa e torna-se concentrada]. Precisamos apenas supor a continuidade de nossa consciência com um oceano original, para permitir que ondas excepcionais ocasionalmente extravasem sobre a barragem (*ERM*, 93-94).

Essa teoria de um oceano original de consciência torna-se dominante em sua obra mais madura, na qual adquire uma inclinação panpsíquica. Nas "Conclusões" de *Um universo pluralista*, ele escreve:

> a força de toda a evidência que temos me parece conduzir-nos muito fortemente à crença em alguma forma de vida sobre-humana com a qual podemos, sem o saber, ser coconscientes... As analogias com a psicologia ordinária, com certos fatos da patologia, com aqueles da pesquisa parapsicológica... e com os da experiência religiosa estabelecem, quando reunidas, uma probabilidade decididamente *formidável* a favor de uma visão de mundo quase idêntica à de Fechner (140).

A mesma teoria fechneriana de um (ou vários) oceano(s) original(is) está presente em "Confidências de um pesquisador do paranormal" ["Confidences of a Psychical Researcher"], de 1909.

> nós, com nossas vidas, somos como ilhas no oceano... há um contínuo de consciência cósmica, contra o qual nossa individualidade constrói cercas meramente acidentais e no qual nossas diversas mentes mergu-

lham como em um oceano ou reservatório original. Nossa consciência "normal" é circunscrita pela adaptação ao nosso ambiente terreno exterior, mas a cerca é frágil em alguns pontos, e influências espasmódicas se infiltram, mostrando a conexão comum que de outro modo seria inverificável. Não apenas a pesquisa parapsicológica, mas a filosofia metafísica e a biologia especulativa são levadas, cada uma a sua maneira, a enxergar favoravelmente alguma visão "panpsíquica" do universo como essa (*EPR*, 374).

As *Variedades* de 1902 também apelam para essa teoria para explicar aquilo que é revelado pelas experiências místicas e de conversão. James desenvolve um modelo perceptual da experiência mística, segundo o qual, quando verídicas, elas são apreensões diretas desse oceano de consciência circundante. Elas são "janelas através das quais a mente olha para fora, para um mundo mais extenso e inclusivo" (339). Nas experiências de conversão, essa consciência subliminar ou transmarginal é um meio através do qual a consciência divina presente nesse mundo mais extenso e inclusivo flui salvificamente para o interior do sujeito. Em geral, a vida religiosa mostra "que o mundo visível é parte de um universo mais espiritual, do qual ele tira sua principal significância" (382). Ela apoia

> a teoria de Fechner de esferas sucessivamente maiores de vida consciente... as partes mais frágeis de sua vida pessoal são contínuas com um *mais* da mesma qualidade, que é operativo no universo fora dele, e com o qual ele pode manter-se em contato atuante, e do qual pode de certa forma subir a bordo e se salvar... habitamos um ambiente espiritual invisível de onde vem a ajuda, nossa alma sendo misteriosamente uma com uma alma maior, da qual somos instrumentos (*PU*, 139).

É muito difícil, a ponto de ser impossível, tratar o oceano original de consciência e as variadas experiências que temos dele como experiências neutras – como nem físicas nem mentais, de modo simples, contando como uma coisa ou outra apenas quando inseridas em uma série de experiências circundantes (Nessa visão, uma série mental, diferentemente de uma série física, é uma série em que os conteúdos de sucessivas experiências não são nomicamente conectáveis). É por essa razão que os amados elementos neutros de Dewey, dos ensaios de 1904-1905 de James, tornaram-se os habitantes espirituais de um universo pluralista panpsíquico. Mesmo nestes ensaios há indícios de panpsiquismo, como, por exemplo, quando James lida com o problema colocado por eventos futuros não percebidos. Sua saída dessa dificuldade parece ser o caminho do panpsiquismo, porque ele diz sobre tais eventos: "Se não é uma experiência futura pertencente a nós mesmos, nem uma experiência presente de nosso vizinho, ela deve ser... uma experiência *para* si mesma...", imputando assim uma consciência interior a todo evento físico (*ERE*, 43). Tomados em seu contexto histórico, os elementos fenomenológicos neutros de 1904-1905, apesar de aparentemente favoráveis ao materialismo, são na verdade um presente de grego. O motivo disso, ignorado por Dewey e seus colegas, é que apenas as percepções *sensoriais* verídicas qualificam-se como ontologicamente neutras, e não o multifário conjunto de experiências religiosas e paranormais que James, em seu empirismo radical extremo, também contava como cognitivas.

Dewey não apenas ignora toda a espectralidade dos escritos pós-*Princípios*, mas ele ignora também a presença dessa espectralidade nos próprios *Princípios*. Tudo o que há no conjunto da obra de James faz uma aparição nos *Princípios*, até mesmo as teorias do oceano original de consciência e do cérebro como um filtro através do qual a consciência flui. James pergunta nos *Princípios* o que "mais" a consciência é além de uma mera sucessão de Pensamentos. Sua resposta é: "De minha parte, confesso que no momento em que me torno metafísico e tento definir esse mais, acho que a noção de uma *anima mundi* ["alma do mundo"] pensando em todos nós é uma hipótese mais promissora, apesar de todas as suas dificuldades, que aquela de várias almas absolutamente individuais" (328). James apela intrinsecamente a essa "*anima mundi*", que se torna o oceano original de consciência de Fechner em seus escritos posteriores, quando ele diz que "o objeto perfeito de crença seria um Deus ou 'Alma do Mundo', representado de modo otimista e moralista... e, além disso, concebido de maneira tão definida que mostrasse por que nossas experiências fenomênicas deveriam ter-nos sido enviadas por Ele exatamente da maneira que são" (944-945). A teoria do filtro é indicada em sua observação de que o cérebro é um instrumento de possibilidades, mas não de certezas. Mas a consciência, com seus próprios fins diante de si, e também sabendo bem quais possibilidades levam a eles e quais levam para longe deles, irá, se dotada de eficácia causal, reforçar as possibilidades favoráveis e reprimir as não favoráveis ou indiferentes. Nesse caso, deve-se supor que as correntes nervosas, fluindo através das células e fibras, são reforçadas pelo fato de despertarem uma consciência e amortecidas ao despertarem uma outra (144-145).

Naturalismo metodológico

Ao longo dos *Princípios*, James emprega um método duplo para a investigação de um fenômeno psíquico: um método baseado em uma "análise" introspectiva de como é experienciar esse fenômeno, e um método "histórico", uma descrição em terceira pessoa de suas causas publicamente observáveis. "Há, como sabemos, dois modos de estudar um estado psíquico. Primeiro, o modo da análise. Em que consiste o estado? Qual é sua natureza interior? De que tipo de substância mental ele é composto? Segundo, o modo da história. Quais são suas condições de produção e sua conexão com outros fatos?" (2:913).

Enquanto Dewey elogia a análise introspectiva de James como um avanço além daqueles oferecidos pelos racionalistas e empiristas, porque somente ela reconhece as relações como dadas, ele subestima sua centralidade e deseja que James a tivesse abandonado completamente em favor da abordagem causal "exterior", conforme o exigido pelo naturalismo metodológico de Dewey.

Um exemplo de Dewey subestimando a importância da introspecção para James é a observação, feita em sua conferência chinesa sobre Bergson em 1920, de que, ao passo que Bergson atribuía um papel principal à introspecção, James não (*MW*, 12:21). Outro exemplo é a afirmação de Dewey de que "a obra de James substitui uma análise dialética da experiência por uma baseada no conhecimento científico...", que omite qualquer menção à confiança que James depositava na introspecção. Um dos truques usados por Dewey para subestimar a confiança de James na introspecção é converter suas análises introspectivas em alguma outra coisa. Um bom exemplo disso é a interpretação que Dewey oferece, no texto de 1942 "William James e o mundo hoje" ["William James and the World Today"], para a análise de conexões de James. Quando escreveu isso, Dewey estava preocupado com o desafio à democracia representado pelo totalitarismo, para mostrar como uma sociedade pode ao mesmo tempo ser unificada e ainda assim conter indivíduos genuínos. Dewey encontra uma solução na análise da "forma individual" [*each-form*] de James em *Um universo pluralista* – que diz que vizinhos imediatamente conjugados, seja no tempo ou no espaço, se interpenetram e se fundem, mas sem perder sua própria identidade, como se vê pelo fato de que essa relação de fusão ou dissolução não é transitiva. (Se você não compreende isso, então você compreende, pois essa é uma doutrina mística.) Estas relações de "confluência" podem unificar uma sociedade, porque mesmo que duas pessoas não sejam diretamente conectadas por uma tal relação, elas são indiretamente conectadas por uma cadeia de tais relações (*LW*, 15:5-6). O emprego da análise jamesiana da "forma individual" por Dewey, embora brilhante por seu próprio direito, falha em notar que a análise de James, apesar do uso, por parte deste último, da metáfora de uma "república federal" para seu mundo pluralista (*PU*, 145), não é uma análise política, mas fenomenológica. Ela é uma tentativa de desenvolver a descrição fenomenológica de nossa experiência de mudança contida nos *Princípios*. Segundo essa descrição, que é baseada no conceito do "presente especioso", cada pulso de experiência sensorial tem um conteúdo temporalmente estendido de eventos sucessivos *distintos*. Em *Um universo pluralista*, James tenta desenvolver essa descrição a partir de uma análise bergsoniana que funde esses pulsos em uma massa unificada.

Uma vez que Dewey acreditava que as teorias filosóficas são, em última instância, sociopolíticas em origem e intenção, ele pode ter acreditado que tinha todo o direito de politizar a descrição fenomenológica jamesiana do fluxo da experiência. Em seu discurso para a graduação na Universidade de Vermont, em 1904, ele disse:

> Hoje geralmente se reconhece que os sistemas de filosofia, não importando quão abstratos em concepção e exposição técnica, encontram-se,

afinal, muito mais próximos do coração da vida social e nacional do que superficialmente aparentam... a filosofia é uma linguagem na qual os mais profundos problemas e aspirações sociais de um dado tempo e de um dado povo são expressos em símbolos intelectuais e impessoais (*MW*, 3:73).

A tese metafilosófica de Dewey encontra um contraexemplo na explicação bergsoniana da mudança oferecida por James. Dewey, após apontar corretamente que a "intuição" da "duração" de Bergson é uma forma de misticismo, explica essa tendência mística pelo fato de Bergson ser um judeu de Alexandria, uma encruzilhada de culturas místicas (*MW*, 12:227). Mas a descrição da mudança oferecida por James é, segundo o próprio James, idêntica à de Bergson, e portanto tão mística quanto a deste último. Devemos inferir que James era judeu e criado em uma área que é um caldeirão de misticismo?! A tese metafilosófica do sentimento de racionalidade de James, uma tese rival à de Dewey, e que diz que a filosofia de um indivíduo é uma expressão de suas preferências psicológicas, parece concordar muito mais com os fatos empíricos. O estado místico de espírito não conhece fronteiras sociopolíticas.

Em vez de ser um apêndice inútil, a introspecção recebe um lugar de honra na filosofia existencialmente orientada de James. Mesmo antes de James defender explicitamente o panpsiquismo em seus anos finais, há um esforço desesperado, como aquele que é encontrado em *A vontade de crer* [*The Will to Believe*], de 1897, e especialmente em "Sobre uma certa cegueira nos seres humanos" ["On a Certain Blindness in Human Beings"], para penetrar na vida interior de todas as coisas. Ao passo que Dewey enxergava a outra pessoa principalmente como um colega de trabalho em uma aventura cooperativa para realizar algum objetivo compartilhado, James queria fazer dessa pessoa, e de fato do universo inteiro, um "Eu-Você". Em *Um universo pluralista*, ele fala até mesmo de penetrar por um ato de "simpatia intuitiva" (117) a "vida interior do fluxo" (110), a "natureza interior da realidade" – "aquilo que realmente a *põe em ação*" (112). *Um universo pluralista* é um apelo a uma filosofia da "intimidade", segundo a qual "a vida interior das coisas deve ser substancialmente afim, de algum modo, às partes mais frágeis da natureza do homem" (19).

Como essa busca para penetrar os interiores das coisas se relaciona com o apego de James à introspecção? O mero uso da introspecção não compromete ninguém com um dualismo mental/físico, e muito menos com o panpsiquismo; como exemplo, recordemos o materialismo fenomenológico de James acerca do eu ativo e das emoções. No entanto, se alguém já acreditasse que tudo tem uma vida consciente interior que concede valor e significado a sua existência, como acreditava James, então o método introspectivo receberia um lugar de honra. Pois através do seu uso podemos descobrir, em nosso próprio caso, como é desfrutar ou ser alguma qualidade ou coisa, o que pode então ser projetado sobre outros através de um ato de "simpatia intuitiva", às vezes apoiado, como no caso de James, por um argumento analógico de tipo cartesiano.[6] A grande atração da análise introspectiva para James é que ela lhe propiciava uma maneira de impedir a bifurcação entre o homem e a natureza, bifurcação que é sua maior inimiga, pois despoja o mundo de qualquer significado ou valor humano (*PP*, 2:940-941).

Estes temas existenciais emergem claramente no tratamento que James dá à identidade do eu ao longo do tempo, outra parte de James que Dewey ignora totalmente. A análise de James é exclusivamente introspectiva, assegurando assim que nosso conceito daquilo que somos terá a intimidade necessária, dado que aquilo que somos, nossa natureza, é ligado a nossas condições de identidade. A análise é dada exclusivamente em termos de critérios de primeira pessoa – estados de consciência que são introspectivamente acessíveis ao sujeito. Essa abordagem se adequa à demanda antibifurcacionista de James, pois é baseada naquilo que é importante para nós enquanto seres emocionais e ativos. São exatamente essas considerações de importância que formam o motivo condutor subjacente à análise jamesiana do eu.

---

[6] Ver *ERE*, 38, para a apresentação de James do argumento analógico em defesa de outras mentes; e para seu comprometimento com uma linguagem privada, que é uma pressuposição desse argumento, ver *PP*, 1:40 e *SPP*, 57.

Essa abordagem "interior" para compreender a identidade das pessoas contrasta com a abordagem objetiva "exterior", que trata as pessoas como aquilo que poderia ser chamado, em um uso um tanto ampliado do termo, um "tipo natural", significando um tipo de objeto cuja natureza é ser determinado através da ciência natural. Foi sugerido que o cientificismo de Dewey o insere diretamente no domínio do tipo natural. Estas abordagens contrastantes estão na base da cisão da filosofia do século XX, entre as assim chamadas filosofia continental e analítica. Elas também formam a base do contraste de James entre as disposições mentais rija [*tough-minded*] e tenra [*tender-minded*] oferecido em *Pragmatismo* [*Pragmatism*] (13). As características listadas sob o rótulo "A mente tenra" são, em sua maioria, aquelas que asseguram um mundo não bifurcado e são garantidas através da abordagem interior, em contraste com aquelas listadas sob o rótulo "A mente rija", que representam a atitude mental do cientista natural, com sua abordagem científica de tipos naturais para compreender a natureza das pessoas de seu mundo.

A análise de James tem como modelo a de Locke e sustenta que os pensamentos sucessivos são copessoais apenas caso o último pensamento "se aproprie" do anterior, isto é, julgue que o anterior pertença a ele pelo fato de possuir um tipo especial de calor e intimidade.[7] Embora James aluda algumas vezes a critérios de terceira pessoa que poderiam desafiar ou invalidar um juízo de autoidentidade ao longo do tempo baseado nesse tipo de memórias aparentes, o único invalidador que ele parece reconhecer é a existência de um reivindicador melhor ou igualmente bom, alguma outra pessoa cujas memórias aparentes sejam tão ou mais ricas, e que também se ajustem ao passado de alguma pessoa na vida real. A versão de James de uma teoria de persistência pessoal baseada na memória trata as pessoas como tipos não naturais, uma vez que não inclui nenhuma exigência causal para a memória. "O mesmo cérebro pode servir a muitos eus conscientes, sejam eles alternados ou coexistentes..." (379), permitindo assim que

---

[7] Por causa das limitações de espaço, minha explicação é bastante vaga. Para todos os detalhes, ver Gale, 1994.

pessoas troquem de corpo à moda do príncipe e do sapateiro de Locke. Essa é a característica mais importante de sua análise, e é ela que nitidamente a distingue das teorias de memória baseadas em tipos naturais, que tratam a memória como um processo causal que deve em última instância ser compreendido pela ciência natural.

O capítulo de James sobre a "Memória" ["Memory"] é colocado seis capítulos depois daquele em que ele fornece uma análise introspectiva da persistência pessoal. Ele segue seu padrão usual de primeiro fornecer uma análise introspectiva, seguida de uma análise histórica ou causal. Após repetir sua análise introspectiva do capítulo anterior, ele apresenta uma análise neurofisiológica bastante direta das causas da memória. "Qualquer que seja a deixa que torne essa tendência [de recordar] uma atualidade, a própria *base* permanente da tendência encontra-se nos caminhos neurais organizados, através dos quais a deixa evoca a experiência... a condição que torna isso possível... são... os caminhos cerebrais que *associam* a experiência com a ocasião e com a deixa da recordação" (*PP*, 2:616).

Seria de se pensar que essa explicação fisicalista da memória, baseada em tipos naturais, forneceria critérios de terceira pessoa para invalidar as alegações de memória baseadas na introspecção, juntamente com as alegações de persistência pessoal que elas carregam. Tais alegações poderiam ser invalidadas mostrando-se que a memória aparente não se conecta com o evento passado através do tipo correto de processo físico. Mas James nunca coloca qualquer exigência causal para a memória. A faca e o queijo estão na mesa. Tudo o que ele tem de fazer é sentar e comer. Mas ele não o faz, seguindo assim a abordagem de tipos não naturais à natureza do Eu.

Conta-se que em 1905 James e Dewey sentaram-se juntos diante de uma tábua *Ouija* (Dearborn, 1988, 95). Se a tese geral do presente artigo estiver correta – que a filosofia de Dewey é completamente naturalista e a de James completamente espectral –, Dewey deve ter tido um grande sorriso pretensioso no rosto, enquanto o suor da convicção sincera escorria pelo rosto de James.

4 James, Clifford e a consciência científica

DAVID A. HOLLINGER

Não importando quão diversas sejam nossas opiniões a respeito de William James hoje, nós geralmente concordamos que o grande pragmatista estava certo sobre uma coisa: as pretensões dos "positivistas" vitorianos. James desmascarou a ingenuidade epistemológica destes imperialistas culturais. Ele celebrou a abertura mental, em detrimento das clausuras arrogantes e dogmáticas que associamos com a *intelligentsia* científica do século XIX. Estes contemporâneos de Darwin atribuíam às ciências uma perspectiva de "olho de Deus" e ao mundo um conjunto de traços fixos passíveis de serem descobertos por homens e mulheres ousados o suficiente para substituir a fantasia e a superstição pelos fatos. Estes Huxleys e Tyndalls e Cliffords viam a si mesmos como um novo sacerdócio e, enquanto diziam a todo mundo em quê acreditar, funcionavam como a polícia do pensamento de sua época. As raízes dessa videira de presunção escavaram tão fundo na mente ocidental que parece que nunca somos capazes de extirpá-las. Nós a atacamos e atacamos e atacamos, e citamos pensadores modernos tão diversos quanto Quine e Kuhn e Wittgenstein e Foucault contra ela. E citamos James. Nós o honramos por ser um dos primeiros a abraçar a causa, por estar entre os grandes profetas da humildade epistêmica, um fundador do pensamento verdadeiramente "modernista" ou mesmo "pós-modernista".[1]

---

[1] Para exemplos representativos de invocações de James como um precursor do pós--modernismo, ver Best e Kellner, 1991, 28; Livingston, 1994, 273-279.

Especialmente em "A vontade de crer" ["The Will to Believe"], James vindicou o direito do homem e da mulher comum resistirem às diretivas dos autonomeados porta-vozes da ciência. James entendia que a investigação científica tem lugar em uma matriz social e historicamente específica, e que todo investigador é ao mesmo tempo habilitado e confinado por predileções culturais e psicológicas. O mundo de James era plural e contingente, e os traços que ele propiciava ao nosso olhar disciplinado permaneciam, em grande medida, enigmas ontológicos. Se a qualidade da argumentação de James nesse lendário ensaio foi por vezes relaxada – como foi tão frequentemente lamentado por comentadores favoráveis[2] –, o lapso foi amplamente perdoado no contexto do papel profético do ensaio na "revolta contra o positivismo".[3] Mas não parecemos dispostos a perdoar o principal alvo da justificada ira de James em "A vontade de crer", o matemático inglês W. K. Clifford. O despacho de Clifford por James foi tão efetivo que os comentadores de "A vontade de crer" raramente chegam a ler os argumentos do pensador a quem James estava mais preocupado em responder. A significância histórica de Clifford é, graças a James, semelhante à dos ajudantes mais prestativos de Sócrates. Ele foi tolo o suficiente para exprimir opiniões que um intelecto mais sábio pôde refutar com efeitos saudáveis e duradouros.

Mas um exame daquilo que Clifford escreveu revela que ele não era tão tolo quanto James nos levou a concluir, e que a representação dos argumentos de Clifford oferecida por James foi menos do que justa. Alguns filósofos que hoje afirmam escrever no "espírito" de James poderiam sentir-se mais próximos de Clifford que de James, se fossem avaliar os dois lado a lado.[4] Caminhar até a biblioteca para ler "A ética da crença" ["The Ethics

---

[2] Dois exemplos recentes são Myers, 1986a, especialmente 451-452; e Levinson, 1981, esp. 55.

[3] Para a narrativa clássica dessa revolta e uma típica explicação do papel de James na mesma, ver Hughes, 1958. Para uma explicação mais recente, que se distingue por um excelente tratamento de James, ver Kloppenberg, 1986.

[4] Ver, por exemplo, Gale, 1980, 1-14. Gale caracteriza (14) sua própria análise do problema da ética da crença como capturando "parte do espírito e do impulso" do ensaio "A vontade de crer" de James. Mas Gale poderia ser mais justamente des-

of Belief"] de Clifford pode parecer um ato extraordinariamente simples, mas os estudos existentes sobre "A vontade de crer" – de longe o mais renomado de todos os ensaios de James – mostram pouca consciência acerca daquilo que Clifford disse realmente.⁵

Chamar atenção, como farei aqui, para as descrições enganosas de Clifford oferecidas por James não é simplesmente convidar a uma reprimenda de James, nem se entregar a um interesse de antiquário por questões jamesianas. Essas descrições enganosas serviram para ocultar um importante terreno intelectual que James na verdade compartilhava com Clifford. Os pontos genuinamente em questão entre James e Clifford podem ser distinguidos das pistas falsas que James lançava a um grupo de leitores ávidos por qualquer desculpa para manter os agnósticos à distância. Uma compreensão mais acurada da relação entre James e Clifford pode permitir-nos esclarecer os termos em que James contestava Clifford acerca da estrutura de plausibilidade que vigoraria na cultura dos habitantes educados do Ocidente na região do Atlântico Norte. Ambos entendiam que o caráter dessa estrutura de plausibilidade estava em questão em sua época. "A vontade

crito como salvando James mediante uma expansão crítica do argumento de James na direção de Clifford. Isso não significa encontrar falha na discussão de Gale da ética da crença, que é uma das mais rigorosas e esclarecedoras da literatura. Um sinal da efetividade da destruição de Clifford por parte de James é que os filósofos posteriores, argumentando mais segundo a tradição de Clifford que segundo a de James, podem ignorar Clifford e reivindicar James como sua fonte de inspiração. Outro dos principais estudos sobre "A vontade de crer" introduz avisos decididamente cliffordianos contra James, aparentemente sem se dar conta disso. O atencioso artigo de Kauber e Hare (1974) defende James mediante a derivação de "implicações" do argumento de James, as quais (1) excluem qualquer "técnica" que desvie um sujeito crente da busca por mais evidências (339) e (2) apoiam um "dever" real de induzir a crença sob certas condições (342).

5   Um dos pouquíssimos filósofos que dão mostras de ter estudado o ensaio de Clifford acabou por oferecer uma leitura levemente favorável deste último: ver Harvey, 1979. Outro filósofo que de fato estudou o texto de Clifford é Wernham, cujo *James's Will-to-Believe Doctrine: A Heretical View* (1987) chegou a minha atenção somente depois de este artigo ter sido completado. Um traço refrescante da discussão de Wernham é sua sensitividade em relação à medida em que James representou Clifford erroneamente; ver esp. 69-74.

de crer" foi um momento distintivo na busca de James por um referencial cientificamente respeitável, no qual a sensibilidade religiosa essencial do protestantismo liberal de seu meio pudesse ser afirmada. Quando lido em comparação com Clifford e em comparação com o *Pragmatismo*, que James escreveu dez anos após "A vontade de crer", este último emerge como um espasmo brilhante, mas ainda assim um espasmo. James estava invectivando contra uma consciência científica que detinha enorme poder sobre ele. Em *Pragmatismo*, James estabeleceu uma paz tensa, mas mais estável e genuína, com essa consciência científica – mais do que ele havia sido capaz de fazer no nervoso, e às vezes dissimulado, "A vontade de crer".

Clifford realmente afirmou que "é errado, em todos os casos, crer sem evidências suficientes".[6] Essa é a preciosa e inexorável afirmação invariavelmente associada ao nome de Clifford. O tom rígido e absolutista da observação soou tolo graças à intervenção do prático, flexível e sensato James. Nosso pragmatista sabia que as pessoas reais têm de fazer escolhas entre alternativas que nem sempre são sujeitas a provas claras e confiáveis. A "exortação de Clifford" era "completamente fantástica" para James. Ela significava manter nossas mentes "em suspenso para sempre". Não seria graças a tal afastamento que o conhecimento poderia ser expandido e a ação apropriada poderia ser realizada. A injunção de Clifford era "como um general informando a seus soldados que é melhor ficar fora da batalha do que arriscar um único ferimento" (*WB*, 24-5). Foi assim que James atravessou uma cruz no coração infiel de Clifford.

A vitória foi mais facilitada pelo fato de que Clifford já estava no túmulo há dezoito anos. James publicou "A vontade de crer" em 1897; Clifford morrera em 1879. Se "aquele delicioso *enfant terrible*" – como James chamou (*WB*, 17) o brilhante matemático, morto por tuberculose antes de completar 34 anos[7] – estivesse vivo para discutir o assunto, Clifford pode-

---

[6] Clifford, 1877, 309.
[7] Para um breve e conveniente relato da vida e da carreira de Clifford, ver Macfarlane, 1916, 78-91. Clifford é um personagem importante na história do agnosticismo, conforme o esplendidamente relatado por Lightman, 1987. Lightman aponta para a

ria ter citado com notável efeito o próprio ensaio que James ridicularizava. "Não temos nenhuma razão para temer que um hábito de investigação conscienciosa paralise as ações de nossa vida cotidiana", havia explicado Clifford, como se respondesse a James diretamente. Encontramos "muitos casos em que é nosso dever agir com base em probabilidades, embora as evidências não sejam suficientes para justificar nossa crença presente". Clifford havia tido o trabalho, portanto, de evitar exatamente o erro de leitura que James efetuara, um erro de leitura segundo o qual Clifford teria supostamente sido insensível à necessidade de viver com base em informações incompletas e imperfeitas. É "precisamente através" disso, através da assunção de riscos com base nas melhores informações disponíveis e da observação dos resultados, "que se obtém a evidência por meio da qual justificar a crença futura" (Clifford, 1877, 296).

Longe de defender a passividade que James lhe atribuía, Clifford exaltava a ação baseada na crença mais criticamente defensável disponível em um dado momento. Aquilo contra o que Clifford veementemente argumentava era o ato de sustentar crenças acriticamente e de proteger essas crenças do "hábito da investigação conscienciosa". A "suficiência" de evidências era um ideal relativo, mas James, ao citar Clifford seletivamente, fazia esse ideal parecer absoluto e inalcançável. James, portanto, lidou com Clifford através do clássico expediente de apropriação e apagamento: para começar, ele se apropriou das qualificações mais sensíveis que Clifford havia inserido em seu próprio argumento e depois apagou essas advertências de senso comum de seu resumo de Clifford.

James foi quase tão cavalheiro quanto isso acerca da questão da uniformidade da natureza. Contra a estreita construção desse princípio por parte de Clifford e seus compatriotas científicos, James alertava sabiamente que

excepcional estima que o jovem Clifford gozava entre a elite intelectual vitoriana de sua época. T. H. Huxley considerou-o "a melhor mente científica nascida na Inglaterra em cinquenta anos". Quando estava morrendo, Clifford foi regularmente auxiliado por ninguém menos que o próprio Leslie Stephen, que depois assumiu a tarefa de editar os textos de Clifford e a missão de manter acesa sua chama. Ver Lightman, 1987, 95.

a natureza, afinal, pode não ser tão absolutamente uniforme. Os cientistas se recusam a buscar "evidências a favor da telepatia" porque isso ameaçaria seus dogmas. Para ilustrar a má-fé dos cientistas, James citava "um importante biólogo" que havia dito a ele que, mesmo que a telepatia fosse verdadeira, "os cientistas deveriam agrupar-se para mantê-la suprimida e escondida". Mas James admitia que esse patife não nomeado estava então, como Clifford, "morto" (*WB*, 19).

O que Clifford havia dito sobre a uniformidade da natureza? Nada tão ultrajante quanto os sentimentos do biólogo que estava convenientemente indisponível para confirmar o interrogatório. Clifford argumentava que nosso raciocínio sobre novas experiências deveria começar com uma assunção de que essas experiências podem ser explicadas pelas mesmas forças que explicaram as experiências anteriores. Assumimos uma continuidade entre "aquilo que não sabemos" e "aquilo que sabemos". Esta simples assunção nos ajuda a alocar nossas energias em nossos experimentos e a guiar nossas ações na vida cotidiana. Se aquilo que vemos do Sol em nosso espectroscópio "se comporta como o hidrogênio sob circunstâncias similares se comportaria na Terra", temos uma boa razão para pensar que há hidrogênio no Sol. E Clifford mais uma vez teve o trabalho de evitar a acusação de absolutismo: ele respondeu com um sonoro "não" à questão levantada por ele próprio: devemos acreditar "que a natureza é absoluta e universalmente uniforme"? Clifford usou esse uniformismo absurdamente extremo como um exemplo de uma ideia na qual "não temos nenhum direito de crer" (Clifford, 1877, 306, 308).

Para Clifford, o princípio da uniformidade da natureza era um guia para a ação e um fundamento para se levantarem novas questões acerca de nosso mundo. Mas acreditar nele como uma verdade absoluta era um exemplo de acreditar "sem evidências suficientes", o verdadeiro vício contra o qual o ensaio de Clifford era voltado. James, é claro, inverteu isso completamente, de modo que gerações de leitores de James assumiram que Clifford era um desses sinceros monges da fé positivista, que acreditavam que as "evidências" eram "suficientes" para se acreditar de modo absoluto na uniformidade da natureza.

Nem toda impressão deixada por James a respeito de Clifford foi enganosa. Clifford era realmente menos respeitoso que James para com as crenças religiosas das massas da humanidade, dentro e fora da tradição cristã. James estava correto em identificar Clifford como a voz de uma sensibilidade diferente da sua própria. Se James era inclinado, como reclamou certa vez seu amigo Justice Holmes, "a apagar as luzes para dar uma chance ao milagre",[8] Clifford estava deselegantemente ansioso para levar a tocha do Esclarecimento ao oratório, na esperança de embaraçar alguma alma piedosa, embora mal orientada.

Em vários outros aspectos, também, James deixou uma impressão justa. Clifford tinha mais confiança que James no corpo de conhecimentos existentes, era mais inclinado a enfatizar sua durabilidade e era menos ciente que James do poder de uma herança cultural para moldar o curso da investigação. James era mais preocupado que Clifford com as realidades psicológicas do processo de investigação, e menos piamente moralista a respeito daquilo que os dois concordavam serem os imperativos que guiam esse processo. Clifford ainda elogiava um desapego estudado na ciência, que James alfinetava eloquentemente: "Se você quer um completo idiota em uma investigação... pegue o homem que não tem absolutamente nenhum interesse pelos resultados". O melhor investigador, insistia James em um tom apreciado pela maioria dos pensadores do século XX, "é sempre aquele cujo interesse ansioso por um lado da questão é equilibrado por um nervosismo igualmente agudo [quanto à possibilidade] de ser enganado" (*WB*, 26).

A relação de James para com Clifford foi dominada pela determinação de James de proteger a crença "religiosa" em relação ao espírito crítico que o próprio James apreciava, mesmo como apresentado na "Ética da crença" de Clifford. James era um homem da ciência, e profundamente orgulhoso disso. Não apenas seus *Princípios*, mas também suas *Variedades de experiên-*

---

[8] Carta de Holmes a Frederick Pollock, 1 de setembro de 1910 (Howe, 1941, 1:67). Abordei a relação de Holmes com o pragmatismo de James e com as visões religiosas deste último em Hollinger, 1992, 216-228, 307-313, especialmente 217-218 e 221-222.

cia religiosa [*Varieties of Religious Experience*] estiveram entre as mais formidáveis aplicações do saber científico a algum aspecto da vida humana produzidas por sua geração de intelectuais americanos. James foi assombrado, ao longo de toda a sua carreira de esforço para vindicar a religião, por uma consciência científica.[9] Ele associava essa consciência a Clifford mais que a qualquer outro indivíduo. No final das *Variedades*, por exemplo, James invocou o há muito falecido Clifford mais uma vez, em sua capacidade como a consciência da ciência. Clifford havia identificado "aquele monitor interno" que sussurra "Tolice!" na mente de uma pessoa quando esta é tentada a ir além de uma avaliação "objetiva" da experiência (*VRE*, 408). Nessa situação particular, a "consciência" servia, como era frequentemente invocado por James, para ironicamente impedir alguém de aceitar como "científico" o agnosticismo pregado por Clifford. O ponto principal do desacordo de James com Clifford era a medida em que as crenças que os intelectuais anglófonos do fim da era vitoriana chamavam de "religiosas" podiam ser sustentadas sem uma consciência culpada.

O núcleo dessas crenças era um teísmo excessivamente geral. "A essência dos princípios religiosos, para James", como resumiu convincentemente Edward H. Madden, "era um deus forte o suficiente para assegurar que os valores morais não fossem um aspecto passageiro da curta existência do homem, mas tivessem uma residência permanente no coração das coisas".[10] Em "A vontade de crer", não menos que ao longo de toda a sua carreira, James evitou defender doutrinas religiosas mais específicas, apesar do fato de que seus livros e ensaios foram cheios de retratos favoráveis de crentes nesta ou naquela fé específica.[11]

---

[9] Para o argumento de que o grosso da carreira de James como filósofo deve ser visto em termos da preocupação de James com o destino da religião em uma era de ciência, ver Hollinger, 1985, 3-22. O presente estudo de James e Clifford é uma elaboração e extensão da interpretação básica de James desenvolvida nesse estudo anterior.

[10] Edward H. Madden, "Introduction", *WB*, xxvi.

[11] Ralph Barton Perry nunca foi tão acurado acerca de James quanto foi ao propor que James era "profundamente interessado" pelo direito de crer, "mas não fez nenhum uso considerável daquele direito" (1935, 2:211).

Essa disposição estava inteiramente de acordo com o "essencialismo" da cultura protestante liberal do ambiente cultural de James.¹² As "essencialidades" do cristianismo deviam ser afirmadas, enquanto seus revestimentos anacrônicos – os produtos de discípulos bem intencionados, apesar de pouco sofisticados, que haviam projetado suas próprias culturas sobre o evangelho eterno – deviam ser postos de lado. A generalidade da "hipótese religiosa", como James frequentemente chamava seu teísmo pouco elaborado, não chegava muito longe como teologia. Mas como um denominador comum em torno do qual os aguerridos protestantes do espaço e tempo de James podiam se reagrupar, a formulação jamesiana do núcleo da religião era um sucesso espetacular. Os leitores de James podiam ligar a essa hipótese quaisquer crenças específicas que eles pensassem que fossem implicadas por ela. Nas mentes do segmento mais bem educado da população, o teísmo básico defendido por James era o fundamento de uma fé cristã que havia sido liberalizada em resposta ao medo de Schleiermacher e de uma multidão de outros líderes protestantes, que temiam que o futuro cognitivo do mundo estivesse nas mãos do intelecto científico secular. Até mesmo aqueles bons congregacionistas e episcopais, que haviam recebido bem a ênfase nos "sentimentos" e na "conduta" que se seguiu à diminuição das pretensões cognitivas do cristianismo, permaneceram comprometidos, é claro, com o conceito de Deus. Assim, os agnósticos propunham um desafio real: eles minavam o que restava do fundamento cognitivo do edifício cristão, que abrigava as emoções religiosas e o evangelho social.

Clifford não havia atacado o teísmo diretamente, e também não havia sido direto em sua abordagem do cristianismo. "A ética da crença" fora uma defesa apaixonada da investigação crítica, e um ataque vociferante ao hábito de aceitar sem exame as alegações de verdade provenientes de autoridades políticas ou religiosas, de costumes sociais ou do sentimento indisciplinado. O ensaio de Clifford tolera mais comparação do que recebeu com uma grande apoteose americana do método científico surgida no mesmo ano, "A fixação da crença" ["The Fixation of Belief"] (1877) de

---

¹² Para um resumo útil, ver Hutchinson, 1977.

Charles Peirce. Peirce levou a ciência a se relacionar com a totalidade da crença, incluindo explicitamente a crença religiosa, e o fez com um espírito de retidão moral. "Evitar investigar a base de qualquer crença por causa do medo de que ela se revele uma base podre", entoava Peirce com uma justa indignação, digna de Clifford, "é tão imoral quanto desvantajoso".[13] Mas as crenças dos cristãos figuravam no texto de Clifford apenas marginalmente. Clifford citava Milton e Coleridge para dizer que devemos amar a própria "verdade" acima do cristianismo e das palavras de seus pregadores. Mas a religião dos leitores de Clifford estava oculta, em sua maior parte, por trás de atores substitutos, tais como "o curandeiro da África Central", cujas ideias absurdas Clifford evocava friamente. O mais longo exemplo de uma crença religiosa infundada utilizado por Clifford era o de "um maometano". Clifford fazia esse apóstolo imaginário de uma religião específica que era anátema para a maioria de seus leitores enunciar os argumentos gerais em favor da fé comuns entre os cristãos educados (as virtudes do grande profeta, os eventos milagrosos que testificam a grandeza e o poder de Deus etc.). Clifford culpava esses argumentos como insuficientemente baseados na investigação consciencíosa (Clifford, 1877, 297-300, 302). Isso não era exatamente o mesmo que Galileu inserindo os argumentos do papa na boca de um personagem chamado "Simplício", mas o ato de Clifford colocar o Turco Infiel no papel de porta-voz da "religião" tinha algo desse mesmo sabor.

As crenças chamadas "religiosas" eram, para Clifford, meramente casos de crença em geral. Parte do poder da apresentação de Clifford derivava de ele localizar a crença religiosa próximo a uma variedade de outros tipos de crença, incluindo a crença científica e as crenças que moldam a conduta da vida cotidiana no lar, no local de trabalho e na taverna. "Todo campônio que profere na taverna da vila suas sentenças lentas e infrequentes", reconhecia Clifford, com a sensibilidade de um patrício pelos esforços da

---

[13] O ensaio "A fixação da crença" ["The Fixation of Belief"] de Peirce foi originalmente publicado em *Popular Science Monthly* 12 (novembro, 1877), 1-15. Para a passagem citada, ver o ensaio reimpresso em Hollinger e Capper, 1993, 23-24.

respeitável gente pobre, "pode ajudar a matar ou manter vivas as superstições que estorvam sua raça" (Clifford, 1877, 293).

O exemplo cardinal de Clifford, no entanto, era o de um dono de navio que abafava suas dúvidas a respeito da resistência de sua embarcação e, "depositando sua confiança na Providência", permitia que o navio levasse sua carga de imigrantes à morte no mar. O dono do navio "acreditava sinceramente na robustez de seu navio", mas ele não tinha "*nenhum direito de acreditar com base na evidência que tinha diante de si*", porque ele não a havia obtido mediante uma "investigação paciente" (Clifford, 1877, 289-90; ênfase presente no original). Esse longo exemplo abria o ensaio e propiciava a Clifford seu tema principal: que as crenças têm consequências sociais e devem, por essa razão, ser sustentadas responsavelmente, quer dizer, "eticamente", com base nas melhores evidências a serem obtidas através de investigações conscienciosas.

A falta de atenção de James a esse tema é um dos traços mais instrutivos de "A vontade de crer" e é um traço que se torna ainda mais notável se temos consciência da extraordinária ênfase que Clifford depositava nas consequências da crença para a ação social. Afinal, é o James pragmatista que é apropriadamente lembrado na história do pensamento por insistir na importância transcendente das consequências práticas da crença. E em nenhum lugar ele afirma esse sentimento classicamente jamesiano mais do que no próprio "A vontade de crer":

> Toda a defesa da fé religiosa apoia-se na ação. Se a ação exigida ou inspirada pela hipótese religiosa não é de modo algum diferente daquela que é ditada pela hipótese naturalista, então a fé religiosa é uma pura superfluidade, melhor eliminada, e a controvérsia sobre sua legitimidade é uma ninharia inútil, indigna das mentes sérias (*WB*, 32).[14]

---

[14] Clifford também pregava (1877, 298) bastante "pragmaticamente" a respeito da crença e da ação: "nenhuma crença é real a menos que guie nossas ações, e que estas mesmas ações forneçam um teste de sua verdade".

Ainda assim, em nenhuma parte de "A vontade de crer" James indicou quais ações se seguem da crença religiosa, mesmo do tipo mais genérico e muito menos de qualquer crença específica. Será que os homens e as mulheres que acreditam em Deus se comportam mais compassivamente para com os outros seres humanos? Será que eles geram e mantêm famílias melhores? Será que os crentes religiosos são cidadãos mais confiáveis que os agnósticos? Será que eles são menos egoístas? Será que as pessoas religiosas são mais diligentes em suas vocações do que os livres-pensadores? James pode ter acreditado em algumas das asserções implicadas por essas questões, mas ele não as defendeu e muito menos formulou-as como afirmações. James conseguiu evitar completamente o desafio apontado por Clifford acerca da ação social.

Para James, as consequências da crença religiosa, quaisquer que fossem, eram realizadas ou no interior da psique individual – James costumava dizer que a crença religiosa o mantinha são (*VRE*, 408) – ou em uma cidade celestial: talvez a crença religiosa de fato tornasse mais provável a unidade eterna do crente com Deus? A ação neste mundo não fazia parte da agenda de James em "A vontade de crer".[15] Ainda assim, James buscou deixar a impressão oposta, especialmente em sua conclusão melodramática convocando seus leitores a enxergar a decisão de acreditar em Deus como comparável à ação mundana em uma situação de vida ou morte sob horrendas condições fisicamente reais. "Encontramo-nos em uma trilha nas montanhas, em meio à neve rodopiante e à neblina cegante", James citava Fitzjames Stephen, "através das quais podemos de vez em quando ter vislumbres de caminhos que podem ser enganosos". Somos obrigados a dar um "salto no escuro". Não podemos permanecer imóveis, pois se o fizermos,

> congelaremos até a morte. Se tomarmos o caminho errado, seres partidos em pedaços. Não sabemos com certeza se há algum caminho correto. O que devemos fazer? "Ser fortes e de boa coragem." Agir pelo

---

[15] Até mesmo George Cotkin, talvez o mais assíduo dos estudiosos que representaram James como um "ativista", é incapaz de encontrar em "A vontade de crer" um indício de uma análise de quais ações são exigidas pela crença teísta. Ver Cotkin, 1990, 80-81.

melhor, esperar pelo melhor, e aceitar o que vier... Se a morte termina tudo, não há melhor maneira de encontrar a morte (*WB*, 33).[16]

Esse final filosoficamente obscurantista é outro sinal do caráter espasmódico de "A vontade de crer". A ação é mistificada, e suas consequências são representadas como verdadeiramente momentosas. Um "salto no escuro" é celebrado como a melhor maneira possível de morrer. E essa coisa rebuscada é oferecida por alguém que, apenas poucas páginas antes, havia zombado de Clifford por um certo "páthos ruidoso na voz" (*WB*, 18).

Clifford chamava atenção para as injúrias feitas a indivíduos e grupos como resultado de um exercício de poder sancionado por crenças mantidas com base em "evidências insuficientes". Para Clifford, a sociedade como um todo pagava por padrões negligentes de crença. E quanto aos hábitos não críticos de crença do dono do navio? E quanto a uma população vitimada pelas mistificações dos sacerdotes? Será que o cidadão comum não precisa escrutinar as questões com um olhar mais crítico? "O homem crédulo é pai do mentiroso e do embusteiro", alertava Clifford; a solidariedade social e a ação coletiva saudável seriam promovidas por "nossos poderes... de pesar as evidências justa e imparcialmente" (Clifford, 1877, 294).

O ostensivamente autoritário Clifford mostrava mais preocupação acerca da manipulação do público por fraudes e charlatães que o despretensioso campeão americano do "homem comum", que revelava uma indiferença quase aristocrática em relação à matriz social na qual as escolhas são feitas. O ensaio "A vontade de crer" defendia as sensibilidades das almas individuais completamente removidas dos domínios do poder social, enquanto "A ética da crença" defendia os atores sociais em relação à morte, à injustiça, ao crime e à exploração que lhes podem ser impostos por "regimes de verdade" (embora Clifford não utilizasse esse termo foucaultiano) injustificados. Foucault encontraria em Clifford uma alma mais familiar que no James de "A vontade de crer".

---

[16] Aqui James cita Fitzjames Stephen (1874, 353).

Clifford tinha boas razões para compreender as estruturas alternativas de plausibilidade como veículos de poder. Os intelectuais britânicos de sua geração tinham de competir com uma Igreja estabelecida que, em 1877 ainda mais do que quando James escreveu, vinte anos depois, continuava a exercer uma enorme autoridade sobre a educação e a cultura pública. Não era uma tolice de Clifford enxergar o Esclarecimento como uma causa aguerrida, lutando contra inimigos entrincheirados e cheios de recursos. Mas James florescia em meio à enorme expansão das universidades americanas, e em uma sociedade que tratava a religião como uma questão mais privada do que se assumia que ela fosse na Bretanha. James pensava que o Esclarecimento estava indo tão bem entre as classes educadas que seus excessos podiam ser criticados sem medo de prejudicá-lo. Clifford chamava atenção para o "treinamento profissional" do químico, que dava aos outros uma base sadia para ouvir seu testemunho acerca das substâncias químicas (Clifford, 1877, 301), enquanto James, testemunhando a mais rápida e bem-sucedida ascensão de profissionais acadêmicos da história, estava em vez disso preocupado de os profissionais intimidarem o leigo a uma deferência indevida.

O americano socialmente complacente se preocupava com o dano que uma consciência científica estrita podia causar à paz mental dos indivíduos, enquanto o inglês politicamente engajado de uma geração antes havia se preocupado com o dano que a autoridade religiosa podia causar em uma população crédula que estava apenas gradualmente aprendendo o potencial liberador de uma mente crítica. Clifford temia a falsidade em uma ordem social que ele pensava só poder ser melhorada pela verdade; James defendia a liberdade contra aquilo que ele via como a tirania cognitiva da ciência. "Nossos erros certamente não são coisas tão terrivelmente solenes", dizia James. Clifford falava como se a criação e manutenção da cultura fossem um jogo de soma zero e os riscos fossem altos para todos, enquanto James falava como se a cultura pudesse expandir-se indefinidamente, deixando espaço para a fé favorita de todos sem ferir ninguém. "Viva e deixe viver", exortava James; a "tolerância" deve ser nosso ideal "nas coisas especulativas bem como nas práticas" (*WB*, 25, 33).

Quando James exaltava assim o *laissez-faire* como um princípio adequado para a vida da mente, ele estava pensando sobre questões presentes em apenas um lado de uma portentosa divisão. James distinguia entre questões que podiam ser decididas "em bases intelectuais" e aquelas que "por natureza" não podiam (*WB*, 20). Clifford estava certo acerca da necessidade de uma consciência científica, segundo James, mas enganado acerca do terreno cognitivo em que essa consciência deveria operar. A função do limite entre as esferas colocado por James era obviamente proteger a crença religiosa do desafio crítico: era tudo ou nada; ou havia uma evidência intelectual irresistível, ou não havia; e no segundo caso as paixões tinham a liberdade de escolher nossas crenças por nós. James também fez outras distinções, amplamente discutidas por seus comentadores – entre opções que eram vivas ou mortas, forçadas ou evitáveis, e momentosas ou triviais –, mas a distinção mais saliente foi aquela entre questões intelectualmente solucionáveis e questões intelectualmente insolucionáveis. James traçou a linha entre as crenças cientificamente asseguradas e o resto de nossas opiniões de modo mais nítido que o positivista Clifford, e fez a linha recuar seletivamente até que ela não mais ameaçasse as variedades de supernaturalismo favorecidas pelos crentes protestantes mais sofisticados.

O caráter absoluto da distinção de James entre esferas de crença em "A vontade de crer" é digno de atenção, porque contrasta de modo bastante agudo com a abordagem mais geralmente secular à crença verdadeira, que James estava apenas começando a desenvolver sob a inspiração, em parte, de Peirce. Embora o livro *A vontade de crer* [*The Will to Believe*] tenha sido dedicado a Peirce, que foi rápido em reconhecer seu apreço pelo ensaio-título do livro, apesar de lamentar a preocupação de James com a crença religiosa,[17] a influência de Peirce sobre James foi muito mais pronunciada uma década depois, em *Pragmatismo*. Nesta obra muito me-

---

[17] "A religião por si mesma me parece uma superstição bárbara", queixou-se Peirce a James. Mas ele em seguida elogiou o evangelho social em seu aspecto mais social: "Os sacerdotes que fazem algum bem não prestam muita atenção à religião. Eles ensinam às pessoas a conduta da vida, e em geral de uma maneira nobre e elevada". Essa carta de Peirce a James, datada de 13 de março de 1897, é citada em Myers, 1986a, 605.

nos impetuosa, à qual atentaremos mais extensamente em um momento, James apresentava a crença como um monolito, abarcando tanto as ideias religiosas quanto as científicas, exatamente como Peirce havia feito em "A fixação da crença". O eu possui uma "massa de opiniões" indiferenciada, que é testada pelo curso da experiência e revisada criticamente como resultado (*P*, 35). Mas em "A vontade de crer" James ainda estava preso a uma estratégia mais antiga e altamente não pragmática para defender a crença religiosa: a afirmação da realidade de esferas separadas para a cognição religiosa e para a científica.

Um grande número de intérpretes de James foi perturbado pela recusa deste último, em "A vontade de crer", de reconhecer graus de confirmação. Mesmo um leitor tão favorável quanto Gerald E. Myers, por exemplo, exprimiu "a suspeita de que James tenha fabricado uma situação artificial à qual se aplica a vontade ou o direito de crer". A evidência intelectual tem várias formas, acrescenta Myers, e poucas pessoas além de James supuseram "assumir que sustentamos ou rejeitamos as crenças religiosas em um completo vazio de evidências". Esse foi o caráter e a localização da linha que James traçou entre a evidência intelectual e todo o resto, que inspirou a reclamação de Holmes de que James "apagava as luzes" para proteger as garantias da fé religiosa em relação a um escrutínio detalhado. "Se reduzimos o conhecimento, inflamos a ignorância e convocamos os sentimentos para o centro do palco", como coloca Myers, "tudo está pronto para o aparecimento da fé" (1986a, 454).

Durante a década que se passou entre "A vontade de crer" e o *Pragmatismo*, James passou a aceitar mais completamente uma ideia que ele há muito suspeitava ser verdadeira, mas à qual ele havia frequentemente resistido: que o discurso científico era o campo onde a cultura do futuro seria determinada. James havia reconhecido desde o início que sua disputa com Clifford tinha a ver com qual estrutura de plausibilidade prevaleceria nas sociedades mais avançadas do mundo. Mas até mais ou menos a virada do século James havia se entregado episodicamente à esperança – exibida mais abertamente em "A vontade de crer" – de que a doutrina das esferas separadas preservaria um lugar onde as emoções religiosas tradicionais poderiam continuar a florescer sem serem intimidadas.

Como mostrei em outro lugar,[18] o *Pragmatismo* foi o ponto da carreira de James em que ele consolidou sua defesa da crença religiosa de modo que ela pudesse operar mais facilmente dentro, ao invés de fora, da investigação científica. Ele reduziu a importância da distinção que havia sido central em "A vontade de crer". No *Pragmatismo*, as crenças religiosas haveriam de ser colocadas em risco sob a investigação conscienciosa, para melhor maximizar as chances de serem provadas verdadeiras. James temia que os agnósticos criassem a cultura do futuro se os crentes religiosos abdicassem de sua responsabilidade e deixassem o planejamento e a execução dos programas de pesquisa às pessoas como Clifford. Não haveria ninguém, então, para realmente testar a "hipótese religiosa", porque todos os investigadores teriam concluído que ela era uma hipótese morta desde o início. James era "avançado" o suficiente para compreender que os resultados da investigação eram profundamente afetados pelas premissas que a informavam, e ele estava determinado, no *Pragmatismo*, a inspirar as pessoas dotadas de fé religiosa a colocar suas crenças em risco na arena científica. A religião poderia então ter uma chance de ser vindicada através do estudo científico do mundo.

"O que é necessário para trazer a evidência", insistia James na última página do *Pragmatismo*, são as "várias sobrecrenças [*overbeliefs*] dos homens, suas diversas aventuras de fé" (*P*, 144). O projeto de James de defender a crença religiosa havia agora adentrado o referencial cliffordiano ao qual ele ainda resistia em "A vontade de crer": a "evidência" era o que decidia os méritos da religião a longo prazo, e dependia das pessoas que acreditavam na religião o ato de sair e obter aquela evidência, colocando assim suas amadas crenças em risco empírico. A fé religiosa estava agora integrada à cultura da investigação. No *Pragmatismo*, James foi capaz de defender a religião a partir do interior, em vez de como uma exceção ao ponto de vista

---

[18] Este parágrafo resume um argumento desenvolvido em Hollinger, 1985.

historicista e pragmatista pelo qual ele é justamente celebrado como um gigante da "revolta contra o positivismo".

Uma leitura de "A vontade de crer" tendo como pano de fundo o principal contraste de James, Clifford, e também a obra posterior do próprio James pode assim nos recordar a profundidade e a intensidade da estrada religiosa que James percorreu para alcançar as formulações pelas quais ele é mais honrado hoje por pessoas que não mais compartilham as preocupações religiosas de James. Uma tal leitura pode tentar-nos a ressuscitar Clifford, cujo espírito crítico pode parecer atraente aos intelectuais de hoje, perturbados, talvez, pelas infindáveis sequências de anúncios de serviços de "paranormais" na televisão a cabo e por outros sinais de que a crença sem evidências suficientes permanece um problema em nossa sociedade. Mas a teatralidade alardeante de Clifford e sua compreensão historicista insuficiente do empreendimento científico tornam-no ainda mais inteiramente vitoriano que James. Ambos continuam a inspirar nossos próprios esforços em relação às decisões sobre as crenças, mas nenhum deles pode ajudar-nos muito sem uma generosa porção de correção proveniente do outro.

5 Fé religiosa, responsabilidade intelectual e romance

Richard Rorty

Ao pensarmos sobre William James, é útil lembrar que James não apenas dedicou o *Pragmatismo* a John Stuart Mill, mais reiterou algumas das afirmações mais controversas de Mill. Em "O filósofo moral e a vida moral" ["The Moral Philosopher and the Moral Life"], James diz que "a única razão possível que pode haver para que qualquer fenômeno deva existir é que tal fenômeno é na verdade desejado" (*WB*, 149). Esse eco da sentença mais ridicularizada do *Utilitarismo* de Mill é, suspeito eu, deliberado. Uma das convicções mais profundas de James era que, para saber se uma afirmação deve ser satisfeita, precisamos *apenas* perguntar quais outras afirmações – "afirmações realmente feitas por alguma pessoa concreta" – ela contradiz. Não precisamos perguntar se ela é uma afirmação "válida". Ele deplorava o fato de que os filósofos ainda seguiam Kant em vez de Mill, ainda pensava na validade como chovendo sobre uma afirmação "vindo de alguma sublime dimensão do ser, que a lei moral habita, assim como sobre o aço da agulha da bússola chove a influência do polo, vindo do céu estrelado" (*WB*, 148).

A visão de que não há nenhuma fonte de obrigação, salvo as afirmações de seres sencientes individuais, acarreta que não temos nenhuma responsabilidade para com qualquer outra coisa que não esses seres. A maior parte dos indivíduos sencientes relevantes são nossos semelhantes, os seres humanos. Assim, o discurso acerca de nossa responsabilidade para com a verdade ou para com a razão deve ser substituído pelo discurso acerca de nossa responsabilidade para com os outros seres humanos. A explicação de James para a verdade e o conhecimento é uma ética utilitarista da crença, destinada a facilitar tal substituição.¹ Seu ponto de partida é o tratamento que Peirce dá à crença como um hábito de ação, em vez de como uma representação. Uma filosofia utilitarista da religião deve tratar o ato de ser religioso como um hábito de ação. Logo, sua principal preocupação deve ser a medida em que as ações dos crentes religiosos frustram as necessidades de outros seres humanos, em vez da medida em que a religião compreende algo corretamente.

Nossa responsabilidade para com a verdade não é, para James, uma responsabilidade de compreender as coisas corretamente. Em vez disso, ela é uma responsabilidade para conosco mesmos, de fazer com que nossas crenças sejam coerentes umas com as outras, e para com nossos semelhantes, de fazer com que elas sejam coerentes com as deles. Como na explicação que Habermas dá para a "racionalidade comunicativa", nossa obrigação de sermos racionais é esgotada por nossa obrigação de levar em conta as dúvidas e objeções das outras pessoas às nossas crenças.² Essa visão da racionalidade torna natural dizer, como faz James, que o verdadeiro é "aquilo em que é melhor para nós acreditarmos" (P, 42).

Mas é claro que o que é bom para uma pessoa ou grupo acreditar não será bom para outra pessoa ou grupo. James nunca teve certeza de como evitar a consequência contraintuitiva de que o que é verdadeiro para uma

---

[1] Ruth Anna Putnam sugeriu que eu poderia querer usar "consequencialista" em vez de "utilitarista" nessa descrição de James. Refletindo sobre isso, mantive o segundo termo. A razão é que penso que, para James, J. S. Mill foi o paradigma de utilitarista, e que Mill tinha tanta consciência quanto James e Dewey de que não pode haver nenhuma medição benthamita de quantidades de satisfação de necessidades fora de um contexto, e que, consequentemente, sempre existirão dilemas morais agonizantes. Acho que "consequencialista" é um termo muito flexível e pálido, ao passo que "utilitarista" tem uma força polêmica aguçada, graças a suas associações com a rigidez mental da sugestão huxleyita de que os seres humanos podem ser pensados como animais complexos repletos de necessidades. Parece-me haver implicações huxleyitas ao longo da obra de James, e meu uso do termo "utilitarista" tem a intenção de revelá-las.

[2] Mas Habermas, diferentemente de James e Dewey, ainda acredita em um "momento transcendente de validade universal". Argumentei contra a retenção dessa doutrina kantiana por parte de Habermas em Rorty, 1994a.

pessoa ou grupo pode não ser verdadeiro para outro. Ele oscilava entre a identificação de Peirce da verdade com aquilo que será acreditado sob circunstâncias ideais, e a estratégia de Dewey de evitar o tópico da verdade e falar, em vez disso, sobre justificação. Mas para meu presente propósito – avaliar o argumento de James em "A vontade de crer" ["The Will to Believe"] – não é necessário decidir entre essas estratégias.³ Para esse propósito, posso evitar as questões sobre o que os pragmatistas deveriam dizer acerca da verdade. Preciso apenas considerar a questão de se o crente religioso tem um direito a sua fé – ou se essa fé entra em conflito com suas responsabilidades intelectuais.

Uma consequência da visão utilitarista de James sobre a natureza da obrigação é que *a obrigação de alguém justificar suas crenças surge apenas quando os hábitos de ação desse alguém interferem com a satisfação das necessidades de outros*. Na medida em que a pessoa está engajada em um projeto privado, essa obrigação desaparece. A estratégia subjacente da filosofia utilitarista/pragmatista da religião de James é *privatizar* a religião. Essa privatização permite que ele interprete a suposta tensão entre ciência e religião como a ilusão da oposição entre esforços cooperativos e projetos privados.⁴

De um ponto de vista pragmatista, a investigação científica é mais bem enxergada como a tentativa de encontrar uma descrição única, unificada e coerente do mundo – a descrição que torna mais fácil predizer as consequências de eventos e ações, e que assim torna mais fácil a satisfação de certos desejos humanos. Quando os pragmatistas dizem que a "ciência criacionista" é uma ciência *ruim*, seu ponto é que ela subordina esses desejos a outros desejos menos difundidos. Mas uma vez que a religião tem outros objetivos que não a satisfação de nossa necessidade de predizer e controlar, não é claro

---

³ De fato, prefiro uma terceira estratégia, a de Davidson, que separa a verdade da justificação ao torná-la uma noção não epistêmica. Defendo as implicações contraintuitivas dessa estratégia em Rorty, 1995.

⁴ Muitas pessoas concordariam com a afirmação de Stephen Carter de que isso reduz a religião a um "hobby" e aceitariam seu contraste antipático entre uma mera "metafísica individual" e uma "tradição de culto grupal" (ver Carter, 1993, esp. o capítulo 2). Argumento contra as visões de Carter em Rorty, 1994.

que precisa haver uma disputa entre a religião e a ciência ortodoxa de átomos e vazio, não menos que entre a literatura e a ciência. Ademais, se uma relação privada com Deus não é acompanhada da afirmação de conhecimento da vontade divina, pode não haver conflito entre a religião e a ética utilitarista. Uma forma de crença religiosa adequadamente privatizada não pode ditar nem as crenças científicas de uma pessoa, nem as escolhas morais de ninguém, a não ser as dessa pessoa. Essa forma de crença seria capaz de satisfazer uma necessidade sem ameaçar contradizer quaisquer necessidades de quaisquer outras pessoas, e passaria portanto no teste utilitarista.

W. K. Clifford, o oponente escolhido de James em "A vontade de crer", pensa que temos um dever de buscar a verdade, distinto de nosso dever de buscar a felicidade. Sua maneira de descrever esse dever é não como um dever de compreender a realidade corretamente, mas em vez disso como um dever de não acreditar sem evidências. James cita-o como dizendo: "se uma crença foi aceita com base em evidências insuficientes, esse é um prazer roubado... Ele é pecaminoso, porque é roubado em desafio a nosso dever para com a humanidade... É errado, sempre, em todo lugar e para qualquer um, acreditar em qualquer coisa com base em evidências insuficientes" (*WB*, 18).

Clifford nos pede para sermos responsivos à "evidência", bem como às necessidades humanas. Então a questão entre James e Clifford equivale a esta: será que a evidência é independente dos projetos humanos, ou será que a demanda por evidências é simplesmente uma demanda de outros seres humanos por cooperação em tais projetos?

A visão de que as relações evidenciais têm um tipo de existência independente dos projetos humanos assume várias formas, das quais as mais proeminentes são o realismo e o fundacionismo. Os filósofos realistas dizem que a única fonte verdadeira de evidências é o mundo como ele é em si mesmo.[5] As objeções pragmatistas ao realismo partem da afirmação de

---

[5] Ver, por exemplo, a afirmação de John McDowell de que sem a "confrontação direta por um estado de coisas realmente mundano" a "relação" do pensamento "com o mundo" permanecerá inexplicável (1994, 142-143).

que "é impossível remover o elemento humano até mesmo de nossas teorizações mais abstratas. Todas as nossas categorias mentais, sem exceção, evoluíram por causa de sua utilidade para a vida, e devem seu ser a circunstâncias históricas, da mesma forma que os substantivos, verbos e adjetivos com os quais nossa linguagem as reveste" (*ECR*, 552).[6] Se os pragmatistas estão certos a esse respeito, a única questão em pauta entre eles e os realistas é se a noção do "mundo como ele é em si mesmo" pode ser tornada útil para a vida. As críticas de James às teorias de correspondência da verdade se reduzem ao argumento de que a suposta "adequação" de uma crença à natureza intrínseca da realidade não acrescenta nada que faça qualquer diferença prática ao fato de que há concordância universal de que ela conduz à ação bem-sucedida.

O fundacionismo é uma visão epistemológica que pode ser adotada por aqueles que suspendem o juízo acerca da afirmação do realista de que a realidade tem uma natureza intrínseca. Um fundacionista precisa apenas afirmar que toda crença ocupa um lugar em uma ordem de razões que seja natural, transcultural e trans-histórica – uma ordem que eventualmente conduza o investigador de volta a uma ou outra "fonte última de evidências".[7] Diferentes fundacionistas oferecem diferentes candidatos para tais fontes: por exemplo, as Escrituras, a tradição, as ideias claras e distintas, a experiência sensorial e o senso comum. Os pragmatistas objetam ao fundacionismo pelas mesmas razões que eles objetam ao realismo. Eles pensam que a questão de se minhas investigações trilham uma ordem natural de razões ou se elas meramente respondem às demandas de justificação prevalecentes em minha cultura é, como a questão de se o mundo físico é criado ou encontrado, uma questão cuja resposta não pode fazer nenhuma diferença prática.

---

[6] Cf. Nietzsche, *A vontade de potência*, § 514.

[7] Ver Williams, 1993, 116: "podemos caracterizar o fundacionismo como a visão de que nossas crenças, simplesmente em virtude de certos elementos presentes em seu conteúdo, participam de *relações epistemológicas naturais* e, portanto, inserem-se em *tipos epistemológicos naturais*".

A demanda de Clifford por evidências pode, no entanto, ser posta em uma forma minimalista – uma forma que evita tanto o realismo quanto o fundacionismo, e que concede a James que a responsabilidade intelectual não seja nem mais nem menos que a responsabilidade para com as pessoas às quais o indivíduo está ligado em um esforço compartilhado. Em sua forma minimalista, essa demanda pressupõe apenas que o significado de um enunciado consista nas relações inferenciais que ele carrega para com outros enunciados. Usar a linguagem na qual a sentença é enunciada obriga o indivíduo, segundo essa visão, a acreditar que um enunciado S é verdadeiro se e somente se esse indivíduo acredita também que certos outros enunciados que permitam inferir S, e ainda outros que possam ser inferidos de S, são verdadeiros. O erro de crer sem evidências é, portanto, o erro de fingir participar de um projeto comum enquanto se recusa a jogar conforme as regras.

Essa visão da linguagem foi encapsulada na máxima positivista de que o significado de um enunciado é seu método de verificação. Os positivistas argumentavam que as sentenças usadas para expressar a crença religiosa não são tipicamente agregadas ao resto da linguagem segundo o modo inferencial correto, e portanto expressam apenas pseudocrenças. Os positivistas, sendo fundacionistas empiristas, igualavam "o modo inferencial correto" ao eventual apelo à experiência sensorial. Mas um neopositivista não fundacionista pode ainda propor o seguinte dilema: se há conexões inferenciais, então há um dever de argumentar; se não há, então não estamos lidando de todo com uma crença.

Mesmo que abandonemos a noção fundacionista de "evidência", o ponto de Clifford pode ainda ser reenunciado em termos da responsabilidade de *argumentar*. Uma visão mínima semelhante à de Clifford pode ser resumida na afirmação de que, embora suas emoções sejam apenas da sua própria conta, suas crenças são da conta de todo mundo. Não há nenhuma maneira pela qual a pessoa religiosa possa reivindicar um direito de crer como parte de um direito geral à privacidade. Pois a crença é inerentemente um projeto público: todos nós, usuários da linguagem, estamos nele juntos. Todos nós temos uma responsabilidade para com os outros, de não acreditar em coisa alguma que não possa ser justificada para o resto de nós. Ser racional é submeter suas crenças – todas as suas crenças – ao juízo de seus pares.

James resiste a essa visão. Em "A vontade de crer", ele ofereceu um argumento para fazê-lo. A maioria dos leitores daquele ensaio considerou esse argumento uma falha e considerou que nele James oferece uma desculpa pouco convincente para a irresponsabilidade intelectual. James argumenta que existem opções vivas, momentosas e forçadas que não podem ser decididas por evidências – não podem, como coloca James, "ser decididas em bases intelectuais". Mas as pessoas que ficam do lado de Clifford tipicamente respondem que, onde a evidência e o argumento não estão disponíveis, a responsabilidade intelectual exige que as opções *deixem* de ser vivas ou forçadas. O investigador responsável, dizem eles, não se *deixa* ser confrontado por opções do tipo que James descreve. Quando a evidência e o argumento não estão disponíveis, também a crença não está, pensam eles, ou pelo menos a crença *responsável*. O desejo, a esperança e outros estados não cognitivos podem ser legitimamente tidos sem evidências – podem ser legitimamente entregues àquilo que James chama de "nossa natureza passional" – mas a *crença* não pode. No reino das crenças, a questão de quais opções são vivas e forçadas não é um assunto privado. Estamos todos diante das mesmas opções; os mesmos candidatos à verdade são propostos a todos. É intelectualmente irresponsável desconsiderar essas opções, assim como é intelectualmente irresponsável decidir entre esses candidatos à verdade, a não ser mediante argumentos baseados no tipo de evidências que os próprios significados de nossas palavras nos indicam serem exigidas para apoiá-los.

Essa bela e nítida distinção entre o cognitivo e o não cognitivo, entre crença e desejo, é, contudo, justamente o tipo de dualismo que James precisa tornar indistinto. Segundo uma perspectiva tradicional, o desejo não deveria desempenhar nenhum papel na fixação da crença. Segundo uma perspectiva pragmatista, o único motivo para se ter crenças, em primeiro lugar, é para satisfazer desejos. A afirmação de James de que o pensamento "só está lá pelo bem do comportamento" (*WB*, 92) é sua versão da afirmação de Hume de que "a razão é, e deve ser, a escrava das paixões".

Se uma pessoa aceitar qualquer uma dessas afirmações, essa pessoa terá razões para ser tão dúbia quanto James acerca do supostamente necessário antagonismo entre ciência e religião. Pois, como eu disse anteriormente, estas duas áreas da cultura parecem satisfazer dois conjuntos diferentes de desejos. A ciência nos permite predizer e controlar, ao passo que a religião nos oferece uma esperança maior e, portanto, algo pelo qual viver. Perguntar "qual dessas duas explicações do universo é verdadeira?" pode ser tão inútil quanto perguntar "qual a explicação verdadeira, a do carpinteiro ou a do físico de partículas?". Pois nenhuma destas questões precisará ser respondida se pudermos descobrir uma estratégia para impedir que as duas explicações interfiram uma com a outra.[8]

Consideremos a caracterização de James da "hipótese religiosa" como (1) que "as melhores coisas são as coisas mais eternas..." e (2) "que estamos em uma situação melhor, agora mesmo, se acreditamos em [1]" (*WB*, 29-30).[9] Muitos disseram, quando chegaram a esse ponto de "A vontade de crer", que se essa hipótese esgota aquilo que James entende por "religião", então ele não está falando sobre aquilo em que eles, ou Clifford, estão interessados. Retornarei a essa objeção em breve. Por ora, observo apenas que se vocês tivessem pedido a James para especificar a diferença entre aceitar essa hipótese (um estado "cognitivo") e simplesmente confiar em uma esperança maior (um estado "não cognitivo") – ou a diferença entre acreditar que as melhores coisas são as coisas eternas e desfrutar o pensamento de que elas o são –, ele poderia bem ter respondido que tais diferenças não fazem muita diferença.[10] O que importa, podemos imaginá-lo perguntan-

---

[8] Embora eu não tenha nenhum texto para citar como prova, estou convencido de que a teoria jamesiana da verdade como sendo "o que é bom no tocante à crença" originou-se na necessidade de James de reconciliar sua admiração por seu pai com sua admiração por amigos cientificistas, tais como Peirce e Chauncey Wright.

[9] Notem que para um pragmatista (2) é supérflua. "*P*" e "estamos em uma situação melhor, agora mesmo, se acreditamos em *P*" são próximas, para os pragmatistas, de dizer uma mesma coisa.

[10] Os pragmatistas podem, é claro, fazer uma distinção entre esperança e conhecimento nos casos em que o conhecimento de mecanismos causais está disponível. O charlatão espera, mas o cientista sabe, que as pílulas irão curar. Mas em outros casos, como o casamento, a distinção frequentemente não pode ser feita completamente. Será que o noivo sabe, ou meramente espera, que está casando-se com a pessoa certa? Qualquer uma dessas descrições explicará suas ações igualmente bem.

do, se você chama isso de uma crença, um desejo, uma esperança, uma disposição ou um complexo dessas coisas, contanto que isso tenha o mesmo valor prático no direcionamento da ação? Sabemos o que é fé religiosa, sabemos o que ela faz para as pessoas. As pessoas têm um direito de ter tal fé, assim como têm o direito de se apaixonar, se casar às pressas e persistir no amor, apesar da tristeza e do desapontamento intermináveis. Em todos esses casos, "nossa natureza passional" afirma seus direitos.

Sugeri anteriormente que uma ética utilitarista da crença reinterpretará a distinção de James entre intelecto e paixão de modo a fazê-la coincidir com uma distinção entre aquilo que necessita de justificação perante outros seres humanos e aquilo que não necessita. Uma proposta de negócio, por exemplo, necessita de tal justificação, mas uma proposta de casamento (em nossa cultura romântica e democrática) não. Uma tal ética defenderá a crença religiosa dizendo, com Mill, que nosso direito à felicidade é limitado apenas pelos direitos dos outros de não terem suas próprias buscas de felicidade obstruídas. Esse direito à felicidade inclui os direitos à fé, à esperança e ao amor – estados intencionais que raramente podem ser justificados, e tipicamente não deveriam ter de ser justificados, perante nossos semelhantes. Nossas responsabilidades intelectuais são responsabilidades de cooperar com os outros em projetos comuns destinados a promover o bem-estar geral (projetos como a construção de uma ciência unificada ou de um código comercial uniforme), e não de interferir com seus projetos privados. Para esses últimos projetos – como se casar ou aderir a uma religião – a questão da responsabilidade intelectual não surge.

Os críticos de James ouvirão essa resposta como uma admissão de que a religião não é um assunto cognitivo, e que seu "direito de crer" é uma denominação imprópria para "o direito de ansiar" ou "o direito de esperar", ou "o direito de se confortar com o pensamento de que...". Mas James não está fazendo, e não deveria fazer, tal admissão. Ele está, em vez disso, insistindo que o impulso de traçar uma nítida linha entre o cognitivo e o não cognitivo, e entre crenças e desejos, mesmo quando essa explicação não é relevante nem para a explicação, nem para a justificação do comportamento, é um resíduo da falsa (porque inútil) crença de que deveríamos engajar-nos em duas buscas distintas – uma pela verdade e a outra pela felicidade. Apenas essa crença poderia persuadir-nos a dizer *amici socii, sed magis amica veritas*.

A filosofia da religião que acabo de esboçar é uma filosofia que é sugerida em boa parte da obra de James, e é a que ele *deveria* ter invocado quando respondendo a Clifford. Infelizmente, em "A vontade de crer" ele tenta uma estratégia diferente e se apoia no pé errado. Em vez de borrar a distinção entre o cognitivo e o não cognitivo, como deveria ter feito, James considera isso dado, e assim perde o terreno crucial para seu oponente. A tese italicizada de "A vontade de crer" lê-se: "Nossa natureza passional não apenas legalmente pode, mas deve, decidir uma opção entre proposições, sempre que essa for uma opção genuína que não possa, por sua natureza, ser decidida em bases intelectuais" (*WB*, 20). Aqui, como em sua afirmação altamente não pragmática de que "em nossas lidas com a natureza objetiva nós obviamente somos registradores, e não produtores da verdade" (*WB*, 26),[11] James aceita exatamente aquilo que ele deveria rejeitar: a ideia de que a mente é elegantemente dividida ao meio entre intelecto e paixão, e que os possíveis tópicos de discussão são elegantemente divididos em cognitivos e não cognitivos.

Quando a filosofia se torna antifundacionista, a noção da "fonte das evidências" é substituída pela do "consenso sobre aquilo que contaria como evidência". Assim a objetividade como intersubjetividade substitui a objetividade como uma fidelidade para com algo não humano. A questão "há alguma evidência para *p*?" é substituída pela questão "há alguma maneira de se chegar a um consenso sobre o que contaria em favor de *p*?". A distinção entre resolver a questão de *p* em bases intelectuais e deixá-la a cargo da natureza passional transforma-se, portanto, na questão: "Serei capaz de justificar *p* a outras pessoas?". Logo, James deveria ter reformulado a questão entre ele e Clifford como "Que tipo de crença posso ter, em boa consciência, se é que posso ter alguma, mesmo depois de perceber que não

---

[11] Aqui James aceita um dualismo entre a natureza objetiva (A maneira como o mundo é) e algo mais – um dualismo que os críticos da teoria de correspondência da verdade, tais como o futuro autor de *Pragmatismo*, devem eventualmente abjurar.

posso justificar essa crença a outros?". A inflexível posição cliffordiana diz: nenhuma crença, apenas esperanças, anseios e coisas semelhantes. A posição quase jamesiana que desejo defender diz: não se preocupe muito quanto a se aquilo que você tem é uma crença, um desejo ou uma disposição. Simplesmente, na medida em que tais estados como a esperança, o amor e a fé promovem apenas tais projetos privados, você não precisa preocupar-se quanto a se você tem um direito de tê-los.

Ainda assim, sugerir que a tensão entre ciência e religião pode ser resolvida meramente dizendo-se que as duas servem a diferentes propósitos pode soar absurdo. Mas isso não é nem mais nem menos absurdo que a tentativa dos teólogos liberais (em sua maioria protestantes) de desmitologizar o cristianismo e, mais geralmente, de imunizar a crença religiosa em relação às críticas baseadas em explicações do universo que remetem a origem dos seres humanos, e de suas faculdades intelectuais, ao movimento não planejado de partículas elementares.[12]

Para algumas pessoas, como Alasdair MacIntyre, o efeito dessa última tentativa é esvaziar a religião de todo o seu interesse. Essas pessoas acham que as teologias que não exigem nenhum *sacrificium intellectus* ["sacrifício do intelecto"] dificilmente são dignas de discussão. MacIntyre observa com desdém acerca de Tillich que sua "definição de Deus em termos de uma preocupação humana última com efeito faz de Deus nada mais que um interesse da natureza humana" (MacIntyre e Ricoeur, 1969, 53). Um pragmatista, no entanto, pode responder que Tillich não fez a Deus nada pior que a filosofia pragmatista da ciência já havia feito às partículas elementares. Os pragmatistas acham que essas partículas não são as próprias junções em que as coisas como são em si mesmas se dividem, mas são objetos que não deveríamos ter encontrado a menos que tivéssemos nos dedicado a

---

[12] Paul Tillich afirmava que sua teologia simbólica existencialista era uma expressão do "Princípio Protestante" – o impulso que levou Lutero a desprezar as provas escolásticas da existência de Deus e a classificar a Razão como "uma prostituta". James disse que "assim como, para as mentes papais, o protestantismo frequentemente pareceu uma mistura de anarquia e confusão, também o pragmatismo sem dúvida frequentemente o parecerá para as mentes ultrarracionalistas em filosofia".

um dos muitos interesses da natureza humana – o interesse em predizer e controlar nosso ambiente.

Os pragmatistas não são instrumentalistas, no sentido de pessoas que acreditam que quarks são "meras ficções heurísticas". Eles pensam que quarks são tão reais quanto mesas, mas que o discurso sobre os quarks e o discurso sobre as mesas não precisam interferir um com o outro, uma vez que não precisam competir pelo papel de Aquilo Que Existe De Qualquer Maneira, independentemente das necessidades e interesses humanos. De modo similar, os teístas pragmatistas não são antropocentristas, no sentido de que acreditar em Deus é um "mero postulado". Eles acreditam que Deus é tão real quanto as impressões sensoriais, as mesas, os quarks e os direitos humanos. Mas, acrescentam eles, as histórias sobre nossas relações com Deus não são necessariamente contrárias às histórias sobre nossas relações com estas outras coisas.

Os teístas pragmatistas, no entanto, têm realmente que passar sem a imortalidade pessoal, a intervenção providencial, a eficácia dos sacramentos, o nascimento virginal, a ascensão de Cristo, o pacto com Abraão, a autoridade do Corão e diversas outras coisas que muitos teístas são pouco inclinados a abandonar. Ou, se as querem, eles terão de interpretá-las "simbolicamente" de uma maneira que MacIntyre considerará dissimulada, pois eles devem impedir que elas forneçam premissas para o raciocínio prático. Mas os teístas pragmatistas pensam que a desmitologização é um preço pequeno a se pagar para que essas doutrinas sejam isoladas do criticismo "científico". Desmitologizar equivale a dizer que, para o que quer que sirva o teísmo, ele não é um dispositivo para predizer ou controlar nosso ambiente.

De um ponto de vista utilitarista, tanto MacIntyre quanto os "realistas científicos" (filósofos que insistem que, nas palavras de Sellar, "a ciência é a medida das coisas que são, de que elas são") estão injustamente privilegiando alguns interesses humanos e, portanto, algumas áreas da cultura, em detrimento de outras.[13] Insistir na "realidade literal" da Ressurreição é como

---

[13] Meu colega pragmatista Barry Allen observa que Hume não viu nenhuma necessidade de se proclamar ateu (Allen, 1994). Holbach e Diderot, por outro lado, viram tal necessidade, pois, diferentemente de Hume, eles substituíram um dever para com

insistir, à maneira de David Lewis, que os únicos objetos não "deturpados" no universo – os únicos objetos que não foram moldados por interesses humanos – são aqueles dos quais fala a física de partículas (Lewis, 1984, 226-228). Os pragmatistas pensam que só devemos enxergar a religião e a ciência como em conflito se não estivermos dispostos a admitir que cada uma delas é apenas mais uma tentativa de satisfazer necessidades humanas e a admitir também que não há nenhuma maneira de satisfazer ambos os conjuntos de necessidades simultaneamente.

O realismo científico e o fundamentalismo religioso são produtos do mesmo impulso. A tentativa de convencer as pessoas de que elas têm um dever de desenvolver aquilo que Bernard Williams chama de uma "concepção absoluta da realidade" é, de um ponto de vista tillichiano ou jamesiano, semelhante à tentativa de viver "somente para Deus", e de insistir que outros façam o mesmo. Tanto o realismo científico quanto o fundamentalismo religioso são projetos privados que saíram do controle. Eles são tentativas de tornar uma maneira privada de dar sentido à vida – uma maneira que romantiza a relação do indivíduo para com algo inflexível e magnificentemente não humano, algo absolutamente verdadeiro e real – obrigatória para o público em geral.

Anteriormente eu disse que muitos leitores de "A vontade de crer" ficam desapontados quando descobrem que o único tipo de religião que James tem discutido é algo tão vago quanto a crença de que "a perfeição é eterna". Eles estão certos. Pois quando vociferava contra a irresponsabilidade intelectual dos teístas, o que Clifford realmente tinha em mente era a irresponsabilidade moral dos fundamentalistas – as pessoas que queimavam outras na fogueira, proibiam o divórcio e a dança e encontravam várias outras maneiras de tornar seu próximo infeliz pela maior glória de Deus (Clifford, 1879, 2:244-252). Uma vez que "a hipótese religiosa" é desligada da oportunidade de infligir humilhação e dor às pessoas que não

Deus por um dever para com a verdade, um dever explicado em termos daquilo que Allen chamou, em outro lugar (1993), de uma explicação "onto-lógica", especificamente antipragmática, da verdade. Holbach se proclamaria, hoje, um realista científico e, *portanto*, um ateu. Hume não se proclamaria nenhuma das duas coisas.

professam o credo correto, ela perde o interesse para muitas pessoas. Ela perde o interesse para muitas outras quando é desligada da promessa de que veremos nossos entes queridos após a morte. De modo similar, uma vez que a ciência é desligada da pretensão de conhecer a realidade como ela é em si mesma, ela perde seu apelo para o tipo de pessoa que vê o pragmatismo como uma frívola ou traidora negligência em relação a nosso dever para com a verdade.

Uma filosofia pragmatista da religião deve seguir Tillich e outros ao distinguir de modo bastante nítido entre fé e crença. Os protestantes liberais para quem Tillich soa plausível estão bastante dispostos a falar sobre sua fé em Deus, mas hesitam em explicitar exatamente o que aquela fé inclui. Os católicos fundamentalistas para quem Tillich soa blasfemo ficam contentes em enumerar suas crenças recitando o Credo e identificam sua fé com essas crenças. A razão por que os tillichianos pensam que podem passar sem credos ou com uma interpretação simbólica abençoadamente vaga de enunciados de credos é que eles acham que o propósito da religião não é produzir qualquer hábito de ação *específico*, mas em vez disso fazer para uma vida humana o tipo de diferença que é feito pela presença ou ausência de amor.

A melhor maneira de fazer Tillich e a indiferenciação parecerem bons e fazer os credos parecerem maus, é enfatizar a similaridade entre ter fé em Deus e estar apaixonado por outro ser humano. As pessoas frequentemente dizem que não seriam capazes de seguir em frente se não fosse por seu amor por sua esposa e filhos. Esse amor frequentemente não é capaz de ser expresso em termos de crenças sobre o caráter, ou as ações, destas pessoas amadas. Além disso, esse amor frequentemente parece inexplicável para as pessoas que conhecem essas esposas e filhos – exatamente tão inexplicável quanto a fé em Deus parece para aqueles que contemplam a amplitude da aparentemente desnecessária miséria humana. Mas nós não zombamos de uma mãe que acredita na bondade essencial de sua criança sociopata, mesmo quando aquela bondade não é visível para mais ninguém. James nos exorta a não zombar daqueles que aceitam o que ele chama de "hipótese religiosa" – a hipótese que diz que "as melhores coisas são as coisas mais eternas" (*WB*, 29) – meramente porque não vemos nenhuma evidência a favor dessa hipótese, e vemos muitas evidências contra.

A mãe que ama não está tentando predizer e controlar o comportamento de sua criança, e o assentimento de James à hipótese religiosa não é parte de uma tentativa de predizer e controlar coisa alguma. A concentração nessa última tentativa, a tentativa à qual a maior parte do senso comum e da ciência é dedicada, dá origem à ideia de que todos os estados intencionais são ou crenças ou desejos, pois as ações que realizamos com base na predição e na esperança de controle são resultados de silogismos práticos, e tais silogismos devem incluir tanto um desejo de que um dado estado de coisas vigore quanto a crença de que uma certa ação ajudará para que ele o faça. A mesma concentração dá origem à ideia de que qualquer coisa que conta como uma crença – como um estado cognitivo – deve ser capaz de ser avaliada em termos de consequências práticas específicas e à ideia relacionada de que devemos ser capazes de explicitar as relações inferenciais entre qualquer crença e outras crenças, em detalhes consideráveis e bastante específicos.

Essas duas ideias frequentemente levaram os comentadores a enxergar uma tensão entre o pragmatismo de James e sua confiança em suas próprias experiências religiosas, e entre o Dewey de *Reconstrução na filosofia* [*Reconstruction in Philosophy*] e o Dewey de *Uma fé comum* [*A Common Faith*]. A questão de se a tensão nas obras de James e Dewey é real ou aparente se reduz à questão: será que podemos desligar a crença religiosa dos elos inferenciais com outras crenças, ao torná-los vagos demais para serem capturados em um credo – tornando-os indiferenciados, de maneiras tillichianas –, e ainda assim sermos fiéis à familiar doutrina pragmatista de que as crenças têm conteúdo apenas em virtude das relações inferenciais com outras crenças?[14]

---

[14] Davidson e outros externalistas enfatizaram que essa afirmação é compatível com dizermos que podemos atribuir conteúdo a estados intencionais somente se formos capazes de correlacionar as declarações com suas causas extramentais. Acho que eles nos mostraram, desse modo, como ser radicalmente holísticos e coerentistas sem corrermos o risco de "perder o contato" com o mundo. Os filósofos realistas, como McDowell, no entanto, duvidaram quanto a se a visão de Davidson permite conexões "cognitivas" em oposição a conexões meramente "causais" com o mundo. Tento responder a essas dúvidas em Rorty, no prelo.

Desistir dessa última afirmação seria o mesmo que abandonar o coração tanto do pragmatismo clássico quanto do contemporâneo, pois isso seria abandonar a visão holística do conteúdo intencional, que permite aos pragmatistas substituir a objetividade como correspondência com a natureza intrínseca da realidade pela objetividade como intersubjetividade. Mas o que ocorre com a intersubjetividade quando admitimos que não existe nenhuma prática comunal de justificação – nenhum jogo de linguagem compartilhado – que forneça aos enunciados religiosos seu conteúdo? A questão de se James e Dewey são inconsistentes torna-se agora a questão: existe alguma outra prática, que não a justificação de crenças por crenças, que possa dar conteúdo às declarações?

Sim, existe. Os externalistas contemporâneos na filosofia da mente insistem, e James e Dewey poderiam entusiasticamente concordar, que a única razão pela qual atribuímos estados intencionais aos seres humanos é que fazê-lo permite-nos explicar o que eles estão fazendo e nos ajudam a ter uma ideia do que eles podem fazer depois. Quando encontramos casos paradigmáticos de crenças injustificáveis – a crença de Kierkegaard na Encarnação, a crença da mãe na bondade essencial de sua criança sociopata –, podemos ainda utilizar a atribuição de tais crenças para explicar o que está acontecendo: por que Kierkegaard ou a mãe estão fazendo o que estão fazendo. Podemos dar conteúdo a uma declaração como "Eu o amo" ou "Tenho fé Nele" mediante a correlação de tais declarações com padrões de comportamento, mesmo quando não podemos fazê-lo mediante a fixação do lugar de tais declarações em uma rede de relações inferenciais.

O fato de que Kierkegaard não pode explicar como Cristo pode ser tanto mortal quanto imortal, e nem a mãe pode dizer como uma pessoa boa poderia ter feito aquilo que sua criança fez, é irrelevante para a utilidade de atribuir essas crenças a eles. Da mesma forma que podemos frequentemente responder à questão "Por que ela fez aquilo?", atribuindo um silogismo prático ao agente, também podemos frequentemente responder simplesmente dizendo "Ela o ama" ou "Ela tem esperança, contra todas as esperanças, de que ele...", ou "Ela tem fé nele". O "ele" aqui pode ser o filho dela ou o amante dela, ou o Deus dela. Nós fornecemos desse modo uma explicação de ação que não é passível de ser fragmentada em crenças e desejos – em atitudes sentenciais individuais conectadas a outras atitudes desse tipo por meio de elos inferenciais familiares – mas que é, não obstante, genuinamente explicativa.

Até aqui tenho me contentado em aceitar a descrição que o próprio James dá para a hipótese religiosa. Mas essa é, penso, uma descrição infeliz. Assim como penso que James tomou o rumo errado e parcialmente traiu seu próprio pragmatismo em sua resposta a Clifford, também penso que ele traiu seus melhores instintos quando escolheu essa definição de religião.[15] Pois essa definição associa a religião à convicção de que um poder fora de nós mesmos fará um bem inimaginavelmente vasto, em vez de associá-la à esperança de que nós mesmos façamos esse bem. Tal definição de religião encontra-se no segundo dos três estágios de Dewey para o desenvolvimento da consciência religiosa – aquele que Dewey chamou de "o ponto agora alcançado pelos teólogos religiosos" –, ao reter a noção de algo não humano que está, não obstante, do lado dos seres humanos.[16]

O tipo de fé religiosa que me parece estar por trás das atrações tanto do utilitarismo quanto do pragmatismo é, em vez disso, uma fé nas possibilidades futuras dos humanos mortais, uma fé que é difícil de distinguir do amor ou da esperança para com a comunidade humana. Chamarei de "romance" essa sobreposição indiferenciada de fé, esperança e amor. O romance, nesse sentido, pode cristalizar-se em torno de uma união de trabalho tão facilmente quanto em torno de uma congregação, em torno de uma novela tão facilmente quanto em torno de um sacramento, em torno de Deus tão facilmente quanto em torno de uma criança.

---

[15] A aceitação da afirmação de que "a perfeição é eterna" não foi, é claro, a única definição de religião de James. Ele tinha tantas coisas conflitantes semidefinitórias para dizer sobre a religião quanto sobre a verdade.

[16] Ver Dewey, 1934, 73. A concepção do próprio Dewey do "domicílio humano" não é uma concepção de algo não humano mas amigável, mas sim de uma comunidade wordsworthiana com a natureza não humana, com a "face do universo inteiro" de Espinosa.

Há uma passagem na obra da novelista contemporânea Dorothy Allison que pode ajudar a explicar o que tenho em mente. Próximo do início de um notável ensaio chamado "Acreditando na literatura", Allison diz que "a literatura, e meu próprio sonho de escrever, moldou meu próprio sistema de crenças – um tipo de religião ateísta... a espinha dorsal de minhas convicções tem sido uma crença no progresso da sociedade humana como demonstrado em sua ficção" (Allison, 1994, 166). Ela termina o ensaio como se segue:

> Há um lugar onde estamos sempre sozinhos com nossa própria mortalidade, onde devemos simplesmente ter algo maior que nós mesmos ao qual nos agarrar – Deus ou a história, ou a política, ou a literatura, ou uma crença no poder curativo do amor, ou mesmo uma raiva justificada. Às vezes penso que todas estas são uma mesma coisa. Uma razão para acreditar, uma maneira de pegar o mundo pela garganta e insistir que há mais acerca desta vida do que jamais imaginamos (181).

O que mais gosto nessa passagem é a sugestão de Allison de que todas estas podem ser uma mesma coisa, que não importa realmente se enunciamos nossa razão para acreditar – nossa insistência de que alguns ou todos os seres humanos mortais e finitos possam ser muito mais do que eles se tornaram até então – em termos religiosos, políticos, filosóficos, literários, sexuais ou familiares. O que importa é a própria insistência – o romance, a habilidade de experienciar uma esperança ou fé ou amor (ou, às vezes, ira) irresistível.

O que é distintivo sobre esse estado é que ele nos leva para além dos argumentos, porque além da linguagem utilizada no presente. Ele nos leva, portanto, para além da imaginação da era presente do mundo. Considero que esse seja o estado descrito (em itálico) por James como "um conteúdo positivo de experiência que é literal e objetivamente verdadeiro para todos os efeitos, [a saber] o fato de que a pessoa consciente é contínua com um eu mais amplo através do qual as experiências salvadoras advêm" (*VRE*, 405). As imagens e tropos que conectam o indivíduo com esse eu mais amplo podem ser, como sugere Allison, políticas ou familiares, literárias ou ligadas a um credo. Acho que James teria gostado do pluralismo de Allison e teria pensado que aquilo que ela diz na passagem acima se harmoniza com seu próprio elogio do politeísmo nas páginas finais das *Variedades*, e com sua insistência de que "O divino não pode significar nenhuma qualidade única, ele deve significar um grupo de qualidades, segundo as quais, sendo campeões delas em alternância, diferentes homens podem todos encontrar missões dignas" (VRE, 384).

Nas eras passadas do mundo, as coisas eram tão ruins que "uma razão para acreditar, uma maneira de pegar o mundo pela garganta" era difícil de obter a não ser voltando-nos para um poder fora de nós mesmos. Naquele tempo, havia pouca escolha a não ser sacrificar o intelecto a fim de tomar posse das premissas de silogismos práticos – premissas concernentes às consequências pós-morte do batismo, da peregrinação ou da participação em guerras santas. Ser imaginativo e ser religioso, naqueles tempos sombrios, equivaliam quase à mesma coisa – pois este mundo era miserável demais para elevar o coração. Mas as coisas são diferentes hoje, por causa dos sucessos graduais dos seres humanos em tornar suas vidas, e seu mundo, menos miseráveis. Formas não religiosas de romance floresceram – mesmo que apenas naquelas partes felizes do mundo, onde a riqueza, o lazer, o letramento e a democracia atuaram juntos para prolongar nossas vidas e encher nossas bibliotecas.[17] Agora as coisas deste mundo são, para algumas pessoas de sorte, tão bem-vindas que elas não têm de olhar além da natureza, para o sobrenatural, e além da vida, para uma pós-vida, mas apenas além do passado humano, para o futuro humano.

James oscilava entre dois estados mentais, duas maneiras de lidar com o pânico que tanto ele quanto seu pai haviam experimentado, e cujo retorno ele sempre temeu.[18] Em um desses estados, o sonho whitmanesco de

---

[17] James disse que há razões para pensarmos que "as religiões mais grosseiras, revivalistas, orgiásticas, com sangue e milagres e operações sobrenaturais, podem possivelmente nunca ser eliminadas. Algumas constituições necessitam demais delas" (VRE, 136). Ele poderia ter acrescentado que as pessoas colocadas em algumas circunstâncias (nenhuma riqueza, nenhum letramento, nenhuma sorte) também necessitam demais delas.

[18] "Não a concepção ou percepção intelectual do mal, mas a horrível sensação dele estando muito próximo, uma sensação de congelar o sangue e parar o coração... Quão irrelevantemente remotos parecem todos os nossos usuais otimismos refinados e consolações intelectuais e morais, na presença de uma necessidade de ajuda como essa! Aqui está o verdadeiro cerne do problema religioso: Ajuda! Ajuda!" (VRE, 135).

panoramas plurais e democráticos se expandindo bem longe até o futuro era suficiente.[19] Então ele responderia à possibilidade do pânico dizendo, como na citação de Fitzjames Stephen que conclui "A vontade de crer": "Agir pelo melhor, esperar pelo melhor e aceitar o que vier... Se a morte termina tudo, não há melhor maneira de encontrar a morte" (*WB*, 33). Nessas disposições de ânimo, James consideraria essa bravura tão apropriada para a morte da espécie quanto para a de um indivíduo.

Mas em outras disposições James era incapaz de afastar o pânico em nome da disposição mental saudável, incapaz de se livrar de uma imagem amedrontadora da humanidade como estando

> em uma posição similar à de um conjunto de pessoas vivendo sobre um lago congelado, rodeado de penhascos por sobre os quais não há como escapar, e ainda assim sabendo que o gelo pouco a pouco está derretendo, e que o dia inevitável está se aproximando, quando a última lâmina de gelo desaparecerá e afogar-se ignominiosamente será o destino da criatura humana (*VRE*, 120).

Em tais disposições, ele é levado a adotar a "hipótese religiosa" de que em algum lugar, de algum modo, a perfeição é eterna e a identificar "a noção de Deus" com a "garantia" de "uma ordem ideal que deve ser permanentemente preservada" (*P*, 55). Nessas disposições ele exigia, no mínimo, aquilo que Whitehead chamou de imortalidade objetiva – a memória das realizações humanas na mente de um "semelhante sofredor que compreende" (Whitehead, 1929, 532-533). No máximo, ele esperava que em seus melhores momentos ele tivesse feito contato com essa mente.

Todos nós, penso eu, oscilamos entre tais disposições. Nós oscilamos entre Deus como um nome talvez obsoleto para um possível futuro humano e Deus como um garantidor externo de um tal futuro. Aqueles que,

---

[19] Ver a "maneira pluralista de interpretar" o poema "Para Você", de Whitman (*P*, 133), e a explicação de James para "a grande diferença religiosa", aquela "entre os homens que insistem que o mundo *deve e será* e aqueles que se contentam em acreditar que o mundo *pode* ser salvo" (*P*, 135).

como Dewey, gostariam de ligar seus dias uns ao outros mediante a transmutação de sua antiga crença religiosa em uma crença no futuro humano acabam por pensar em Deus como um Amigo, em vez de um Juiz ou Salvador. Aqueles que, como eu, foram criados ateus e agora acham meramente confuso falar sobre Deus, não obstante, oscilam entre disposições em que nos contentamos com a utilidade e disposições em que ansiamos também pela validade. Assim hesitamos entre aquilo que chamei de "romance" e uma indigente e castigada humildade. Às vezes é suficiente confiar na comunidade humana, pensada como parte daquilo que Dewey chamou de "a comunidade de causas e consequências na qual nós, juntamente com aqueles ainda não nascidos, estamos imersos... o mais amplo e mais profundo símbolo da misteriosa totalidade de ser que a imaginação chama de universo" (Dewey, 1934, 85). Às vezes isso não é suficiente.

James nem sempre se contentou em identificar o "eu mais amplo através do qual experiências salvadoras advêm" com o "mais amplo e mais profundo símbolo" do universo. Nas disposições whitmanescas ele podia identificar esse eu mais amplo com uma humanidade americanizada, no extremo mais distante dos panoramas democráticos. Então ele podia (para parafrasearmos o título do livro de seu pai) pensar na "Democracia como a Forma Redimida de Deus". Mas nas disposições wordsworthianas ele sustentava aquilo que chamava de uma "sobre-crença" em algo muito mais profundamente interfundido com a natureza que a glória transitória do companheirismo democrático. Então ele pensava no eu através do qual as experiências salvadoras advêm como estando, em relação até mesmo a uma comunidade humana utópica, como esta última está para a consciência de nossos cães e gatos (*VRE*, 518-519).

Podemos, penso eu, aprender duas lições da recapitulação daquilo que Henry Levinson chama "as investigações religiosas de William James". A primeira é que nós, herdeiros mais tardios do tempo, temos bastante sorte de termos um considerável discernimento sobre quais opções serão vivas para nós e quais não serão. Diferentemente de nossos ancestrais menos afortunados, estamos em uma posição de colocar de lado a visão fundacionista e não romântica de que todos os candidatos à verdade, e portanto todas as opções momentosas, foram sempre disponíveis, vivos e forçados

– porque são intrínsecos a uma linguagem sempre e inevitavelmente falada pelo senso comum. Podemos, com James, apreciar o pensamento de que nossos descendentes podem enfrentar opções vivas e forçadas que nós nunca poderemos imaginar. A segunda lição é que deixar que sua opção mais viva fosse a escolha entre Whitman e Wordsworth – entre dois poetas românticos, em vez de entre um credo teísta e um ateísta – foi suficiente para satisfazer as necessidades religiosas do próprio William James.

James combinou, em uma medida da qual a maioria de nós é incapaz, a honestidade acerca de suas próprias necessidades com a preocupação pelas dos outros. Assim, o resultado de suas investigações é digno de se ter em mente.

6 A surpreendente intimidade do mundo material: Os últimos pensamentos de William James

BRUCE WILSHIRE

No século XIX, quando William James começou a escrever, as revoluções tecnológicas, industriais e políticas haviam destruído modos de vida que haviam evoluído ao longo de séculos de adaptação à natureza. James pertence ao conjunto daqueles que tentaram reinventar um mundo coerente no pensamento e na experiência. Ao final de sua vida, ele produziu o que chamou de uma "filosofia da identidade [*Identitätsphilosophie*] codiminuta" – pulverizada. Sem uma apreensão dessa visão de mundo, não há como saber o que James pretendia, por exemplo, com sua teoria pragmática da verdade.

I

A visão de que o espírito (ou mente) e a natureza (ou matéria) são idênticos foi mais famosamente proposta por Schelling logo no início do século XIX, com conceitos-chave refinados, disciplinados e restringidos por Hegel, pouco depois. Algum tempo depois, James tinha pouco ou nada a dizer sobre Schelling, como se até mesmo reconhecer sua existência significasse dar a ele muito crédito. Quanto a Hegel, ele se eriça de desprezo. Veremos como, ao longo das décadas, James se aproximou das visões que ridicularizava. Ele tentou reter uma visão da inclusão íntima do indivíduo em um todo, mas um todo construído pluralisticamente. Seu método consistia em uma fenomenologia despojada de pressupostos racionalistas.

Em seu ensaio de 1882, "Sobre alguns hegelismos" ["On Some Hegelisms"] (*WB*, 196-221), James ataca sarcasticamente o modo como Hegel conecta as coisas: sendo o outro umas das outras, elas são todas o Outro. Elas são unidas no próprio ato de se diferenciarem umas das outras. Aquilo que Hegel denomina atividade do Espírito Absoluto, James ridiculariza como um mero jogo com a ambiguidade do termo "outro". James também encontra essa extática mistura alquímica de opostos aparentes na intoxicação com óxido nitroso (ver sua "Nota sobre a Revelação Anestésica" ["Note on the Anaesthetic Revelation"], adicionada como apêndice a "Sobre alguns hegelismos"). Essa mistura tem seu lugar naquele tipo de experiências, pensa James em 1882 – e não na filosofia séria. Quando a experiência está em seu auge, o fluxo de interfusões de opostos parece fazer perfeito sentido. Mas quando, durante as horas sóbrias, James lê suas anotações feitas durante a experiência, elas não parecem ser nada além de disparates. Ele pensa ter localizado a raiz da lógica dialética de Hegel em um profundo e desesperado anseio por harmonia e inclusão, por pertencimento e compartilhamento. Concluindo sua "Nota" ele escreve:

> a identificação dos contraditórios, longe de ser o processo autodesenvolvente que Hegel supõe, é na verdade um processo autoconsumidor, passando do menos para o mais abstrato e terminando ou em uma gargalhada diante do nada absoluto, ou em um estado de vertiginoso espanto diante de uma infinitude sem sentido (*WB*, 21).

Mas nas quase três décadas antes de sua morte, James se moveu em direção a algumas visões hegelianas. Ele não aceita a noção de Hegel de uma Mente Absoluta, uma realidade toda-includente, mas oferece uma "filosofia da identidade pulverizada": as coisas e eventos são o que são porque, dentro de um certo setor do universo, elas fluem para o interior umas das outras, para o interior daquilo que a lógica intelectualista sustenta que elas *não* são. Uma vez elucidadas as principais descobertas e reviravoltas de James, seu desenvolvimento rumo a um estranho e explosivo pluralismo parece inevitável.

Charles Peirce foi mais rápido em enxergar os recursos vivos do idealismo e da *Identitätsphilosophie*. Sua disposição para separar o "sentido intelectual" do significado em outros sentidos e dar prioridade àquele, sua absorção na matemática, na lógica e na física matemática – tudo isso o tornou mais paciente com a relativa negligência dos idealistas anteriores acerca do organismo imediatamente envolvido em seu ambiente. James não pôde tolerar essa negligência.

Peirce viu que os idealistas haviam alcançado um ponto de apoio a partir do qual a forte influência de Descartes na filosofia podia começar a ser dissolvida. Em "Algumas consequências de quatro incapacidades" (1868), Peirce ataca Descartes com uma ferocidade e concisão nunca vistas antes (e, talvez, nem desde então). Toda a ideia de uma consciência individuada através de seus poderes nativos de autorreflexão e introspecção, e constituindo o fundamento seguro de todo conhecimento posterior, parece para Peirce absurda e não científica em todos os sentidos. Um demônio pode enganar-me em tudo, escreve Descartes. Mas se eu duvido de que existo, eu, o pensador solitário, devo ao menos existir para que possa duvidar disso. Penso, logo existo.

Mas quais são as condições, pergunta Peirce, para que Descartes inicie seus questionamentos "solitários"? Onde está ele quando reflete sua consciência no interior de si mesma? Por que supor que a consciência é um domínio autônomo selado no interior de si próprio? A consciência se desvanece por todos os lados através de margens indistintas, dizem Peirce e James, e não pode inventariar introspectivamente todos os seus "conteúdos". Ela se mistura ao ainda não refletido ou ao que nunca será refletido. Em outras palavras, ela se mistura com toda a vida pré-reflexiva, na qual ela se envolve com o *mundo* público. E essa é a posição, não reconhecida por Descartes, necessária para que ele comece a realizar a introspecção e a afirmar sua existência "solitária".

Schelling e Hegel viram que, se o eu deve ser afirmado, o mundo também deve. Na matemática é aceitável suspender a questão de onde os pensadores estão quando começam a pensar. Um axioma diz respeito a entidades abstratas apenas e pode flutuar: 1 = 1. Assim o filósofo com inclinações matemáticas é tentado a dizer Eu = Eu, Ego = Ego. Mas Schelling e Hegel pensam que o filósofo deve preocupar-se com a *Wirklichkeit* (atualidade, existência). Peirce logo retoma essa ideia. Para pensarmos sobre o pensamento, devemos pensar sobre o mundo. (Em seu linguajar preferido, todo pensamento se dá em símbolos, e os símbolos são *de* um mundo.) Esse é o nível primordial do pensamento: a descrição fenomenológica de onde nós sempre já estamos. De uma forma ou de outra, todos os idealistas e pragmatistas são fenomenologistas.

Peirce abjura qualquer dualismo de substâncias físicas e psíquicas. Se, apesar da impossibilidade, as duas existissem, não poderia haver nenhum intercurso entre elas, seja cognitivo *ou* causal. Quaisquer hipóteses sobre a ação ou interação dessas substâncias seriam hipóteses sobre o incognoscível. Mas, uma vez que as hipóteses são tentativas de *explicação*, tais formulações seriam absurdas. Assim, mente e matéria devem ser meramente dois aspectos de uma única, contínua, auto-organizadora e autogeneralizadora realidade que ele chama (um tanto inadequadamente) de "sentimento". Esse é o nível básico do *phaneron* (fenômeno), da melhor maneira que ele pode descrevê-lo. Em "A essência vítrea do homem" (1892), ele escreve:

> Mas toda a mente está direta ou indiretamente ligada a toda a matéria e age de maneira mais ou menos regular; de modo que toda a mente partilha mais ou menos da natureza da matéria. Logo, seria um erro conceber os aspectos psíquico e físico da matéria como dois aspectos absolutamente distintos. Vendo uma coisa a partir do exterior, considerando suas relações de ação e reação com outras coisas, ela aparece como matéria. Vendo-a a partir do interior, olhando para seu caráter imediato como sentimento, ela aparece como consciência (Peirce, 1931-60, 6.268).

Em uma carta de 28 de janeiro de 1894, Peirce escreve a James:

> Minhas visões foram provavelmente influenciadas por Schelling – por todos os estágios de Schelling, mas especialmente a *Philosophie der Natur*. Considero Schelling grandioso, e uma coisa que admiro nele é sua liberdade em relação aos empecilhos do sistema, e o fato de ele se manter descomprometido em relação a qualquer pronunciamento anterior. Nisso ele é um homem científico. Se você viesse a chamar minha

filosofia de schellingismo transformado à luz da física moderna, eu não me incomodaria (conforme citado em Esposito, 1977, 203).

II

A essência da filosofia da identidade de Schelling, em última instância, influencia o pensamento de James mais do que o de Hegel o faz, embora este último o influencie também. As crescentes dúvidas de Schelling sobre a Mente Absoluta – com sua razão dialética pura sendo supostamente o fundamento acessível do ser –, sua consciência de que a arte se abre e nos revela no mundo em um nível mais fundamental que o intelecto discursivo, tudo isso aparece de forma modificada no pensamento de James. Schelling enxerga de modo bastante agudo que a ideia de dois reinos, um reino psíquico autônomo e um reino físico autônomo, é uma abstração a partir daquilo que vivemos imediatamente, uma abstração que falha em apreender a si mesma e seu efeito alienante. A forma, construída pela física mecanicista como uma "qualidade primária", é uma abstração útil para a física. Mas a realidade da qual ela é abstraída é revelada através da forma que o artista dá aos materiais. Schelling escreve:

> Segundo a concepção mais antiga, a arte plástica é poesia silenciosa. O originador dessa definição sem dúvida queria dizer que a primeira pretende expressar pensamentos espirituais da mesma forma que a segunda; exceto que não pela fala, mas pela figura, pela forma, por obras corpóreas, independentes – como a natureza silenciosa... Portanto é evidente que a arte plástica funciona como um elo unificador entre a alma e a natureza, e só pode ser apreendida no centro vivo de ambas (Schelling, 1807, 128-130).

Em contraste com Hegel, a interpretação que Schelling dá para a arte revela uma fenomenologia menos apegada a ideias de rígidas progressões dialéticas ditadas pela Razão Pura, pela Lógica e pela Consciência Absoluta.

Para reclamarmos nossa realidade agora, diz esse filósofo mercuriano da identidade, devemos sentir nosso caminho de volta à arte e ao mito, de volta ao tempo anterior à cisão entre sujeito e objeto. Por detrás do "novo" pensamento dialético de Schelling são discerníveis noções muito antigas de vida cíclica, em eterna regeneração, das escuras profundezas da Terra, da interdependência da luz e das trevas, da clareza e da vagueza, e de nascimento-morte-renascimento. Tudo isso vive no subsolo do pensamento de James e emerge finalmente em novas formas completas. Apesar de mais lento que Peirce, ele foi mais paciente, mais autoconsolidante, mais capaz, talvez, de desenvolver os recursos vivos do idealismo.

III

O massivo *Os princípios da psicologia* [*The Principles of Psychology*] (1890) de James demorou doze anos para ser escrito e ergue-se como o primeiro pico em uma série de notáveis e surpreendentes obras maduras nas duas décadas seguintes. Seu único diploma foi o de M. D. [*Medicine Doctor*, isto é, Doutor em Medicina], seu primeiro trabalho foi como professor de fisiologia, e ele foi bastante influenciado por Darwin. Nos *Princípios* ele diz que sua abordagem à psicologia será natural-científica, e não filosófica. Ele simplesmente tentará descobrir leis causais de covariação funcional entre estados mentais e estados cerebrais. Ele percebe que há problemas filosóficos a respeito de como a mente e o cérebro podem interagir, e também a respeito de como a mente pode conhecer o mundo, mas ele acredita que para seus propósitos ele pode evitá-los.

Dentre os muitos valiosos *insights* e resultados dos *Princípios*, o mas valioso é que James não tem sucesso em seu grande projeto de evitar a filosofia. Ele não pode começar a correlacionar estados mentais e estados cerebrais até que ele especifique os estados mentais, e não pode especificar os estados mentais até que ele especifique como eles se referem a seus objetos no mundo. Não apenas ele não pode evitar os problemas filosóficos, mas ele enxerga também que os problemas são emaranhados entre si, e que a "relação cognitiva" dos estados mentais com o mundo é a mais básica. (A questão de como os objetos "são conhecidos por" estados mentais é uma das que ele mais queria evitar.)

Em outras palavras, James vê que não pode evitar perguntar qual pode ser posição intelectual, se pretende iniciar sua investigação natural-científica. Ele não pode evitar uma escavação reflexiva das pressuposições da investigação, não pode evitar recuar, por assim dizer, de seu projeto natural-científico "principal". Embora ele relute em admitir, ele é apanhado em uma investigação transcendental das condições da experienciabilidade e cognoscibilidade do mundo. Sua escavação de pressuposições é uma descrição fenomenológica implícita, mas rica e extensa, de onde nós já sempre estamos no mundo experienciável. Para ir adiante cientificamente, ele precisa também recuar. Os *Princípios* oferecem o espetáculo de um homem incapaz de correr para trás rápido o suficiente para acompanhar a si mesmo.[1]

Pelo bem de seu programa natural-científico confesso, James dispõe uma estrutura analítica. Dividindo os "dados irredutíveis da psicologia" em quatro compartimentos "selados" (*PP**, 1:184): "(1) O Psicólogo; (2) O Pensamento Estudado; (3) O Objeto do Pensamento; (4) A Realidade do Psicólogo (o mundo real)". Para seu crescente, mas mais ou menos suprimido desgosto, ele descobre que enquanto pretende estudar (2), o pensamento ou estado mental, de modo que possa correlacioná-lo causalmente com o estado cerebral (4), ele não pode especificar o estado mental até que especifique a que este *se refere*, isto é, (3) O Objeto do Pensamento. E esse "Objeto" não pode ser um objeto particular, como um estado cerebral particular – ou qualquer outra coisa particular. Ele significa "tudo que o pensamento pensa, exatamente como o pensamento o pensa". Um exemplo que ele dá é a audição de um trovão. Não percebemos o trovão puro e simples, mas o "trovão-rompendo-o-silêncio-e-contrastando-com-ele". Para especificarmos o estado mental, devemos especificá-lo em termos desse Objeto. O objeto *particular* ao qual o estado se refere é apenas o "tópico" do "Objeto" total (em termos husserlianos, o particular é apenas o "cerne ou núcleo noemático" do "objeto noemático total"). O particular pode muito bem ser um estado ou evento cerebral particular, tanto quanto um estrondo particular de trovão.

---

[1] Para uma explicação mais completa, ver Wilshire, 1979.

Não é necessário um gênio para ver o que está ocorrendo: o Objeto do Pensamento (3), descrito fenomenologicamente, engloba tanto (2), o estado mental, quanto (4), o estado cerebral. Ele é o âmbito completo do mundo experienciável.

Mas será que o investigador natural-científico, (1) O Psicólogo, fica de fora de tudo isso, como um tipo de consciência autoconstituinte, autorreflexiva e inventariadora, presente de algum modo no interior de um organismo? Não. James foi mais capaz de perceber isso do que Peirce. James emite uma intrigante descrição da identidade do eu como "o pensamento transitório". "O pensamento transitório é o pensador". Mas nós vimos que "o pensamento transitório" (2) só pode ser especificado em termos de (3), o Objeto total. O Psicólogo (1) também é absorvido em (3); o Psicólogo não pode ficar de fora do fenômeno a ser descrito.

O Objeto torna-se todo-absorvente: os pensadores ou experienciadores são absorvidos pelo mundo experienciante-experienciado-experienciável. Aquilo que começou como ciência natural torna-se uma visão de mundo, com todos os problemas filosóficos e oportunidades correspondentes. O caminho abre-se inexoravelmente para a metafísica posterior de James, "Um mundo de experiência pura", e para sua fenomenologia como a base desse pensamento radicalmente empirista – e esta é a matriz essencial para se apreender o que ele quer dizer sobre a verdade.

James só pôde começar a admitir isso francamente após catorze anos de gestação e luta, no *Resumo* dos *Princípios* (1892). Com formidável candura, ele escreve em suas últimas páginas que "as águas do criticismo metafísico se infiltram em todas as junções" de seu referencial analítico de quatro partes para uma psicologia científica natural. E ele claramente prefigura sua metafísica da experiência "pura ou neutra", em uma memorável descrição do ato de olhar para o céu azul. Como imediatamente visto e vivido, o azul é puro ou natural: ele não é confinado em nenhum "compartimento" subjetivo (mental) ou objetivo (físico). O *mesmíssimo azul* que figura em sua experiência "interior" presente desse azul figura também no contexto total da história do mundo experienciado em geral (por exemplo, "O céu é azul quer eu o esteja experienciando ou não"). Somente em retrospecto, não importa quão rápido, é que a experiência pura ou neutra é classificada nos diferentes contextos. Em uma surpreendente imediaticidade e intimidade, os experienciadores pertencem ao mundo experienciado, e aquele mundo lhes pertence.

IV

Claramente, James foi profundamente influenciado pelo idealismo absoluto e pela *Identitätsphilosophie* ["filosofia da identidade"]. Não se pode falar sensatamente sobre particulares puros e simples, particulares brutos, sejam físicos ou mentais. Aquilo que as coisas são não é dissociável das ideias e padrões implícitos em sua experienciabilidade. E nós somos aqueles seres que podem experienciar de certas maneiras o restante do mundo experienciável. A mente humana é o atentar humano (não hipostasiemos o termo "mente"), e esse é apenas um aspecto de um tipo de contexto processual no interior do mundo singular da experiência pura ou neutra – o mundo, contexto dos contextos. O atomismo, seja em sua forma cartesiana ou na forma empirista britânica, é alijado por James em favor de sua metafísica do empirismo radical.

Mas é igualmente claro que James não pode aceitar os idealistas-fenomenólogos anteriores, na medida em que a leitura que eles fazem das pressuposições é, acredita ele, insensível às muitas facetas da experiência em evolução do organismo: o organismo como experienciador, experienciando um mundo experienciado e experienciável. Os idealistas aceitam mais da tradição atomista e sensacionista dos "conteúdos" mentais do que têm o direito de aceitar. E então eles têm de importar uma Mente Absoluta transempírica, armada com sua bateria nativa de universais, para organizar tudo. Esse é um atomismo todo-inclusivo em uma escala mundial – um Átomo do Mundo –, e tal atomismo não é evidente de modo experiencial ou fenomenológico, acredita James.

Ele coloca uma tremenda pressão em seu conceito de experiência. Ele deve preencher muitos papéis, deve ser polivalente. Sim, os seres pensantes são organismos experienciadores constituídos no interior de um mundo experienciável – sendo que essa constituição consiste amplamente em como eles podem experienciar outros, que *os* experienciam como experienciados e experienciáveis. Sim, a experienciabilidade exige conceitos universais, mas os conceitos são "instrumentos teleológicos", dispositivos de classificação, empregados por organismos experienciadores para alcançar a satisfação de necessidades e interesses no mundo mais amplo. James parece comprometido, juntamente com Peirce, com algum tipo de idealismo objetivo. Mas esse não é um idealismo absoluto, no qual a experiência deve revelar-se e ser ordenada em uma progressão dialética "autovalidante" definida. Essa abordagem soa tanto como um apriorismo quanto como um monismo transcendente – o mundo como Átomo.

V

Mas como James produz um *mundo* de experiência pura? Assim como ele demorou doze anos para gestar seus *Princípios*, da mesma forma demorou doze anos para preparar uma explicação sistemática de sua metafísica empirista radical. Como sempre, ele evita qualquer coisa que se assemelhe a um sistema arquitetônico delineado de antemão pela razão pura. Ele confia em sua hesitante apreensão intuitiva de sua própria experiência, enquanto passa pela imediaticidade, simultaneidade, concretude e compulsão dessa experiência (não por acaso, uma vez ele pretendeu ser artista).

Antes que os primeiros ensaios técnicos reunidos sob o título de *Ensaios em empirismo radical* [*Essays in Radical Empiricism*] aparecessem em 1904, ele publicou um estranho livro exploratório, *As variedades de experiência religiosa* [*The Varieties of Religious Experience*] (1902). Se a experiência deve ser radical – "até as raízes" –, ele deve cavar no escuro solo de seu próprio experienciar primal. Como Schelling, ele deve recontactar as raízes míticas. Seu pai – uma figura poderosa, estranha e imponente – havia sido um místico swedenborgiano, e embora James nunca tenha conseguido chegar a acreditar em qualquer religião formulável, ele acreditava na crença, por assim dizer. Isto é, a crença é fundacional, é o "senso" ou "sentimento" direto "da realidade", e, se isso não é compreendido, não se pode compreender a experiência e nem como ela pode formar um mundo experienciável como real (*PP**, 2:283ss.).

James se imerge em suas insinuações de como todo um mundo pode tomar forma na experiência. Ele se concentra nas experiências religiosas em que os experienciadores se sentem tão poderosa e abruptamente unidos com o mundo que uma radical reconfiguração do eu pode ocorrer, uma conversão. James escreve:

> A religião, o que quer que seja, é a reação total de um homem em relação à vida... Reações totais são diferentes de reações casuais, e atitudes totais são diferentes de atitudes usuais ou profissionais. Para chegar a elas, você deve ir para trás do pano de fundo da existência e descer até aquele curioso senso do todo do cosmo residual como uma presença perpétua, íntima ou estranha, terrível ou divertida, amável ou odiosa, que em algum grau todos possuem. Esse senso da presença do mundo... é a mais completa de todas as nossas respostas à questão: "Qual o caráter desse universo que habitamos?" (*VRE*, 36-37)

Para que exista um mundo *real*, devemos estar imersos "até nossas cabeças" na experiência – na crença, no *sentimento* da realidade. E ainda, devemos também ser capazes de dar-lhe algum sentido. Colocado de outro modo, o puro *aquilo* das coisas deve ser evidente em nossos ossos, em nossas vísceras e em nossas mãos industriosas, mas devemos também ser capazes de aprender *algo* sobre *o que* algumas destas realidades são. Isso amplia o que ele havia dito nos *Princípios* sobre o significado das coisas *reais* – sua voluminosidade, seu transbordamento: elas excedem qualquer conhecimento final de *o que* elas são. E é o todo do mundo experienciável que deve ser mostrado como transbordante, como real: o grande *Isso* que perceptualmente excede nossa habilidade de apreender tudo o que ele é.

A versão de James da filosofia da identidade é "pulverizada". Sua crítica do psicólogo natural-científico separado, olhando para um mundo fenomênico "lá fora", é também uma crítica implícita da filosofia da identidade dos idealistas absolutos. Apesar de serem profundamente sensíveis à necessidade de fundamentar metafisicamente toda investigação, eles incorporam um excesso de assunções racionalistas que é grande demais para satisfazer James. Os passos iniciais desses idealistas são imensas abstrações e verdadeiros saltos de fé, a saber: a realidade é determinada, uma toda-inclusiva organização de "issos" que são também "quês".² Assim, realidade e verdade são conversíveis. E, uma vez que estamos falando do todo da realidade, ela deve ser Una. E uma vez que o Uno é real, deve existir a verdade sobre a Unidade. E como pode haver verdade sem um conhecimento daquela verdade, no interior da própria Unidade?

De fato, o conhecimento da verdade constitui a estrutura última da realidade, segundo os idealistas absolutos: a reunião de todo complexo objetivo na unidade de uma subjetividade última, a identidade de sujeito e objeto (que incorpora também a ideia antiga de identidade – a identidade dos particulares através dos universais que os unem).³

James não pode acompanhar estes saltos de abstração. Eles o dissociam dos fenômenos concretos, da maneira como as coisas reais são conhecidas; de fato, da maneira como a própria verdade é conhecida. James oferece sim um diagrama bastante esquemático daquilo que ele entende por experiência pura ou neutra, de como um "pedaço" numericamente idêntico de experiência pode figurar simultaneamente tanto na história pessoal de um ser pensante quanto na história do mundo em geral. Essa experiência é comparável a um ponto que pode figurar em duas linhas de uma só vez, se colocado na interseção destas (*ERE**, 12). Mas esse esquema deve ser preenchido, para se conformar ao amor de James pela "adequação e concretude" (como coloca A. N. Whitehead). Uma experiência pura do azul nunca está sozinha, mas é inserida no Objeto total do pensamento. Ela é o azul do *céu*. Além disso, ela nos captura em si mesma, nós, seres corpóreos sob o céu. Muito frequentemente, nós não olhamos voluntariamente para o céu, mas vivemos involuntariamente em sua presença. Como posso tentar colocar: celestializada-minha-cabeça-está-voltada-para-cima-na-direção-do-azul. De certa forma, somos possuídos pelo céu. Um exemplo diferente: somos irradiados e transfixados pela presença de um animal selvagem.

---

[2] A Ideia da Razão Pura de Kant – a realidade como uma totalidade de estados de coisas determinados – não é mais meramente heurística, mas constitutiva.

[3] Um ponto bem explicado por Paul Tillich (1974).

A fenomenologia de James o coloca muito mais imediatamente no interior dos fenômenos do que as fenomenologias dos idealistas absolutos. O mundo de James será mais confuso, mais pluralista, mais pulverizado e mais "irracional" do que eles (particularmente Hegel) poderiam possivelmente suportar. Ele *será* um mundo, mas um mundo "concatenado", "permanecendo unido de imediação a imediação", sem nenhum filamento único de identidade, nenhuma mente absoluta unindo todas as coisas através de suas essências necessariamente conectadas, constituídas por aquela própria mente em seu conhecer (*PU**, 321 ss.). A conjunção "e" nomeia uma "realidade genuína", diz James. Algumas coisas estão simplesmente "junto com" outras coisas, e nenhuma necessidade, qualquer que seja, as conecta. Toda coisa real tem algum "ambiente externo", e a menos que algum limiar real seja atravessado, não há nenhuma influência de um evento sobre outro. Por exemplo, um cavalo espirra na Tartária e um grão de poeira cósmica cai na lua de um planeta em outra galáxia. Estes eventos não têm nenhuma conexão causal e estão meramente um "junto com" o outro no universo. Há um mundo, mas o Absoluto está ausente.

A crença é o sentimento do mundo real no qual nós, organismos, somos apanhados. A crença é uma função da "circumpressão" desse mundo. A crença não é apenas algum assentimento que conferimos a uma proposição quando a evidência a justifica. E também não é apenas uma disposição de crer, que ajuda a criar em certas situações a própria evidência que confirma a crença (como o acreditar que se pode saltar um abismo, o que nos enerva e energiza para fazê-lo), algo em que James estava imensamente interessado. Ela acontece também quando somos apanhados pelos arredores e conduzidos e movidos de certas maneiras. As experiências puras são variadamente "densas", comoventes, momentosas, imbuídas de disposição e atividade. A ideia de que as oposições típicas da razão pura tradicional – mente/matéria, eu/outro, humano/animal, presente/passado, um/muitos – podem conter a transbordante realidade do mundo é presunçosa e ridícula.

Por certo, James reconhece que os conceitos são necessários se pretendemos ter um *mundo* experienciável. Eles formam um "reino coordenado de realidade" – eles podem substituir percepções – como se uma terceira linha fosse traçada sobre aquele ponto único que é a experiência pura. Mas, novamente, o perigo é a hipostasia, a abstração flutuante, que deve ser neutralizada pela questão: como os conceitos são "conhecidos" no interior do vivo e vivido Objeto total? Resposta: eles são nossos instrumentos teleológicos. James escreve, em sua última obra inacabada, *Alguns problemas de filosofia: início de uma introdução à filosofia* [*Some Problems of Philosophy: A Beginning of An Introduction to Philosophy*]:

> Utilize os conceitos quando eles auxiliam e abandone-os quando eles atrapalham o entendimento; e absorva a realidade corporal e integralmente, ao interior da filosofia, exatamente na forma perceptual como ela advém. O fluxo original do sentimento peca apenas por um defeito quantitativo. Há sempre muito dele de uma só vez. Mas nunca há o suficiente, e nós desejamos o resto. A única maneira de obter o resto sem ter que avançar penosamente através de todo o tempo futuro, na pessoa de um sem-número de percebedores, é substitui-lo por nossos vários sistemas conceituais, os quais, apesar de serem resumos monstruosos, são cada qual, não obstante, um equivalente para algum aspecto parcial da realidade perceptual completa que nunca podemos apreender... Conceitos... nunca devem ser tratados à moda racionalista, como se propiciassem uma qualidade mais profunda da verdade. Os traços mais profundos da realidade são encontrados somente na experiência perceptual. Somente aqui nos familiarizamos com a continuidade ou com a imersão de uma coisa em outra, somente aqui [nos familiarizamos] com o eu, com a substância, com as qualidades, com a atividade em seus vários modos, com a novidade, com a tendência e com a liberdade. (*SPP**, 96-97)

Os conceitos e oposições categóricos da razão discursiva nunca devem presumir que exaurem o grande Isso, o mundo. As lições das *Variedades de experiência religiosa* devem ser mantidas:

> nossa consciência desperta normal, a consciência racional, como a chamamos, é apenas um tipo especial... enquanto que ao redor dela, separadas pelos mais finos biombos, encontram-se formas po-

tenciais de consciência inteiramente diferentes... tipos definidos de mentalidade que provavelmente têm em algum lugar seu campo de aplicação e adaptação... A ideia fundamental é invariavelmente a reconciliação... algo semelhante àquilo que a filosofia hegeliana propõe, se ao menos pudéssemos apoderar-nos disso mais claramente (*VRE*, 307-308).

É presunção pensar que toda a realidade é determinada, isto é, determinável pelas categorias de nossa razão. Por que não supor tendências e sistemas cronicamente fronteiriços, sistematicamente ignorados? O mundo é o supremo *isso* que não pode ser dividido exaustivamente em qualquer conjunto de *quês*, não importa quão grandes sejam estes conjuntos. A razão discursiva não pode penetrar um domínio que, por hipótese, está além dela. James recorre à música em busca de indicações:

> a música nos propicia mensagens ontológicas que o criticismo não-musical é incapaz de contradizer, embora possa rir de nossa estupidez em prestar atenção a elas. Há uma região da mente que é assombrada por estas coisas; e sussurros provenientes dali se misturam às operações de nosso entendimento (*VRE*, 334).

Isso exibe afinidades com o uso que Schelling faz do processo artístico como analogia do processo do mundo, na medida em que ambos são suprarracionais. Na grande arte, uma corrente subconsciente se combina com uma corrente consciente, como se emanasse de um centro comum tanto ao mental quanto ao físico.

O supremo *isso*, o mundo, é silenciosamente pressuposto por todo pensamento, sentimento e ação – a base do senso comum. O mundo se apresenta como algo que existiu antes que soubéssemos qualquer coisa sobre ele e que fizéssemos qualquer coisa nele, e que existirá, com toda probabilidade, depois que nosso conhecer e fazer tiver desaparecido. "Júlio César foi real, ou nunca poderemos dar ouvidos à história novamente. Os trilobitas viveram um dia, ou todo nosso pensamento sobre os estratos está errado" (*MT*, 54). Se tudo está "errado", não há mundo, e não podemos pensar isso.

VI

Somente quando compreendemos que o mundo experienciável é a pressuposição última de toda investigação é que podemos apreender a teoria pragmática da verdade de James. Os teóricos da correspondência presumem que os enunciados ou juízos são autônomos e que, quando correspondem ao "mundo exterior ou objetivo", possuem a propriedade da verdade, quer saibamos disso ou não. Isso, acredita James, é um verbalismo aditivo que oculta as bases da produção de significados no mundo.

Não existem enunciados ou juízos que sejam autônomos, porque não existe nenhuma verdade sem significado, e o significado é produzido acerca de algo quando o organismo antecipa as consequências desse algo para a experiência do organismo no mundo. Se aquelas consequências realmente ocorrem, a verdade *ocorre* (contudo, ver nota 5). Especificamente, a verdade acontece quando o passado "se desenvolve frutiferamente" no presente e no futuro.

Por décadas, os críticos sustentaram que James confundiu a verdade e a confirmação da verdade. Tomemos o enunciado "O cão está na garagem". Confirmamos que ele é verdadeiro. O crítico pergunta: "Mas não era verdade que o cão estava lá antes que o significado ou a crença sobre ele fosse confirmada? Então o enunciado 'O cão está na garagem' não era verdadeiro o tempo todo, quer soubéssemos disso ou não?".

Esse é um apelo ao senso comum. Mas ele é perverso, porque no fim ele mina o próprio senso comum no qual se baseia: nós *definimos* enunciados ou proposições declarativos tais como "O cão está na garagem" como verdadeiros ou falsos, como "correspondendo" à realidade ou não. Se depois confirmamos que um enunciado desses corresponde à realidade, então *é claro* que devemos pensar que ele já o fazia antes de ser confirmado. *Devemos* pensar que ele já tinha a "propriedade" da verdade. Mesmo se dissermos às 20:16 que "O cão está na garagem agora" e formos verificar às 20:17, e não o encontrarmos, *devemos* acreditar que ele pode ter estado lá um minuto antes e que, se ele esteve, o enunciado com seu qualificador de tempo tem a "propriedade" da verdade. *Devemos* acreditar no que quer que seja necessário para ter um mundo *real* em nossa experiência, para *significá-lo*. Assim, não somos tão loucos a ponto de pensar que quando confirmamos a existência de algo nós *criamos* esse algo ou que quando desconfirmamos algo sobre ele nós o *aniquilamos*!

Mas o que torna possível esse pensamento "óbvio" sobre a verdade? É muito fácil isolar o enunciado "O cão está na garagem agora" e pensar que ele é autônomo com sua "propriedade" de verdade. Contudo, sem uma situação viva que incite o enunciado ou coloque um problema ou questão para o qual esse enunciado seja uma resposta, não haveria nenhum sentido em emiti-lo. Ele tem o sentido ou significado que tem por causa das situações do mundo nas quais faz sentido emiti-lo. O sentido destas situações é a matriz do senso comum, que é uma matriz herdada. Dado que o enunciado, com sua "propriedade" de verdade, presume a independência em relação a essa matriz, ele mina o senso comum.

James acredita que a teoria da correspondência da verdade, aparentemente óbvia, leva-nos a ignorar os contextos em evolução no mundo, imbuídos de atmosfera e ação, nos quais nossas vidas têm significado – nossas sondagens, nossas respostas corporais a estas sondagens, nossas necessidades, suspeitas, antecipações, valorações e crenças. Uma "verdade objetiva" óbvia e prosaica – a verdade sobre "o que está lá fora" – comprada ao preço de uma constrição anoréxica da existência e do significado é cara demais. Ela é viciante, e nenhuma quantidade dela jamais pode nos satisfazer.[4] Assim, James acredita que a verdade em seu sentido mais completo não preexiste a sua descoberta.[5]

---

[4] Acerca da qualidade viciante da verdade construída exclusivamente segundo o modelo da "correspondência", ver Wilshire, no prelo (a), capítulo 10.

[5] Ele admite, contudo, que tenha sido "quase verdadeiro" que algo aconteceu, digamos, quando tudo que estava faltando era o reconhecimento do fato. Ver "Humanismo e Verdade" ["Humanism and Truth"], as últimas páginas em MT. Essa é sua maneira de admitir, penso eu, que as proposições podem ter a "propriedade" da verdade mesmo quando não confirmadas. (De modo similar, Dewey afirma que a "verdade" *pode* ser "confirmada por designar uma propriedade lógica das proposições", mas então ela carece de seu caráter completo de "referência existencial" – Dewey, 1958, 161.) E parece que James teria de admitir que algumas proposições poderiam ser verdadeiras mesmo sendo inconfirmáveis; por exemplo: "Não existem seres extraterrestres inteligentes" (apesar de provavelmente falsa) pode ser verdadeira, e, manifestamente, não haveria nenhuma maneira de confirmar sua verdade se ela fosse verdadeira. A ideia de intencionalidade de James é relevante para o debate sobre a verdade e a confir-

A verdade deve ser uma cocriação real de nossos eus investigadores e do restante do mundo. Assim, acerca de qualquer assunto *determinável*, James quer dizer que *uma vez que uma questão seja colocada* (itálico seu) só há possibilidade de uma única resposta verdadeira (*MT*, 56). Carecendo de evidência, não sabemos qual é essa resposta. Tudo que podemos possivelmente entender por verdade é a resposta que viria para nossa questão se obtivéssemos a evidência.

VII

James parece acreditar que a maioria dos filósofos não insistiu realmente na questão do *significado* concreto da verdade. O que mais ela poderia significar além de "direções" na experiência, que conduzem aonde esperamos que elas o façam, quer estejamos felizes com os resultados ou não? (Mas talvez ele não proponha uma única visão do significado da verdade. Ver o artigo de Hilary Putnam neste volume.) Nós atribuímos certas características a uma coisa experienciada ou experienciável, e a coisa as aceita. É como se fôssemos botânicos enxertando um ramo de uma árvore em outra e o enxerto "pegasse". Nossa carreira como organismos que atentam se entrelaça e se mistura com a carreira daquilo para o que se atenta. Não há nenhuma necessidade de procurar sonhadoramente por uma realidade fora da experiência "subjetiva", uma realidade à qual nosso pensamento possa "corresponder". James diz que aquilo que impulsiona e consuma ou bloqueia e desaponta nosso pensamento é encontrado *no interior* da experiência. Somos fadados a nunca deixar o mundo experienciável.

---

mação. A "verdade" é ambígua. Ela *ocorre* em nosso experienci*amento*. Mas o que é experienci*ado* ou experienci*ável* pode ser enunciado no "presente eterno". No caso da proposição acima, talvez tudo que o empirismo radical de James requeira seja que o *significado* das palavras da proposição seja em termos de uma experiência possível, isto é, de uma experienciabilidade. Talvez ele pudesse admitir que a proposição (aparentemente inconfirmável) pudesse ser *verdadeira*, embora essa verdade não seja nem experienciada nem experienciável. Eu não sei.

Para que qualquer questionamento ou investigação comece efetivamente, a maioria das outras questões deve, por um certo período de tempo, ser considerada resolvida. Esse é o lastro dialético no interior do corpo da experiência humana em evolução. O envolvimento espontâneo, criativo e talvez ousado no instante exige um contexto relativamente estável em que o passado possa ser aceito como algo garantido. Não há nenhum suporte extraexperiencial. É pragmática e fenomenologicamente necessário acreditar no que quer que seja necessário para formar um *mundo* em nossa experiência. Não faz nenhum sentido dizer que isso é "meramente útil" ou "subjetivamente necessário", pois não há nenhuma alternativa significativa; tudo que há são palavras sobre um mundo "lá fora" que flutua sem conteúdo experiencial. Portanto, devemos crer quando não há nenhuma boa razão para duvidar – a crença é o senso de realidade. James escreve:

> Em algum lugar o ser deve imediatamente enfrentar a não-entidade. Por que a frente avançada da experiência, carregando suas satisfações e insatisfações imanentes, não poderia destacar-se contra o escuro inane como o luminoso orbe da lua se destaca no abismo cerúleo? (*MT**, 92)

Sem nossa crença em um mundo presente que existe e existiu, que se revela aqui e agora e que cresce e melhora sua coerência através de nosso próprio ato de conhecê-lo, a "verdade" perde seu significado.

James está gerando uma fenomenologia única da experiência pré-reflexiva, do imediato envolvimento do eu-corpo, do pensador-corpo e do resto do mundo – nosso "viver adiante" no "instante", como dizia Kierkegaard. Sempre polêmico acerca de Kant, James escreve, ao final de "A consciência existe?" ["Does Consciousness Exist?"]: "O 'eu penso' que Kant dizia dever ser capaz de acompanhar todos os meus objetos é o 'eu respiro' que de fato os acompanha" (embora não se deva esquecer que James reconhece que o pensamento realmente ocorre.).

Essa fenomenologia chega mais próximo de ser consumada em seus últimos escritos, particularmente em *Um universo pluralista* [*A Pluralistic Universe*]. Ele ataca o "intelectualismo vicioso" e o verbalismo: a crença de que aquilo que um nome ou uma definição falha explicitamente em incluir ela ativamente exclui (*PU**, 218). Segundo esse hábito "vicioso" de pensamento, se uma experiência pura é de uma natureza específica, um *quê*, ela não pode ser um *isso*, mas apenas uma essência; se algo é *presente*, ele não pode ser *passado* ou *futuro*; se algo é uma *parte*, ele não pode ser um *todo*; se é o *eu*, não pode ser o *outro*.

As últimas incursões de James na dialética da experiência complementam sua metafísica do empirismo radical. Pois não é suficiente chamar o azul, digamos, de "uma natureza específica" que pode figurar em vários contextos. Até mesmo as cores, as cores reais presentes na natureza, são localizadas em um contínuo e se transformam em outras cores. Essenciais para a supremacia do *isso* (o mundo), as coisas finalmente transbordam sobre nossos compartimentos e categorias e "sangram" através de suas fronteiras, adentrando as adjacências em evolução.

Se as coisas experienciadas ou experienciáveis sangram através de suas fronteiras, todo pulso de experienci*amento* faz isso excessivamente. Todo pulso é "seu próprio outro". Ele "brota" daquilo que ele é e se expande sobre aquilo que ele não é ("não é" de acordo com a lógica intelectualista). Todo pulso contém uma expansão ou alongamento que inclui na experiência imediata o passado, o presente e o futuro, indissoluvelmente fundidos e em evolução. O experienciamento precipita-se perpetuamente para fora de suas margens, em direção a um ideal-esperado (ideal relativamente a nossas necessidades e interesses), como algo experienciável que pode acabar sendo exibido em uma daquelas coisas experienciadas que chamamos de coisas existentes reais.

De fato, o choque de experiência do instante pode muito bem ser um *isso* que não é ainda um *quê* – e, é claro, não é ainda contextualizado retrospectivamente, seja em nossa história pessoal, seja na história do mundo em geral. Somos tão vulneráveis, somos tanto um pedaço da íntima alteridade do mundo, que a indeterminação da experiência pode *nos* reduzir à intolerável indeterminação. Podemos desmaiar. (O exemplo doméstico de Edmund Husserl: bebemos leite distraidamente, esperando que seja água, e naquele instante ele é "mera matéria sensível"; não é de admirar que o cuspamos com repulsa.) De fato, no instante o *outro* pode possuir *a nós mesmos* de tal modo que somos possuídos, angélica ou demonicamente.

Esse é o desenrolar atrasado da crença como "o sentimento da realidade" e como "a excitação da realidade". Esse é o contrapino fenomenológico-pragmático de todo o empirismo radical e da teoria da verdade de James.

Não apenas o absoluto é seu próprio outro, mas os pedaços mais simples de experiência imediata são seu próprio outro, se essa frase hegeliana for admitida de uma vez por todas... No pulso da vida interior imediatamente presente agora em cada um de nós há um pouco de passado, um pouco de futuro, um pouco de consciência de nosso próprio corpo, das pessoas de cada um dos outros, destas sublimidades sobre as quais estamos tentando falar, da geografia da Terra e da direção da história, da verdade e do erro, do bom e do mau, e de quem sabe o que mais? Sentindo, não importa quão pálida e subconscientemente, todas estas coisas, teu pulso de vida interior é contínuo com elas, pertence a elas, e elas a ele... As unidades reais de nossa vida imediatamente sentida são diferentes das unidades às quais a lógica intelectualista se apega e com as quais ela faz os seus cálculos. Elas não são separadas de seus próprios outros, e você tem que tomá-las em datas amplamente distantes para encontrar qualquer par delas que não pareça misturado... meu campo de consciência presente é um centro cercado por uma franja que se transforma gradativamente em um algo mais, o qual é subconsciente... Que parte dele está na minha consciência, e que parte está fora? Se nomeio aquilo que está fora, ele já entrou. O centro funciona de uma maneira, enquanto as margens funcionam de outra, e presentemente sobrepujam o centro e se tornam centrais elas próprias. Aquilo com o que nos identificamos conceitualmente e em que dizemos estar pensando em qualquer momento é o centro; mas nosso eu completo é o campo inteiro, com todas aquelas possibilidades subconscientes de aumento indefinidamente irradiantes (*PU**, 282 ss.).

VIII

Aquilo que existe de forma ainda potencial no último livro completo de James, *Um universo pluralista*, pode ser rastreado ao longo de diversas dimensões. De fato, o próprio livro é um *isso* que abre horizontes para além de nossa habilidade de reconhecer exatamente *o que* está envolvido.

Nós simplesmente não duvidamos de que você e eu nos encontramos em um mesmo lugar – realmente nos interpenetramos até um certo grau – quando eu seguro você pelo braço. Essa é a excitação da realidade. E uma vez que compartilhamos o mesmo "aqui" experienci*ado*, por que nosso experienci*amento* disso não poderia ser compartilhado ou compartilhável de algum modo? Tomemos uma passagem de um *Ensaio em empirismo radical* e tentemos então segui-la adentrando um horizonte especulativo aberto abruptamente em *Um universo pluralista*.

> quaisquer que sejam os diferentes contextos com que nossas mentes possam eventualmente preencher um lugar, o próprio lugar é um conteúdo numericamente idêntico das duas mentes... Sendo o receptáculo de algumas de nossas experiências, portanto, um receptáculo comum, as próprias experiências podem algum dia tornar-se também comuns (*ERE**, 85-86).

Será que James chegou finalmente à Mente Absoluta em disfarce? Não, isso é algo muito mais primordialmente humano do que as massivas abstrações dos idealistas absolutos: as crenças destes na convertibilidade da realidade e da verdade e no jogo necessário das essências – imaginações do intelecto logicista. A visão de James é uma versão do xamanismo retornando para nos sobressaltar na aurora do século XX. A possibilidade teórica disso já estava presente no realismo direto do empirismo radical e da experiência neutra. Quando encontramos um animal selvagem, digamos, essa criatura *mesma*, essa criatura *numericamente idêntica*, figura em nossa história pessoal. Se não fugimos em pânico, mas nos expandimos em direção a ela, sua presença anima e refresca nossas vidas. Se for, digamos, um urso, podemos experienciar novamente nessa criatura hibernante e redespertante aquilo que nossos antepassados caçadores-coletores experienciaram: uma encarnação viva dos poderes regenerativos e curativos da natureza.

Nosso experienciar não é completamente privado. Em grande medida ele é experienciável por outros, e o experienciar dos outros se infiltra (e às vezes inunda) o nosso. Assim como uma sensação auditiva ou visual pode manter sua identidade mesmo quando "somada" em um todo de consciência mais amplo, será que não podemos manter nossa identidade quando somados ou conjugados em um todo consciente mais amplo? É claro, essa será uma identidade individual muito diferente do devaneio de identidade de Descartes, ou da clareza, distinção e privacidade (e invulnerabilidade?) que tantos filósofos parecem desejar.

A consciência não é separada em átomos hermeticamente fechados. Ela é algo que os organismos, interfundindo-se uns com os outros na excitação da realidade, *fazem*. Será que pode haver comunicações mais diretas de experienciamentos "privados" do que hoje podemos imaginar? Existem experiências indiscutíveis de engolfamento mimético, de absorção extática, quando os seres humanos – os organismos humanos – celebram seu posicionamento nos ritmos regenerativos da Terra.

James flerta seriamente com a ideia de Gustav Fechner de uma Alma da Terra. Ele especula: não é possível que as plantas e os animais, e até mesmo a Terra, tenham seu próprio tipo de consciência? Será que não pode existir até mesmo o "conhecedor de tudo", e será que não podemos ser "unos com o conhecedor de tudo e seus conhecedores constituintes" (*PU**, 155)? Tal conhecedor não seria um lógico dialético. Encetando o envolvimento com seres animais e vegetais, consciências vegetais e animais, James está recuperando, ao menos implicitamente, a experiência religiosa primordial, paleolítica, xamânica. Aqui o repúdio da mecânica cartesiana de ponto-e-instante gera consequência assombrosas: a presença do passado mítico, do outro primordial, no pulso presente da experiência. A que isso corresponderá hoje, despido de sua matriz cultura e natural tradicional, James não pode ou não irá nos dizer.

James está tentando matar vários pássaros raros com uma única pedra. Ele tenta fazer justiça à vastidão do universo e em termos de sua experienciabilidade. Vemos agora como isso pode ser uma experienciabilidade para uma consciência mais intimamente inclusiva, uma consciência mais ampla ou mais superior – "relações não-percebidas originam-se da forma coletiva" (*PU**, 173).

Mas, escreve ele depois, para ser real, a consciência sobre-humana possível deve ter um ambiente exterior, deve ser finita (*PU**, 310-11). Então como pode todo o real ser experienciável por ela? Apesar do assombroso alcance da metafísica de James, esta pode parecer incompleta. Mas talvez sejamos capazes de imaginar que pode haver realidades, *issos*, que podem nunca se tornar *quês* – ou ser contactáveis de algum modo – por qualquer ser pensante? Estaríamos ampliando o significado de experienciabilidade para "experienciável *enquanto* não realmente experienciável". Um tal experienciável, se realizado – um tal objeto intencional – seria um *quê* em algum sentido: *o misterioso*.⁶

IX

Quero extrapolar brevemente a partir de um horizonte promissor do pensamento de James, suas sugestões de envolvimentos míticos arcaicos que acabamos de mencionar acima. Para fazer isso, devemos colocar em cena o corpo.⁷ Como eu disse, no fim ele escreve pouco sobre o corpo. Mas ele sugere como o "eu respiro", enquanto substituto para o "eu penso", poderia começar a ganhar definição.

Afirmar a existência de algo não é apenas realizar um "ato mental no interior de uma consciência" ou "no interior de uma linguagem" (uma "atitude proposicional"?). É aceitar a coisa, permitir que ela seja, em um lugar que eu e outros podemos compartilhar, permitir que ela interpenetre e se interfunda com o corpo. Uma pessoa pode fazer com que a presença desta coisa adentre seu corpo através do ato de inalar, inspirar o ar ("E o

---

⁶ Esse raciocínio é amplificado em Quentin Smith, 1986. Ver "The Veil" ["O Véu"], e "The World-Whole Can Be Apparent to Me as Not Being Apparent to Me" ["O todo do mundo pode me ser aparente como não me sendo aparente"], 268 ss.

⁷ Os fenomenologistas traçam conexões essenciais entre a vida mental e as posturas e atitudes do corpo. Ver Merleau-Ponty, 1968, e Todes, 1987. A "Experiência Pura" de James deveria ser relacionada à "Carne do Mundo" de Merleau-Ponty, que se recolhe sobre si mesma – pois "a reversibilidade é a verdade última". Isto é, o percebedor é um percebente-perceptível. Nos termos de James, uma experiência contextualizada como meu experienciamento não é uma parte do meu ser de modo mais íntimo do que aquela mesma experiência interpretada como sendo-experienciada-por-outro: o contexto do experienciar do outro intersecionando e se interfundindo com o meu. A vergonha, por exemplo, é profundamente minha porque é equiprimordialmente ser--envergonhado-por-um-outro.

Senhor formou o homem do pó do solo e soprou em suas narinas o sopro da vida; e o homem tornou-se um ser vivente"). Negar é o inverso. Sinta a dissonância enquanto você tenta simultaneamente negar a existência de algo e inalar.

Note como o pensamento de James pode fornecer um contexto interpretativo para a experiência de um contemporâneo. Conger Beaseley relata ter acompanhado um oficial do Departamento de Caça e Pesca do Alasca em uma expedição ao Mar de Bering. O objetivo era atirar em quatro focas, de modo que os biólogos pudessem analisar o sangue e amostras de tecido em busca de toxinas e rastrear minerais e parasitas.

Revoltado, Beaseley tateia à procura de algumas qualidades redentoras na experiência. Depois que uma foca é atingida, o sangue dela borbulha ao seu redor na água gelada. O traço redentor está ali: pela primeira vez Beaseley percebe visceralmente sua consanguinidade com as focas. Ele é ligado a um companheiro mamífero. À medida que eles abriam o abdome da foca e extirpavam seus órgãos vitais, nota Beaseley,

> desenvolvi uma identificação com o animal que ia muito além da mera investigação científica... o abdome de uma foca de enseada adulta é aproximadamente do tamanho do de um macho humano adulto. Cada vez que eu alcançava as vísceras emaranhadas, eu me sentia como se estivesse alcançando algo nas profundezas de meu próprio interior. À medida que eu perfurava as dobras pegajosas do coração da foca coletando vermes, eu sentia meu próprio coração bater e repicar (Beaseley, 1990, 16-23).

À medida que eles extirpam os órgãos vitais da foca, Beaseley percebe – visceralmente – que "o corpo físico contém propriedades funcionais cujo reconhecimento apropriado as transforma em uma nova ordem de sacramentos" (23). Os intestinos enroscados se entrelaçam com os intestinos enroscados de todas as coisas animadas. No recuo da absorção do ar, na arfada de assombro induzida involuntariamente em nossos corpos, prestamos tributo às energias selvagens do *mana* que compartilhamos com todos os animais. Na absorção do ar, permitimos que elas adentrem nosso ser. O sacramento é o reconhecimento involuntário de nosso parentesco e nossa preciosidade comum – um reconhecimento que ressoa, não obstante, através de nossa consciência e de nossa carreira voluntária. Esse é o sacrifício no sentido de sacrifício do ego: o reconhecimento de tudo aquilo que não conhecemos e que não podemos controlar, e do qual dependemos. Ele nomeia o sagrado.

James nos deixa a explorarmos esse afã regenerativo por nossa própria conta. Aos sessenta e sete anos, ele estava próximo demais da morte para realizar mais disputas com o estabelecimento acadêmico, repleto daqueles que exibiam uma inabilidade "que era quase patética" de compreender sua teoria da verdade. E ele pensou que suas especulações ao longo de linhas fechnerianas (e xamânicas) fossem "espectralmente assombradas demais para interessar uma audiência acadêmica" – especulações, "bestas selvagens do deserto filosófico" (*PU*, * 299, 330).

O retorno à vida não pode vir pelas palavras. Ele é um *ato* (*PU**, 290).[8]

---

[8] Ver também uma entrevista com Hilary Putnam, *U. S. News and World Report*, 25 de abril de 1988, 56: a filosofia não pode preocupar-se apenas com "quebra-cabeças lógicos", mas deve lidar também com as "possibilidades regenerativas da experiência".

7 James, atinência e os críticos britânicos

T. L. S. Sprigge

> Então pela primeira vez percebi a enorme capacidade
> da mente filosófica para interpretar James
> erroneamente (*Schiller*, 1934, 97).

A crítica de G. E. Moore ao pragmatismo

Pouco tempo depois da publicação de sua série de conferências sobre o *Pragmatismo* [*Pragmatism*] em 1907, o pragmatismo de James, e em particular sua concepção pragmática da verdade, foi sujeito a um duro exame em artigos escritos por dois dos principais filósofos britânicos, G. E. Moore e Bertrand Russell. Estes certamente contribuíram significativamente para a tendência, pelo menos na Bretanha, de pensar em James mais como um pensador de segunda categoria. Isso se deve ao fato de que, à primeira vista, as objeções bastante próximas do senso comum propostas por estes filósofos parecem realmente devastadoras. Foi apenas recentemente, à medida que certas tendências filosóficas de um tipo frequentemente descrito como pragmático alcançaram as manchetes filosóficas, que objeções como aquelas levantadas por Moore e Russell passaram a ser vistas como menos convincentes. No entanto, estou em dúvida sobre se mesmo agora a maioria dos comentadores deixa bastante claro aquilo que está amplamente errado com estas críticas.

Em seu discurso sobre "O 'Pragmatismo' do Professor James" à Sociedade Aristotélica em 1908 (reimpresso em Moore, 1922), Moore começa reunindo penosamente evidências para mostrar que James tem a intenção de afirmar as duas proposições seguintes:

(1) Todas, e apenas, as ideias verdadeiras são verificáveis.
(2) Todas, e apenas, as ideias verdadeiras são úteis.

Ele mostra então que deve haver muitas ideias verdadeiras que não são verificáveis. Por exemplo, se após um jogo de uíste os jogadores discordam sobre se um deles tinha ou não o sete de ouros, pode ser impossível verificar a questão (Moore, 1922, 101-102). Ainda assim, uma destas opiniões deve ser verdadeira, e portanto é um exemplo de uma ideia verdadeira mas inverificável.

Quanto à afirmação inversa, de que todas as ideias verificáveis são verdadeiras, Moore a aceita, mas apenas como a afirmação trivial de que, se algo foi genuinamente mostrado como sendo verdadeiro, e não apenas supostamente mostrado como o sendo, então esse algo é verdadeiro (Moore, 1922, 107).

Assim, Moore considera a primeira afirmação de James como simplesmente sem esperança. Mas talvez, sugere ele, James esteja realmente mais preocupado em estabelecer o segundo enunciado, de que todas, e apenas, as ideias verdadeiras são úteis.

Ao discutir a primeira parte desse enunciado, a saber, que todas as ideias verdadeiras são úteis, Moore tenta primeiro remover uma ambiguidade. Será que James pretende dizer que toda ideia verdadeira é útil sempre que ela ocorre a alguém ou será que ele pretende dizer apenas que uma ideia verdadeira é uma ideia que pode ocasionalmente ser útil? Decidindo que somente a segunda é uma interpretação remotamente plausível, ele a ataca apontando que pode haver algumas ideias triviais, que podem ocorrer uma única vez a alguém e que podem ser prejudiciais ao invés de úteis em sua ocorrência. Pois elas podem desviar a atenção de algo mais importante, que seria aquilo com que deveríamos estar envolvidos (Moore, 1922, 111-112). Por exemplo, alterando levemente o exemplo de Moore, se, em vez de me dedicar a preparar uma conferência, eu me quedo ociosamente contando o número de pontos em um padrão na parede, posso formar uma ideia verdadeira do número, a qual é, na melhor das hipóteses, inútil para mim.

Moore se volta em seguida para a afirmação de que todas as ideias úteis são verdadeiras. Ele assume que isso significa que qualquer ideia que alguma vez é útil é uma ideia verdadeira, e conta algumas histórias em que se supõe que uma ideia seja útil mas não verdadeira (Moore, 1922, 112-114).

Por exemplo, um homem, dado que seu relógio era lento, poderia acreditar que era uma certa hora quando na verdade era outra e, como resultado, ele poderia perder um trem. Suponha agora que o trem sofra um acidente. Então sua ideia lhe foi muito útil, mas dificilmente ela seria verdadeira por causa disso. Novamente, a visão de que uma crença em recompensas e punições após a morte é útil, mas não verdadeira, é uma visão perfeitamente coerente.

Assim, supor que todas as ideias verdadeiras às vezes são úteis ou que todas as ideias que alguma vez são úteis são verdadeiras é uma coisa "intensamente tola" (Moore, 1922, 115). E James dificilmente poderia pensar isso se ele refletisse sobre a questão. Ainda assim, isso parece claramente ser o que ele está dizendo.

Até aqui, diz Moore, ele tem tomado a afirmação de James como uma afirmação empírica. Mas na verdade, continua ele, parece que James a considera de algum modo uma verdade necessária. (Moore faz essa colocação dizendo que James parece sustentar que uma ideia que é útil seria verdadeira, e vice-versa, quaisquer que fossem as outras propriedades que a ideia pudesse ter ou deixar de ter [Moore, 1922, 126-127].) Mas isso, diz Moore, implica que se uma tal ideia de sua parte, como a de que "o Professor James existe e tem certos pensamentos, fosse útil, essa ideia seria verdadeira *mesmo que* nenhuma pessoa como o Professor James tivesse jamais existido" (Moore, 1922, 127). Esse é o tipo de zombaria contra James que parece mais eficaz e que é mais calculado para produzir aquela visão dele como um filósofo bastante peso-leve, a qual foi, de modo geral, a visão dominante que se teve dele na Bretanha.[1]

Moore finalmente considera a afirmação de James de que "em uma medida inverificável, nossas verdades são produtos feitos pelo homem" (Moore, 1922, 139-143). (A passagem é na verdade proveniente da explicação que James dá para o "humanismo" de F. C. S. Schiller, o único aliado britânico vigoroso de James, mas James a endossa; ver *P**, 242.)

---

[1] Para uma acusação similar, mas mais justificada, contra o pragmatismo ou humanismo de F. C. S. Schiller, ver Stout, 1907, 587.

Após discutir exaustivamente diversas interpretações daquilo que James pode estar querendo dizer com isso, ele conclui que isso deve implicar que de algum modo, "em uma medida inverificável", minha própria atividade desempenha um papel na constituição da verdade de todas as minhas crenças verdadeiras (não apenas sobre meu próprio comportamento e suas consequências). Daí segue-se, diz Moore, que

> devo ter tido uma influência em causar a Revolução Francesa, em causar o nascimento do meu pai, em fazer o Professor James escrever esse livro. Certamente ele implica que algum homem ou outro deve ter ajudado a causar quase todo evento no qual algum homem alguma vez acreditou verdadeiramente. Que fomos nós que fizemos os planetas girarem em torno do Sol, que fizemos os Alpes se erguerem, e o solo do Pacífico afundar – todas estas coisas, e outras semelhantes, parecem estar envolvidas. E são estas as consequências que me parecem justificar uma dúvida sobre se de fato "nossas verdades são, em uma medida inverificável, feitas pelo homem" (Moore, 1922, 142-143).

Qualquer um que tenha aprendido sobre as visões de James unicamente a partir desse discurso deve ter concluído que James não foi um pensador muito bom. O golpe de misericórdia, é claro, é a irônica sugestão de que, a partir destes princípios, deve ser verdade que o Professor James existiu, mesmo que ele não tenha existido.

A crítica de Russell ao pragmatismo de James

Bertrand Russell tinha por James um respeito que era evidentemente ausente em Moore (e ele de fato se envolveu seriamente com o monismo neutro de James e com aquela que ele via como sua explicação essencialmente behaviorista da crença; ver Russell, 1986, 193-195, 240-241, e *passim*). Mas em seu dois artigos desse período sobre o pragmatismo, o tratamento que Russell dá à explicação de James para a verdade não é tão diferente do de Moore.

Em "Pragmatismo", que aparece como o capítulo 4 dos *Ensaios filosóficos* de Russell publicados em 1910 (Russell, 1966, 79-111) e que foi publicado pela primeira vez na *Edinburgh Review* [*Revista de Edimburgo*], Russell se concentra particularmente no grau em que a concepção pragmática da verdade, tanto de James quanto de F. S. Schiller,[2] é uma teoria de psicólogos, tendendo a substituir a questão de o que significa uma crença ser verdadeira pela questão psicológica de o que tende a nos fazer sustentá-la como verdadeira. A utilidade da crença em uma ampla variedade de casos é uma boa resposta para a segunda questão, mas a não ser que "útil" signifique, mediante uma petição de princípio, "útil para descobrir a verdade", essa é uma má resposta para a primeira questão. Russell traça também aquilo que ele enxerga como o desenvolvimento da concepção pragmática de verdade até o ensaio "A vontade de crer" ["The Will to Believe"], que ele pensa confundir a adoção de uma crença como hipótese de trabalho com o ato de acreditar que ela seja verdadeira. Finalmente, Russell argumenta que o pragmatismo pressupõe uma metafísica que F. C. S. Schiller havia desenvolvido de modo mais completo, a metafísica do humanismo (101-102). Ele objeta à pequenez da visão à qual essa metafísica nos restringiria, pois ela "apela para o temperamento mental que encontra na superfície deste planeta a totalidade de seu material imaginativo" (110). Basicamente, ele a está acusando daquilo que Santayana chamou de "impiedade cósmica".

Para meus propósitos, o ensaio mais importante é "A concepção de verdade de William James", o capítulo 5 dos *Ensaios filosóficos* de 1910 (Russell, 1966, 112-130), originalmente intitulado "Verdade transatlântica" quando apareceu na *Albany Review* [*Revista de Albany*] em 1908. Nele Russell desenvolve, com efeito, oito objeções principais à concepção pragmática de verdade:

(1) A afirmação de que uma crença é útil parece ser, ela própria, algo verdadeiro ou falso, de modo que a identificação da verdade com a utilidade conduz a um regresso infinito.

---

[2] Conforme apresentado no *Pragmatismo* de James e em Schiller, 1907.

(2) Os pragmatistas confundem 'sugerir um critério de verdade' com 'elucidar o significado de verdade' (Russell, 1966, 120-123). (Note-se como o termo "critério" mudou de significado como um resultado de Wittgenstein.) Mesmo que o critério dos pragmatistas fosse um bom critério, ele não forneceria o significado, uma vez que há uma óbvia passagem de pensamento que vai de 'enxergar que uma crença é verdadeira' a 'pensar que ela é verdadeira'.

(3) Mas ele não é um bom critério, uma vez que frequentemente é mais difícil saber se ele é satisfeito do que saber se a crença é verdadeira (118-119).

(4) A confusão que o pragmatismo faz entre critério e significado deriva em parte de sua concentração nas hipóteses científicas. Estamos de fato mais preocupados com a questão de se estas funcionam do que com a de se elas são verdadeiras. O pragmatista interpreta isso como mostrando que a verdade dessas hipóteses é o fato de elas funcionarem. Mas (*a*) esse é um caso especial em que não estamos primariamente interessados na verdade; (*b*) "funcionar", nesse contexto, significa "conduzir à verdade em um nível observacional" (126-129).

(5) A visão de que uma crença pode ser verdadeira porque ela é emocionalmente satisfatória implica que pode ser verdade que algo existe, mesmo que esse algo não exista.

(6) Se usamos o termo "verdadeiro" no sentido que o pragmatista atribui a ele, precisamos de outro predicado para expressar a diferença entre uma crença em algo que realmente existe e uma crença em algo que não existe realmente (119-120).

(7) Assim, se nos é mostrado que uma crença é verdadeira no sentido que o pragmatista atribui ao termo, a saber, que ela vale a pena, nós não seremos portanto levados a ter a crença, uma vez que isso exige que nossa crença responda àquele outro predicado. Assim, o pragmatista pode convencer-nos de que a proposição "Deus existe" é verdadeira porque vale a pena acreditar nela, mas ele não pode com isso despertar em nós a crença de que Deus existe (124).

(8) A explicação da verdade oferecida pelo pragmatismo é uma mal concebida "generalização do procedimento das ciências indutivas" (126).

As hipóteses científicas, na opinião de Russell, são aceitas porque elas funcionam ao organizarem nossas crenças espontâneas ou ao predizerem quais crenças estarão presentes elas próprias como obviamente verdadeiras de modo similar no futuro (129). Mas ao as aceitarmos porque elas funcionam, neste sentido, nós não estamos (*a*) aceitando-as como verdadeiras, (*b*) nem aceitando-as como funcionando de um modo emocional, mas como conduzindo àquilo que somos inclinados a pensar como verdadeiro em um sentido não pragmático. Desse modo, a autoridade da ciência não pode ser invocada em favor do pragmatismo.

A FALHA DE MOORE E RUSSELL EM COMPREENDER A REAL INTENÇÃO DE JAMES

Eu não negaria que Moore e, em maior medida, Russell levantam bons argumentos contra James. Além disso, a resposta que James dá em 1909 ao segundo artigo de Russell, em "Dois críticos ingleses" ["Two English Critics"] (isto é, Russell e R. G. Harty; *MT*, 146-153), parece torná-lo ainda mais vulnerável a eles.

Um ponto surpreendente que ele levanta é que Russell iguala a crença de que P à crença de que P é verdadeiro. James insiste que, se eu acredito que Deus existe, não estou desse modo acreditando que minha crença de que Ele existe é verdadeira. *Alguma outra pessoa* considerando minha crença a considerará verdadeira se e somente se ela pensar que aquela crença funciona para mim, mas *eu* estou simplesmente acreditando que Deus realmente existe.

Em suma, o que torna minha ideia verdadeira não é o mesmo que aquilo em que acredito (*MT*, 146-147). É verdade que ele em seguida insiste que, é claro, se a crença de que *X* existe é verdadeira, então *X* realmente existe; mas o contexto sugere que, ao passo que se eu chamo de verdadeira minha própria crença na existência de *X*, então *X* de fato existe a partir do meu ponto de vista e, igualmente, ele pode não existir a partir do ponto de vista de uma outra pessoa (que não tem uma crença verdadeira, isto é, útil, a esse respeito). A afirmação de Russell de que James confunde a psicologia com a lógica da questão parece ter alguma justiça aqui. Mas talvez o ponto que James realmente está levantando, de modo bastante confuso, seja que, ao decidir se deve chamar uma ideia de verdadeira ou falsa, o indivíduo ou deve fazê-lo a partir de seu ponto de vista particular acerca daquilo que realmente existe, julgando as ideias como verdadeiras ou falsas conforme elas se relacionem com esse ponto de vista, ou deve fazê-lo internamente a partir do ponto de vista da pessoa a quem as ideias pertencem, e nesse caso ele terá de contá-las como verdadeiras ou falsas levando-se em conta até que ponto elas funcionam bem para aquela pessoa (cf. *MT*, 104-107, 131-132; *MT* e obras relacionadas *passim*).

Quanto a Moore, James claramente sentia por ele tão pouco respeito quanto ele sentia por James. No prefácio ao *Significado da verdade* [*Meaning of Truth*] ele é incluído em uma lista de críticos dentre os quais alguns "me parecem trabalhar sujeitos a uma inabilidade quase patética de compreender a tese que eles procuram refutar" (*MT*, 10).

Pragmatismo e atinência

Deve-se admitir que James frequentemente se expressa sobre o tema da verdade de uma maneira que provoca confusão e que talvez seja ela mesma confusa. Parece-me que isso se deve ao fato de que seu pragmatismo, e em particular sua explicação da verdade, operava para ele como um resumo de alguns temas bastante diversos – não digo necessariamente incompatíveis – de seu pensamento ao longo dos anos (para uma quase admissão desse ponto, ver *MT*, 100).

Os principais dentre estes temas são:

(1) A doutrina da vontade de crer (que nossas razões para a crença podem ser legitimamente escolhidas para se adequarem a nossas necessidades emocionais, quando as considerações cognitivas não forem suficientes para resolver um problema importante).

(2) O aspecto mais logicamente positivista do pragmatismo (que deve haver testes observáveis quanto a se um conceito tem uma aplicação, e que o ponto importante do pensamento sobre questões empíricas é antecipar ou controlar a experiência futura, em vez de corresponder a algo extraexperiencial; ver especialmente *P*, conferências 2 e 3).

(3) Que a verdade é uma característica de estados ou atos mentais, e não de meras "proposições" (*MT*, 154-159; um ponto com o qual Moore e Russell incidentalmente concordavam).

(4) Que nossa consciência do mundo articula a realidade em unidades e padrões particulares que refletem nossos interesses especificamente humanos, em vez de alguma articulação independente da realidade. (Note o quanto Moore mostra-se completamente inconsciente do desafio dessa reflexão, quando ele zomba de James por sugerir que o que causou a Revolução Francesa foram nossas crenças verdadeiras sobre ela agora. Certamente, é simplesmente óbvio que nossas opiniões sobre isso estão fadadas a organizar aquele tempo caótico em *gestalten* ["configurações"] que se adequam a nossos interesses e ideologias particulares.)

(5) Que se a verdade consistisse em representações que fossem meras cópias das coisas do mundo, ela não teria finalidade, a menos que esse copiar servisse a algum propósito, o qual talvez pudesse ser satisfeito por um estilo bastante diferente de representação (*P*, conferência 5).

(6) Uma visão sobre a relação entre o pensamento e seu objeto, que discutiremos mais adiante.

Como resultado, o pragmatismo é apresentado de diferentes maneiras conforme o tema presentemente dominante na mente de James. Até que ponto essas maneiras podem ser a base de ligação de uma única doutrina coerente é uma questão difícil que não considerarei aqui. Evitarei também a interessante questão de como a concepção pragmática de verdade se relaciona com o pragmatismo como um todo. A afirmação de James de que ela é simplesmente uma entre muitas aplicações da maneira pragmática de analisar conceitos é bastante insatisfatória (*P**, 198-201). De fato, examinarei apenas a influência do sexto tema na interpretação do pragmatismo, apresentando assim, sem dúvida, uma explicação um tanto desequilibrada. No entanto, temos a palavra do próprio James para confirmar que uma das principais fontes da concepção pragmática de verdade foi sua reflexão sobre o problema de como o pensamento se relaciona com o objeto ao qual ele se refere (ver *MT*, 32).

Nós vimos como, em sua resposta formal a Russell, James parece quase disposto a admitir que a crença de que algo existe pode ser verdadeira mesmo que esse algo não exista (o que certamente seria suficiente para refutar o pragmatismo). Em outros lugares, contudo, ele rejeita claramente qualquer ideia desse tipo. "A verdade é essencialmente uma relação entre duas coisas, uma ideia, por um lado, e uma realidade fora da ideia, por outro" (ver também *MT*, capítulos 9 e 10). Como veremos, na medida em que o pragmatismo é concebido em relação com esse sexto tema, James tinha uma boa razão para fazê-lo.

Esse tema é de um interesse peculiar no contexto das correntes discussões acerca do "conteúdo mental" – acerca do que constitui o fato de que um certo pensamento tem uma certa finalidade, quando alguém tem esse pensamento com essa finalidade. Dois tipos de posição são normalmente contrastadas no que diz respeito a essa questão, embora haja várias posições intermediárias. A primeira, a visão internalista, sustenta que o que faz de um pensamento (ou crença) da parte de alguém um pensamento (ou crença) com um certa finalidade é inteiramente uma questão do caráter daquilo que está literal ou metafisicamente ocorrendo no interior dessa pessoa. Já o externalista sustenta que o estado interno, que de algum modo constitui seu pensamento (embora ele deva sem dúvida possuir uma certa estrutura para ser um pensamento do tipo relevante), só é um pensamento com uma certa finalidade definida em virtude da maneira como se relaciona com os estados de coisas que se encontram fora dele.[3]

As discussões são mais frequentemente conduzidas por filósofos de tendências materialistas, de modo que para eles a questão é se alguém está tendo pensamentos com uma certa finalidade em virtude de algum caráter holístico de seus estados cerebrais presentes (talvez tomados em conjunto com alguns estados passados) ou se seus estados cerebrais só são pensamentos com uma certa finalidade em virtude de como eles (ou seus

---

[3] As discussões relevantes incluem Burge, 1979; Burge, 1986; Davies, 1991/92; Evans, 1982; Fodor, 1992; Petit e McDowell, 1986; Millikan, 1984; Putnam, 1975, 1981; Rey, 1992.

constituintes) foram causados por ou causam estados de coisas no mundo exterior. James certamente teria rejeitado essa inclinação materialista sobre a questão. Contudo, se desconsiderarmos o aspecto materialista sob o qual o debate sobre o internalismo e o externalismo normalmente se apresenta hoje em dia, podemos tomá-lo como uma disputa sobre em que medida aquilo que está estritamente ocorrendo no fluxo de consciência de um pensador estabelece aquilo que ele está pensando, e em que medida isso é uma questão de como aquilo que está ocorrendo ali se relaciona com algo que está fora do estado subjetivo desse pensador. Se colocamos o problema dessa maneira, podemos ver que James, em suas lutas com a atinência do pensamento, tinha uma forte tendência a se mover em uma direção externalista.

Para apreciar como isso ocorreu, é importante perceber o enorme impacto produzido por um argumento em favor do idealismo absoluto proposto por seu colega Josiah Royce (Royce, 1885, capítulos 9 e 11) sobre a visão de James acerca da relação entre o pensamento e seu objeto.

A prova do absoluto de Royce

Royce parte da inegável existência de algo como o erro (algo sobre o qual não podemos estar errados, pois se pensamos que ele existe, então ele existe, seja porque estamos certos, seja porque estamos errados). Mas o erro exige que uma ideia em nossa mente seja aplicada a algo que não está em nossa mente e que não responde realmente àquela ideia. Isso mostra, argumenta ele, que o objeto de uma ideia não é determinado pela forma como a ideia caracteriza o objeto, pois, se assim fosse, ou nossas ideias não se aplicariam a nada, ou se aplicariam apenas àquilo que elas corretamente caracterizam. Colocado de outro modo, se o conteúdo imediato de um ato mental é o único determinante do objeto desse ato, então ele não pode ter um objeto que seja discordante daquele conteúdo.

Royce então aponta que a questão seria diferente se a ideia e seu objeto fossem ambos componentes do mesmo estado total de consciência. Pois então o visamento do objeto pela experiência poderia ser uma experiência realmente vivida. Assim, posso concentrar minha atenção em alguma experiência sensorial, notar sua qualidade e brincar com a ideia de ela ter uma outra qualidade, incompatível com a primeira. Tal visamento é portanto algo que podemos compreender por meio de uma experiência direta que temos dele.

Segue-se que o mistério de como uma de nossas ideias pode referir-se a um objeto que ela caracteriza erroneamente é resolvido (e Royce afirma que ele não pode sê-lo de outro modo) se supomos que ambos, a ideia e seu objeto, apesar de não estarem juntamente presentes em nossa experiência, são copresentes em uma consciência mais inclusiva, que vincula deliberadamente um ao outro. Evidentemente, essa consciência mais inclusiva teria plena consciência de se a ideia caracterizou ou não caracterizou corretamente seu objeto. Mas se ela fosse articulada em consciências menores, cada qual incluindo apenas parte de seu conteúdo total, então algumas destas poderiam ser ideias de coisas que elas caracterizam erroneamente, pois, embora as ideias caiam dentro de seu escopo, o visamento delas em relação a seus objetos não o faz. Essa, argumenta Royce, é nossa situação quando nos encontramos em estado de erro.

Pode-se sugerir que uma explicação menos mirabolante seja a de que podemos identificar algo por meio de uma caracterização que só se aplica a esse algo, mas que deixa muito em aberto para ser erroneamente caracterizado por pensamentos concomitantes a respeito desse algo (seguindo essencialmente a linha da teoria das descrições de Russell). Compreensivelmente, Royce não tem muita consciência de tal objeção; mas é suficientemente claro que sua resposta seria que isso não explicaria como nossas ideias podem visar alguma realidade que esteja além de nossa própria consciência, em vez de visar apenas seus conteúdos presentes.[4] E talvez essa resposta devesse inspirar mais simpatia do que o fez quando a teoria das descrições de Russell, ou algo bastante similar, foi amplamente aceita como uma explicação adequada de como podemos ter pensamentos sobre coisas particulares que estão fora de nossos estados subjetivos. Pois há uma

---

[4] E Royce pensa, de fato, que todo pensamento deve ter essa característica *de re* ['da coisa'] (ver Royce, 1965, 395-396 e *passim*).

crença amplamente difundida de que o conteúdo do meu pensamento não é apenas uma questão de o que está ocorrendo "na minha cabeça", mas é determinado também por aquilo que se encontra além. Essa relação é normalmente interpretada de modo "externalista", como uma relação causal ou comportamental, mas muitos de nós sentem que, de algum modo, o caráter distintamente mental da atinência do pensamento é perdido em tais explicações. A explicação de Royce se dá melhor aqui, uma vez que para ela a relação do pensamento para com seu objeto é um tipo distintamente mental de direcionamento por parte do Absoluto.

Até aqui, a única coisa que foi mostrada, em nossa exposição de Royce, é que o fato de que eu às vezes me encontro em estado de erro só pode ser explicado por meio do postulado de uma consciência mais ampla, da qual a minha é um fragmento, e não que essa consciência mais ampla é uma consciência universal apta a ser chamada de Deus ou Absoluto. No entanto, essa conclusão segue-se quando percebemos que é possível para mim pensar erroneamente sobre o cosmo como um todo, e isso mostra que minha consciência deve ser parte de uma consciência "infinita" que inclui todo o cosmo.

Pode-se objetar que a explicação de Royce deixa escapar qualquer atinência genuína do meu pensamento, tanto quanto aquelas explicações de tipo meramente causal ou comportamental o fazem, uma vez que aquilo que ocorre fora da minha consciência, mesmo que seja um evento mental genuíno da parte do Absoluto, dificilmente pode afetar aquilo que estou pessoalmente buscando caracterizar por meio da minha ideia. Para Royce, contudo, nas profundezas de minha mente eu sou de algum modo uno com o Absoluto; então sou eu mesmo, em certo sentido, que viso o objeto que minha ideia representa erroneamente.

Mas por que o Absoluto deveria jogar esse estranho jogo de criar tais crenças dentro das mentes finitas que ele inclui, quando sabe que elas são errôneas? Para Royce, esse problema é unido ao problema de por que o Absoluto produz todo tipo de males em seu próprio interior. A resposta não pode ser porque o Absoluto é mal, pois o mal é o produto de uma vontade que batalha de modo vão com outras vontades, uma batalha para a qual aquilo que inclui e cria toda a volição no interior de si próprio não pode ter nenhuma causa. A resposta só pode ser que os maiores bens que existem são a superação gradual do erro e do mal naquela história total do cosmo que o Absoluto experiencia como, por assim dizer, um presente especioso eterno.

A disputa entre James e Royce

O que quer que o leitor pense do argumento de Royce, James certamente foi profundamente impressionado por ele e durante muitos anos inclinou-se a pensar, muito contra a sua vontade, que Royce havia provado a existência de seu Absoluto. No entanto, ao final ele pensava ter escapado ao oferecer uma explicação alternativa, mais naturalista, de como o pensamento se relaciona com seu objeto, ou, como colocava ele, de como um pensamento pode conhecer ou intencionar um certo objeto real. A alternativa de James foi exposta, em seus termos essenciais, em 1885, em um artigo intitulado "A função da cognição" ["The Function of Cognition"]. Ele a descreveu como uma explicação razoável a partir de um "ponto de vista prático e psicológico", mesmo que não chegasse ao fundo da questão vista de uma perspectiva mais filosófica ou "transcendental" (*MT*, 23n).

A alegação essencial do artigo é que se alguém conhece algo por meio de imagens pictóricas, o que faz da imagem um conhecimento *daquela coisa em particular* não é apenas que ela se assemelha à coisa (pois ela pode assemelhar-se a todo tipo de coisas com as quais não tem nada a ver), mas também que ela permite, de algum modo, que aquela pessoa opere sobre aquele objeto. Uma relação semelhante liga um percepto àquilo de que ele é um percepto, ao passo que o conhecimento que toma a forma de pensamento verbal se refere aos objetos na medida em que é propenso a nos conduzir a perceptos desses objetos.

Na reimpressão desse artigo em *O significado da verdade* [*The Meaning of Truth*] (1909), James diz corretamente que ele contém as sementes essenciais da explicação pragmática da verdade e da atinência do pensamento (*MT*, 32). De fato, nota ele, o artigo possui algumas deficiências. Há, por exemplo, talvez uma ênfase excessiva sobre a semelhança, ao passo que uma atenção insuficiente é dedicada ao fato de que, se se pretende que a ideia seja verdadeira acerca de seu objeto, as operações sobre esse objeto promovidas pela ideia devem ser satisfatórias de alguma maneira.

Contudo, se revisada de modo apropriado, temos aqui quase a concepção pragmática de verdade. Além disso, apesar de originalmente James a ter considerado simplesmente uma explicação empírica útil, mas filosoficamente inadequada, da relação de conhecimento, ao final ele veio a perceber que ela alcançava o centro da questão (resgatando-o dessa forma do idealismo absoluto).

Devemos dizer que nem neste tratamento inicial nem em seu pragmatismo plenamente realizado James é muito claro acerca da relação entre intencionalidade (isto é, o pensamento ser sobre algo) e verdade, nem sobre como exatamente a falsidade se encaixa em qualquer uma dessas duas noções. (De fato, é um pouco estranho que em sua resposta a um argumento que, da parte de Royce, tomava a existência do *erro* como seu ponto de partida, James quase sempre discuta a relação do pensamento *verdadeiro* com seu objeto, deixando a nós, em grande parte, a tarefa de refletir sobre como isso se relaciona com o erro.) Contudo, o resultado de sua posição evidentemente é este: o conhecimento, ou o pensamento verdadeiro, exige de fato um objeto exterior a si mesmo com o qual ele esteja em concordância (mesmo que, para James enquanto empirista radical, isso possa consistir simplesmente em uma experiência atual ou futura para o próprio indivíduo ou para outros). Mas essa concordância consistia para ele não em algum tipo de cópia, nem em alguma outra forma mal explicada de correspondência, mas no fato de que o pensamento é um evento mental com uma tendência a colocar o indivíduo em relações comportamentais de um tipo útil ou satisfatório com aquele algo, se ele existe e tem um certo caráter. Em contraste, uma ideia será falsa se não existe tal objeto, com o qual ela esteja apta a nos colocar em relações satisfatórias, seja porque não há tal objeto com o qual se possa envolver de uma maneira incitada pela ideia, seja porque o objeto que existe carece das características essenciais exigidas se se pretende que esse envolvimento com ele seja bem-sucedido (ver, por exemplo, *MT*, 51, 80, 91, 104-107, 112, 117-120, 129-131; *ERE**, 197-198). Assim, uma ideia atribui a seu objeto o caráter que ele deverá ter, se se pretende que o comportamento que a ideia incita em relação a ele seja bem sucedido.

Quando percebemos o quanto essa ideia era fundamental para o pragmatismo de James, vemos por que ele era tão pouco impressionado pela objeção de que, segundo sua explicação, a verdade não exigia qualquer tipo de concordância ou correspondência com um objeto real. O que ele negava era que isso consistisse simplesmente no fato de a ideia "copiar" o objeto, ou que isso fosse misterioso demais para uma explicação empírica. Assim, sua explicação da verdade, como sendo o poder de uma ideia de nos conduzir a relações satisfatórias para com seu objeto, é proposta como uma explicação da concordância ou correspondência, em vez de como sua negação (*P**, 198-202, 211). (A opinião aparentemente estranha de James, de que as ideias não verificadas mas verificáveis são verdadeiras apenas em sentido secundário, gira em torno da concepção de concordância com a realidade como uma relação mediada pela atividade, em vez de uma concepção de espelhamento passivo, de modo que uma condução possível a um término fundamenta uma verdade possível, em vez de atual; ver, por exemplo, *MT*, 67-68).

Há de fato um problema aqui quanto ao que constitui a satisfatoriedade ou o sucesso e por quê. James não diz o suficiente a esse respeito, utilizando frases como "vantajoso em quase qualquer sentido" e "a longo prazo" (*P**, 222). O auxílio à sobrevivência (*ERE**, 96) e à procriação são candidatos óbvios, de um ponto de vista darwinista, mas James certamente tem em mente também as experiências que contribuem de modo duradouro para todas as formas de bem-estar (ver Sprigge, 1994, 58-59). E mesmo deixando de lado esse problema em particular, converter as sugestivas ideias de James em uma explicação completa de o que significa uma ideia ter um certo conteúdo proposicional exigiria exatidão acerca de vários temas que James deixa vagos; de fato, até aqui já elaborei bastante a partir de sua posição.[5] Mas as linhas gerais de tal explicação estão expostas.

---

[5] Na verdade, como diz Russell, James tem uma tendência ao reísmo, no sentido de Brentano, por exemplo ao tratar objetos presumidos, em vez de estados de coisas

A crítica de Bradley ao pragmatismo e ao empirismo radical de James

Se as visões de James sobre a atinência foram sua resposta ao maior idealista absoluto americano, Josiah Royce, elas receberam aquela que foi talvez sua crítica mais efetiva do maior idealista absoluto britânico, F. H. Bradley. Bradley havia de fato criticado o pragmatismo de James, Dewey e Schiller de uma maneira que não foi por vezes inteiramente dessemelhante da de Moore e Russell (Bradley, 1914, capítulos 4 e 5), embora a partir de uma perspectiva bastante diferente. Minha presente preocupação é, contudo, com sua crítica à afirmação de James de que aquilo que estou pensando, ou sobre o que estou pensando, pode ser explicado em termos daquilo a que o pensamento conduz ou poderia ter conduzido. (Ver apêndices 2 e 3 ao capítulo 5 de Bradley.)

Bradley tem algumas críticas persuasivas a isso. Assim, ele descreve vários casos em que o pensamento ou conduz a um objeto sem ser sobre ele em qualquer sentido apropriado, ou é sobre algo ao qual não pode possivelmente conduzir – como quando o objeto está no passado. Daí, Bradley conclui que a condução e a atinência não podem, portanto, ser identificadas entre si. De fato, onde qualquer condução minimamente relevante realmente ocorre, é porque essa condução é guiada por um pensamento do objeto ao qual ela está nos conduzindo, de modo que a atinência guia, ao invés de ser, o processo da condução.

De qualquer forma, observa Bradley, há uma ambiguidade na visão de James. Durante boa parte do tempo James trata a relação de condução como explicável em termos que não são retirados da linguagem do pensamento, termos tais como "continuidade sensível" ou "conexão causal". E isso, de fato, implica a visão a que Bradley objeta, de que não há nada em

---

presumidos, como sendo os objetos da crença. Contudo, acho isso algo menos significativo do que pode parecer aos logicamente pedantes (ver Russell, 1986, 194). E o que diria James acerca da distinção entre sentido e referência de Frege? No entanto, não faz sentido torturar a posição de James com fórmulas que lhe são estranhas.

um pensamento, tomado no momento de sua ocorrência real, em virtude do qual ele seja realmente *sobre* qualquer coisa, sendo isto unicamente uma questão de seus efeitos subsequentes.

Contudo, James fala também sobre um sentimento de preenchimento que ocorre conforme a experiência que media entre o pensamento e seu objeto se desenrola. Isso sugere que há algo desde o início acerca do pensamento, que o torna apto a ser preenchido justamente por aquele objeto. Isso, contudo, reconhece tacitamente aquela misteriosa "transcendência" por parte do pensamento, aquele poder de saltar para além de si mesmo, cuja dissipação havia sido apregoada como a grande realização da teoria de James (Bradley, 1914, 154; cf. Pratt, 1909, conferência 4).

Bradley está correto em detectar, se não exatamente uma ambiguidade, então uma tensão entre duas ênfases diferentes. Por um lado, James está ansioso em enfatizar como um pensamento, considerado estritamente no momento em que ocorre, é simplesmente um pedaço "uniforme" de experiência, com nada a seu respeito em virtude de que ele aponte inerentemente para, ou seja sobre, qualquer coisa que não ele próprio. Pois o que o torna um pensamento sobre alguma coisa em particular (e talvez um pensamento visando um certo efeito acerca dessa coisa) não é seu próprio caráter inerente, mas certos "fenômenos *extrínsecos*" (*MT*, 62), a saber, que ele nos conduz (ou pelo menos o teria feito contrafactualmente, sob certas condições) a um encontro com aquilo sobre o qual, portanto, ele é (*ERE**, 57-58, 67-76):

> Sempre que certos intermediários são dados, de modo que, conforme se desenvolvem rumo a seu término, há experiência de ponto a ponto em uma direção seguida, e finalmente um processo é preenchido, o resultado é que *o ponto de partida* [daqueles intermediários] *torna-se um conhecedor, e seu término um objeto significado* ou *conhecido*. Essa é a única maneira como o conhecer (no caso simples considerado) pode ser conhecido, [a maneira] que é o todo de sua natureza, colocada em termos experienciais. Sempre que a sequência de nossas experiências é assim, podemos dizer livremente que tínhamos o objeto terminal "em mente" desde o início, mesmo embora *no* início nada estivesse em nós exceto um pedaço uniforme de experiência substantiva como qualquer outro, sem nenhuma auto-

transcendência em si próprio e nenhum mistério salvo o mistério de vir à existência e de ser gradualmente seguido por outros lugares de experiência substantiva, entremeados de experiências conjuntivas transicionais. Isso é o que *entendemos* aqui ao dizer que temos o objeto "em mente". Não temos nenhuma noção positiva de alguma maneira mais real de estar em mente e não temos nenhum direito de desacreditar nossa experiência real ao falarmos sobre tal maneira (*ERE**, 57-58)

Assim, "não há nenhuma autotranscendência em nossas imagens mentais [daquilo sobre o qual estamos pensando], *tomando-as*... e [seu] ato de apontar [para aquilo do qual elas são] como uma operação tão exterior e adventícia quanto qualquer uma que a natureza produz" (*MT*, 34).

Por outro lado, embora estas descrições tenham um tom completamente "externalista", elas tendem a aparecer junto com expressões tais como sentimentos de "intenção não satisfeita" (*ERE**, 56) ou de uma "franja" de sentimentos de tendência mais ou menos definida (*ERE**, 71; *PU**, 283, ecoando *PP**, 1:258-259), sugerindo a ideia mais "internalista" de que, afinal, *um pensamento* e *o objeto sobre o qual ele* é, em virtude de seu poder de nos conduzir a ele, têm uma certa adequação intrínseca, que explica por que um é experienciado, quando dado diretamente na percepção, como o preenchimento do outro. Isso provavelmente influenciou a fala de Husserl acerca do preenchimento intuitivo (Husserl, 1970, Investigação 6 §1).

As duas ênfases contrastantes se juntam nitidamente na nota seguinte:

Uma pedra em um campo pode "encaixar-se", digamos, em um buraco em outro campo. Mas a relação de "encaixamento", enquanto ninguém carrega a pedra até o buraco e a derruba ali dentro, é somente um nome para o fato de que tal ato *pode* acontecer. Algo similar ocorre com o conhecimento dos tigres [que estão na Índia, e sobre os quais posso pensar quando estou em Harvard] aqui e agora. Ele é somente um nome antecipatório para um processo associativo e terminativo ulterior, que *pode* ocorrer (*MT*, 34n2).

Isso nos recorda a descrição, nos *Princípios* (*PP**, 1:251), da diferença entre a lacuna mental presente em nossa consciência quando esquecemos um nome e quando esquecemos outro; em cada caso, há uma lacuna de "formato" diferente que só pode ser preenchida pelo nome que estamos tentando lembrar no momento. No entanto, ali isso era uma questão da adequação intrínseca entre algo *esquecido* e nosso estado mental presente, ao passo que aqui a adequação (cujo importância James deprecia, de qualquer modo) é entre nosso estado mental presente e aquilo que presentemente *conhecemos*!

Talvez sua visão mais estável seja esta: quando uma ideia desencadeia uma série de atividades experiencialmente vividas (ou o teria feito, se lhe tivesse sido dada a oportunidade), culminando em uma experiência de seu objeto, cada momento subsequente da série tem um caráter que permite que ele seja sentido como aquilo que foi prefigurado, mesmo que pelas "franjas" dos anteriores (e, em casos paradigmáticos, também – e especialmente – pela ideia desencadeadora), apesar de que momentos levemente diferentes também teriam permitido isso da mesma maneira. Contudo, no que diz respeito ao caráter inerente da ideia, cada uma dentre várias outras séries desse tipo, cada qual com um diferente objeto em seu término, poderia ter sido iniciada pela ideia (ou teria sido iniciada, se tivéssemos seguido suas instigações), e nesse caso aquela teria sido, por sua vez, uma ideia daquele outro objeto.

James e nosso externalismo contemporâneo acerca do conteúdo mental

É evidente que boa parte do que James diz sobre a atinência do pensamento é bastante similar às concepções externalistas modernas acerca do conteúdo mental. Ele está, de fato, buscando um substituto mais naturalista para o que Hilary Putnam chama de "teorias mágicas de referência" e, com efeito, de *sentido* também. Em suma, ele parece ter antecipado a visão dessas concepções de que uma investigação fenomenológica do pensamento, do significado e da referência é mal-orientada e que o pensamento deve ser relacionado a seus objetos por meio de nossas relações físicas e comportamentais concretas para com eles (Putnam, 1981, 3-5, 17-21).

Certamente essa afinidade existe. Por outro lado, há também diferenças notáveis entre a explicação de James e a da maioria de nossos externalistas contemporâneos que aderem a essa posição.

Primeiro, James certamente não é um materialista. É o mundo físico que deve ser concebido através de conceitos cuja aplicação mais óbvia é àquilo que é comumente chamado "experiência subjetiva", e não esta última que deve ser explicada em termos mais obviamente aplicáveis ao primeiro. James é, até certo ponto, um reducionista acerca da intencionalidade (*MT*, 34-35), mas não acerca da "experiência vivida".

Segundo, como vimos, ele também se esforça para diminuir a pura externalidade da relação entre o pensamento e seu objeto, sustentando que, em casos paradigmáticos, o sujeito da experiência realmente experiencia o processo mediante o qual o pensamento original conduz a seu objeto. Esse processo é frequentemente descrito em termos de comportamento, mas é evidente que o comportamento é aquilo que os fenomenologistas chamam "comportamento vivido", em vez do mero movimento físico teleologicamente explicável. James insiste que a atinência é intraexperiencial, mas não "saltatória" (*MT*, 79-80).[6]

Penso que há dificuldades nisso, porque se alguém sustenta, como pode ter aprendido a fazer através do próprio James, que tudo o que a pessoa realmente experiencia é aquilo que cai no interior de um presente especioso, então parece que ela não experiencia genuinamente essa condução, mesmo que ela consista em uma série de experiências da própria pessoa.

Terceiro, a tendência dos externalistas modernos é explicar a referência e o conteúdo de um pensamento por meio da *causação* do processo interior que é o ser ocorrente desse pensamento. James, por contraste, concebe a relação como sendo do pensamento para o comportamento *resultante* (ex-

---

[6] "Agora, a maneira mais geral de contrastar minha visão do conhecimento com a visão popular... é chamar minha visão de ambulatória, e a outra visão de saltatória... Digo que conhecemos um objeto por meio de uma ideia, sempre que ambulamos rumo ao objeto, sob o impulso que a ideia comunica" (MT, 79-80). James realmente esquece que às vezes o benefício derivado do conhecimento de um objeto é alertar--nos para evitar qualquer contato com ele!

perienciado), colocando-nos em contato perceptual com seu objeto. (Isso coloca uma dificuldade para ele, quando o objeto do meu pensamento se encontra inteiramente no passado. Sua resposta bastante vaga é que um pensamento pode ser sobre algo ao ser capaz de nos conduzir não a esse algo, mas a seus efeitos ou associados; ver, por exemplo, *P**, 214-215; *MT*, 75, 121.)

Quarto, os externalistas modernos tendem a considerar a explicação externalista das coisas como se aplicando não apenas ao "pensamento" ou à "crença", mas também à percepção (ver Davies, 1991/1992). Isto é, a ocorrência interna que é minha percepção de um objeto é assim porque é causada pelo objeto, e não por causa de seu próprio caráter inerente. A opacidade do mundo para o pensamento, sugerida pelo externalismo, vale também para a percepção, conforme seus proponentes normalmente a entendem. Para James, no entanto, há uma grande diferença entre a relação do pensamento e a da percepção para com seu objeto. O primeiro tem seu sentido e referência em virtude de seu poder de conduzir à consciência perceptual do objeto (sendo que isso cobre todos os tipos de experiências de encontro direto com ele). A segunda, por contraste, é um tipo de fusão do fluxo de consciência de alguém com o fluxo de existência do objeto percebido, de modo que seu próprio ser é de algum modo uma presença imediata tal que os objetos meramente pensados não podem ter (*MT*, 87). (Devo omitir o fato de que James às vezes abandona também o externalismo acerca do pensamento, com a sugestão de que o objeto deste está similarmente contido nele. Ver *ERE**, 17-22.)

Em todos estes pontos, parece-me que James tem a vantagem. Filósofos como Hilary Putnam dizem que a intencionalidade de nossos pensamentos não é uma característica que possa ser acessada pela introspecção. Mas parece que a maneira como nossos pensamentos se ligam a objetos, através de nossas transações comportamentais com eles, seria igualmente opaca à nossa consciência, se nossa experiência desses objetos consistisse apenas em eventos mentais ou cerebrais cuja característica de se referir *a* eles fosse meramente uma maneira particular de ser causada por eles.

Indo além do pragmatismo com James

É uma estranheza de James, como um pragmatista que se opunha a uma teoria de "cópia" da verdade, que se alguma vez houve um filósofo que quis que a realidade lhe fosse revelada de maneira mais íntima que a da mera interação efetiva com ela, esse filósofo foi o próprio James. As seguintes reflexões podem lançar alguma luz sobre isso.

(1) Vale a pena insistir novamente que a explicação pragmática da referência e da verdade se preocupa apenas com como o *pensamento* se relaciona com seu objeto e não pretende explicar como a experiência perceptual o faz. Pois, à luz de seu empirismo radical (segundo o qual a realidade consiste em nada além de experiência), James havia tentado elaborar uma visão segundo a qual, na percepção e em qualquer experiência de lidar diretamente com as coisas, nós não temos meramente pensamentos verdadeiros sobre um objeto que permanece fora de nossas mentes, mas, em vez disso, por assim dizer, absorvemos de tal modo o objeto que ele se torna um componente de nosso próprio estado mental (*MT*, 35-36, 73-74; *ERE**, 10-15, 197).

Às vezes essa ideia parece ser proposta de modo basicamente fenomenalista. Desse ponto de vista, o objeto é um sistema de experiências possíveis, e quando o percebemos estas possibilidades são atualizadas estritamente no interior de nossa experiência. Outras vezes é sugerido, em vez disso, que o dado sensível que ocorre em meu fluxo de experiência, quando percebo algo, é um visitante temporário ali, vindo de um mundo mais amplo no qual fluxos de dados sensíveis, ou *sensibilia* (como Russell os chamou ao promover uma visão similar), desenvolvem-se e interagem uns com os outros segundo as leis da natureza física, ao passo que, quando adentram nossos fluxos pessoais de experiência, eles são capturados também em processos governados, por sua vez, por leis psicológicas especiais.

(2) James, contudo, nunca se satisfez completamente com visões desse tipo, a não ser, talvez, como uma explicação de como as coisas normalmente parecem ser (*MT*, 35-36, 73). E ele avançou para uma posição metafisicamente mais radical, de caráter panpsiquista (ver, por exemplo, *SPP**, 218-219). Segunda essa visão, os objetos físicos, na medida em que existem independen-

temente de nós, de fato consistem em fluxos de experiência, mas estes fluxos são na verdade a própria maneira de eles experienciarem a si próprios, em vez de uma série de dados sensíveis tais como os experienciamos ao percebê-los.

O problema é que essa visão panpsiquista parece incompatível com a ideia, da qual James era tão enamorado, de que na percepção o próprio objeto é um ingrediente de nosso fluxo de consciência. Pois nossa perspectiva perceptual pessoal acerca de um objeto dificilmente pode ser parte daquele fluxo de experiência que é o ser interior do próprio objeto.

(3) Para responder a isso James tem duas propostas principais: primeiro, podemos pelo menos estar à beira de nos fundirmos com o objeto na percepção, de modo que mesmo que ele não adentre realmente nossa experiência, ele está a uma polegada de fazê-lo (*MT*, 87-88; *ERE**, 73, 199-202). Segundo, podemos sentir imaginativamente algo da natureza interior do objeto, mediante a extrapolação a partir de nossa própria experiência.

Acho que isso leva àquilo que é, com efeito, uma forte restrição da concepção pragmática de verdade como consistindo em ideias que funcionam. Pois James parece sustentar, ao final, que há dois tipos diferentes de ideia verdadeira. A verdade das ideias de um tipo discursivo conceitual é aquela das ferramentas "esplendidamente úteis" para lidar com uma realidade que permanece opaca. No entanto, algumas ideias são verdadeiras de modo mais profundo, dirigindo-nos à realidade em seu caráter verdadeiro conforme a vivemos ou podemos imaginá-la empaticamente. A primeira é a verdade do tipo ordinário cotidiano, a segunda é um tipo mais profundo de verdade, que deveria ser a base de uma metafísica última.

Parece-me que essa visão se aproxima de um abandono da explicação pragmática da verdade no caso da metafísica, tratando-a apenas como uma teoria da verdade cotidiana e científica.[7] Mas é difícil dizer até que ponto Ja-

---

[7] Isso seria algo aparentado à distinção de Santayana entre conhecimento simbólico e literal, sendo o primeiro uma ferramenta, e o segundo uma revelação. Embora Santayana tenha criticado James em termos frequentemente similares aos de Moore e Russell, ele percebeu, pelo menos em 1908/09, na medida em que o pragmatismo era acima de tudo uma teoria da referência (Santayana, 1920, 158-160), uma teoria que de fato era ecoada na explicação da intencionalidade proposta por ele próprio (Santayana, 1923, 172-177).

mes teria aceitado essa maneira de colocar as coisas. O pragmatismo é sempre apresentado como uma forma de empirismo, e é também o empirismo que o leva à visão de que os conceitos, sendo estáticos e nitidamente limitados, não podem fazer justiça à fluidez móvel da experiência pura em que consiste a realidade (*PU**, 290-293; *SPP**, 78-96, 147; 189-219; *EPh*, 152-155).

Bergson (muito próximo de James em tais questões) talvez tenha enunciado isso melhor em sua introdução à tradução francesa do *Pragmatismo*. Ali ele diz:

> A definição que James dá da verdade é una com sua concepção da realidade. Se a realidade não é aquele universo econômico e sistemático que nossa lógica gosta de representar, se ela não é sustentada no interior de uma estrutura intelectual, a verdade de ordem intelectual é uma invenção humana cuja função é utilizar a realidade, ao invés de nos apresentar a ela. E se a realidade não forma uma totalidade, se ela é múltipla e móvel, composta de correntes entrecruzadas, a verdade que nasce de uma participação direta em uma destas correntes – a verdade sentida antes de ser concebida – é mais capaz do que a verdade, que é simplesmente pensada, de se apoderar e armazenar a própria realidade (Bergson, 1959, 1449).

8 Princípios lógicos e atitudes filosóficas: A resposta de Peirce ao pragmatismo de James

CHRISTOPHER HOOKWAY

INTRODUÇÃO: DOIS PRAGMATISTAS

William James foi generoso no reconhecimento de sua dívida para com seu colega pragmatista Charles Sanders Peirce. Além de dedicar *A vontade de crer* [*The Will to Believe*] a seu "velho amigo... a cujo companheirismo filosófico nos velhos tempos e a cujos escritos nos anos mais recentes eu devo mais estímulo e ajuda do que posso expressar ou retribuir", ele enfatizou o papel de Peirce no nascimento do pragmatismo, na segunda conferência de *Pragmatismo: um novo nome para velhos modos de pensar* [*Pragmatism: A New Name for some Old Ways of Thinking*]. Observando que a palavra "pragmatismo" deriva da palavra grega para ação, da qual vêm nossas palavras "prática" e "prático", ele notou que ela foi "introduzida pela primeira vez na filosofia pelo Sr. Charles Sanders Peirce em 1878" (*P*, 28).[1] Em um aspecto, a memória lhe faltou: Peirce não usou a palavra na forma impressa, nos artigos aos quais James se referiu – ele não usou a palavra na forma impressa (nem, de fato, em seus manuscritos) até depois de James tê-lo feito. Mas as visões expressas nos escritos de Peirce de 1878 haviam sido apresentadas e discutidas em um "Clube Metafísico"

---

[1] Em 1905, Peirce de fato distinguiu seu pragmaticismo do "praticalismo". Seu ponto era rejeitar a doutrina kantiana de que as ideias da razão prática têm um papel regulativo no discurso científico ou teórico. Os únicos conceitos usados na ciência, insistia ele, eram aqueles que ocorriam no que Kant chamou de "crenças pragmáticas", aquelas que dizem respeito à antecipação do curso futuro da experiência (*CP*, 5.412). Tal rejeição do "praticalismo" não precisa conflitar com essa afirmação jamesiana.

cujas reuniões regulares eram frequentadas por ambos. Posteriormente, Peirce recordou:

> Em 1871, em um Clube Metafísico em Cambridge, Massachusetts, eu costumava pregar esse princípio como um tipo de evangelho lógico, representando o método não formulado seguido por Berkeley, e em uma conversa a esse respeito eu o chamei de "Pragmatismo". Em dezembro [novembro] de 1877 e janeiro de 1878 eu expus a doutrina na *Popular Science Monthly*[2] (*CP*, 6.482)[3].

Embora essas reuniões tenham testemunhado o nascimento da "tradição" pragmatista, a obra dos dois companheiros filosóficos conduziram-na em direções bastante diferentes: Peirce observou famosamente que James levou sua doutrina compartilhada "a extremos tais que tendem a nos fazer hesitar" (*CP*, 5.2). Alguns sustentam que James corrompeu o pragmatismo "peirceano" puro (posteriormente chamado "pragmaticismo" para distingui-lo de outras versões da doutrina), impedindo consequentemente o progresso filosófico; outros, como Richard Rorty, encontram na obra de James uma decisiva ruptura pragmatista com as preocupações filosóficas tradicionais que continuaram a dominar o pensamento de Peirce.[4]

Uma comparação cuidadosa destes dois "pragmatismos" contribuirá para a compreensão de ambos os pensadores, e para uma apreciação da importância filosófica do "pragmatismo". Muitas tentativas de formular a diferença – dizendo, por exemplo, que James transformou a teoria do

---

[2] Embora Peirce pareça confiante acerca de seu papel na origem do pragmatismo, sua carta de 1900 a James solicitando auxílio com esse verbete para o dicionário de Baldwin pergunta: "Quem deu origem à palavra *pragmatismo*, eu ou você? Onde ela apareceu pela primeira vez em forma impressa?". A resposta de James reconhecia que esse fora um termo de Peirce (*CP*, 8.253).

[3] As referências a *The Collected Papers of Charles Sanders Peirce* [*Escritos reunidos de Charles Sanders Peirce*] são todas dadas nessa forma padrão. *CP*, 6.482 refere-se à seção numerada 482 do volume 6.

[4] Ver sua sugestão de que Peirce não contribuiu para o pragmatismo com mais do que um nome em Rorty, 1982, 161.

significado de Peirce em uma teoria da *verdade* – são menos úteis do que parecem à primeira vista. Minha estratégia neste ensaio será a de começar examinando alguns dos comentários de Peirce sobre o uso do pragmatismo por parte de James, em uma tentativa de identificar exatamente onde e por que James corrigiu a doutrina de seu amigo.

Embora Peirce seja normalmente descrito como rejeitando o pragmatismo de James, sua atitude era na verdade bastante ambivalente. James forneceu um enunciado de sua doutrina para o verbete de Peirce sobre o pragmatismo no *Dicionário de Filosofia e Psicologia* de Baldwin. Esse enunciado definia o pragmatismo como uma filosofia que afirma que "todo o significado de um conceito se expressa ou na forma da conduta a ser recomendada ou na da experiência a ser esperada". Peirce notou que "entre essa definição e a minha certamente parece haver uma divergência teórica que não é pequena, mas que em sua maior parte torna-se evanescente na prática" (*CP*, 5.466). E, em outra passagem que critica as afirmações de James acerca do conteúdo de seu pragmatismo, Peirce novamente conclui que "praticamente, a visão dele e a minha devem, penso eu, coincidir, exceto quanto ele permite que considerações que não são de todo pragmáticas tenham peso" (*CP*, 5.494). Então Peirce parece ter acreditado, ao mesmo tempo, que a versão do pragmatismo de James era técnica e teoricamente defeituosa, mas que "na prática" as duas versões provavelmente seriam muito próximas. Um comentário sugestivo é encontrado na seguinte passagem: "Sou inclinado a pensar que as discrepâncias residem em outro lugar que não os ingredientes pragmatistas de nosso pensamento. Se nunca se tivesse ouvido falar no pragmatismo, creio que as opiniões de James, de um lado, e as minhas, do outro, teriam se desenvolvido substancialmente como o fizeram, não obstante nossa respectiva conexão delas no presente com nossa concepção daquele método" (*CP*, 5.466).

Deixem-me notar um ponto adicional de convergência (que pode ilustrar a afirmação feita nesse comentário). Em pelo menos duas ocasiões, Peirce reconheceu que seu pragmatismo era intimamente ligado ao "empirismo radical" de James. Em 1903, ele se autointitulou um "pragmatista ou empirista radical" (*CP*, 7.617) e, dois anos depois, ele atribuiu o endosso do pragmatismo por parte de James a um reconhecimento de que "seu empirismo radical correspondia substancialmente à definição de pragmatismo do autor [Peirce], embora com uma certa diferença no ponto de vista" (*CP*, 5.414). Se Peirce era favorável ao empirismo radical e enxergava-o como ligado de modo extremamente íntimo ao pragmatismo, devemos comparar isso com a insistência de James (na introdução ao *Pragmatismo*) de que "não há nenhuma conexão lógica entre o pragmatismo, conforme o entendo, e uma doutrina que recentemente expus como 'empirismo radical'. Esta última se ergue sobre seus próprios pés. Alguém pode rejeitá-la inteiramente e ainda ser um pragmatista" (*P*, 6). Nas seções finais deste artigo, oferecerei alguns comentários sobre esse assunto.

Formulações: Princípio lógico
VERSUS atitude filosófica

Peirce apresentava seu pragmatismo como uma regra ou método para esclarecer ideias e conceitos. Ele introduziu a doutrina, sem utilizar o nome, em "Como tornar claras nossas ideias" (1878). Ali ela recebeu essa formulação clássica: "Considerem-se quais efeitos, os quais podem concebivelmente ter consequências práticas, concebemos decorrer do objeto de nossa concepção. Então, nossa concepção destes efeitos é toda a concepção que temos do objeto" (*CP*, 5.402). Ilustrando sua doutrina, Peirce esclarece o significado que temos em mente ao dizermos que uma coisa é *dura*. "Evidentemente é que ela não será riscada por muitas outras substâncias; toda a concepção dessa qualidade, assim como de toda outra, encontra-se em seus efeitos concebidos" (*CP*, 5.403).[5] Em geral, esclarecemos uma proposição ao listarmos as consequências experienciais que esperamos que nossas ações tenham se a proposição for verdadeira. Como ele notou posteriormente, isso reflete a visão que um experimentalista tem da verdade e da investigação (*CP*, 4.411). Aplicando a regra a conceitos e proposições da metafísica *a priori*, ele conclui que estas são vazias; elas não têm nenhum

---

[5] Uma discussão mais detalhada do pragmatismo de Peirce, com exemplos adicionais, encontra-se em Hookway, 1985, capítulo 8.

significado cognitivo "intelectual" de todo. Aludindo a essa formulação, James atribuiu a Peirce a visão de que "para desenvolvermos o significado de um pensamento, precisamos apenas determinar que conduta ele está apto a produzir: aquela conduta é para nós toda sua significação" (*P*, 29). Ele continua:

> E o fato tangível na raiz de todas as nossas distinções de pensamento, não importando quão sutis, é que não há nenhuma delas que seja tão fina a ponto de consistir em qualquer coisa que não seja uma possível diferença de prática. Para alcançarmos uma perfeita clareza em nossos pensamentos de um objeto, então, precisamos apenas considerar quais efeitos concebíveis de um tipo prático o objeto pode envolver – que sensações devemos esperar dele e que reações devemos preparar (*P*, 29).

Fazendo eco de Peirce, James conclui: "Nossa concepção desses efeitos, sejam eles imediatos ou remotos, é então para nós o todo de nossa concepção do objeto, até onde a concepção tem de todo uma significação positiva". Até aqui, as diferenças parecem pequenas: cada um deles oferece uma regra para esclarecer nossos pensamentos e cada um busca o esclarecimento examinando como a aceitação do pensamento modificaria nossos planos e expectativas práticas.

Vemos que há diferenças mais substanciais sob a superfície quando James elogia o "pragmatismo" por seu "anti-intelectualismo", enfatizando suas ligações com o nominalismo (na importância que este atribui aos particulares) e com o utilitarismo (na importância que este dá aos fatores práticos), e identifica-o com uma atitude filosófica distinta:

> *A atitude de desviar o olhar das coisas primeiras, dos princípios, das "categorias", e das supostas necessidades; e de voltar o olhar para as coisas últimas, para os frutos, consequências e fatos* (*P*, 32; ênfase presente no original).

Peirce, que repudiava o "nominalismo" como a fonte de todo o erro filosófico, que via um sistema de categorias como fundamental para sua filosofia e que pensava que a ciência deveria ser fundamentada através de um sistema de arquitetônica filosófica, ficaria supostamente estarrecido com essa perspectiva filosófica. Peirce via seu pragmatismo como parte de um sistema filosófico que era realista em sua orientação, e que baseava a filosofia em um sistema de categorias; James abraçava seu pragmatismo como um meio de superar essa concepção de filosofia.

A evidência de que essa foi a reação de Peirce é fácil de encontrar. Ele descreveu seu pragmatismo como uma "doutrina lógica" e uma "teoria de análise lógica" (*CP*, 6.490), afirmando que o considerara nos anos 1870 "um tipo de evangelho lógico" (*CP*, 6.482). "Como tornar claras nossas ideias", o ensaio no qual ele foi publicado, pertencia a uma série de "Ilustrações da lógica da Ciência": o pragmatismo era apresentado como uma regra metodológica, possibilitando-nos esclarecer palavras difíceis e conceitos abstratos a fim de podermos investigar de modo responsável e reflexivo a verdade das teorias que os incorporam. Comentando a respeito de desenvolvimentos posteriores do pragmatismo, ele notou que "muito poucas pessoas se importam com a lógica" e observou que a doutrina recebeu pouca atenção até que James "remodelou o assunto e o metamorfoseou em uma doutrina de filosofia, algumas partes da qual eu aprovava bastante, enquanto considerava, e ainda considero, outras partes mais proeminentes como opostas à lógica segura" (*CP*, 6.482).

Quando comparava suas visões com as de outros "pragmatistas", Peirce raramente se cansava de apontar que ele era o único que considerava o pragmatismo como uma parte da lógica. O trabalho de outros pragmatistas "me parece ser caracterizado por um ódio zangado em relação à lógica estrita, e mesmo por alguma disposição de considerar qualquer pensamento exato que interfira com suas doutrinas como uma completa farsa" (*CP*, 6.385). Celebrando os méritos filosóficos de James em 1911, ele comentou sobre "sua incapacidade quase sem paralelo para o pensamento matemático, combinada com um intenso ódio pela lógica – provavelmente por causa do pedantismo e da insistência desta última na exatidão minuciosa" (*CP*, 6.182). E ele atribuiu a falta de desenvoltura de James para expressar suas ideias ao fato de que ele tinha "antipatia pela retórica, e a lógica era para ele uma inconveniência" (*CP*, 6.184). Se vemos uma aceitação do "intelectualismo" e um gosto por primeiros princípios como ligados a um interesse pela lógica, podemos ver que James enxergava no pragmatismo "virtudes" que não tinham lugar no esquema das coisas de Peirce. Mas só compreenderemos totalmente essas diferenças quando apreendermos a diferença crucial, mas pouquíssimo clara, entre um princípio lógico e uma "doutrina de filosofia".

Quando Peirce fala sobre a "divergência teórica" entre James e ele próprio, ele geralmente chama atenção para as diferenças de opinião acerca de quais efeitos ou consequências são relevantes para o esclarecimento pragmático de um conceito ou hipótese. Isso pode sugerir que eles diferem apenas acerca de como o princípio deve ser aplicado na prática: um princípio compartilhado é aplicado com diferentes resultados, por causa das disputas acerca de quais consequências da verdade de uma proposição contribuem para o significado ou significação da proposição. No entanto, esse modo de apresentar as coisas pode ser enganoso, e faremos melhor em começar examinando algumas considerações mais abstratas sobre os diferentes objetivos filosóficos de ambos e sobre o papel que um princípio para esclarecer ideias tem na realização das diferentes aspirações filosóficas dos dois.

Métodos

O que está envolvido na transformação de uma doutrina de lógica em uma doutrina de filosofia? Os pragmatistas concordam que estão recomendando uma técnica ou método para esclarecer palavras, conceitos, pensamentos, ideias, hipóteses e assim por diante. Técnicas e métodos são, supostamente, adotados como meios para algum fim: eles são correspondentes a nossos propósitos e avaliados em termos de quão bem eles nos permitem alcançá-los. Técnicas ou métodos superficialmente similares podem diferir porque são projetados como meios para diferentes fins. Se James e Peirce têm diferentes objetivos em vista, ao buscarem um método para esclarecer conceitos e proposições, então pode não ser surpreendente que eles iluminem diferentes traços de seus significados ou significações. Quando Peirce contrasta sua doutrina de lógica com a doutrina de filosofia de James, ele pode ter a intenção de destacar o fato de que eles estão adaptando a diferentes propósitos filosóficos a crença compartilhada de que o significado de uma concepção se encontra em suas consequências. E, uma vez que a defesa do princípio deve consistir em mostrar que ele serve ao objetivo planejado, é provável que haja diferenças correspondentes nas maneiras como as diferentes versões do pragmatismo são defendidas, bem como nas maneiras como elas são formuladas.

Os métodos só podem ser avaliados mediante uma referência a um objetivo ou propósito: o método é julgado por quão bem ele satisfaz seu propósito planejado. Nesse caso, esperaríamos que alguém que advoga um "método para esclarecer ideias" especificasse o objetivo ou fim que ele tem em mente. Como veremos, o pragmatismo de Peirce satisfaz esse requerimento de que um objetivo seja especificado. A "metamorfose" do pragmatismo em uma doutrina filosófica, que recebe expressão em uma "atitude", pode envolver a adoção de um objetivo cognitivo diferente. Peirce apresenta seu princípio pragmatista como um meio para alcançar um objetivo bastante definido, que está intimamente ligado aos objetivos da investigação lógica: a lógica preocupa-se principalmente em mostrar como podemos realizar as avaliações exigidas, se pretendemos perseguir esse objetivo de maneira racional. James pode diferir ao adotar um objetivo diferente em sentido amplo, por referência ao qual o pragmatismo deve ser julgado. Alternativamente – e isso pode adequar-se à interpretação que encontra na obra de James um rompimento decisivo com a tradição filosófica –, ele pode não ter nenhum objetivo muito definido em mente. De qualquer modo, sugiro que podemos melhor compreender estas diferentes linhas de pragmatismo mediante um exame das visões de Peirce e James acerca dos objetivos a serem satisfeitos pela adoção do princípio pragmatista. Antes de fazer isso, contudo, devemos tentar tornar-nos claros acerca de exatamente onde se encontram as diferenças nas duas versões de pragmatismo.

"Utilitarismo": Significado e consequências

Em um manuscrito que discutimos antes, Peirce notou que "[o] mais proeminente de toda nossa escola e o mais respeitado, William James, define o pragmatismo como a doutrina de que todo o 'significado' de um conceito se expressa ou na forma da conduta a ser recomendada ou na da experiência a ser esperada" (*CP*, 5.466). Ele imediatamente apontou que "entre essa definição e a minha certamente parece haver uma divergência teórica que não é pequena".

Uma grande diferença é expressada já nessa breve definição. O que ela poderia ser? Tudo que encontramos na passagem é o apelo a dois tipos de "efeito":

(I) Experiências a serem esperadas.
(II) Conduta a ser recomendada.

Uma afirmação similar é encontrada em *Pragmatismo*: devemos levar em conta "quais efeitos concebíveis de um tipo prático o objeto pode envolver – quais sensações devemos esperar dele e quais reações devemos preparar" (*P*, 29).

Em outra parte, Peirce nota que a definição de pragmatismo de James "difere da minha apenas em que ele não restringe o 'significado' ... como eu faço, a um hábito, mas permite que perceptos, isto é, sentimentos complexos dotados de compulsividade, o sejam". Ele se preocupa, misteriosamente, que "se ele está disposto a fazer isso, realmente não vejo como ele precisa deixar qualquer espaço para o hábito" (*CP*, 5.494).

Algumas outras passagens oferecem alguma luz. Considere-se a seguinte, de um verbete sobre "Pragmatismo" no *Dicionário de Filosofia e Psicologia* de Baldwin:

> A doutrina parece assumir que o fim do homem é a ação – um axioma estoico que, para o presente autor, à idade de sessenta anos, não se recomenda tão forçosamente quanto o fazia aos trinta. Se for admitido, ao contrário, que a ação deseja um fim e que aquele fim deve ser algo passível de uma descrição geral, então o espírito da própria máxima, que é que devemos olhar para o resultado de nossos conceitos a fim de apreendê-los corretamente, nos direcionaria para algo diferente dos fatos práticos, a saber, para ideias gerais, como os verdadeiros intérpretes de nosso pensamento.[6]

---

[6] Note como a primeira sentença dessa citação ilustra como Peirce enxergava seu princípio metodológico em termos de meios e fins. Permitir que percepções ou ações particulares contem como os "efeitos" que são elaborados quando o princípio pragmatista é aplicado é algo que só pode ser entendido se a aplicação do princípio for entendida como um meio para alcançar clareza sobre o modo como devemos *agir*.

Ele conclui que o significado de um conceito não se encontra nas "reações individuais", mas no modo como tais reações contribuem para o crescimento daquilo que ele chama de "razoabilidade concreta" (*CP*, 5.3). Evitando a distração de tentar fazer sentido da "razoabilidade concreta", podemos assumir que a diferença crucial entre os dois pragmatismos é que, enquanto James simplesmente procura pelas experiências que resultariam se a proposição fosse verdadeira ou pela conduta que alguém deveria adotar naquelas circunstâncias, Peirce procura por padrões na experiência e inter--relações nômicas [isto é, semelhantes a leis] entre a ação e a experiência: nosso entendimento de uma proposição se manifesta em alguns hábitos (possivelmente bastante complexos e quase certamente condicionais) de expectativa. Usando a versão de Peirce do princípio do pragmatismo, esclarecemos um conceito ou proposição mediante a identificação dos hábitos de expectativa que são associados a ele. As "consequências" de Peirce são gerais; James admite que elas possam também ser ações e percepções particulares – ou, pelo menos, ele não decreta que elas devam assumir a forma de leis e padrões ("hábitos").

Podemos extrair aquilo que essa diferença parece envolver ao recordarmos a afirmação de James de que o pragmatismo "concorda... com o utilitarismo ao enfatizar aspectos práticos" (*P*, 32). A semelhança mais clara entre pragmatismo e utilitarismo encontra-se na orientação compartilhada de ambos para o futuro. Assim, Peirce se referia à "consciência do futuro (se verídico ou não, está fora de questão) na expectativa, que faz parte de todas as ideias gerais segundo minha variedade de pragmatismo" (*CP*, 8.291 – de uma carta a James). O pragmatismo esclarece uma hipótese mediante a listagem das consequências que esperamos que nossas ações tenham se ela for verdadeira. E a definição com que James contribuiu para o *Dicionário de Filosofia e Psicologia* de Baldwin é explicitamente consequencialista:

> A doutrina de que todo o "significado" de uma concepção se expressa em consequências práticas, consequências seja na forma da conduta a ser recomendada ou na das experiências a serem esperadas, se a concepção for verdadeira; consequências que seriam diferentes se ela

fosse falsa e que devem ser diferentes das consequências pelas quais o significado de outras concepções é por sua vez expressado (Ver *CP*, 5.2).

As proposições são distinguidas pelas "consequências" de elas serem verdadeiras. Esclarecemos um proposição mediante a investigação de suas "consequências", rejeitamos uma distinção filosófica ao não encontrarmos nenhuma diferença nas consequências dos itens distinguidos e minamos teses metafísicas ao mostrarmos que elas não têm nenhuma consequência experiencial.

Podemos distinguir dois tipos de consequencialismo. O mais simples sustenta que uma ação ou pronunciamento deve ser avaliado segundo suas consequências *atuais*: se um pronunciamento não é (como uma questão de fato) falseado por uma experiência surpreendente, ele é verdadeiro; se uma ação (como uma questão de fato) leva a um aumento de felicidade humana, ela é boa. Uma forma mais sofisticada de consequencialismo apela também para consequências possíveis, e insiste que a avaliação de proposições e ações exige que investiguemos possibilidades contrafactuais. Um pronunciamento seria então verdadeiro se ele não *fosse* ser falseado em uma série de mundos possíveis que inclui, além do mundo atual, outros nos quais as investigações são realizadas mais eficientemente, mais tempo está disponível, melhores instrumentos estão à mão e assim por diante. E uma ação seria boa se ela fosse promover a felicidade em uma série de situações possíveis que inclui a atual, mas também um número de outras possibilidades: uma má ação pode ter boas consequências "por acidente". As observações de Peirce sugerem que ele considera *seu* pragmatismo como corporificando uma forma de consequencialismo desse segundo tipo mais sofisticado, ao passo que ele acha difícil enxergar como a posição de James difere do tipo que se contenta em julgar ações ou proposições de acordo com suas consequências atuais.

O que está em questão na insistência de Peirce acerca do papel do "hábito"? Comparemos as seguintes questões:

I. O que eu experienciarei se C for verdadeiro?
II. O que eu devo fazer se C for verdadeiro?
III. Se C fosse verdadeiro, o que eu experienciaria se realizasse a ação A?

As formulações de James para seu princípio pragmatista sugerem que devemos esclarecer nossa concepção *C* perguntando I e II: quais experiências devem ser esperadas, quais ações devem ser realizadas? É claro que, para Peirce, III é a questão crucial. III tem um tom subjuntivo: nossa resposta a ela refletirá um hábito geral de expectativa, que traça conexões sistemáticas entre a ação e a experiência se a concepção ou proposição que estamos tentando esclarecer for verdadeira. Ela assume que há fatos sobre as consequências que ações possíveis (que nunca foram realizadas) *teriam* tido. Embora o apelo a tais hábitos de expectativa possa ter um papel heurístico inestimável na formação de uma resposta a I ou II, não há nenhuma *exigência* de que devamos abordar estas questões dessa maneira. III pergunta por conexões sistemáticas que poderiam ser facilmente relevantes para a realização de previsões; I e II perguntam por previsões. I e II preocupam-se com o futuro atual; uma resposta a III fornece informações sobre futuros possíveis, não atuais, bem como sobre o futuro atual. Para Peirce, o conteúdo e o valor de verdade de uma proposição são funções de consequências possíveis, bem como de consequências atuais. A referência de James ao nominalismo e ao utilitarismo sugere que ele discordaria. É claro que isso pode simplesmente refletir uma falta de clareza na apresentação. Mas pode indicar uma discordância mais profunda. Será que a transformação do pragmatismo em uma doutrina filosófica explica de algum modo a diferente orientação que acabamos de descrever? Discutiremos isso a seguir.

Se isso está correto, podemos ser capazes de entender a ambivalência de Peirce acerca do pragmatismo de James. Na prática, a previsão depende de leis ou generalidades. Nossos juízos sobre o que irá acontecer têm uma probabilidade de se apoiar em hábitos de expectativa, em uma apreensão de leis, em nossa resposta a III. Mesmo que o pragmatismo de James se concentre em I e II, em vez de III, e seja portanto confuso de acordo com Peirce, sua aplicação desse pragmatismo na prática pode ser indistinguível do uso que Peirce faz de sua versão da doutrina: as respostas a III são heuristicamente valiosas (e frequentemente indispensáveis) quando tentamos responder I e II. Será somente em casos muito especiais que as diferenças aparecerão, casos nos quais essa abordagem heurística não é a melhor a ser empregada. Se isso está correto, então só compreenderemos as raízes do tipo distinto de pragmatismo de James ao investigarmos por que ele não segue Peirce na insistência de que as consequências às quais nos referimos quando esclarecemos significados devem envolver padrões gerais. A primeira sentença do trecho do *Dicionário* de Baldwin citado acima sugere a visão de Peirce da fonte dessa diferença: James assumia que o fim humano fundamental era a "ação" e usava seu princípio para esclarecer hipóteses segundo os interesses da ação eficiente e bem-sucedida; o princípio de Peirce servia a um fim bastante diferente. Argumentarei que, se essa é sua visão, então Peirce compreendeu mal o pragmatismo de James. Se é assim, esse é um erro de leitura bastante revelador.

Pragmaticismo e reflexão

Em primeiro lugar, por que Peirce coloca tanta ênfase nos hábitos e possibilidades, ao aplicar seu princípio pragmático? Um passagem útil é:

> De acordo com... o Pragmatismo, o verdadeiro significado de qualquer produto do intelecto encontra-se em qualquer determinação unitária que ele comunicaria à conduta prática sob qualquer e toda circunstância concebível, supondo que tal conduta seja guiada pela reflexão levada a um limite absoluto (*CP*, 6.490).

Segundo Peirce, a lógica investiga as normas e métodos que nos possibilitam sujeitar nossas atividades ao autocontrole reflexivo. Seu pragmatismo oferece um esclarecimento das hipóteses e concepções que tornarão isso possível. Planejar e monitorar nossas atividades é algo que exige informação sobre o que ocorreria se viéssemos a agir de várias maneiras. A formulação subjetiva ("ele comunicaria") satisfaz essa necessidade. É característico da filosofia e da ciência encarnar o pensamento reflexivo e sistemático. A ideal "reflexão levada a um limite absoluto", o extremo do automonitoramento e autocontrole racional, estabelece o tom de muitos dos escritos posteriores de Peirce. Isso pode ser visto em três áreas de sua obra.

Teoria e prática

Pouco depois da publicação de *A vontade de crer* de William James e o endossamento do pragmatismo, por parte deste último, em "Concepções filosóficas e resultados práticos" ["Philosophical Conceptions and Practical Results"], Peirce ministrou algumas conferências em Cambridge, Masschusetts, recentemente publicadas como *O raciocínio e a lógica das coisas* [*Reasoning and the Logic of Things*] (1992). Na primeira dessas conferências, ele lançava um ataque à ideia de que a filosofia e a reflexão lógica tinham muito a oferecer no que diz respeito a "questões vitais", problemas de ética prática e coisas semelhantes. Traçando uma nítida distinção entre questões científicas e assuntos práticos, ele alegava enfaticamente que a teoria, a lógica e a "reflexão" tinham pouco ou nada a contribuir para aqueles assuntos. Seu "conservadorismo" nos conclamava a confiar no sentimento ou no senso comum ao buscarmos respostas para tais problemas, denunciando o uso do autocontrole reflexivo, na tentativa de responder questões vitais, como uma traição contra a razão.

Se o pragmatismo é uma técnica de autocontrole reflexivo, e se o instinto é mais importante que a reflexão na resposta aos problemas vitais, o pragmatismo não terá um grande papel na lida com assuntos práticos. O caráter distintivo do pragmatismo de Peirce depende de uma visão acerca do escopo do pensamento reflexivo: ele oferece um esclarecimento que deve ser valioso onde a reflexão tem um papel fundamental, e não é destinado ao uso em outras áreas da vida.[7] As únicas "consequências" de um conceito ou proposição que são "pragmaticamente relevantes" serão, portanto, aquelas que são pertinentes à "investigação reflexiva"; os aspectos do significado que são importantes para a tentativa de responder questões "vitais" não precisam ser levados em conta.

---

[7] Uma passagem que pode conflitar com isso é encontrada na primeira conferência sobre *Pragmatismo*, ministrada em Harvard em 1903. Tendo notado que o pragmatismo é valioso em todas as ciências, bem como na filosofia, Peirce notava: "Minha falta de habilidade em assuntos práticos não me impede de perceber a vantagem de se estar bem imbuído do pragmatismo na conduta da vida" (*CP*, 5.14).

A reflexão e o método da ciência

Para Peirce, o método científico de investigação se baseia em uma assunção distintiva. Esta é a visão de que existem "coisas reais", que são inteiramente independentes de nossas opiniões a seu respeito, mas que afetam nossos sentidos de maneiras regulares governadas por leis (*CP*, 5.384). Se realizarmos nossas investigações corretamente, então eventualmente descobriremos as propriedades destas coisas. A investigação científica emprega regras e métodos que podem ser defendidos mediante a referência a essa assunção subjacente. Procedimentos lógicos específicos (por exemplo, as regras de inferência estatística) são justificados ao se mostrar como eles contribuem para a descoberta de leis e outras verdades sobre as realidades. O método da ciência pode ser autoconscientemente adotado apenas por alguém que se identifique com a comunidade científica mais ampla. A pesquisa de um indivíduo tem valor apenas pela contribuição que dá ao progresso rumo à verdade feito pela comunidade científica mais ampla. Essa identificação com a comunidade mais ampla é, para Peirce, uma maneira de alcançar uma vida plena e racional; esse é o único tipo de vida que é compatível com a reflexão lógica levada ao limite mais extremo.[8]

Se temos essa concepção "realista" das preocupações da ciência e nosso objetivo é formular e testar hipóteses, esperando alcançar a verdade sobre as leis que governam o universo, então, quando esclarecemos uma hipótese qualquer, estamos procurando uma orientação acerca de tópicos como o planejamento experimental e uma ajuda nas decisões sobre como melhor organizar nossas investigações. Precisamos considerar diferentes cursos possíveis de ação e saber quais experiências devemos esperar de cada um deles: precisamos saber o que aconteceria em uma variedade de diferentes circunstâncias possíveis. Estamos in-

---

[8] O modo como Peirce argumenta em favor desse conjunto de visões e do que está envolvido na adoção do método da ciência são grandes questões que vão além do escopo desse artigo. Para uma discussão adicional, ver Hookway, 1993.

teressados nos hábitos de expectativa que acompanham a verdade da hipótese. A versão do pragmatismo de Peirce concorda com sua visão de que o pragmatismo é um auxílio nos testes científicos e de que o raciocínio científico é o único tipo que é compatível com a reflexão racional completa e com uma visão de ciência que pode ser descrita como "realista".

A preocupação da ciência é com a busca de explicações para as regularidades e padrões de nossa experiência. Embora agora possamos não possuir a verdade sobre todas as questões, a ciência possui um método que nos possibilitará nos livrarmos do erro e contribuir para o progresso e para um aumento da compreensão. Uma proposição é verdadeira se qualquer pessoa que investigue bem o suficiente e por tempo suficiente acerca de seu valor de verdade estiver fadada a eventualmente reconhecer que ela é verdadeira (é claro que isso não se aplica estritamente às proposições vagas, que são muito comuns nas ciências, mas a lógica da vagueza de Peirce supostamente fornece as qualificações necessárias).[9] A lógica fornece os materiais necessários para contribuirmos para a ciência de modo eficiente e reflexivo. O esclarecimento de hipóteses utilizando o princípio pragmatista fornece toda a informação de que precisamos sobre seus significados para alcançar a reflexividade última. E isso deve incluir informações sobre as experiências que seriam esperadas se diferentes cursos de ação ou diferentes experimentos fossem realizados. A ciência exige o autocontrole reflexivo; a lógica peirceana serve a tal investigação autocontrolada; e o princípio pragmatista revela os aspectos do significado que são relevantes para essa tarefa.

---

[9] Essa qualificação é importante uma vez que revela a idealização envolvida nas afirmações de Peirce sobre a verdade: o consenso não forçado entre investigadores conscientes só é assegurado para proposições que têm um conteúdo definido; mas Peirce reconhece que todas as proposições que são de fato utilizadas na ciência são vagas. Os significados são desenvolvidos e refinados conforme a investigação se desenrola, e não há nenhuma garantia (ou exigência) de que todos os investigadores façam isso da mesma maneira. Ver Hookway, 1990.

Ética

O trabalho de Peirce sobre a ética é motivado por um desejo de explicar a possibilidade de adotar a vida de ciência como ele a compreendia. Segundo Peirce, o bem ético é possuir um alvo último, um objetivo totalmente abrangente para a conduta, que dê significado às atividades do indivíduo. Tais objetivos são testados por meio da investigação sobre se eles podem ser sustentados venha o que vier, isto é, se eles podem fornecer um princípio de integração para o eu em qualquer circunstância que possa surgir. Exige-se assim que o eu reflexivo examine como seria viver conforme esse objetivo vislumbrado, em uma variedade de circunstâncias contrafactuais: "a reflexão levada a um limite absoluto" exige o pensamento acerca de uma variedade de futuros possíveis. Segundo Peirce, a adoção reflexiva responsável de um ideal último requer uma apreensão clara de com que ele nos comprometeria, e como seria tentar viver em conformidade com ele, em qualquer circunstância possível. Não é suficiente que ele *vá* nos dar uma vida satisfatória. Precisamos nos reassegurar de que ele o faria também em outras circunstâncias possíveis (*CP*,5.130-132). Mais uma vez, vemos que a reflexão e o autocontrole exigem informações sobre leis e padrões gerais, informações sobre o que experienciaríamos e sobre como reagiríamos em possibilidades contrafactuais. E vemos como a obra de Peirce é impulsionada por uma imagem metafísica, pela aspiração a um tipo de autocontrole reflexivo último que torne nossas vidas, em certo sentido, livres de riscos.

O PRAGMATISMO DE JAMES

Como acabo de explicar, o pragmatismo de Peirce é uma técnica defendida porque ela nos auxilia a investigar responsavelmente e bem as verdades da natureza: ele serve a um papel específico e, de fato, um papel que não é estritamente filosófico. A lógica, um ramo da filosofia, diz-nos que os cientistas fariam bem em usar o princípio quando planejassem suas investigações e que os metafísicos deveriam basear-se nele se desejassem aplicar o método da ciência em sua metafísica. Se o pragmatismo de James há de ter um semblante distintamente "filosófico", ele deve ocupar um papel diferente, satisfazendo necessidades intelectuais que são internas à filosofia. Seus textos apoiam essa visão: ele apresenta o pragmatismo como um dispositivo para identificar o valor de propostas filosóficas e eliminar debates meramente verbais.

Nesse caso, poderíamos supor, James deveria identificar o "objetivo" da filosofia e então defender o princípio, mostrando que ele provê os melhores meios de alcançar esse objetivo. Peirce, como vimos, sugeria que o pragmatismo conforme imaginado por James era destinado a nos possibilitar agir de modo bem-sucedido – e ele supostamente pensava que James esperava que a filosofia também satisfizesse esse objetivo. Isso explicaria a "metamorfose" do pragmatismo em uma doutrina de filosofia. Se era isso que estava ocorrendo, no entanto, é um pouco surpreendente que James se refira ao seu pragmatismo como uma "atitude". Ademais, quando ele apresenta a doutrina em *Pragmatismo*, a discussão não é acompanhada por um enunciado geral de qual seja o objetivo da filosofia. O pragmatismo não é defendido mostrando-se que ele satisfaz alguns objetivos independentemente identificáveis. Ele é defendido, em vez disso, mostrando-se como ele nos possibilita resolver uma variedade de disputas que de outro modo seriam intermináveis. É plausível que James não tenha um enunciado claramente formulado do objetivo da filosofia. De fato, pensar que poderíamos ter um objetivo desse tipo entraria em conflito com muitos aspectos de sua perspectiva. Na melhor das hipóteses, ele tem uma visão de segunda ordem, uma visão sobre os tipos de objetivos que as investigações filosóficas responsáveis podem ter. Podemos colocar isso da seguinte maneira: uma posição filosófica é respeitável apenas se ela faz uma contribuição detectável para a realização de propósitos e aspirações cuja realização poderia ser clara a partir da experiência. Como ele diria posteriormente, ao definir seu empirismo radical: "as únicas coisas que devem ser debatíveis entre filósofos devem ser coisas definíveis em termos tirados da experiência" (*MT*, 6). Para James, o pragmatismo é uma proposta que é vindicada em uma série de áreas de aplicação, por seus frutos variados. Para Peirce, por outro lado, ele é uma técnica que deve ser defendida ao mostrar-se que ela nos ajuda a alcançar um propósito definido: a realização do progresso científico.

Um exemplo nos ajudará a aguçar a diferença entre Peirce e James. Apresentaremos algumas das observações "pragmatistas" de James sobre o conceito de liberdade e consideraremos como Peirce reagiria a elas. Para James, a questão da liberdade não gira em torno da possibilidade de autocontrole, de assumir a responsabilidade por nossas ações. Tampouco ela é primariamente uma questão de explicabilidade: nossas práticas instintivas e costumeiras de censura e louvor não seriam afetadas por uma vitória a favor de qualquer dos lados da disputa – muito menos porque é difícil enxergar como podemos ser censurados por nossas ações que não são (de algum modo) determinadas. O apelo da doutrina do livre-arbítrio reside no fato de que ela permite "*novidades no mundo*": ela é uma "doutrina meliorista", uma doutrina de "alívio" ou "promessa". Ela sustenta que a melhoria é pelo menos possível; ao passo que o determinismo nos assegura de que toda nossa noção de possibilidade nasce da ignorância humana e que a necessidade e a impossibilidade governam entre si os destinos do mundo (*P*, 59-61). A sugestão de James parece ser que "intelectualmente" ("cognitivamente"?) o livre-arbítrio é uma doutrina vazia, mas que ao crente no livre-arbítrio é consequentemente possibilitado sustentar um tipo de otimismo: tudo está bem com o mundo, e as coisas podem melhorar:

> Somente o pragmatismo pode imprimir a leitura de um significado positivo [ao Livre-Arbítrio e outras noções "teológicas"], e para isso ele volta completamente as costas para o ponto de vista intelectualista. "Deus está no céu e tudo está certo no mundo!" *Esse* é o coração real de sua teologia, para isso você não precisa de nenhuma definição racionalista (*P*, 62).

O pragmatismo de James exibe o papel que a crença no livre-arbítrio tem em nossas vidas, ele mostra o que isso significa para nós e explica por que não devemos considerá-la uma afirmação cognitiva ou quase científica. O crente agirá de modo diferente e formará diferentes expectativas vagas: a "proposição" faz uma diferença. O fato de que essa é uma diferença não cognitiva não deveria levar-nos a condenar aqueles que defendem a liberdade da vontade. Em vez disso, reconhecer o fato torna possível uma apreciação positiva daquilo que tal crença provê. Uma vez de posse dessa apreensão clara de seu papel, perderemos a tentação de criticá-la por falhar em ser aquilo que ela evidentemente não é. O pragmatismo nos permite apreciar a força de algo cujo papel não é estreitamente "cognitivo".

Para Peirce, por contraste, o pragmatismo pode ajudar-nos a ver se a hipótese tem um significado científico. Se sim, ela pode ser testada no interior de uma das ciências especiais ou no interior de um sistema de metafísica que emprega o método científico. Se não, então o conceito não tem nenhum lugar de todo na filosofia.[10] Ele de fato sustenta que é necessário termos a *esperança* de que tenhamos livre-arbítrio, porque, sem isso, o autocontrole e a reflexão levada ao limite absoluto serão uma ilusão. Mas isso pede uma explicação metafísica ou cosmológica da possibilidade da liberdade, da possibilidade de um autocontrole responsável, racional e absoluto.

Assim podemos ver que James e Peirce empregavam suas diferentes versões do pragmatismo para diferentes propósitos. E isso terá implicações importantes tanto para o que o princípio exige deles quando eles tentam usar seus princípios para esclarecer conceitos problemáticos quanto para os estilos de argumento que se tornam apropriados quando eles defendem suas visões. Isso também significa que suas doutrinas posicionam-se de modo bastante diferente em relação ao conceito de verdade. Cada qual utilizará seu pragmatismo para chegar a uma representação clara e perspícua daquilo que a verdade envolve. Mas enquanto o pragmatismo de Peirce é capaz de responder às necessidades de um projeto (a investigação científica) que já usa uma concepção substantiva de verdade, a doutrina de James não é. Seu pragmatismo tem aplicação em um estágio de investigação em

---

[10] Podemos ilustrar a diferença entre os dois amigos – embora com um elemento de exagero – considerando as atitudes que cada qual adotaria em relação aos temas da "Vontade de crer". Peirce e James concordariam que quando os "métodos intelectuais" (a reflexão e o método da ciência) não podem resolver uma questão viva ou vital, então devemos apoiar-nos no sentimento (ou nas paixões). Mas ao passo que podemos ler isso como compatível com o pragmatismo de James, sendo que a resposta é justificada pelo efeito que ela tem sobre a conduta, Peirce argumenta que tais questões estão fora do escopo do tipo de autocontrole lógico racional no interior do qual reside seu pragmatismo.

que a natureza da verdade e o papel desse conceito em nossas atividades ainda são problemáticos.

Nominalismo e empirismo radical

Na primeira seção, notamos a admissão do "empirismo radical" por parte de Peirce e sua sugestão de que o "empirismo radical" e o "pragmatismo" são equivalentes. Isso pareceu algo surpreendente, à luz da insistência de James, no prefácio ao *Pragmatismo*, de que "não há nenhuma conexão lógica entre o pragmatismo, conforme o entendo, e uma doutrina que recentemente apresentei como 'empirismo radical'". Não tenho espaço suficiente para julgar a questão, e devemos notar que Peirce não é o único a enxergar conexões íntimas entre essas doutrinas.[11] Meu objetivo nesta seção é mostrar que a explicação das diferenças entre os pragmatismos de Peirce e James que foi oferecida neste artigo nos permite dar algum sentido às diferentes atitudes de ambos em relação a essa questão. Se não tivesse aceitado algo próximo do empirismo radical, Peirce teria tido de desistir de seu pragmatismo. James não se encontrava na mesma posição.[12]

A formulação mais clara do "empirismo radical" encontra-se no prefácio a *O significado da verdade* [*The Meaning of Truth*]. Ela envolve o postulado ou recomendação de que "as únicas coisas que devem ser debatíveis entre os filósofos devem ser as coisas definíveis em termos derivados da experiência". Em acréscimo, ela abraça o "fato" de que "as relações entre coisas, conjuntivas bem como disjuntivas, são tanto questões de experiência particular direta, nem mais nem menos, quanto as próprias coisas". E a conclusão a ser tirada daí é que "as partes da experiência se conservam unidas umas às outras por relações que são, elas mesmas, partes da experiência". Os elementos da experiência não são conectados por nós. A pró-

---

[11] O capítulo sobre James em Flower e Murphey, 1977, encontra uma conexão mais íntima entre o pragmatismo e o empirismo radical do que a encontrada por James.

[12] Há uma questão sobre até que ponto Peirce compreendia a doutrina do empirismo radical de James. Não explorarei isso aqui.

pria experiência possui "uma estrutura concatenada ou contínua" (*MT*, 6-7). O ponto importante é que a própria experiência é mais rica do que as formas atomistas anteriores de empirismo haviam admitido.

Quando James afirmou que o pragmatismo era independente de seu empirismo radical, ele dificilmente pode ter pretendido negar que um pragmatista encontra-se preso ao "postulado" de que as únicas questões de debate entre filósofos dizem respeito a itens definíveis em termos de experiência. Um pragmatista que negasse o empirismo radical negaria, supostamente, que as relações entre itens experienciados são experienciadas: o esclarecimento pragmático exibiria portanto um mundo mais austero do que aquele que James apresenta à nossa vista. O argumento em favor do pragmatismo se apoia na esperança de que debates intermináveis sejam evitados; ele não se apoia em quaisquer afirmações sobre a estrutura da experiência, embora a aceitação dessa posição possa tornar-nos mais sensíveis às complexidades daquela.

Como notamos, e como ele frequentemente insistia, Peirce se descrevia como um realista. Temos conhecimento de um mundo de realidades que existe independentemente de nós. E existem fatos modais objetivos acerca de qual experiência nós *teríamos* desfrutado se houvéssemos estado posicionados ou houvéssemos agido de modo diferente. Isso exige que existam conexões reais entre objetos de experiência atuais e possíveis e que estas possam ser conhecidas por nós. Quando discuto o que é "possível", não tenho necessariamente a intenção de defender um argumento acerca de minha posição epistêmica: dizer que algo é possível não é simplesmente dizer que esse é o caso para tudo o que sei. Quando afirmo que se eu tivesse perdido a hora essa manhã eu teria perdido o ônibus para o trabalho, faço uma afirmação objetiva sobre "coisas que teriam acontecido", sobre outros mundos possíveis. As leis que fundamentam asserções acerca do que poderia ocorrer e sobre o que teria ocorrido não descrevem simplesmente regularidades entre eventos distintos. Em vez disso, elas descrevem verdades fundamentais sobre as conexões entre eventos: as leis explicam ou mediam as sequências de eventos que experienciamos. Quando Peirce insistia que seu pragmatismo nunca teria adentrado a mente de qualquer um que não aceitasse o "realismo" ao invés do nominalismo, esse era o ponto em questão. Ele arriscava ser refutado através de uma demonstração de que seu princípio pragmatista *utilizava* conceitos – aqueles ligados à objetividade das "coisas que teriam acontecido" – que seriam repudiados como metafísicos se tentássemos esclarecê-los utilizando o princípio pragmatista.

Quando Peirce tentou enfrentar estes desafios, insistindo que a mediação, as leis e as coisas exteriores estão diretamente presentes na experiência, ele concordou com James na insistência de que a experiência é mais rica do que os empiristas anteriores haviam suposto. E quando ele argumentava que as leis e a mediação estavam presentes na experiência através de nossa experiência de uma *continuidade* real, as conexões com o empirismo radical eram de fato muito fortes. Além disso, ele pensava que, a menos que a experiência fosse contínua, de modo que tivéssemos consciência direta da ordenação temporal em seu interior, não poderíamos ter nenhum conceito de tempo e nenhuma resposta para o paradoxo de Zenão. Assim, a não ser que experienciemos contínuos reais, pensava Peirce, seu realismo é indefensável e seu pragmaticismo é fatalmente defeituoso. E se a ciência utilizasse conceitos que não pudessem ser esclarecidos usando-se o princípio pragmatista, era o pragmatismo que teria de ser abandonado.

James, a ciência e o realismo

James e Peirce têm visões bastante diferentes sobre a ciência e sobre noções modais como as de possibilidade e necessidade. Diferentemente do Peirce maduro, James frequentemente abraçava uma explicação subjetiva e epistêmica da possibilidade: esse termo é aplicado a coisas de cujas condições de vir a ser nós somos (pelo menos em certa medida) ignorantes (*SPP*, 113). Rejeitando nossa tendência irrefletida de enxergar a possibilidade como um estatuto ontológico distinto ("um tipo de terceiro estado de ser, menos real que a existência, mais real que a não-existência" [*P*, 136]), ele trata algo que é possível como consistindo em uma "falta de qualquer coisa existente capaz de impedi-lo" e na existência de condições para sua produção. Uma galinha possível envolve a ausência de meninos e outros inimigos e a existência de um ovo (*P*, 136). Essa não é a opinião madura de Peirce.

James poderia estar descrevendo Peirce quando ele falava sobre aqueles que são "extremamente entusiasmados pela clareza, pela beleza e pela simplicidade que resultam quando eles acreditam ter decifrado autenticamente os pensamentos eternos do todo-poderoso" (*P*, 33). Em contraste com isso, James insiste que as teorias são apenas "uma linguagem feita pelo homem, um atalho conceitual... na qual escrevemos nossos relatos sobre a natureza: sua grande utilidade é resumir fatos antigos e conduzir a fatos novos". A escolha de teorias envolve a "arbitrariedade humana" que parece minar qualquer compreensão realista das leis e da verdade teórica: James abraça alegremente a afirmação de que as teorias, quando verdadeiras, são verdadeiras "instrumentalmente". Elas nos conduzem a uma relação satisfatória com a experiência.

Se tudo isso estiver correto, podemos avaliar a força da afirmação de Peirce de que as diferenças fundamentais entre os "pragmatismos" de Peirce e James refletem diferenças em outras partes do pensamento de ambos. É errado interpretar James como adotando uma leitura ou compreensão errônea da máxima pragmática de Peirce. Em vez disso, ele aproveitou o *insight* fundamental dessa máxima acerca do significado, das consequências e do futuro e empregou-o a serviço de um diferente conjunto de objetivos filosóficos e de uma concepção contrastante da ciência e de seus objetivos.

9 A teoria da verdade de James*

Hilary Putnam

Os pronunciamentos sobre a natureza da verdade em *Pragmatismo* [*Pragmatism*] evocaram uivos de indignação (por exemplo, Russell, 1945), bem como elogios exagerados. Os uivos (e alguns dos elogios) vieram de leitores que pensaram que James identificava a verdade com o que quer que nos desse "satisfação" ao crermos: os críticos acreditavam que isso equivalia a um irracionalismo, enquanto os entusiastas pensavam que a ideia de que a verdade é manter um paralelismo com a realidade *merece* ser abandonada (Rorty, 1982), e o pragmatista italiano Giovanni Papini pensava que o irracionalismo é uma coisa boa (Perry, 1935, 2:570-579).

No entanto, os críticos e os entusiastas foram leitores descuidados. Eles praticamente ignoraram aquilo que James escreveu sobre a verdade em outros lugares. Mas não é fácil dizer em poucas palavras o que James *realmente* pensava sobre a verdade, pois, como pretendo argumentar, a visão de James se desenvolveu de maneiras complicadas à medida que ele elaborou seu sistema metafísico. No presente ensaio, isolarei os elementos da teoria da verdade de James e mostrarei como eles são ligados à sua metafísica do empirismo radical.

Aqui está um breve esboço: descreverei primeiro duas tendências no pensamento de James: (1) uma tendência peirceana (como veremos, essa tendência é bastante forte, mas os críticos de James a ignoram); e (2) a ideia *não* peirceana de que a verdade é parcialmente moldada por nossos interesses. Depois disso, examinarei duas outras tendências que refletem a metafísica do empirismo radical, mesmo embora no *Pragmatismo* James

---

* Tenho um grande débito para com Ruth Anna Putnam pela leitura atenta e a crítica prestimosa de um rascunho anterior.

tenha evitado pressupor essa metafísica. Estas são (3) uma tendência realista, resumida na afirmação de que a verdade envolve a concordância com a realidade, embora essa concordância não seja uma relação única, e (4) uma tendência empirista, resumida na afirmação de que "a verdade *acontece* a uma ideia". Descreverei também a maneira como essas tendências reaparecem em *O significado da verdade* [*The Meaning of Truth*]. Meu propósito aqui é quase inteiramente exegético; não obstante, concluirei com um breve comentário sobre a teoria de James.

A tendência peirceana

Peirce definiu famosamente a verdade como "a opinião que é fadada, em última instância, a ter a concordância de todos os que investigam" (5.407).[1] Apesar das muitas inegáveis diferenças entre o sistemas metafísico de James e o de Peirce, variantes dessa definição abundam nos escritos de James.

Elas aparecem muito antes do *Pragmatismo*. No parágrafo de conclusão do ensaio relativamente precoce (1878) "Observações sobre a definição de Spencer da mente como correspondência" ["Remarks on Spencer's Definition of Mind as Correspondence"], encontramos a ideia caracteristicamente jamesiana de que os seres humanos "ajudam a criar" a verdade, combinada com a ideia peirceana de que os juízos verdadeiros são aqueles em que somos fadados a acreditar, não em qualquer instante dado, mas a longo prazo, com base no "resultado total da experiência". Examinemos essa passagem mais de perto. O parágrafo se inicia da seguinte maneira:

> De minha parte, não posso fugir da consideração que me é forçada a todo instante, de que o conhecedor não é simplesmente um espelho flutuando sem nenhuma base em lugar algum, e reflete passivamente uma ordem com a qual ele se depara e a qual ele encontra simplesmente existindo. O conhecedor é um ator, um coeficiente da verdade, por um lado, ao passo que por outro ele registra a verdade que ele ajuda a criar.

---

[1] § 407 em Peirce, 1931-1960, vol. 5. Todas as minhas referências a essa edição terão a forma que se tornou padrão, a saber, nº de volume.nº de parágrafo.

Os interesses mentais, as hipóteses, os postulados, na medida em que são as bases para a ação humana – uma ação que em grande medida transforma o mundo –, ajudam a *produzir* a verdade que eles declaram (*EPh*, 21).

Aqui a ideia de que nós ajudamos a produzir a verdade é enunciada de maneira inócua: nossas ações parcialmente determinam o que irá acontecer e, portanto, o que será verdadeiro acerca do mundo. (Em seus escritos posteriores James proporá um sentido mais controverso segundo o qual ajudamos a produzir a verdade.) Mas mesmo aqui James não está pensando primariamente na verdade histórica. Pois ele imediatamente levanta a questão de se "os juízos sobre o que *deveria ser*" podem corresponder à realidade e responde declarando que essa possibilidade não deveria ser excluída:

> Sabemos tão pouco sobre a natureza última das coisas ou de nós mesmos que seria puro desatino dizer dogmaticamente que uma ordem racional ideal não pode ser real. O único critério objetivo de realidade é a coercividade, a longo prazo, sobre o pensamento... Por sua própria essência, a realidade de um pensamento é proporcional ao modo como ele se apodera de nós. Sua intensidade, sua seriedade – seu interesse, em uma palavra – tomando estas qualidades, não em um instante dado qualquer, mas como exibidas pelo resultado total da experiência. Se os juízos sobre o que *deveria ser* estão fadados a se apoderar de nós dessa maneira, eles são aquilo que "corresponde". Os acidentes colocaram a concepção de Destino no fundo das coisas – mais fundo que os próprios deuses. "O destino do pensamento", absolutamente estéril e indeterminada quanto seja tal fórmula, é a única Lei da Mente que é incontestável e regulativa (*EPh*, 21-22).

Embora "a realidade do pensamento" seja uma expressão infeliz, James não está confundindo aqui a maneira como um pensamento se "apodera" de nós com a realidade das coisas exteriores a nós ("o critério objetivo de realidade", no sentido do critério para que algo *seja real*). O que ele pretende dizer é que o critério para que algo seja real é precisamente que somos fadados, a longo prazo, a acreditar que ele é – que a crença de que ele é real – onde o "ele" pode ser algo tão vasto quanto uma "ordem moral ideal" – exibe uma "coercividade sobre o pensamento".

Nem o próprio Peirce deixou de reconhecer a medida tanto de concordância quanto de discordância. Daí o tom curiosamente rancoroso da seguinte passagem:

> Em primeiro lugar, há a definição de James, que difere da minha apenas porque ele não restringe o "significado", que é o intérprete lógico último, a um hábito, como eu faço, mas admite que perceptos, isto é, sentimentos complexos dotados de compulsividade, também o sejam. Se ele está disposto a fazer isso, não vejo verdadeiramente como ele precisa deixar qualquer espaço, de todo, para o hábito. Mas praticamente sua visão e a minha devem, penso eu, coincidir, exceto onde ele permite que considerações que não são de todo pragmáticas tenham peso (5.494).

Peirce refere-se à interpretação de James para a máxima pragmática (que James enuncia em *P*, 28-29)[2] e à reserva ocasionada pelo fato de que James permite que a "intensidade [de uma ideia], sua seriedade – seu interesse, em uma palavra" tenham peso.

É verdade que na visão de Peirce os interesses também têm um papel na determinação da verdade. Pois o próprio Peirce escreve que o objetivo último da investigação é um conhecimento acabado, do qual nos aproximaremos no limite, mas o qual nunca alcançaremos. Esse conhecimento terá uma "qualidade estética" que será um "livre desenvolvimento da qualidade estética do próprio agente" e equivalerá, ao mesmo tempo, à "qualidade estética" da "ação última da experiência sobre ele" (5.136). No entanto, Peirce supõe que todos os investigadores racionais partilharão desse "objetivo último", ao passo que James acredita que os sentimentos e

---

[2] Peirce pode estar pensando também em "O método pragmático" ["The Pragmatic Method"] (*EPh*, 123-139). Ali James escreve: "Penso que [o princípio do pragmatismo] deveria ser expressado de modo mais amplo do que o Sr. Peirce o expressa. O teste último, para nós, daquilo que a verdade significa é de fato a conduta que ela dita ou inspira. Mas ela inspira aquela conduta porque ela antes prevê alguma ocorrência particular em nossa experiência, a qual deve exigir exatamente aquela conduta" (124).

objetivos mais práticos e mais imediatos também devem desempenhar um papel na determinação de o que será o "consenso último".

Além disso, o sentido em que Peirce e James pensam sobre nossos "interesses" ou sobre nosso "objetivo último" como *determinando* a verdade é um sentido complexo. Tanto para James quanto para Peirce a verdade é uma propriedade de crenças ou juízos, e sem pensadores não há crenças para serem verdadeiras ou falsas. Nesse sentido, tanto Peirce quanto James podem concordar que o interesse pelas crenças verdadeiras determina se haverá verdade. Além disso, nossos vários interesses determinam a quais investigações devemos dedicar-nos, quais conceitos nós acharemos úteis e assim por diante; isto é, eles determinam *quais* verdades existirão. Mas James está disposto a derivar consequências radicais dessa última ideia, consequências que Peirce não está disposto a derivar por causa de seu realismo escolástico, sua crença de que, em última instância, os únicos conceitos que sobrevivem são aqueles que correspondem a Terceiros reais. O elemento do pensamento de James a que Peirce objetava é claramente expresso em "O sentimento de racionalidade" ["The Sentiment of Rationality"]. Ali James escreve:

> ... de duas concepções igualmente aptas a satisfazer a demanda lógica, aquela que desperta os impulsos ativos ou satisfaz outras demandas estéticas melhor que a outra será considerada a concepção mais real e merecidamente prevalecerá...
>
> ... uma interpretação completa do mundo em termos de uma sequência mecânica é compatível com ele ser interpretado teleologicamente, pois o próprio mecanismo pode ser planejado.
>
> Se, portanto, houvesse vários sistemas imaginados, satisfazendo igualmente nossas necessidades puramente lógicas, elas ainda teriam de ser passadas em revista e aprovadas ou rejeitadas por nossa natureza estética e prática (*WB*, 66).

Mas o desacordo – que é muito importante – acerca apenas dessa afirmação de James não deve obscurecer o fato de que James, assim como Peirce, declara sua aliança a uma noção de verdade *definida em termos de um consenso último*.

Mas, alguém pode objetar, a razão pela qual a comunidade de investigadores concordará a longo prazo acerca de uma certa opinião é que a opinião é *verdadeira*. A "teoria da verdade por consenso" sugere o inverso, que a opinião com a qual a comunidade de investigadores concordará a longo prazo é verdadeira porque eles concordam a respeito dela. Certamente nem James nem Peirce diriam isso! A resposta é que é quase uma verdade conceitual, tanto para Peirce quanto para James, que a opinião a longo prazo daqueles que investigam, a opinião que eles são "fadados" a sustentar, é a verdadeira. Essa é sua explicação *constitutiva* da verdade. Mas nem James nem Peirce pensam que a comunidade de investigadores pode simplesmente *decidir* qual será a opinião a longo prazo; ambos enfatizam o quão firmemente nós somos coagidos, tanto pela realidade quanto pelo conjunto das crenças prévias.

No entanto, qualquer comparação de James com Peirce deve enfrentar duas difíceis questões exegéticas. (1) Embora Peirce fale realmente, em certos lugares, acerca da "opinião que é fadada, em última instância, a ter a concordância de todos os que investigam", ele explica isso como sendo a opinião para a qual *convergiríamos, se* a investigação fosse continuada indefinidamente (5.494). Será que James aceitaria uma modificação similar? E (2) Peirce insiste que a convergência para a opinião final que é formulada por uma crença verdadeira seja determinada por uma "permanência exterior" (ele também escreve "por nada humano"). Será que James concordaria?

A respeito da primeira questão, argumentarei que James está falando sobre uma convergência última a ser atualmente, e não apenas contrafactualmente, realizada. Mas devo adiar essa discussão até termos examinado o que James diz sobre a verdade no *Pragmatismo*.

A segunda questão é um pouco mais fácil. Contrariamente a alguns maus leitores, James insiste *sim* que uma verdade deve colocar-nos em contato ("frutífero") com uma realidade (*MT*, 104-107). Essa tendência no pensamento de James é denominada (por ele) seu "realismo epistemológico", e Perry admite que sua famosa obra a "ignora amplamente" (Perry, 1935, 2:591). Em todos os períodos de sua obra, James fala em "concordância" com a realidade e mesmo (como na passagem citada acima) em "correspondência" (embora ele também insista que a correspondência é uma noção que deve ser *explicada*, e não uma que possa simplesmente funcionar como a *explicação* da noção de verdade [*P*, 96]). No entanto, James também pensa que os tipos de contato com a realidade que contarão como "frutíferos" dependem de nossa "natureza estética e prática". Assim, James rejeita tanto a visão de que a concordância com a realidade não é necessária para a verdade quanto a visão peirceana de que nossa convergência rumo a certas crenças nos será forçada "por nada humano".

Enquanto essas diferenças em relação a Peirce são certamente importantes, os pontos de concordância não devem ser ignorados. Eles compartilham a ideia da verdade como uma opinião final à qual se converge e que é determinada (embora não exclusivamente determinada, no caso de James) pela realidade.

A formulação de 1878 daquilo que chamarei de "teoria de verdade do consenso último de James", que citei anteriormente, e a discussão da objetividade do valor moral em "O sentimento de racionalidade" (1879) foram escritas muito *antes* de James chegar à sua metafísica do empirismo radical, que foi publicada pela primeira vez em uma série de onze artigos que apareceram em 1903-1904. (Estes ensaios, mais um outro, foram publicados postumamente como *Ensaios em empirismo radical* [*Essays in Radical Empiricism*].) Em "A vontade de crer" ["The Will to Believe"] (1896), a verdade também é definida como "o impulso total do pensamento" (*WB*, 24). Em 1906, contudo, a metafísica do empirismo radical havia sido elaborada a contento de James, assim como sua resposta à afirmação de Royce de que o pragmatismo não pode explicar a referência a objetos fora da mente (Royce, 1969, 321-353; isso deve ser lido à luz de 1969, 691-709), e a complexa arquitetura do *Pragmatismo* reflete o fato de que James estava agora trabalhando a partir de um rico referencial de ideias metafísicas. Particularmente relevante é o fato de que James agora distingue entre "meias verdades" – os enunciados que aceitamos em um dado momento como nossas melhores suposições – e "verdades absolutas". A passagem em que a distinção é feita é difícil de interpretar – eu a examinarei de perto no decurso deste ensaio –, mas, como James a explica posteriormente em *O significado da verdade*, a afirmação é que nós *de fato* alcançamos a verdade absoluta, embora nunca possamos garantir que o fazemos; e James assume que o próprio pragmatismo é absolutamente verdadeiro. Em *O significado da verdade*, a verdade absoluta é caracterizada por James como a participação em um "conjunto ideal" de "formulações" sobre as quais haverá um "consenso último" (*MT*, 143-144) – outra formulação peirceana.[3]

James acerca da "concordância com a realidade"

O *Pragmatismo* é um livro de estilo deliberadamente popular, em tal medida que tanto Royce (que discordava de James) quanto Bergson (que concordava amplamente) sugeriram que ele podia ser mal compreendido (Royce, 1971, 511, e Barzun, 1983, 107). As conferências que ele contém descrevem o pragmatismo como um "método" em filosofia, e também mais restritamente como "uma teoria da verdade"; ainda assim, não há nele nada que alguém possa chamar de uma "definição de verdade". A resposta de James a Russell, que leu James como se este estivesse tentando fornecer uma condição necessária e suficiente para a verdade, caracteriza belamente a essência da abordagem de Russell, bem como ilustra o estilo de pensamento do próprio James:

> Um termo matemático, tal como a, b, c, x, y, seno, log, é autossuficiente, e os termos desse tipo, uma vez equacionados, podem ser substituídos uns pelos outros em séries intermináveis sem erro. O sr. Russell parece pensar que em nossa boca termos como "significado", "verdade", "crença", "objeto", "definição" são autossuficientes sem nenhum contexto de relações variantes que possam ser ulteriormente averiguadas. O que uma palavra significa é expresso por sua definição, não é? A definição alega ser exata e adequada, não? Então ela pode ser substituída pela palavra – uma vez que as duas são idênticas –, não pode? Então duas palavras com a mesma definição podem ser substituídas uma pela outra,

---

[3] É verdade que a referência ao "destino" está ausente. Mas o próprio Peirce reduz a importância dessa noção, escrevendo em uma nota de rodapé à definição citada: "Destino significa apenas aquilo que certamente se tornará verdadeiro... Todos estamos fadados a morrer".

n'est-ce pas? O mesmo ocorre com duas definições da mesma palavra, *nicht wahr*, etc., até que será de fato estranho se você não puder sentenciar alguém por autocontradição e absurdidade (*MT*, 148).

Em vez de oferecer uma rigorosa definição de verdade desse tipo, a discussão no *Pragmatismo* procede por meio de uma série de exemplos.

No *Pragmatismo*, duas ideias são enfatizadas: (1) a verdade é uma concordância com a realidade ou realidades e (2) "a verdade *acontece* a uma ideia. Ela *se torna* verdadeira, é *tornada* verdadeira pelos eventos" (*P*, 97).

James começa sua discussão perguntando o que "concordância" e "realidade" significam, na definição do dicionário, quando aplicadas ao enunciado de que uma ideia verdadeira é uma ideia que "concorda" com a realidade (*P*, 96). James escreve:

> Ao responder a estas questões, os pragmatistas são mais analíticos e esmerados, e os intelectualistas são mais precipitados e irreflexivos. A noção popular é que uma ideia verdadeira deve copiar sua realidade. Assim como outras visões populares, esta segue a analogia da experiência mais comum. Nossas ideias verdadeiras de coisas sensíveis de fato as copiam.[4]
>
> Feche seus olhos e pense naquele relógio na parede, e você obterá uma tal imagem verdadeira ou cópia de seu mostrador. Mas sua ideia do mecanismo, a menos que você seja um relojoeiro, é uma cópia muito pior, e ainda assim satisfaz os requisitos... Mesmo embora ela [sua ideia do mecanismo] fuja da mera palavra "mecanismo", essa palavra ainda serve a você verdadeiramente. E quando você fala sobre a "função de registro de tempo" do relógio ou sobre a "elasticidade" de sua mola é difícil enxergar exatamente o que suas ideias podem copiar.

Aqui temos a ideia de uma série de casos, dentre os quais a cópia é simplesmente um extremo. A ideia de que é vazio pensar sobre a referência como *uma* relação é também um *insight* central de Wittgenstein; mas, sem

---

[4] Como veremos, isso não significa que a semelhança é jamais suficiente para que haja referência.

menosprezar Wittgenstein, devemos também apontar que James já disse isso aqui.

James também diz aqui algo sobre a verificação (*P*, 97): *Ideias verdadeiras são aquelas que podemos assimilar, validar, corroborar e verificar. Ideias falsas são aquelas que não podemos.* Mas James logo aponta que esse mesmo "enunciado geral" é vago: "Mas o que significam as próprias palavras verificação e validação? Elas novamente significam certas consequências práticas da ideia verificada e validada. É difícil encontrar qualquer frase única que caracterize estas consequências melhor do que a fórmula ordinária da concordância – simplesmente o fato de tais consequências serem aquilo que temos em mente quando dizemos que nossas ideias 'concordam' com a realidade... Tal explicação é vaga e a princípio soa bastante trivial, mas tem consequências que tomarão o restante de minha hora para serem explicadas" (*P*, 98).

Examinarei essa conferência ("A concepção de verdade do pragmatismo" ["Pragmatism's Conception of Truth"]) mais detalhadamente na Seção III. Mas antes desejo examinar uma passagem nos *Ensaios em empirismo radical* em que o ponto de que não há uma relação única entre uma ideia (*qualquer* ideia) e aquilo a que ela se refere é elaborado com o auxílio da metafísica do empirismo radical:

> Suponha que eu esteja sentado aqui em minha biblioteca em Cambridge, a dez minutos de caminhada do "Salão Memorial", e que eu esteja pensando verdadeiramente sobre este último objeto. Minha mente pode ter diante de si apenas o nome ou pode ter uma imagem clara, ou pode ter uma imagem bastante pálida do salão, mas tal diferença intrínseca na imagem não faz diferença para sua função cognitiva. Certos fenômenos *extrínsecos*, experiências especiais de conjunção, são o que comunicam à imagem, seja ela o que for, seu ofício cognitivo. Por exemplo, se você me perguntar a que se refere minha imagem, e eu não puder te dizer nada; ou se eu falhar em apontar, ou conduzir você ao Delta de Harvard; ou se, sendo conduzido por você, eu não tiver certeza se o salão que vejo é aquele que eu tinha em mente ou não, você negaria corretamente que eu me "referia" de todo àquele salão em particular, mesmo embora minha imagem mental possa ter se assemelhado a ele em certo grau. A semelhança nesse caso contaria como meramente coin-

cidental. Pois todas as sortes de coisas de um tipo se assemelham umas às outras neste mundo, sem serem consideradas, por essa razão, como tomando conhecimento umas das outras (38-39).

Em suma, a mera semelhança nunca é *suficiente* para a verdade. É o que fazemos com nossas "imagens" que faz a diferença. "[Se] posso conduzir você até o salão e contar a você sua história e seus usos presentes, se em sua presença eu sinto que minha ideia, não importando quão imperfeita ela possa ter sido, conduziu até aqui e *terminou* agora; se os associados da imagem e do salão sentido correm em paralelo, de modo que cada termo de um corresponde serialmente, enquanto caminho, a um termo correspondente do outro; então minha alma foi profética e minha ideia deve ser, e por consentimento comum ela seria, chamada de conhecedora da realidade. Foi ao percepto que eu me *referi*, pois minha ideia chegou até ele através de experiências conjuntivas de identidade e intenção satisfeita. Não há desavença em nenhum lugar, mas todo momento continua e corrobora um anterior."

Estas observações sobre os modos como as ideias correspondem à realidade pressupõem a noção de "experiências conjuntivas". (James fala também sobre "relações conjuntivas", mas, segundo o empirismo radical, as relações também são diretamente experienciadas.) O aspecto mais surpreendente do empirismo radical de James é sua intenção de se aproximar do "realismo natural" (*ERE*, 63ss.). Na percepção, sou *diretamente familiarizado* com a realidade exterior – de fato, falar sobre minhas "sensações" e falar sobre as realidades exteriores às quais as sensações se "referem" é falar sobre os mesmos fragmentos de "experiência pura", contados "duas vezes" (com dois "contextos" diferentes). Tenho argumentado que James foi o primeiro filósofo pós-cartesiano a rejeitar completamente a ideia de que a percepção requer *intermediários* (Putnam, 1990 e 1994b).

No entanto, James aderiu à máxima *esse est percipii* ["ser é ser percebido"]. Dado que o indivíduo é diretamente familiarizado com a realidade, as impressões não se encontram simplesmente na mente, e dado que *ser é ser percebido*, então tudo que existe são estas impressões que *não* estão simplesmente na mente. Sem dúvida, é por isso que James não as chama de "impressões", mas de "experiência pura". A realidade simplesmente *é* o fluxo da "experiência pura".

Em adição a isso, James sustentava que os conceitos sempre "se agregam" aos fragmentos de experiência pura que eles descrevem. Por essa razão, a familiaridade direta não é *infalível*.[5] Mesmo que eu veja algo que pareça exatamente com o mostrador de um relógio, pode ser que minha crença seja errada – posso estar olhando para uma pintura *trompe l'oeil*.

Não obstante, uma *parte* vital da "concordância com a realidade" da qual fala James – mesmo que nunca toda ela – é a verificação através da familiaridade direta com realidades exteriores; e James invectiva seus críticos por eles ignorarem isso (*MT*, 104-107). Falando daquilo que ele chama a "quarta incompreensão" sobre o pragmatismo ("Nenhum pragmatista pode ser um realista em sua epistemologia"), ele escreve: "O pragmatista diz que as satisfações são indispensáveis para a construção da verdade, mas em toda parte eu disse que elas são insuficientes a menos que se conduza incidentalmente à realidade... As ideias são como uma superfície psicológica lisa (*sic*), a menos que alguma matéria refletida lhes dê um brilho cognitivo. É por isso que, como pragmatista, eu postulei tão cuidadosamente a realidade desde o início, e é por isso que, ao longo de toda a minha discussão, permaneço um realista epistemológico" (*MT*, 106).

Ideias que ainda não foram verificadas também podem concordar com a realidade. Como acabamos de ver (*ERE*, 38-39), James considera que a(s) relação (ou relações) relevante(s) são "relações conjuntivas";[6] e, como dissemos, tais relações são *dadas na experiência*. As relações relevantes são precisamente aquelas que constituem as verificações. A ideia de que há olmos em uma certa floresta pode, por exemplo, ser "diretamente verificada" no futuro indo-se à floresta e vendo os olmos. O fato de que a ideia "me

---

[5] A mutabilidade do conhecimento é um tema constante (ver, por exemplo, *P*, 107 e a conferência 5). A própria experiência pura não é nem verdadeira nem falsa, mas qualquer conceitualização dela é falível (*ERE*, 28-29).

[6] Essas são as relações que percebemos como *similaridades* ou pelo menos como *conexões*.

conduziu" aos olmos e "terminou" naquela familiaridade direta com eles constitui sua "concordância" com os olmos.

Uma ideia que nunca foi diretamente verificada também pode concordar com uma realidade "substituindo" essa realidade (*ERE*, 31-33); por exemplo, a crença de que o sofá no meu escritório estava lá às três da manhã no último domingo leva a uma previsão tão bem-sucedida quanto se eu a tivesse verificado diretamente. Compare isso com o enunciado de que "a verdade vive em sua maior parte com base em um sistema de crédito. Nossos pensamentos e crenças 'passam', enquanto nada os desafia, assim como cheques bancários passam enquanto ninguém os recusa. Mas tudo isso aponta para verificações diretas cara a cara em algum lugar, sem as quais a fábrica da verdade entra em colapso, como um sistema financeiro sem nenhuma base de moeda sonante" (*P*, 100). Resumindo todos esses tipos de "concordância", James escreve: "'concordar', no sentido mais amplo, com uma realidade *só pode significar ser guiado diretamente até ela ou até suas imediações ou ser colocado em tal contato funcional com ela de modo a lidar com ela ou com algo ligado a ela melhor do que se tivéssemos discordado*. 'Melhor' intelectualmente ou praticamente!" (*P*, 102).

Essa explicação da "concordância" levou James a ligar a verdade a experiências verificativas, e é necessário enxergar por que James se sentiu compelido a adotá-la. James foi um realista direto acerca da percepção, mas não acerca da *concepção*. A relação de nossos conceitos com o que quer que se diga que eles "concordam" ou a que "se referem" só pode ser uma questão de relações exteriores, segundo James. "O ato de nossos pensamentos apontarem para os tigres é conhecido simples e unicamente como uma procissão de associados mentais e consequências motoras que se seguem ao pensamento e que conduziriam harmoniosamente, se levados a cabo, a algum contexto ideal ou real, ou mesmo à presença imediata dos próprios tigres" (*EPh*, 74). Os filósofos que pensam que nossas ideias possuem uma intencionalidade intrínseca, insiste ele, estão simplesmente errados. Na mesma passagem, ele comete até o significativo deslize de igualar "nossas ideias" a imagens mentais: "Não há nenhuma autotranscendência em nossas imagens mentais tomadas em si mesmas" (*EPh*, 74). (Recorde sua afirmação de que na ausência de uma "matéria refletida" as ideias são apenas "superfícies psicológicas lisas".) Assim, é *a busca por relações exteriores que constituem a referência* que leva James a procurar "relações conjuntivas" particulares que possam ser *observadas* para conectar nossas ideias àquilo a que elas se referem.

Mas essa não é o único modo possível de se pensar sobre a concepção. Os filósofos – e eu sou um deles – que rejeitam aquilo que chamei de "concepção de interface da concepção"[7] concordam que a concepção frequentemente envolve palavras e imagens. Mas nós insistimos que as palavras e imagens que usamos no pensamento não são uma "superfície psicológica lisa" à qual uma interpretação tenha de ser acrescentada. As palavras em uso não são meros barulhos, e as imagens mentais são profundamente diferentes das imagens físicas. Mas as questões são profundas, e não tenho espaço para tratar delas aqui. Para finalizar minha exposição da noção de "concordância com a realidade" de James, farei em vez disso duas observações adicionais.

(1) James reconhece que nem todos os nossos conceitos se referem a realidades sensíveis. Diferentemente dos positivistas, James estava disposto a contar os objetos de "experiências não perceptuais", se sua existência fosse confirmada, como estando em um mesmo patamar ontológico que as coisas que podemos observar por meio dos sentidos (*ERE*, 10). Por exemplo, noções matemáticas, noções éticas e noções religiosas não são sujeitas à verificação, seja por experiência direta, seja por meio de experimentos científicos; e James se contenta em oferecer explicações separadas em cada caso, sem pretender alcançar uma teoria unificada abrangendo todos os possíveis tipos de "concordância com a realidade". No caso da ética e da religião, a própria explicação de James é pluralista.[8] No caso da religião, James encon-

---

[7] Nos anos recentes fomos instigados a pensar nas concepções como *capacidades para representar*, em vez de como *representações*, por John McDowell (1992, 1994), John Haldane (1989, 1992) e por mim mesmo (Putnam, 1994b).

[8] A explicação de James para a matemática segue a tradição empirista. A matemática lida com relações internas entre nossas ideias, relações que são elas mesmas diretamente observáveis por nós. Não acho que essa explicação seja defensável.

tra uma analogia parcial, mas muito imperfeita, entre a experiência religiosa e a observação (*VRE*) – mas existem também fatores puramente intelectuais, e existem exigências éticas, incluindo a necessidade de uma imagem do universo que consideremos favorável. A necessidade de meios-termos, se pretendemos algum dia encontrar uma imagem religiosa de mundo que seja satisfatória, é o tema do *Universo pluralista* [*Pluralistic Universe*] de James. No caso da ética, há um momento utilitarista, representado pela ideia de que devemos tentar satisfazer tantas "demandas" quanto possível; mas há também um momento antiutilitarista, representado pela rejeição da ideia de que existe alguma escala única segundo a qual as demandas possam ser comparadas. O ideal maior é descobrir "ideais mais inclusivos" (R. Putnam, 1990). (Aqui James está em seu estado mais "pluralista".)

(2) A verificação é uma questão holística, e muitos fatores estão envolvidos, sendo que o sucesso em termos de previsão é apenas um deles. Entre os outros fatores que James menciona encontram-se a conservação de doutrinas passadas (*P*, 83), a simplicidade (*P*, 36) e a coerência ("aquilo que se adequa melhor a todas as partes da vida e se combina com a coletividade das demandas da experiência, nada sendo omitido" [*P*, 44]). James descreve a fluidez dessa verificação holística quando escreve: "A nova verdade é sempre um preenchimento, uma suavização de transições. Ela casa a velha opinião ao fato novo, de modo a exibir um mínimo de solavanco, um máximo de continuidade. Sustentamos que uma teoria é verdadeira em proporção a seu sucesso na solução desse problema de 'máximos e mínimos'. Mas o sucesso na solução desse problema é eminentemente um problema de aproximação. Dizemos que essa teoria o resolve de modo geral mais satisfatoriamente que aquela outra; mas isso significa mais satisfatoriamente para nós, e os indivíduos enfatizarão seus pontos de satisfação de modo diferente. Em uma certa medida, portanto, tudo aqui é plástico" (*P*, 35). Essa plasticidade fornece o espaço para que os interesses práticos deem o seu voto, segundo o modo que James tinha em mente quando escreveu na passagem de "O sentimento de racionalidade" que citei anteriormente: "de duas concepções igualmente aptas a satisfazer a demanda lógica, aquela que desperta os impulsos ativos ou satisfaz outras demandas

estéticas melhor que a outra será considerada a concepção mais real e merecidamente prevalecerá" (*WB*, 66).

"A VERDADE ACONTECE A UMA IDEIA"

Embora James insistisse que há uma conexão íntima entre verificação e verdade, ele veementemente negava confundir as duas (*MT*, 108-109). Como devemos então compreender o enunciado de que "a verdade *acontece* a uma ideia. Ela *se torna* verdadeira, é *tornada* verdadeira pelos eventos. Sua veracidade *é* de fato um evento, um processo: a saber, o processo de ela verificar a si mesma, sua veri-*ficação*" (*P*, 97)? É errado considerar isso como uma fusão da verdade com a verificação, pelas seguintes razões:

(1) Quando as crenças são "tornadas verdadeiras" pelo processo de verificação, elas são tornadas verdadeiras *retroativamente*. Como o próprio James coloca:

> A astronomia ptolomaica, o espaço euclidiano, a lógica aristotélica, a metafísica escolástica foram convenientes por séculos, mas agora a experiência humana transbordou sobre esses limites, e dizemos que essas coisas são apenas relativamente verdadeiras ou verdadeiras no interior daqueles limites de experiência. "Absolutamente" elas são falsas; pois sabemos que aqueles limites eram casuais, e podiam ter sido transcendidos por teóricos do passado assim como foram por pensadores do presente. Quando novas experiências levam a juízos retrospectivos, utilizando o tempo de verbo passado, o que estes juízos exprimem *foi* verdadeiro, mesmo embora nenhum pensador do passado tenho sido levado até ali (*P*, 107).

(2) Embora qualquer verificação particular termine em algum tempo, "o processo de [uma ideia] verificar a si mesma" é interminável. "A experiência, como sabemos, tem maneiras de *transbordar* e de nos fazer corrigir nossas fórmulas presentes", escreve ele (*P*, 106).

As afirmações a que nos referimos como "verificadas" são "verdadeiras no interior daqueles limites de experiência" – a experiência que contamos como tendo verificado aquelas afirmações –, mas se elas são "absolutamente" verdadeiras somente a experiência futura pode decidir. James claramente reconheceu que "confirmado" é um predicado temporal, ao passo que "verdadeiro" é sem tempo, e reconheceu também que um enunciado que é verificado (no sentido de ser confirmado) pode posteriormente se revelar falso.

Como vimos, James aceitava a fórmula "a verdade é concordância com a realidade" – contanto que essa fórmula fosse compreendida de modo apropriado. Seus compromissos metafísicos o fizeram identificar a "concordância" em questão com *alguma(s) "relação (ou relações) conjuntiva(s)" realmente observável (ou observáveis)*, e as únicas que James pôde encontrar foram aquelas envolvidas em processos de verificação. Então ele chegou à conclusão de que as crenças não "concordam com a realidade" (de modo não observável) independentemente de se elas são verificadas, mas em vez disso *vêm a concordar com a realidade* à medida que as relações conjuntivas em questão passam a existir. Daí a doutrina de que "a verdade acontece a uma ideia"!

Mas, uma vez que a realidade tem modos de nos fazer corrigir nossas fórmulas presentes, só o *processo de verificação a longo prazo* como um todo pode "tornar" uma ideia verdadeira. Todos os elementos da teoria da verdade de James – a componente peirceana, a ideia de que nossos interesses práticos desempenham um papel, a concepção de "concordância" de James e a noção de que a verdade "acontece" a uma ideia – devem ser mantidos em mente quando se interpreta qualquer enunciado particular em seu texto.

Apontei na Seção I que, embora Peirce de fato fale sobre "a opinião que é fadada, em última instância, a ter a concordância de todos os que investigam", ele posteriormente explica isso como a opinião para a qual *convergiríamos se* a investigação fosse indefinidamente continuada, e perguntei se James aceitaria uma modificação semelhante. A resposta é que ele não aceitaria. Pois, na visão de Peirce, o *contrafactual* "se a investigação *tivesse sido* indefinidamente prolongada, tal e tal enunciado *teria sido* verificado" pode ser verdadeiro mesmo que nenhum fato realmente experienciado apoie o contrafactual. Um enunciado pode "concordar" com a realidade embora a "relação conjuntiva" que constitui aquele enunciado exista apenas como uma possibilidade contrafactual, e não como uma "experiência conjuntiva". A verdade não tem que "acontecer" para que uma ideia seja verdadeira; apenas deve ser o caso que "ela teria acontecido se". A metafísica de James não tem lugar para tal afirmação. (Mas James não se opõe aos contrafactuais enquanto tais. Muitos contrafactuais de fato acabam sendo verificados. Mas a verdade "acontece" a estes contrafactuais; eles não são tornados verdadeiros por um tipo misterioso de potencialidade ["Terceiridade"], mas pelo "valor prático" de sua incorporação em nosso sistema de crenças.) Peirce responderia que essa insistência em parcelas reais de "experiência pura" como os *únicos* constituintes da realidade é um tipo de "nominalismo", e que o nominalismo é um profundo erro filosófico. Minha preocupação não é decidir a questão entre estes dois grandes pragmatistas, mas expor a enorme diferença em suas assunções metafísicas subjacentes. O "empirismo radical" de James não tem lugar para a "Terceiridade" de Peirce.

DUAS IMPORTANTES (E DIFÍCEIS) PASSAGENS EM *PRAGMATISMO* E *O SIGNIFICADO DA VERDADE*

As leituras errôneas das visões de James sobre a verdade são quase sempre baseadas em quatro parágrafos do *Pragmatismo*. Citá-los-ei inteiros:

> *"O verdadeiro", colocando muito brevemente, é apenas o conveniente no processo de nosso pensamento, assim como "o certo" é apenas o conveniente no processo de nosso comportamento.* Conveniente em quase qualquer sentido; conveniente a longo prazo e na totalidade do curso; pois o que satisfaz convenientemente toda a experiência à vista não satisfará necessariamente todas as experiências mais distantes de modo igualmente satisfatório. A experiência, como sabemos, tem maneiras de *transbordar* e de nos fazer corrigir nossas fórmulas presentes.
>
> O "absolutamente" verdadeiro, significando aquilo que nenhuma experiência mais distante jamais alterará, é aquele ponto de fuga ideal para o qual imaginamos que todas as nossas verdades temporárias algum dia convergirão. Ele equivale ao homem perfeitamente sábio e à experiência absolutamente completa; e se estes ideais forem realizados algum dia, eles serão realizados juntos. Enquanto isso, temos que viver hoje com base naquela verdade que podemos obter hoje e devemos estar prontos amanhã para chamá-la de falsidade. A astronomia ptolomaica,

o espaço euclidiano, a lógica aristotélica, a metafísica escolástica foram convenientes por séculos, mas agora a experiência humana transbordou sobre esses limites, e dizemos que essas coisas são apenas relativamente verdadeiras, ou verdadeiras dentro daqueles limites de experiência. "Absolutamente" elas são falsas; pois sabemos que aqueles limites eram casuais e podiam ter sido transcendidos por teóricos do passado assim como foram por pensadores do presente.

Quando novas experiências conduzem a juízos retrospectivos, utilizando o tempo verbal no passado, o que estes juízos exprimem *foi* verdadeiro, mesmo embora nenhum pensador do passado tenho sido conduzido até ali. Vivemos para adiante, como disse um pensador dinamarquês, mas compreendemos para trás. O presente lança uma luz retroativa sobre os processos prévios do mundo. Eles podem ter sido processos de verdade para os atores que participaram deles. Eles não o são para alguém que conhece as revelações posteriores da história.

Essa noção regulativa de uma verdade potencial melhor, a ser estabelecida posteriormente, possível de ser estabelecida absolutamente, e tendo poderes de legislação retroativa, volta sua face, como todas as noções pragmatistas, para a concretude do fato e para o futuro. Como todas as meias-verdades, a verdade absoluta terá de ser *produzida*, produzida como uma relação incidental para o crescimento de uma massa de experiência de verificação, para a qual as ideias parcialmente verdadeiras estão constantemente contribuindo com sua quota (*P*, 106-107).

Os críticos tipicamente citam apenas a primeira sentença. Tais leitores atentam apenas para a ideia de que a "conveniência" é o que determina a verdade, embora a maior parte dessa conferência (*P*, conferência 6) seja dedicada à "concordância" com as realidades. Assim, Russell cita James como se segue: "O 'verdadeiro' é apenas o conveniente no caminho de nosso pensamento... a longo prazo e na totalidade do curso". Russell omite "colocando muito brevemente" e "em quase qualquer sentido" – indicações de que o que temos é um enunciado temático, e não uma tentativa de formular uma definição de "verdadeiro" – e também substitui a noção de "conveniência" de James pela sua própria, e termina dizendo que James propôs a teoria de que "verdadeiro" significa "tem bons efeitos".

Em *O significado da verdade*, James reclama a respeito de um erro adicional de compreensão: esse erro consiste em acusar "os pragmatistas" de negar que possamos falar sobre algo como uma verdade "absoluta" (*MT*, 142-143).

Talvez tais leitores considerem a observação sobre "o homem perfeitamente sábio" como zombando da verdade absoluta. Mas o que James está nos dizendo é que, apesar de ser verdade que nunca alcançaremos a *totalidade* do conjunto ideal de formulações que constitui a verdade absoluta, "imaginamos que todas as nossas verdades temporárias" *convergirão* para aquele limite ideal. Em sua resposta a esse erro de interpretação, James diz tudo isso:

> Espero que quanto mais completamente os homens discutirem e testarem minha explicação, mais eles concordem que ela *se adequa* e menos eles desejarão uma mudança. Posso, é claro, ser prematuro, e a glória de ser a verdade final e absoluta pode recair sobre alguma revisão ou correção posterior de meu esquema, o qual será então julgado não verdadeiro exatamente na medida em que ele se afasta daquela formulação satisfatória final. Admitir, como nós pragmatistas fazemos, que estamos sujeitos à correção (mesmo embora possamos não esperá-la) *envolve* o uso, de nossa parte, de um padrão ideal (*MT*, 142).

Nas páginas seguintes James é ainda mais explícito:

> A verdade absoluta, diz [o pragmatista], significa um conjunto ideal de formulações rumo ao qual se pode esperar que todas as opiniões convirjam a longo prazo. Nessa definição de verdade absoluta ele não apenas postula que existe uma tendência para tal convergência de opinião, para tal *consenso absoluto*, mas ele postula de igual modo os outros fatores de sua definição, tomando-os emprestados por antecipação das verdadeiras conclusões que se espera alcançar. Ele postula a existência de opiniões, ele postula a experiência que irá peneirá-las, e a consistência que aquela experiência exibirá. Ele se justifica nestas assunções dizendo que elas não são postulados no sentido estrito, mas simples induções do passado estendidas ao futuro por analogia; e ele insiste que a opinião humana já alcançou um equilíbrio bastante estável a respeito delas, e que se o desenvolvimento futuro dessa opinião falhar em alterá-las, a

própria definição, com todos os seus termos inclusos, será parte da própria verdade absoluta que ela define. A hipótese terá, em suma, trabalhado de modo bem-sucedido em torno de todo o círculo e se provado autocorroboradora, e o círculo será fechado (*MT*, 143-144).

Pode-se objetar, contudo, que o que James está fazendo aqui é dar uma definição pragmatista de "verdade absoluta" (a fim de responder àqueles que pensam que um pragmatista não pode ter tal conceito) e que ele tem uma teoria da "verdade" que é bastante *diferente*, de modo resumido.[9] A "verdade" para ele, pode-se alegar, simplesmente *é* o mesmo que ser verificada. Mas tal leitura, além de ignorar a caracterização da verdade como "o impulso total do pensamento", "o destino do pensamento" e "o impulso total da experiência",[10] nos escritos anteriores de James, não se adequa aos parágrafos que acabam de ser citados. O que é verificado *não* é chamado de "verdadeiro", mas apenas "parcialmente verdadeiro". E quando James escreve sobre doutrinas hoje refutadas, como a geometria euclidiana, ele escreve: "dizemos que essas coisas são apenas relativamente verdadeiras, ou verdadeiras dentro daqueles limites de experiência".

Além disso, na própria sentença seguinte, James acrescenta "'Absolutamente' elas são falsas" – e imediatamente escreve sobre nossos juízos mais recentes acerca destes assuntos: "o que estes juízos exprimem *foi* verdadeiro", sem qualquer uso do qualificador "absolutamente". James equipara

---

[9] Essa objeção foi sugerida por David Lamberth.

[10] Falando sobre as proposições "este é um universo moral", "este é um universo não moral" – para James, estas são proposições morais/religiosas fundamentais –, James escreve (em "O sentimento de racionalidade", um dos ensaios de *WB*): "Não se pode dizer que a questão 'Será que esse é um mundo moral?' é uma questão inverificável e sem sentido porque ela lida com algo não fenomênico... a verificação da teoria que você pode sustentar a respeito do caráter objetivamente moral do mundo pode consistir apenas nisto – que se você passar a agir sobre sua teoria, ela não será invertida por nada que mais tarde se revelará como fruto daquela ação; *ela se harmonizará tão bem com o impulso total da experiência que esta última a adotará, por assim dizer, ou no máximo lhe dará uma interpretação mais ampla, sem o obrigar a alterar de maneira alguma a essência de sua formulação*" (*WB*, 86; ênfase acrescentada).

bastante livremente "verdadeiro" e "absolutamente verdadeiro"; é o "parcialmente verdadeiro" que sempre recebe o qualificador.

Alguns comentários sobre a teoria da verdade de James

Uma pessoa pode, creio, aprender muito com James. Ele foi o primeiro filósofo moderno a rejeitar com sucesso[11] a ideia de que nossas impressões são localizadas em um teatro mental privado (e assim constituem uma interface entre nós mesmos e o "mundo exterior"), embora não seja necessário aceitar toda a metafísica da "experiência pura" de James a fim de segui-lo aqui. James enfatizou os modos como a *verificação* e a *valoração* são interdependentes, sem tirar conclusões relativistas ou subjetivistas, e deveríamos fazer o mesmo (Putnam, 1994). James nos ensinou a enxergar os conceitos como instrumentos que servem a muitos interesses diferentes. Mas a teoria da verdade de James é seriamente defeituosa. Mencionarei apenas uma objeção – uma objeção fatal – anotada por Royce em uma cópia do folheto de James, "O significado da palavra verdade" ["The Meaning of the Word Truth"].[12] A objeção é que na explicação de James, para que um enunciado sobre o *passado* seja verdadeiro, é necessário que *se acredite* no enunciado *no futuro* e que ele se torne "o impulso total do pensamento". Desse modo, o valor de verdade de todo enunciado sobre o passado *depende do que acontece no futuro* – e isso não pode estar certo.

James tinha consciência da possibilidade de alguma objeção desse tipo, e Perry nos dá a resposta de James.[13] O que ele diz é simplesmente que há uma diferença entre *realidades* passadas, que não podem ser alteradas, e *verdades* sobre o passado, as quais são "mutáveis". Presumivelmente ele queria dizer que o que é verdadeiro ou falso são os juízos (James – razoavelmente,

---

[11] Thomas Reid e Peirce também se opuseram a ela, mas, a meu ver, sem sucesso (ver Putnam, 1994b, 468n).

[12] As notas de Royce podem ser encontradas em Perry, 1935, 2:735-736. O folheto foi reimpresso em *MT*, 117-119.

[13] Ver a carta a Alfred C. Lane, reimpressa em Perry, 1935, 2:477-478.

em minha opinião – nunca alimentaria a alternativa fregeana de conceber os pensamentos como entidades que existem independentemente dos pensadores); as verdades não existem até que algum pensador de fato as pense. Mas sua afirmação de que o passado é imutável (considerado como uma "realidade" e não como um "juízo") ainda está em tensão com sua teoria, como podemos ver ao considerarmos um juízo histórico dentro de um contexto: digamos que Lizzie Borden cometeu os famosos assassinatos com o machado. Muitos acreditam que ela era culpada; assim, existe o juízo de que ela era, e (uma vez que ela foi inocentada) o juízo de que ela era inocente foi pelo menos considerado como uma possibilidade razoável. Se a imutabilidade do passado significa que é uma "realidade" que Lizzie Borden cometeu os assassinatos ou que é uma "realidade" que ela não o fez, *independentemente de se um ou outro destes juízos for algum dia confirmado*, portanto, se ela cometeu os assassinatos mas o juízo de que ela o fez nunca se tornar "coercitivo sobre o pensamento", segundo a teoria da verdade de James segue-se que

> Lizzie Borden cometeu os assassinatos, mas o juízo de que ela o fez não é verdadeiro – contradizendo o princípio de que, para qualquer juízo *p*, *p* é equivalente ao juízo de que *p* é verdadeiro.

E de modo similar, se ela *não* cometeu os assassinatos, mas o juízo de que ela não o fez nunca se tornar "coercitivo sobre o pensamento", teremos uma violação do mesmo princípio.

James poderia responder que a realidade é imutável, mas o que é *verdadeiro sobre* a realidade não é; mas isso eliminaria totalmente a resposta (a carta a Lane) que Perry reimprime.

O que levou James a esse beco sem saída foi sua falha em desafiar as visões tradicionais de *concepção*. James rejeitou decisivamente a concepção da percepção como interface. E em certo ponto (*ERE*, 10) ele até pareceu preparado para oferecer uma explicação paralela da *concepção*, mas isso não foi completado. Em vez disso, no *Pragmatismo* e em *O significado da verdade* ele voltou a tratar pensamentos e ideias como formatos mentais, "superfícies psicológicas lisas", que exigem *relações exteriores* para conectá-las a objetos públicos. Como vimos, James selecionou várias relações para realizar a conexão, por exemplo, "conduzir a" e "ser um substituto". Uma ideia pode conduzir-me à realidade a que ela se refere ou pode ser uma substituta para essa realidade, no sentido de que a crença nessa ideia funciona tão bem quanto se tivéssemos percebido a realidade em questão.

É fácil ver como surge o problema com a verdade de nossas crenças sobre o passado. Minhas ideias não podem "conduzir-me" a coisas e eventos passados; eles se foram. O único modo como uma "ideia", postulada como "solta e separada" daquilo a que ela se refere (*EPh*, 74), pode "referir-se" às coisas e eventos passados é "substituindo-os". Mas isso é simplesmente dizer que uma ideia de eventos passados é verdadeira se ela funciona agora e no futuro! ("Funciona" no[s] sentido[s] adequado[s] ao "processo de verificação", é claro.) É esse o modo como a falha de James em ser tão radical em sua explicação da concepção quando ele estava disposto a ser em sua explicação da percepção o conduziu a uma teoria desastrosa.

Creio que boa parte daquilo que James desejou negar deve ser negado. É certo que não temos que pensar na verdade como pressupondo uma misteriosa "relação de concordância com a realidade" – *uma e a mesma relação em todos os casos* – ou uma mente infinita capaz de superar as limitações de todos os pontos de vista limitados e finitos (como no idealismo absoluto), ou alguma outra peça de maquinário transcendental, algo metafísico *subjacente* a nossa prática de fazer e criticar afirmações de verdade e que torne essa prática possível. O *Pragmatismo* de James chega ao máximo de sua potência quando ele argumenta apenas isso, e ao mínimo de sucesso quando tenta encontrar as "relações exteriores" que tornam possíveis a referência e a verdade.

10 A disputa entre James e Royce e o desenvolvimento da "solução" de James*

JAMES CONANT

> Em filosofia, temos um... contraste expressado pelos termos "empirista" e "racionalista"... O mundo das experiências pessoais concretas ao qual pertence a rua é múltiplo além da imaginação, emaranhado, turvo, doloroso e perplexo. O mundo que seu professor de filosofia apresenta a você é simples, limpo e nobre... É nesse ponto que minha própria solução começa a aparecer. Ofereço essa coisa de nome estranho, o pragmatismo, como uma filosofia que pode satisfazer ambos os tipos de demanda.

Em uma carta de 1900 a seu colega – e interlocutor filosófico ao longo de toda a vida – Josiah Royce, James confessa: "Quando escrevo, é com um olho em você e um na página... levo uma vida de parasita em relação a você, pois meu mais alto voo de idealidade ambiciosa é me tornar seu conquistador, e entrar para a história como tal... em um último abraço de luta mortal" (*Sel. Letters*, 192). De fato, pode-se supor que boa parte do que James tem a dizer a respeito de um grande número de tópicos da filosofia é escrito com um olho ansioso em seu perene debate filosófico público com Royce. Este ensaio diz respeito a um desses tópicos.

O objetivo deste ensaio é triplo: (1) argumentar a favor de uma afirmação histórica: que a concepção de pragmatismo de James é moldada de modos sutis, e outros não tão sutis, por seu perene debate com Royce, e que é através da luta com as críticas levantadas por Royce contra suas primei-

---

* Este ensaio tem uma dívida para com os escritos de Stanley Cavell sobre perfeccionismo; para com as conversas sobre James com Steven Affeldt, Thomas Carlson, Richard Gale e Hilary Putnam; e para com os comentários sobre um manuscrito anterior feitos por Cora Diamond, Richard Gale e Ruth Anna Putnam.

ras formulações daquela doutrina que James chega à sua própria concepção idiossincrática do pragmatismo; (2) argumentar a favor de uma afirmação interpretativa: que, uma vez vistos contra o pano de fundo desse debate, torna-se possível dar um sentido a diversos traços do pensamento de James que deixaram perplexos os comentadores – mais notavelmente, a afirmação tardia de James de que aquilo que Royce (e agora todo mundo) chama de sua "Teoria Pragmática da Verdade" não deve ser entendido como uma *teoria*; e (3) fornecer um resumo do modo como James chega à sua afirmação filosófica mais significativa – que o progresso genuíno na filosofia só pode ser alcançado através do reconhecimento e da exploração do papel do temperamento na consolidação da convicção filosófica – e de como essa afirmação se relaciona com a concepção madura de pragmatismo de James.

O desafio de Royce

A primeira rodada do debate entre Royce e James consiste na formulação inicial, por parte de Royce, do esboço de um argumento a favor de sua conclusão predileta – a saber, que a doutrina do pragmatismo acarreta a doutrina do idealismo absoluto. Esse esboço inicial é inserido no longo "argumento do erro" de Royce, que ele desenvolve no capítulo 11 de *O aspecto religioso da filosofia* [*The Religious Aspect of Philosophy*]. O modo como Royce coloca a implicação de seu argumento, no que diz respeito a James, é dizer: o pragmatismo, na medida em que deseja limitar sua explicação da verdade a apelos à experiência de sujeitos conhecedores individuais, não será capaz de ter sucesso em traçar uma distinção coerente entre verdade e falsidade. Isso prepara então o caminho para a objeção mais geral de Royce: o pragmatismo, na medida em que é incapaz de fornecer uma explicação coerente da verdade, é incapaz de fornecer uma explicação satisfatória de o que é ter conhecimento *objetivo* (em vez disso o pragmatismo oferece, na melhor das hipóteses, uma explicação de o que é ter crenças justificadas).

Royce afirma que pode derivar toda sua posição metafísica a partir de um único fato indubitável, a saber, que o erro existe. O primeiro passo é estabelecer que esse fato é realmente indubitável. O segundo passo, com cuja execução precisa Royce luta ao longo de toda a sua carreira, tem um sabor kantiano: investigar as pré-condições necessárias para a possibilidade do erro. Royce argumenta que somente se for dada a possibilidade (que ele considera excluída pelo pragmatismo jamesiano) de um certo tipo de ponto de vista ("um ponto de vista absoluto") a distinção entre erro e verdade poderá ser "definitivamente" traçada. Royce, a fim de responder sua questão condutora "como é possível esse único fato indubitável (de que o erro existe)?", diz ter precisado passar pelo "próprio coração do ceticismo" (Royce, 1971, 47). O argumento avança através do coração do ceticismo porque se compromete provisoriamente a duvidar de tudo. Ainda assim, até mesmo o ceticismo, na medida em que adverte que podemos estar sempre enganados (isto é, em erro), parece ainda sugerir que o erro é possível. Será que podemos evitar isso? Será que há alguma maneira de negar até mesmo essa afirmação, isto é, de ir além do ceticismo convencional, e negar que o erro existe? Vamos tentar, diz Royce. Adotemos um ceticismo completo, que se abstém de fazer qualquer afirmação objetiva, que admite apenas o que "parece verdadeiro" – e não o que é objetivamente verdadeiro. Royce argumenta que essa forma extrema de relativismo – que tenta excluir qualquer apelo àquilo que é "objetivamente verdadeiro" – contradiz a si própria no instante em que tenta se formular. O cético nos recomenda sua visão ("de que só existe aquilo que 'me parece verdadeiro'") como verdadeira, e assim, ao recomendar sua teoria, pressupõe que existe pelo menos uma verdade não relativista; mas a existência dessa verdade é suficiente para refutar sua tese original. Assim, ao argumentar que o conteúdo de sua tese é verdadeiro, o relativista (ou, como Royce o chama, "o cético") contradiz o conteúdo de sua tese. O enunciado "o erro existe" deve, portanto, ser objetivamente (ou, como coloca Royce, "absolutamente") verdadeiro ou objetivamente ("absolutamente") falso.

Depois de concluir que "a doutrina da total relatividade da verdade" (uma vez que não pode ser coerentemente enunciada) "não tem nenhum significado real", Royce aponta que "uma visão empirista da verdade" – uma visão que ele identifica com o pragmatismo (ou pelo menos com a exposição inicial dessa doutrina por parte de Peirce), e que ele, o próprio Royce, diz ter adotado "até recentemente" – não está em posição melhor no que diz respeito ao problema do erro. Ele resume sua própria visão empirista anterior como se segue:

O autor costumava dizer: "De fato, a natureza futura não nos é dada, assim como o passado não nos é dado. Os dados sensíveis e o pensamento se unem de novo a todo instante para formar um novo juízo e um novo postulado. Apenas no presente algum juízo tem validade evidente. E nosso postulado de relações causais é apenas um modo de olhar para esse mundo de *dados* concebidos, passados e futuros. Tais postulados evitam ser esforços absurdos para regular fatos dos sentidos – os quais são independentes – porque, e apenas porque, não temos na experiência nenhuma série de fatos completa, mas apenas fatos individuais de momento a momento, sobre os quais fazemos juízos individuais. *Devemos* postular todo o resto ou então passar sem ele" (Royce, 1971, 47).

Royce em seguida argumenta que essa posição é tão vulnerável às consequências autorrefutadoras de se colocar a questão "Será que o erro existe?" quanto qualquer forma de ceticismo ou relativismo radical. Pois essa forma de relativismo deseja sustentar a seguinte tese: "tudo é duvidoso, exceto o conteúdo imediato do juízo do momento presente". Mas qual é o estatuto desse juízo? Parece que ou ele próprio é sujeito à dúvida (e nesse caso não é claro por que devemos aceitá-lo como verdadeiro), ou ele não é sujeito à dúvida, e nesse caso ele parece violar seus próprios ditames. Além disso, se ele é verdadeiro, é incapaz de dar sentido às bases de sua verdade. Ele é incapaz de fornecer uma explicação coerente do ponto de vista a partir do qual ele julga "que tudo além do presente é duvidoso": "pois, ao afirmar tal juízo, ele está fazendo um juízo acerca de algo 'além do presente'" (Royce, 1971, 47). A noção de erro que ele emprega (quando diz que os "juízos além do presente" "estão em erro") pressupõe um ponto de vista que a visão exige que seja inalcançável. Portanto, argumenta Royce, a própria noção de erro que ele emprega é ininteligível.

Ao longo de sua obra subsequente, Royce aprimora ainda mais seu argumento em favor da afirmação de que a teoria da verdade de James se reduz a uma visão do tipo "aquilo que é verdadeiro para mim". Na medida em que o pragmatismo se restringe àquilo que é verificável na experiência de uma única pessoa, Royce argumenta que ele é essencialmente solipsista; pois, estritamente falando, tudo que é imediatamente verificável, no sentido relevante, são enunciados acerca de experiências privadas imediatas. Ao montar (aquele que chamarei de) seu "argumento do solipsismo", Royce se agarra ao incessante discurso de James sobre aceitar verdades "a crédito":

> A verdade vive, em sua maior parte, com base em um sistema de crédito. Nossos pensamentos e crenças "passam" enquanto nada os desafia, assim como cheques bancários passam enquanto ninguém os recusa. Mas tudo isso aponta para verificações diretas cara-a-cara em algum lugar, sem as quais a fábrica da verdade entra em colapso, como um sistema financeiro sem nenhuma base de moeda sonante. Você aceita minha verificação de uma coisa, eu aceito a sua de outra coisa. Nós nos aproveitamos da verdade um do outro. Mas as crenças verificadas concretamente por *alguém* são as colunas de toda a superestrutura (*P*, 100).

Royce se agarra a essa metáfora de adotar a experiência dos outros "a crédito", porque ele enxerga nela a tentativa de James de legitimar (de dentro dos limites estreitamente empiristas de seu pragmatismo inicial) o discurso sobre experiências possíveis que não são parte do conjunto das experiências atuais de uma pessoa (onde estas últimas são as únicas experiências que podem ser submetidas ao teste da verificação direta imediata). Mas "um cheque ou outra evidência de valor é boa se ela *puder* ser transformada em dinheiro vivo em algum ponto convencionado do tempo, ou sob condições especificadas" (Royce, 1969, 697). Royce argumenta que essa é a única condição que a explicação de James para os valores de crédito deixa de satisfazer e que por isso a economia resultante deve terminar em falência.[1]

---

[1] Eis a maneira como Royce resumiu o modo como que ele considera que as metáforas financeiras de James implicam a falência: "Se devemos, então, conceber o pragmatismo recente segundo a imagem de um empreendimento de negócios – uma metáfora que a fraseologia de meu amigo provoca tão insistentemente –, sou obrigado, portanto, a resumir assim sua posição: Primeiro, com uma decisiva clareza, e com uma franqueza bastante estimável, ela confessa a falência, no que diz respeito aos pagamentos realmente necessários da verdade significativa em dinheiro vivo. Segundo, ela se recusa, não obstante, a passar para as mãos de qualquer recebedor real, pois ela não gosta de nada que pareça muito absoluto. E terceiro, ela propõe abertamente e, de modo simples, continuar negociando conforme o velho estilo e título da verdade. 'Afinal', ela diz, 'não gostamos, todos nós, de valores a crédito?'" (Royce, 1908, 346-347).

Em seguida, Royce elabora um argumento adicional contra a teoria pragmatista da verdade. Esse argumento pode ser chamado de "argumento do significado da 'verdade'". James gostava de enfatizar que uma das grandes virtudes do pragmatismo – em relação ao idealismo absoluto ("que ofende o senso da realidade do homem comum") – é que ele respeita a compreensão que o homem comum tem das coisas. Royce tenta voltar esse "apelo ao homem comum" contra James. Royce, em diversos momentos críticos, simplesmente pede ao seu leitor que consulte suas próprias intuições sobre o que ele entende pela palavra "verdade":

> Podemos então nos aventurar a perguntar: Será que esse pragmatismo é uma expressão justa daquilo que entendemos por verdade? (Royce, 1969, 984)[2]

Royce está disposto a admitir que o pragmatista faz alguma justiça às nossas intuições sobre estas questões quando fala, por exemplo, sobre as ideias verdadeiras como sendo aquelas ideias que são bem-sucedidas. Contudo, Royce não está disposto a se contentar com tal caracterização. Pois tudo aqui se baseia no que pensamos acerca daquilo que torna uma ideia bem-sucedida "bem-sucedida":

> Contudo, tudo isso deixa em aberto uma grande questão. Quando buscamos a verdade, nós de fato buscamos ideias verdadeiras. Mas o que, em nome dos céus, constitui o sucesso? (Royce, 1969, 985)

---

[2] Royce repreende repetidamente seus colegas filósofos por sua "confiança impensada em palavras abstratas" e leva-os a atentar àquelas "questões que são imediatamente familiares... bem como bastante negligenciadas na filosofia. Quando usamos as palavras... nós facilmente nos iludimos com os significados meramente abstratos que associamos a cada termo tomado separadamente do outro. Esquecemos as experiências a partir das quais as palavras foram abstraídas. Devemos retornar a estas experiências sempre que realmente desejamos compreender as palavras" (Royce, 1915, 15-16).

Em particular, Royce tem suas dúvidas a respeito de qualquer caracterização do significado da palavra "verdade" que tenta explicar a natureza desse "sucesso" em termos de considerações de conveniência:

> É claro, nós mortais buscamos qualquer verificação de nossas verdades que pudermos obter na forma do sucesso presente. Mas será que você pode expressar nossa definição humana de verdade em termos de qualquer conjunto de nossas experiências humanas de conveniência pessoal? (Royce, 1969, 986)

O desafio de Royce aqui é que quando James iguala a noção de verdade à de conveniência ele está obviamente violentando nossas intuições a respeito do uso apropriado da palavra "verdadeiro". Quando dizemos que algo é "verdadeiro", insiste Royce, queremos dizer algo bastante diferente de "conveniente". Para reforçar esse ponto, Royce nos pede para considerar o juramento de uma testemunha em um tribunal. Pedimos à testemunha "para jurar dizer a verdade, somente a verdade, nada mais que a verdade". Royce nos pede para nos concentrarmos nessa última frase: "nada mais que a verdade". O que *entendemos* pela palavra "verdade" aqui? O que estamos pedindo que a testemunha exclua de seu testemunho? Entre outras coisas, estamos pedindo a ela para pôr de lado todas as considerações de utilidade ou conveniência – particularmente as de conveniência *pessoal*. Na medida em que a testemunha falha em satisfazer nossas expectativas a esse respeito, temos bases para concluir que ou (1) ela não compreende a palavra "verdade", ou (2) ela compreende o conteúdo de seu juramento e falhou em cumpri-lo. O pragmatista, argumenta Royce, não pode fazer justiça ao que a palavra "verdade" significa em tal contexto. Pois sua explicação da verdade obscurece a própria distinção que pedimos que a testemunha no tribunal mantenha fixa em sua mente.[3] Royce conclui que o pragmatista

---

[3] Royce esboça seu exemplo da seguinte maneira: "Bem, quanto ao nosso conceito de verdade, consideremos um caso de teste para nos ajudar a responder a essa questão. Suponhamos que uma testemunha apareça, em algum banco de testemunhas, e se recuse a fazer o juramento normal, porque ela tem escrúpulos de consciência, devido ao fato de ela ser um pragmatista recente que possui uma bela definição nova da verdade,

não pode dar sentido ao significado ordinário da palavra "verdade", que todos nós compreendemos espontaneamente e no qual confiamos em tal contexto (cf. Royce, 1969, 988). A distinção (entre verdade e conveniência) que o pragmatista falha em traçar aqui é uma distinção que é incorporada em nosso uso comum e que forma uma parte integral de nosso senso comum.[4] Assim, na medida em que o pragmatismo é incapaz de acomodar essa distinção "perfeitamente universal" e "corriqueira", ele falha em satisfazer seu próprio critério (de não "violentar desnecessariamente o senso comum") para aquilo que contaria como uma explicação adequada da verdade.

A conclusão que Royce busca com cada um desses argumentos – uma conclusão que ele visa utilizar para seus próprios propósitos dialéticos – é que o critério de verdade do próprio pragmatismo é estreito demais para ser capaz de acomodar a afirmação de que a teoria da verdade do pragmatista é ela mesma verdadeira:

> A proposição "Este é o verdadeiro funcionamento, e, para os propósitos de um dado teste, o funcionamento logicamente rele-

---

e só pode ser jurada em termos dessa definição. Suponhamos que ela receba, logo em seguida, plena liberdade para expressar seu juramento à sua própria maneira. Que ela diga, consequentemente, com escrupulosidade técnica, a definição de verdade de meu colega: 'Prometo dizer o que quer que seja conveniente, nada mais que o conveniente, e que a experiência futura me ajude'. E vos pergunto: Vocês pensam que essa testemunha expressou adequadamente aquela visão da natureza da verdade que vocês realmente desejam que uma testemunha tenha em mente?" (Royce, 1969, 987).

[4] Eis Royce se referindo ao modo como o pragmatismo ofende o senso comum: "Mas eu insisto, em resposta, que o senso comum bem sente que essa crença seja conveniente de momento a momento, e ainda assim distingue claramente entre essa conveniência e a verdade que o senso comum atribui o tempo todo à crença. A distinção é precisamente aquela que minha ilustração imaginária do pragmatista no banco das testemunhas sugeriu. É uma distinção perfeitamente universal e corriqueira. Diga-me que 'Essa opinião é verdadeira', e posso concordar, discordar ou duvidar do que quer que você esteja falando; contudo, de qualquer modo, você enunciou uma questão momentosa. Mas diga-me 'No momento acho que essa crença é conveniente, sinto que ela é congruente', e você explicitamente me deu apenas um pedaço de sua biografia pessoal, e não me disse nenhuma outra verdade a não ser uma verdade acerca do estado presente de seus sentimentos" (Royce, 1969, 989-990).

vante, da ideia a ser testada" deve ser ela mesma verdadeira, se se pretende que a comparação empírica de qualquer um destes funcionamentos com os fatos da experiência tenha algum valor como teste (Royce, 1951, 117).

Consideremos a proposição (de James) citada entre aspas na passagem acima. Essa proposição é proposta como verdadeira; contudo, ela não é capaz de acomodar a possibilidade de uma explicação de sua própria verdade. Para que tal proposição seja verdadeira, com base em sua própria explicação, sua verdade deve ser experiencialmente verificável, porém suas afirmações ultrapassam a possibilidade de tal verificação:

> A verdade da proposição que acaba de ser posta entre aspas é uma verdade de um tipo que nenhum único homem, em qualquer instante, jamais testa pessoal e empiricamente. Em todo caso especial ela pode ser, e em geral deve ser, considerada duvidosa. Ainda assim, a menos que algumas proposições desse tipo sejam verdadeiras, o Pragmatismo se torna uma doutrina sem sentido; ao passo que, se quaisquer proposições desse tipo forem verdadeiras, existe um tipo de verdade para o qual o Pragmatismo não fornece nenhuma explicação (Royce, 1951, 117-118).

Ou "toda a explicação pragmatista da verdade se torna simplesmente sem sentido", ou o pragmatismo necessita de um complemento:

> Em suma, o Pragmatismo pressupõe uma certa unidade no significado e na coerência da experiência tomada como um todo – uma unidade que nunca pode ser testada em momento algum por qualquer ser humano. A menos que as proposições que declaram a existência e descrevem a natureza dessa pressuposta unidade sejam elas mesmas verdadeiras, o Pragmatismo não tem nenhum sentido. Mas se elas forem verdadeiras, o Pragmatismo pressupõe um tipo de verdade para o qual ele não fornece nenhuma explicação adequada. Dizer isso não é dizer que o Pragmatismo fornece uma visão inteiramente falsa da natureza da verdade, mas é apenas insistir em sua inadequação. Ele precisa ser complementado (Royce, 1951, 118).

Sem complementação não há nenhuma maneira segundo a qual o pragmatista possa afirmar que sua própria teoria da verdade é verdadeira; na ausência de tal complementação, não é claro que nos tenha sido oferecido algo que possa ser dignificado com o título de uma "teoria da verdade". Isso especifica a agenda para o pragmatismo de James: encontrar um método de enunciar uma teoria pragmatista da verdade que evite o problema de que ela refuta a si própria no instante em que o critério de verdade da própria teoria é aplicado a ela mesma.

Tendo estabelecido o fato indubitável de que o erro existe, Royce passa a construir (de modo não totalmente convincente) o restante de sua doutrina, a partir do reduzido fundamento oferecido por esse único ponto de apoio. Ele faz isso envolvendo-se em uma investigação transcendental kantiana das condições necessariamente pressupostas pelo fato de que "o erro é obviamente possível de algum modo". Royce oferece uma série de argumentos para mostrar que todas as visões de senso comum do que poderiam ser estas condições são claramente inadequadas e precisam ser complementadas por pressuposições que transcendem (mas não contradizem) qualquer coisa que nos é sugerida pelo senso comum. Royce tenta então impor a James o seguinte dilema: ou (1) você se restringe a uma análise do erro a qual permanece imanente na experiência humana e consequentemente se compromete com uma doutrina que em última instância refuta a si mesma, ou (2) você permite que sua análise de como chegamos a nossos juízos de erro seja complementada por uma explicação das "condições lógicas" do erro – onde a única explicação sustentável, afirma Royce, será aquela que se permite um apelo a um "pensamento inclusivo superior", um pensamento capaz de relacionar os juízos isolados a todos os outros juízos possíveis e atuais acerca do objeto intencionado de juízo. Quando ele se dedica a desempacotar essa noção de um "pensamento inclusivo superior", Royce tira seu coelho idealista absoluto – isto é, o "conhecedor absoluto" – daquela que à primeira vista parece ser uma cartola perfeitamente comum. Pois Royce passa a argumentar que o objeto intencionado de cada um de nossos pensamentos é "abarcado" por um *único* "pensamento infinito" todo-inclusivo – e tal "pensamento infinito" pressupõe a existência de um Ser Absoluto que o pensa. Se o pragmatista deseja tornar inteligível a distinção entre verdade e falsidade (que ele pressupõe em sua teoria da verdade), ele deve em última instância admitir a existência de tal conhecedor absoluto como um fundamento que subjaz à possibilidade de todo juízo – este é o desafio de Royce a James.

As tentativas iniciais de resposta de James

A primeira reação de James ao argumento de Royce é ficar simplesmente estarrecido. Em 1887, ele escreve a Carl Stumpf a respeito do novo livro de Royce:

> A segunda metade é um novo argumento a favor do idealismo monista, um argumento baseado na possibilidade da verdade e do erro no conhecimento, sutil por si mesmo, e exposto de modo bastante extenso, mas me parecendo ser uma das poucas grandes sugestões originais dos escritos filosóficos recentes. Em vão tentei escapar dele. Ainda suspeito de sua inconclusividade, mas francamente confesso que sou incapaz de derrubá-lo... Posso te assegurar que, se você analisá-lo de perto, você dirá que seu autor pertence à genuína estirpe filosófica (*Letters*, 1:265).

James oscila por mais seis anos, expressando finalmente em uma carta a D. S. Miller (parcialmente inspirado por algumas das objeções deste último à visão de Royce) a resolução de se decidir a respeito da questão, de um modo ou de outro:

> com a ajuda de Deus tentarei de novo neste semestre, quando eu começar meu último ataque à teoria de Royce, que deve resultar ou em que eu me torne *ativamente* um propagador desta, ou ativamente seu inimigo ou destruidor. Já era hora de essa atitude mais decisiva ser gerada em mim, e isso deve ocorrer neste inverno (*Letters*, 2:18).

James começa essa tarefa contestando a afirmação de Royce de que a única maneira de evitar o solipsismo é postular um "conhecedor absoluto". Ora, como vimos, Royce (em seu "argumento do solipsismo") impõe o seguinte dilema a James:

(a) a única maneira de as experiências de outros (que são temporariamente aceitas a crédito) serem finalmente "descontadas" é através da verificação direta imediata na experiência do próprio indivíduo;

(b) estas experiências aceitas a crédito são verificadas de alguma outra maneira (ao invés da experiência direta), que não requer a averiguação de seu valor prático diretamente verificável.

Se James escolhe a opção (a), Royce mostrará que essa teoria se reduz a uma teoria essencialmente solipsista que é autorrefutadora exatamente do mesmo modo que a teoria de que "'verdadeiro' significa 'aquilo que me parece verdadeiro'". Se James tenta optar por (b), então Royce perguntará: Como você pretende descontar todos estes valores de crédito e fazer com que sua nota promissória seja boa? Qual é essa "outra maneira" por meio da qual podemos divisar a verdade de experiências que não são diretamente verificáveis?

Ora, a crítica acima é sem dúvida provocada por algumas das alegações de James; mas, parcialmente em resposta a essas objeções, James deixa claro que ele deseja conceber a verificação pragmática tanto em termos holísticos quanto intersubjetivos.[5] Seus frequentes apelos à experiência devem agora ser interpretados como apelos à totalidade da experiência humana, incluindo tanto apelos (diacrônicos) ao passado e ao futuro da humanidade quanto apelos (sincrônicos) à coletividade da experiência humana. James se desvia de seu caminho em diversos lugares para tornar explícito que ele endossa totalmente a afirmação de Royce de que nenhuma forma de individualismo epistemológico radical pode fornecer um fundamento coerente para uma "teoria do sucesso empírico das ideias". Qualquer apelo, à medida que restringe seu escopo aos limites da experiência de um indivíduo solitário, nunca pode se transformar em uma pretensão inteligível à verdade. Como coloca James em sua discussão da "solidão moral" em "O filósofo moral e a vida moral" ["The Moral Philosopher and the Moral Life"], um universo em que só existe uma pessoa é um universo em que a verdade não existe:

---

[5] Ver, por exemplo, *P*, 35-36, 44, 83.

Em um universo como esse, é claro que seria absurdo levantar a questão de se os juízos do pensador solitário sobre o que é bom ou ruim são verdadeiros ou não. A verdade supõe um padrão fora do pensador, ao qual ele deve se adequar (*WB*, 191).

A passagem acima é praticamente uma paráfrase de uma das alegações centrais de Royce. A sentença resume o que James considera ser a moral correta a ser derivada do "argumento do erro" de Royce. O pragmatismo, tanto quanto o absolutismo, exige um "conhecedor mais amplo" – mas não tão amplo. A questão crucial para James torna-se: Onde se localiza a fonte da objetividade, se não no Absoluto? Onde se situa o "padrão fora do pensador, ao qual seu pensamento deve se adequar"? Sua resposta a essa questão será mais bem esclarecida na próxima rodada do debate.

Neste ponto do debate as ambições filosóficas de James também se tornam mais modestas. Contra a afirmação de Royce de que apenas uma alternativa coerente está aberta ao filósofo, o projeto filosófico de James torna-se *mostrar que há uma alternativa coerente ao idealismo absoluto*. Seu projeto não é mais mostrar que essa concepção alternativa é ela própria verdadeira. Ele assume que Royce demonstrou que um pragmatista sincero e consistente deve reconhecer que os recursos necessários para descontar essa nota promissória estarão sempre além de suas possibilidades. Seu projeto torna-se simplesmente mostrar que há de fato uma alternativa genuína aberta ao filósofo – que o pragmatismo permanece sendo uma opção "viva". Mas Royce se opõe: para que uma hipótese seja uma opção viva para nós, devemos ao menos ser capazes de saber o que significa o fato de ela ser verdadeira. Assim, resta a James a tarefa de responder ao "argumento do significado da 'verdade'" de Royce.

A estratégia de James para evitar a objeção do "juramento da testemunha" de Royce espelha a tentativa do utilitarista acerca das regras para resistir à objeção comum ao utilitarismo acerca dos atos (i. e., a objeção de que o utilitarismo deve ser falso, uma vez que a teoria nos dá permissão para cometer atos que são evidentemente abomináveis do ponto de vista moral). A estratégia (em ambos os casos) é modificar a teoria de modo que ela só se aplique à justificação de práticas (em vez de ações individuais).

James afirma que a base última para a *prática* da honestidade – em relação à qual nossa comunidade corretamente estipula um prêmio – pode ser inteiramente explicada em termos pragmáticos, sem que se dê permissão, de modo algum, para que um indivíduo engajado em um exemplo isolado de tal prática invoque essas bases pragmáticas em suas próprias deliberações pessoais. Tudo que a testemunha no banco das testemunhas deve fazer (a menos que ela tenha descoberto alguma base notável para impugnar nossa prática como um todo) é simplesmente aquilo que todos nós já queremos que ela faça – aquilo que nossa prática apropriadamente exige dela: "dizer a verdade, somente a verdade, nada mais que a verdade".

Se a fórmula de James (as crenças "verdadeiras" são aquelas que "nos guiam com sucesso através da experiência") fosse entendida em termos daquilo que guia cada um de nós *individualmente*, o argumento do solipsismo de Royce teria força aqui. Pois a expressão "com sucesso" estaria então se referindo apenas àquilo que é "conveniente para mim". Mas, como vimos, James afirma que a verdade pressupõe um ponto de vista exterior ao sujeito *individual* que julga. Ele quer ser capaz de dizer a Royce: nós não discordamos sobre a natureza da verdade, nós só discordamos sobre a necessidade de postular o Absoluto.[6] A forma do desafio que James enfrenta

---

[6] Assim, James nega a frequente afirmação de Royce – como encontrada, por exemplo, nas seguintes observações no prefácio de Royce a *A Filosofia da Lealdade* [*The Philosophy of Loyalty*] – de que ele e Royce discordam sobre a natureza da verdade: "Precisei me envolver em uma certa polêmica acerca do problema da verdade – uma polêmica voltada contra certas opiniões recentemente expostas por um de meus amigos mais queridos, ... meu professor por algum tempo em minha juventude; meu estimado colega por muitos anos – o Professor William James... Mas se ele e eu não enxergamos a verdade sob a mesma luz no presente, ainda assim fazemos bem, penso eu, como amigos, em cada um dizer o que pensa" (Royce, 1908, x-xi; esse prefácio não foi reimpresso em Royce, 1969).

Em reação às observações acima, em uma carta de 1908 a Royce, James afirma que ele e Royce concordam a respeito daquilo que importa (a natureza da verdade); eles discordam meramente a respeito de uma ninharia – diz James zombeteiramente: "Caro Royce, ... tenho pesar em dizer que não enxergamos a verdade sob a mesma luz, pois a única coisa que vemos diferentemente é o Absoluto, e certamente semelhante ninharia não é uma coisa pela qual dois cavalheiros devam se separar" (Perry, 1935, 2:822).

neste ponto pode ser colocada como se segue: formular uma explicação do padrão relevante (com o qual o juízo deve concordar a fim de ter uma pretensão à verdade) de modo que ele satisfaça os seguintes desideratos: (1) o padrão deve permanecer inteiramente externo a cada pensador individual,[7] e ainda assim (2) ser de algum modo uma função das experiências coletivas do agregado de pensadores individuais. Assim, vemos James dizer coisas como essa: as crenças verdadeiras são aquelas que mais beneficiam a humanidade a longo prazo, que mais conduzem ao florescimento das vidas individuais e a uma vida social harmoniosa em geral, e assim por diante. James quer concordar com Royce que "a verdade supõe um padrão fora do pensador" e ainda assim evitar o apelo a um ponto de vista absoluto royceano "para além da experiência de todos os pensadores possíveis". Ele pretende fazer isso localizando a fonte da verdade na experiência coletiva dos sujeitos julgantes finitos. James agora precisa ser capaz de mostrar como o padrão da verdade se precipita a partir da "concordância da comunidade" no nível correto.

A fim de evitar objeções semelhantes às de Royce, James sabe que deve repudiar todas as três seguintes interpretações de sua teoria: (1) que seu apelo à comunidade seja entendido em termos etnocêntricos (como se referindo meramente às normas de *nossa* cultura); (2) que o conceito relevante de "concordância" seja entendido de modo convencionalista (como se a verdade se baseasse em estipulações subjacentes contingentes); (3) que a verdade seja analisada em termos puramente comunitários (a verdade

---

[7] Royce coloca o desafio como se segue: "Pois a questão simplesmente retorna: em que sentido estas proposições sobre minha própria experiência possível são verdadeiras, quando não testo sua verdade – sim, verdadeiras embora eu, pessoalmente, *não possa* testar sua verdade? Estes créditos, irrecuperáveis em termos da moeda sonante de minha experiência – em que consiste seu verdadeiro valor de crédito? Aqui um indivíduo se encontra aparentemente na bifurcação dos caminhos. Ele pode responder a essa questão dizendo: 'A verdade destas asserções (ou sua falsidade, se elas forem falsas) lhes pertence quer eu as credite ou não, quer eu as verifique ou não. Sua verdade ou sua falsidade é um caráter delas próprias, e é independente do meu crédito e da minha verificação'. Mas dizer isso parece ser, afinal, justamente o intelectualismo que tantos de nossos pragmatistas modernos condenam" (Royce, 1969, 698).

como consenso *de fato*). Cada uma destas três alternativas é desmascarada por Royce como uma versão disfarçada do relativismo. James tenta evitar (1) afirmando que a comunidade relevante é a mais ampla possível (a experiência coletiva da "humanidade como um todo a longo prazo de uma perspectiva histórica"). Ele tenta evitar (2) declarando que aquilo que está em questão é uma "concordância última" regulada por um "padrão ideal" que é, por sua vez, sempre "sujeito à correção" (*MT*, 142).[8] E tenta evitar (3) introduzindo a noção de convergência (à la Peirce)[9] rumo a um "limite ideal".[10] Mas, apesar de toda essa sutileza da parte de James, Royce pode responder que essas modificações da doutrina original ainda assim não deixam o pragmatista em uma posição melhor em relação ao problema fundamental. Pois ele ainda carece dos meios necessários para genuinamente distinguir o que é certo daquilo que meramente parece certo. O apelo à "convergência de opinião" rumo a um "consenso absoluto" (*MT*, 143) simplesmente adia o problema original, ao identificar agora o "certo" (em vez de "aquilo que me parece certo") com "aquilo que parecerá certo a todos nós no futuro". Mas isso não serve. Qualquer teoria adequada da verdade, sustenta Royce, deve ser capaz de acomodar a possibilidade de que toda nossa comunidade pode concordar acerca de uma questão em particular e ainda assim estar enganada. Na medida em que a teoria de James é incapaz de acomodar essa possibilidade, ela continua a privar de objetividade os nossos juízos: ela meramente substitui uma forma de subjetividade por outra – a subjetividade da primeira pessoa do singular pela da primeira pessoa do plural. Assim como no caso do exemplo anterior (o

---

[8] Isto, é claro, é exatamente o que Royce insiste que ele deve dizer. A questão sobre a qual eles continuam a discordar é se James pode apoiar sua afirmação de que o padrão em questão é um padrão genuinamente sujeito à *correção* (em vez de ser meramente aberto à revisão de acordo com os caprichos transitórios da comunidade).

[9] Mas excluída a afirmação peirceana de que estamos *fadados* a convergir deste modo.

[10] "A verdade absoluta, diz [o pragmatista], significa um conjunto ideal de formulações rumo ao qual pode-se esperar que todas as opiniões convirjam a longo prazo" (*MT*, 143).

exemplo da testemunha), Royce pode responder que resta uma questão que deveríamos ser capazes de levantar, mas que o pragmatismo nos diz que não podemos levantar. Deveríamos ser capazes de perguntar: "Mesmo embora tal-e-tal juízo pareça verdadeiro para todos nós, de qualquer modo, será que ele *é* verdadeiro?". Não temos nenhuma dificuldade em compreender o significado dessa questão. Na medida em que a teoria do pragmatista implica que essa questão perfeitamente inteligível carece de inteligibilidade, ela continua a violentar nossa compreensão de senso comum do significado da palavra "verdadeiro".[11]

A "solução" de James: Aplicar a vontade de crer ao pragmatismo

Na rodada final do debate, James faz um movimento surpreendente: ele endossa ambas as conclusões de Royce. Ele acaba efetivamente concordando: (a) que o pragmatista não pode falar sobre a verdade de sua própria "teoria da verdade" e (b) que, estritamente falando, é portanto enganoso até mesmo chamar de "teoria" aquilo que ele oferece. O que James faz, em vez disso, é reexaminar a força da refutação racionalista original de Royce ao ceticismo. Em seu artigo "A explicação pragmatista da verdade e suas incompreensões" ["The Pragmatist Account of Truth and its Misunders-

---

[11] Dewey, que continua a tentar refinar a teoria de James (identificando a verdade com a afirmabilidade justificada sob condições epistêmicas ideais), ao final (em sua *Lógica*) aquiesce a essa crítica de Royce e é simplesmente derrotado. Ele declara que não está mais empenhado em nos dizer o que entendemos por "verdadeiro", mas está, em vez disso, simplesmente desbastando a noção do senso comum e oferecendo uma explicação revisionista da verdade. Na medida em que a explicação de James frequentemente se assemelha à de Dewey, alguns comentadores se sentiram no direito de concluir que James também pretende se envolver com o empreendimento de oferecer uma explicação revisionista da verdade. Mas a preponderância da evidência textual depõe contra a afirmação de que James propõe sua teoria neste espírito. Pois ele continua dizendo ao seu leitor: minha explicação (diferentemente da de Royce) concorda melhor com nosso entendimento natural – o entendimento do homem comum; e ele continua dizendo a Royce: nós não discordamos acerca da natureza da verdade, nós só discordamos quanto à necessidade de postular o Absoluto.

tandings"], James relata a objeção de Royce, distinguindo-a parcamente como pertencendo a "um correspondente":

> *Quinta incompreensão: O que os pragmatistas dizem é inconsistente com seu ato de dizê-lo.* Um correspondente coloca essa objeção da seguinte maneira: "Quando você diz à sua audiência 'o pragmatismo é a verdade acerca da verdade', a primeira verdade é diferente da segunda. A respeito da primeira, você e eles não precisam disputar; você não está lhes dando a liberdade de pegá-la ou largá-la à medida que ela funciona ou não satisfatoriamente para os usos privados deles. Mas a segunda verdade, que deveria descrever e incluir a primeira, afirma essa liberdade. Assim, a *intenção* de seu pronunciamento parece contradizer seu *conteúdo*" (*MT*, 107).

Esse é um adorável resumo da objeção favorita de Royce contra o pragmatismo. É também um exemplo de substituição do argumento que ele utiliza para demonstrar a insustentabilidade do ceticismo. O que James faz nesse ponto é reabrir a questão de se o argumento original de Royce realmente elimina a possibilidade de manter uma atitude cética:

> O ceticismo geral sempre recebeu essa mesma refutação clássica. "Vocês têm de dogmatizar", dizem os racionalistas aos céticos, "sempre que vocês expressam sua posição cética; assim suas vidas continuam contradizendo sua tese". Poder-se-ia supor que a importância de um argumento tão respeitável, para reduzir no menor grau a quantidade de ceticismo geral no mundo, poderia ter levado alguns racionalistas a duvidar, eles próprios, se estas refutações lógicas instantâneas são maneiras tão fatais, afinal, de eliminar atitudes mentais vivas. O ceticismo geral é a atitude mental viva de se recusar a concluir. É um torpor permanente da vontade, renovando-se em detalhes a cada tese sucessiva que se oferece, e você não pode eliminá-lo por meio da lógica, assim como não pode eliminar a obstinação ou as brincadeiras. É por isso que ele é tão irritante. O cético consistente nunca coloca seu ceticismo na forma de uma proposição formal – ele simplesmente o escolhe como um hábito. Ele se abstém provocativamente, quando poderia facilmente se juntar a nós e dizer sim, mas ele não é ilógico ou estúpido – ao contrário, ele frequentemente nos impressiona por sua superioridade intelectual. Esse

é o ceticismo *real* que os racionalistas devem enfrentar, e sua lógica não chega nem mesmo a tocá-lo (*MT*, 107-108).

James enfatiza aqui que, para que a refutação de Royce ao ceticismo penetre, o cético precisa declarar e afirmar uma tese cética. Ele tem de formulá-la em uma proposição e proclamá-la como uma verdade geral. Se ele o faz, Royce o tem onde deseja. Contudo, o que o argumento de Royce não pode tocar é "a atitude mental viva" do cético. Pois essa atitude é um hábito escrupulosamente inculcado, em vez de uma proposição (e muito menos uma teoria).[12] Portanto, o ceticismo como uma atitude existencialmente incorporada em relação à vida não é algo que esteja sujeito a ser eliminado por meio de "refutações lógicas instantâneas". O crítico royceano está correto ao concluir que o cético nunca será capaz de propor seu ceticismo na forma de uma teoria filosófica coerente. No entanto, o cético não busca formular uma teoria filosófica, e assim ele não experiencia como uma causa de preocupação sua inabilidade de fazê-lo.[13] James está preparando o caminho aqui para a afirmação de que a mera lógica é similarmente incapaz de eliminar a convicção do pragmatista. Mas resta um problema: é dito que a "atitude mental viva" do cético é imune à refutação apenas na medida em que ele se abstém de formulá-la como uma proposição declarável. James, no entanto, formula sua concepção pragmática da verdade, não formula? A fim de adotar essa linha de defesa, James deve repudiar sua ambição anterior de formular uma "*teoria* pragmática da verdade" – isto é, algo que deve assumir uma forma proposicional e cuja integridade se volta contra sua imunidade a "refutações lógicas instantâneas". Se ele busca permanecer

---

[12] Ignorarei aqui a questão de se essa distinção (entre afirmar algo como uma verdade geral e sustentá-lo como uma atitude mental viva) pode realizar o trabalho que James deseja. (Sou inclinado a pensar que ela não pode.) Estou simplesmente interessado aqui em como James, ao se valer dessa distinção, acredita ter encontrado uma maneira de simultaneamente (1) sustentar que o pragmatismo não é uma "teoria" e (2) recomendar o pragmatismo a seus leitores como uma "filosofia".

[13] Pode-se ler James aqui como dizendo a Royce: seus argumentos podem curto-circuitar a moda da teoria cética moderna (cartesiana), mas não o velho estilo da antiga prática cética (pirrônica).

"incensuravelmente autoconsistente", o pragmatista deve se limitar a propor "uma atitude mental viva" que ele recomenda que adotemos, cultivemos e incorporemos ao contexto de nossas vidas:

> A ideia de verdade do pragmatista é... um desafio. Ele acha extremamente satisfatório aceitá-la e adota sua própria posição de modo correspondente. Mas, sendo gregários como são, os homens buscam espalhar sua crenças, despertar a imitação, infectar os outros. Por que *você* também não deveria achar satisfatória a mesma crença?, pensa o pragmatista e imediatamente se esforça para te converter. Você e ele acreditarão então de modo similar; você segurará sua extremidade subjetiva de uma verdade, que será uma verdade objetiva e irreversível se a realidade segurar a extremidade objetiva, estando simultaneamente presente. O que há de autocontradição em tudo isso eu confesso não poder descobrir. A conduta do pragmatista em seu próprio caso me parece, ao contrário, ilustrar admiravelmente sua fórmula universal; e de todos os epistemólogos, ele é talvez o único que é incensuravelmente autoconsistente (*MT*, 108).

A "conduta do pragmatista em seu próprio caso" deve ser vista como "incensuravelmente autoconsistente", porque ele não está oferecendo uma teoria, mas uma "*concepção* da verdade" – uma proposta acerca de como devemos conduzir nossas vidas:

> Os próprios pragmatistas desempenham o papel do conhecedor absoluto para o universo de discurso que lhes serve como material para a epistemologização. Eles garantem a realidade ali, e o conhecimento verdadeiro do sujeito sobre essa realidade. Mas que o que eles mesmos dizem sobre a totalidade do universo seja objetivamente verdadeiro, isto é, que a teoria pragmática da verdade seja *realmente* verdadeira, isso eles não podem garantir – eles só podem acreditar. Aos seus ouvintes eles só podem *propor* isso, como eu o proponho aos meus leitores, como algo a ser verificado *ambulando*, ou pelo modo como suas consequências possam confirmá-lo (*MT*, 108).[14]

---

[14] A partir do contexto, é bastante claro que aqui James está respondendo a Royce.

James está preparado aqui para admitir a validade da afirmação de Royce de que a chamada teoria pragmatista da verdade não pode se propor verdadeira (que aquilo que os próprios pragmatistas "dizem sobre a totalidade do universo seja objetivamente verdadeiro, isto é, que a teoria pragmática da verdade seja *realmente* verdadeira, isso eles não podem garantir") e também está preparado para se declarar imperturbado por essa afirmação. Ele só pode nos "propor" (James coloca essa palavra em itálico) seu credo pragmatista como algo que podemos "verificar" conforme seguimos adiante na vida.[15]

James não está oferecendo quaisquer argumentos que nos compelirão logicamente a aceitar uma tese particular. Ele propõe o pragmatismo não como uma teoria (algo que pode ser verdadeiro ou falso), mas como um guia para a ação (algo que pode ou não nos servir bem em "nossa conduta do negócio de viver"). Mas podemos perguntar: e daí que ele o propõe? Por que deveríamos aceitá-lo? Se James é incapaz de argumentar a favor da verdade de sua "concepção", que instância de apelo racional permanece aberta para ele?

Na conferência de abertura das *Conferências sobre o Pragmatismo* [*Lectures on Pragmatism*], James parece estar recomendando-nos o pragmatismo com base no fato de que ele se adequará a alguns de nossos temperamentos melhor do que qualquer uma das outras alternativas disponíveis no mercado filosófico. Ele oferece sua famosa classificação dupla das filosofias de atitude mental rija e tenra, e então parece sugerir que alguns dentre seus ouvintes (a saber, aqueles que se inclinam temperamentalmente mais para um dos dois tipos extremos de sensibilidade) estarão corretos em concluir que o pragmatismo não serve para eles. Em outras palavras, James parece perfeitamente disposto a admitir que alguns de seus leitores *deveriam* adotar uma filosofia tirada de um dos dois campos inimigos, se tal filosofia

---

[15] Se se pretende dar a isso algum sentido, os significados das palavras "propor" e "verificar" devem ambos ser entendidos à luz da afirmação de que o que está em questão aqui é a adoção – não de uma teoria, mas, em vez disso – de uma atitude mental viva.

é "mais adequada" a seus temperamentos particulares. Essa concessão ao inimigo pode parecer difícil de acomodar com uma sugestão posterior que também está inegavelmente presente: a saber, que uma atração por qualquer uma das opções filosóficas padrão, a da mente rija e a da mente tenra, é o indicativo de uma certa deformação e empobrecimento da personalidade humana. Sob a pressão de nossos impulsos filosóficos mais extremos, sugere James, tendemos a cultivar "uma certa cegueira em nós mesmos", tolhendo nossas capacidades de visão e resposta. (A localização de nossos pontos cegos depende de para qual extremo nos inclinamos.) James admite abertamente que a maioria dos *filósofos* pertence a uma das duas tendências extremas, mas ele sugere que isso tem a ver, em grande medida, com o modo como a busca da filosofia como uma atividade profissional ao mesmo tempo atrai e produz "homens de idiossincrasia radical" (*P*, 11). Ele alerta que não devemos deixar que essa preponderância de "homens muito notáveis positivamente" (*P*, 11) na filosofia obscureça para nós o fato de que "o entendimento humano saudável" do homem ou da mulher comuns — na medida em que permanece incorrupto pela exposição excessiva à (aquilo que ele chama de) "filosofia técnica" — tenderá a se inclinar, bastante apropriadamente, a uma posição que se encontra em algum lugar entre os dois extremos.[16]

James declara que está simplesmente tornando explícito o fato (normalmente cuidadosamente ocultado) de que o temperamento desempenha um papel decisivo na fixação das convicções fundamentais de um filósofo:

> A história da filosofia é em grande medida a história de um certo confronto de temperamentos humanos. Embora tal tratamento possa parecer indigno para alguns de meus colegas, levarei em consideração esse confronto e explicarei por meio dele boa parte das divergências dos filósofos. Qualquer que seja o temperamento de um filósofo pro-

---

[16] Em um espírito similar, James escreve em outro lugar: "Nenhuma filosofia que (além de satisfazer as demandas lógicas) não ofereça, em algum grau, ... um apelo direto a *todos* aqueles poderes de nossa natureza que temos na mais alta conta será considerada permanentemente racional por todos os homens" (*WB*, 110; ênfase acrescentada).

fissional, ele tenta, ao filosofar, ocultar o fato de seu temperamento. O temperamento não é nenhuma razão convencionalmente reconhecida, e assim ele insiste apenas em razões impessoais para suas conclusões. Ainda assim, o temperamento realmente lhe fornece um viés mais forte do que qualquer uma de suas premissas mais estritamente objetivas. Ele influencia as evidências para ele, de um modo ou de outro, contribuindo para uma visão mais sentimental ou mais dura do universo, exatamente como este fato ou aquele princípio o fariam. Ele *confia* em seu temperamento. Desejando um universo que satisfaça esse temperamento, ele acredita em qualquer representação do universo que de fato o satisfaz. Ele sente que os homens de temperamento oposto estão fora de tom com o caráter do mundo e em seu coração os considera incompetentes e "excluídos", na atividade filosófica, mesmo embora eles possam de longe excedê-lo em habilidade dialética (*P*, 11).

O que deve surpreender o leitor como algo muito mais chocante do que a revelação de James de que o temperamento frequentemente desempenha um papel essencial na adoção de uma posição filosófica é sua sugestão ulterior de que o fato de ele desempenhar tal papel é algo perfeitamente normal.[17] Essa sugestão emerge no contexto de quando ele diz o que suspeita que a maioria de sua audiência deseja em uma filosofia (é temperamentalmente inclinada a isso) e por que é que eles permanecem insatisfeitos com as alternativas polarizadas comuns:

> O que vocês querem é uma filosofia que não apenas exercitará seus poderes de abstração intelectual, mas que fará alguma conexão positiva com este mundo real de vidas humanas finitas. Vocês querem um sistema que combine as duas coisas, a lealdade científica aos fatos e a

---

[17] Essa sugestão provoca a acusação de que James unifica a questão das causas psicológicas de nossas crenças com a questão das bases normativas para a justificação dessas crenças. É bom, portanto, enfatizar que o próprio James, em outros lugares (por exemplo, no primeiro capítulo de *As variedades de experiência religiosa* [*The Varieties of Religious Experience*], atribui grande importância à distinção entre as "razões justificáveis" de uma pessoa para sustentar uma crença e "os antecedentes causais" que possam ter levado à crença.

disposição de levá-los em conta, o espírito de adaptação e acomodação, em suma, mas também a velha confiança nos valores humanos e a espontaneidade resultante, seja do tipo religioso ou romântico. E esse é portanto seu dilema: vocês encontram as duas partes de sua *quaestium* desesperançadamente separadas. Vocês encontram o empirismo no interior do humanismo e da irreligião; ou então encontram uma filosofia racionalista que de fato pode se chamar de religiosa, mas que deixa de fora todo contato definido com os fatos, alegrias e tristezas concretos (*P*, 17).

James oferece sua própria "proposta" àqueles membros de sua audiência que são acuradamente representados pela descrição acima. Para isso, ele se baseia na afirmação de que ela lhes fornecerá aquilo pelo que, dada a natureza de seus temperamentos, eles não podem deixar de ansiar:

É nesse ponto que minha própria solução começa a aparecer. Ofereço essa coisa de nome estranho, o pragmatismo, como uma filosofia que pode satisfazer ambos os tipos de demanda. Ele pode permanecer religioso como os racionalismos, mas ao mesmo tempo, como os empirismos, ele pode preservar a mais rica intimidade com os fatos (*P*, 23).

James fala sobre um ponto particular na discussão – a saber, o ponto em que emerge o fato de que as filosofias alternativas são incapazes de "satisfazer" os "anseios" de sua audiência – como sendo aquele em que sua "própria *solução* começa a aparecer". A teoria de James é superior a suas competidoras porque ela, e somente ela, pode satisfazer ambos os tipos de demanda fundamental.

Que tipo de "solução" é esse? Não é o auge do irracionalismo sugerir que as posições filosóficas devam ser adotadas a partir de bases temperamentais? A razão por que James não pensa assim é, em primeiro lugar, porque ele sustenta que as bases temperamentais, sob certas circunstâncias, constituem razões legítimas; e em segundo lugar, porque ele sustenta que há uma classe especial de casos em que elas constituem as únicas razões legítimas. O argumento a favor dessa visão encontra sua expressão clássica no ensaio "A vontade de crer" ["The Will to Believe"]. James inicia dispondo três condições que devem ser satisfeitas por um postulado, a fim de que o argumento do ensaio se aplique a ele: o postulado deve envolver uma opção que é (1) *forçada*, (2) *viva* e (3) *momentosa*. Posteriormente, no mesmo ensaio, James acrescenta uma quarta condição que é crucial (e frequentemente ignorada): a opção em questão deve ser uma que "não possa, por sua natureza, ser decidida em bases intelectuais".[18] Tendo deixado claro que ele só está preocupado com opções que satisfazem estas quatro condições, James propõe sua alegação central:

> Nossa natureza passional não apenas pode legitimamente, mas deve, decidir uma opção entre proposições, sempre que ela for uma opção genuína que não possa, por sua natureza, ser decidida em bases intelectuais; pois dizer, sob tais circunstâncias, "Não decida, mas deixe a questão em aberto", é por si mesma uma decisão passional – assim como decidir sim ou não – e é acompanhada pelo mesmo risco de perder a verdade (*WB*, 11).

Esse argumento é ampliado por James, na última rodada de seu debate com Royce, de modo a se aplicar não apenas a escolhas éticas e religiosas, mas também à escolha de se alguém deve adotar o credo pragmatista. A fim de que essa ampliação seja legítima, no entanto, a "proposta" pragmatista deve satisfazer as quatro condições que se impõem às opções que são "legitimamente decididas por nossa natureza passional".

Quanto à primeira condição, uma escolha se qualifica (pelo menos segundo o texto literal da definição de James em *WB*, 3) como *forçada* se ela envolve aquilo que James chama de "uma disjunção lógica completa". Isto é, se ela apenas permite duas alternativas mutuamente exaustivas. A escolha de adotar a "proposta" pragmatista (assim como muitas escolhas) pode facilmente ser estruturada de modo a satisfazer essa condição: ou (*a*)

---

[18] James seria o primeiro a concordar que seria o cúmulo do irracionalismo aplicar o argumento do ensaio à maioria das questões (na medida em que elas não satisfazem essas quatro condições). Em particular, as questões científicas não se qualificam, uma vez que não satisfazem a quarta condição; em tais casos, James sustenta (contrariamente ao que diz a maioria dos comentadores) que se deve esperar pacientemente (mesmo que a questão por ventura seja *viva*, *forçada* e *momentosa*) para que ela seja decidida em "bases intelectuais objetivas".

a pessoa resolve a questão a favor da opção, ou (*b*) ela falha em fazê-lo (e assim escolhe, deliberadamente ou à revelia, não adotar a proposta). Neste sentido mínimo, muitas opções não têm essencialmente nenhuma relação com a conduta prática de nossas vidas enquanto forçada. O problema é que, segundo essa definição, escolhas que qualquer um se contentaria em simplesmente ignorar (em vez de ter de resolver através de uma deliberação) contam como forçadas. James, em pontos subsequentes de seu argumento, claramente assume estar trabalhando com uma noção muito mais restrita do que essa acerca do que significa uma opção contar como forçada. Neste sentido mais restrito, uma opção conta como forçada apenas se ela é, em algum sentido, impossível de ser ignorada – uma opção que nos é imposta – de modo que a pessoa não se sente capaz de simplesmente encarar com indiferença a questão de o que fazer. (Esta, penso eu, é a melhor maneira de compreender o que James tem em mente quando diz que não existe nenhuma possibilidade genuína de não escolher em tais casos.) Logo, é importante (para a aplicabilidade desse argumento de "A vontade de crer" à proposta pragmatista) que James pense que as questões filosóficas sejam experienciadas pela maioria das pessoas como inescapáveis. Os impulsos de fazer perguntas filosóficas e de ansiar por respostas a estas perguntas constituem aspectos fundamentais de o que é ser humano: "a filosofia é uma função humana tão indestrutível quanto a arte" (*MEN*, 3). As questões filosóficas, muito frequentemente, são questões que não nos sentimos capazes de ignorar. Podemos, é claro, deixá-las sem resposta – e frequentemente o fazemos –, mas elas continuam a nos assombrar.

A escolha (quanto a se alguém deve ou não se tornar um pragmatista) também se qualifica como *momentosa*. Isso se deve tanto a uma razão direta quanto a uma indireta. James argumenta (particularmente na última conferência das *Conferências sobre o Pragmatismo*) que ela é uma escolha indiretamente momentosa, uma vez que a decisão de adotar uma filosofia pode, por sua vez, afetar indiretamente (seja minando ou subscrevendo) crenças (éticas ou religiosas) importantes e profundas que dizem respeito ao modo como o indivíduo deve viver. Isso já é suficiente para qualificar a escolha como momentosa; mas interromper o argumento (acerca da aplicabilidade da segunda condição) neste ponto seria subestimar a compreensão de

James da importância da filosofia.[19] Pois James não apenas pensa que o exercício das questões filosóficas é um traço necessário de uma vida humana plena, mas ele também sustenta que até mesmo a possibilidade de uma pessoa (adulta e racional) experienciar sua vida como significativa – e, portanto, como digna de ser vivida – repousa em última instância sobre uma atitude filosófica subjacente que (consciente ou inconscientemente) molda essa vida. Consequentemente, as *Conferências sobre o Pragmatismo* começam assim:

> Sei que vocês, senhoras e senhores, têm uma filosofia, cada um e todos vocês, e que a coisa mais interessante e mais importante a seu respeito é o modo como ela determina a perspectiva em seus diversos mundos... A filosofia que é tão importante em cada um de nós não é um assunto técnico; ela é nosso senso mais ou menos mudo daquilo que a vida honesta e profundamente significa (*P*, 9).

Em terceiro lugar, James aduz que a escolha em questão envolve uma opção *viva* para a maioria de seus leitores, baseando-se na evidente insatisfação deles em relação às alternativas filosóficas tradicionais e em seu incansável desejo de encontrar uma filosofia que seja genuinamente satisfatória. (Isto, é claro, é bastante consistente com o pensamento de James de que o pragmatismo pode não ser uma opção viva para alguns membros de sua audiência.) A ironia final vem com a questão da aplicabilidade da quarta condição. Pois revela-se que Royce prestou seu maior serviço tendo mostrado que o credo pragmatista também satisfaz essa condição (isto é, que a opção de adotá-lo não pode ser decidida em bases intelectuais). James, portanto, encontra uma maneira de recrutar o argumento cuidadosamente talhado de Royce contra o pragmatismo, utilizando-o para seu próprio propósito, agora afirmando encontrar uma virtude na própria caracterís-

---

[19] "Tendes alguma filosofia em vós, Pastor?" – essa questão de Touchstone é aquela com que os homens sempre deveriam confrontar uns aos outros. Um homem sem *nenhuma* filosofia em si é o mais inauspicioso e desvantajoso de todos os parceiros sociais possíveis (*SPP*, 11).

tica do argumento de Royce que ele havia mais temido anteriormente (a saber, a tese de que é possível mostrar que qualquer tentativa de justificar intelectualmente o pragmatismo é autocontraditória).[20]

Se a opção de adotar a "proposta" pragmatista satisfaz todas as quatro condições, o argumento de "A vontade de crer" pode se estender a ela. James está, portanto, livre para concluir que "nossa natureza passional não apenas pode legitimamente, mas deve, decidir" uma questão filosófica desse tipo para nós. Se confrontássemos uma opção que fosse ao mesmo tempo viva e momentosa, seria ridículo se nós *não* tentássemos resolvê-la de um modo ou de outro. Se ela é uma opção forçada, então não somos genuinamente livres para deixá-la sem solução. As únicas alternativas abertas para nós são a tentativa de resolvê-la autoconsciente e refletidamente, ou irrefletidamente e à revelia. Finalmente, se (como James acredita ser o caso com o pragmatismo) a opção não pode ser decidida em bases intelectuais, então somos forçados a decidi-la em bases passionais. Devemos ter cuidado, no entanto, quanto ao sentido em que somos "forçados" aqui. Não é que sejamos obrigados a fazer uma escolha filosófica resoluta.[21] Em

---

[20] Royce certamente negaria que seu argumento entrega aquilo que é anunciado aqui: a saber, os materiais necessários para satisfazer a quarta condição. Do ponto de vista de Royce, a conclusão correta a ser tirada é que James se equivoca em seu uso da frase "X não pode ser decidido em bases intelectuais", falhando em distinguir dois tipos de casos muito diferentes: (1) o tipo de caso em que alguém é capaz de compreender o significado de uma questão e de compreender o que seria decidi-la unicamente em bases intelectuais e então, à luz dessa compreensão, rejeita a possibilidade de que ela seja decidível desse modo; e (2) o tipo de caso em que a própria tentativa de levantar a possibilidade de decidir a questão em bases intelectuais nos faz perder o controle da inteligibilidade de nossa questão original.

[21] O argumento não tem poder suficiente para produzir tal conclusão, especialmente dado o papel que um apelo ao temperamento desempenha no argumento. Pois resposta à questão de se os indivíduos se inclinam ou não para a resolutividade é ela mesma algo que varia com o temperamento. Sempre se pode concluir: "Nenhuma das opções disponíveis me satisfaz". De fato, na visão de James, pouquíssimos de nós jamais conseguirão ser filosoficamente resolutos. Não há nada no argumento de "A vontade de crer", tomado isoladamente, que equipe James para criticar tal irresolutividade. Não obstante, é claro que (em outros lugares de seus escritos) ele busca um ponto de vista a partir do qual possa nos criticar por oscilarmos filosoficamente

vez disso, ocorre que qualquer escolha (ou não-escolha) que fazemos nesse campo é uma escolha cuja justificação repousa sobre bases passionais. ("Dizer, sob tais circunstâncias, 'Não decida, mas deixe a questão em aberto', é ela mesma uma decisão passional.")

Mas o que James tem em mente quando escreve, em sua resposta a Royce: "Proponho o pragmatismo aos meus leitores como algo a ser verificado ambulando"? Em "A vontade de crer" (e em "O sentimento de racionalidade" ["The Sentiment of Rationality"]), ele oferece um segundo argumento, baseado no primeiro. Ele argumenta que há uma classe adicional, estreitamente circunscrita, de crenças que têm a peculiar característica de se tornarem verdadeiras em virtude de alguém as ter adotado – não no sentido banal de se descobrir que elas por ventura são verdadeiras, mas no sentido de que, no decurso de permitir que a conduta de sua vida seja moldada por elas, a pessoa realmente traz à existência (ou pelo menos contribui para trazer à existência) as próprias condições que as tornam verdadeiras. O modo como James coloca isso (em "O sentimento de racionalidade") é: "Há, portanto, casos em que a fé (em uma crença) cria sua própria verificação" (*WB*, 97). Dizer que a justificação para o pragmatismo só pode surgir para uma pessoa *ambulando* significa que ela só pode surgir no decurso de se viver uma vida moldada pelo credo pragmatista. Em sua resposta a Royce, James estende, portanto, esse segundo argumento (também originalmente talhado para se aplicar apenas à justificação de crenças morais e religiosas) também às concepções filosóficas. Pode não haver nenhuma "argumentação abstrata" que permita a alguém demonstrar que o pragmatismo é uma teoria verdadeira, mas esse alguém pode (através de sua adoção do pragmatismo), não obstante, ser capaz de trazer à existência as condições sob as quais estará justificado *ex post facto* em sua escolha. O chamado do pragmatismo para nos aliarmos a ele se baseia no fato de ele ser capaz de "obter passagem" no "teatro da vida" – sua fertilidade só pode se *revelar* no interior de uma vida humana e não pode

(e portanto, em sua visão, existencialmente). Sugiro, nas páginas finais deste ensaio, que o ponto de vista pressuposto por essa dimensão do pensamento de James não pode ser compreendido separado de um exame de (aquilo que que se pode chamar de) seu emersonismo.

ser demonstrada de outro modo. Um pragmatista é, portanto – não apenas alguém que afirma uma tese particular depois de uma cadeia de argumentos tê-lo convencido de sua verdade, mas em vez disso –, um tipo de pessoa que alguém *se torna* através de um modo de vida particular.

O procedimento mediante o qual se verificam tais propostas filosóficas é não apenas uma atividade confusa e *a posteriori*, mas também uma atividade fadada a exibir em seus resultados um certo grau de relatividade acerca do agente. Essa é uma consequência ineliminável da estrutura dos argumentos de James. Seu primeiro argumento decreta que você só deve adotar uma filosofia se essa filosofia desperta uma "resposta favorável" em sua "natureza passional"; ela pode não despertar essa resposta. Seu segundo argumento pede que você busque a verificação *ambulando*; mas, a fim de que a "fé crie sua própria verificação", você deve primeiro estar disposto e ser capaz de alcançar o tipo de fé relevante. A questão de se você está disposto e é capaz disso é algo que dependerá em grande medida de quem você é e de que tipos de escolhas são opções vivas para você. Assim, está começando a parecer que James nos deve uma resposta para a questão: "Será que você só está recomendando o pragmatismo a *alguns* de seus leitores – a saber, aqueles que mais se parecem com você?". Alguns admiradores de James sem dúvida adorariam que ele respondesse a essa questão afirmativamente e deixasse o assunto assim. Vamos reformular a questão de modo a trazer para mais perto da superfície a dificuldade que seria colocada por tal leitura de James. Como é que devemos conciliar (1) o dizer de James de que devemos adotar o pragmatismo *apenas* se ele encontrar uma "resposta favorável" em nossa "natureza passional" (assim aparentemente recomendando-o a apenas alguns de seus leitores) com (2) o fato de ele o recomendar *a cada um e a todos* nós, evidentemente com base no fato de que o pragmatismo é inerentemente superior a seus competidores (por poder, por exemplo, satisfazer dois "tipos de demanda" fundamentais – nenhum dos quais deveria permanecer insatisfeito – ao passo que outras filosofias podem satisfazer no máximo um tipo)? James precisa ser capaz de reconciliar as duas afirmações seguintes: (1) que os critérios nos quais cada um de nós deve basear sua escolha de uma filosofia são, em um sentido importante, "pessoais", e que assim uma aplicação sadia destes critérios pode levar um leitor a apropriadamente rejeitar o pragmatismo; e (2) que o próprio James está, não obstante, justificado em recomendar o pragmatismo a esse mesmo leitor.

James resolve esse problema seguindo o espírito, se não a letra, da mais fervorosa recomendação de Royce a ele. Ele complementa o pragmatismo com bases que só estão disponíveis a partir de um ponto de vista ulterior – um ponto de vista a partir do qual ele pode, sem autocontradição, recomendar o pragmatismo igualmente a todos os seus leitores sem restrições. Mas a perspectiva ulterior a partir da qual ele agora nos pede para considerarmos a questão não é a do Absoluto, mas uma fornecida por seus heróis Emerson e Whitman: o ponto de vista do "eu não-atingido mas atingível" de cada pessoa (Emerson, 1983, 239). Ainda determinado a rejeitar a Mente Absoluta de Royce, James só pode dirigir seu apelo às sensibilidades dos pensadores finitos. Mas ele é capaz de distinguir dois tipos de apelo: (1) um apelo ao eu atual presente de cada pessoa e (2) um apelo ao eu ideal futuro de cada pessoa. O argumento de "A vontade de crer" (ao dirigir a cada um de nós, da forma como somos presentemente constituídos, uma proposta particular) deve restringir-se a um apelo do primeiro tipo; mas James, quando fala por si mesmo, pode dirigir sem inconsistência – e frequentemente o faz – um apelo do segundo tipo a seus leitores (repreendendo-os por serem constituídos da forma como presentemente são). Não há inconsistência em sustentar (1) que a escolha de uma filosofia por parte de uma pessoa deva ser uma função daquilo que é "mais adequado" a seu temperamento presente; mas (2) que o temperamento humano, não importando o quão aparentemente inercial, está sujeito tanto à crítica quanto à mudança, e que há portanto um ponto de vista ulterior a partir do qual nossa escolha de uma filosofia está sujeita à censura, dependendo de quão bem ela concorda com nossas possibilidades latentes de atingirmos nosso "eu superior" (whitmanesco/emersoniano).[22]

---

[22] O momento perfeccionista em Emerson e Whitman, que James ecoa, é também o que mais o atrai para a filosofia de John Stuart Mill. A afirmação de James de que o pragmatismo é mais adequado ao temperamento de nosso eu superior é, no fundo, uma variação da defesa que Mill faz de sua própria doutrina (que também promete não deixar nossa verdadeira natureza "tolhida e esfomeada", como o fazem as outras filosofias) mediante a afirmação de que nós só estimamos os méritos relativos dos

Deve-se entender que James está se dirigindo a nosso eu superior (se se pretende que ele evite a inconsistência) quando, por exemplo, ele nos repreende por falharmos em atentar para a tarefa de moldar e educar nossos temperamentos. É claro que os filósofos estão sujeitos a uma censura especial a esse respeito; pois eles, mais do que todos, tentam ocultar o fato de seus temperamentos. "Emerge, assim, uma certa insinceridade em nossas discussões filosóficas: a mais potente de nossas premissas nunca é mencionada" (*P*, 11). Ao obscurecerem o papel desempenhado pela sensibilidade individual na obtenção da convicção filosófica – colocando-a além do alcance da crítica –, os filósofos, sugere James, tendem a se tornar vítimas de seus próprios temperamentos. A implicação que James deriva desta afirmação – a afirmação de que "os temperamentos com seus anseios e recusas" são aquilo que "determina os homens em suas filosofias" (*P*, 24) – não é a tradicional (isto é, que o filósofo deve aprender a transcender a influência de seu temperamento, permitindo-se ser controlado apenas pela "razão convencionalmente reconhecida"). James conclui, ao contrário, que o que o filósofo precisa aprender é a assumir a *responsabilidade* por seu temperamento. Assumir a responsabilidade aqui exige que se reconheça abertamente o papel que o temperamento desempenha na consolidação das convicções filosóficas da pessoa (daí a importância de cultivar uma sensibilidade acerca de quando, no filosofar, o indivíduo deve ou não falar usando a primeira pessoa do singular). Isso exige também que se sujeitem à crítica aqueles aspectos do temperamento do indivíduo que o cegam a respeito de quando e por que os outros recuam, como que de "um mons-

---

prazeres superiores uma vez que os tenhamos experimentado. O modo milliano de formular a defesa do pragmatismo de James seria dizer que, uma vez que tenhamos experimentado apropriadamente as satisfações superiores que o pragmatismo proporciona, teremos uma base racional (não disponível de outro modo) para rejeitar a afinidade unilateral de nosso eu anterior em relação a uma filosofia que só pode satisfazer um dos dois "tipos de demanda" fundamentais (de nosso eu superior). Isso ajuda a explicar por que o livro – no qual James cita Whitman tão frequentemente e no qual sua "própria solução" (isto é, essa "coisa de nome estranho, o pragmatismo") é proposta "como uma filosofia que pode satisfazer ambos os tipos de demanda" (*P*, 23) – poderia ser dedicado a Mill.

truoso resumo da vida" (*WB*, 69), da própria filosofia que tanto lhe atrai (daí a importância de identificar as fontes dos sentimentos de tentação e compulsão filosófica do indivíduo). Pois a maioria das filosofias, diz James – assim como todos os resumos –, "são atingidas pelo perda e exclusão de matéria real" (*WB*, 69). O pragmatismo busca reparar esse traço até então endêmico da filosofia. Ele o faz tomando como seu ponto de partida o princípio de que nenhuma filosofia que – em compensação por suas outras virtudes (metafísicas, lógicas ou explicativas) – nos pede para nos contentarmos com tais resumos monstruosos é aceitável. "O homem inteiro, que sente todas as necessidades de cada vez, nunca adotará nada como um equivalente para a vida senão a própria completude do viver" (*WB*, 69). A recomendação irrestrita que James faz de sua "proposta" pragmatista é baseada em tal apelo à pessoa "inteira" em cada um de nós.

11 William James acerca da experiência religiosa

RICHARD R. NIEBUHR

No início das "Conferências Gifford" [*Gifford Lectures*], intituladas *As variedades de experiência religiosa* [*The Varieties of Religious Experience*], William James avisa aos leitores que ele abordará seu tema não como teólogo, nem como historiador da religião, nem como antropólogo, mas como psicólogo. James está aludindo a seus trabalhos anteriores, dos quais *Os princípios da psicologia* [*The Principles of Psychology*] (1890) e *Psicologia: curso breve* [*Psychology: Briefer Course*] (1892) são os monumentos notáveis. Quaisquer que tenham sido as vicissitudes dessas obras na época do próprio James, elas certamente adquiriram o valor de marcos divisórios na história da psicologia americana e também – talvez de modo menos evidente – na história moderna das ideias. Gordon W. Allport, por exemplo, atesta aquele primeiro fato em seu prefácio a uma reedição de 1961 do *Curso breve*: a "descrição [de William James] da vida mental é fiel, vital, e sutil. Em termos de vivacidade ele não tem igual". O "horizonte em expansão de James", acrescenta ele, contrasta nitidamente com o "horizonte restritivo de boa parte da psicologia contemporânea"; e Allport sugere que os leitores do livro apliquem o teste pragmático por si mesmos, perguntando se eles acham que seus horizontes foram ampliados, se eles sentem o "pulso da natureza humana".[1]

O comentário de Allport é aplicável em maior ou menor grau a boa parte dos escritos de James, e não menos às *Variedades de experiência religio-*

---

[1] G. W. Allport, "Introdução", *Psicologia: curso breve* [resumido] (New York: Harper e Row, 1961), xiii, xxiii.

sa. Mas os leitores que explorarem as *Variedades* sem alguma familiaridade com os *Princípios* ou com ensaios anteriores, tais como "A vontade de crer" ["The Will to Believe"] (1896), provavelmente ficarão surpresos, porque a breve identificação que James faz de si mesmo como psicólogo quase não os prepara a grande sequência de temas que ele apresenta. O que eles descobrem é que as vinte conferências e o pós-escrito das *Variedades* projetam uma aventura complexa, em que múltiplas e diversas linhas de pensamento são tecidas juntas para formar uma tapeçaria peculiar e frequentemente fascinante, cuja trama, contudo, permanece inacabada. Essa incompletude é ao mesmo tempo desapontadora e desafiadora. Ela é desapontadora para os leitores que desejam ter imediatamente à mão mais conclusões do que o livro oferece, das conclusões consideradas por James acerca da experiência religiosa. Ela é desafiadora para os leitores que estão prontos para buscar em outras partes dos escritos de James evidências adicionais acerca do que podem ser essas visões. Para o presente propósito, devemos primeiro atentar brevemente para as razões da incompletude das realizações de James em suas Conferências Gifford e depois para algumas indicações da complexidade do projeto de James. Essas indicações da complexidade nos conduzirão, por sua vez, à substância do livro.

Incompletude e complexidade das *Variedades*

Uma carta que James escreveu a Frances Morse em 12 de abril 1900 revela algo do desenvolvimento de suas intenções à medida que se aproximava a época das Conferências Gifford.

> O problema que coloquei para mim mesmo é um problema difícil: *primeiro*, defender (contra todos os preconceitos de minha "classe") a "experiência", contra a "filosofia", como sendo a verdadeira espinha dorsal da vida religiosa do mundo – quero dizer, a oração, a orientação, todo esse tipo de coisa imediata e privadamente sentida, contra altas e nobres visões gerais sobre nosso destino e sobre o significado do mundo; e *segundo*, fazer o ouvinte ou leitor acreditar naquilo que eu mesmo invencivelmente acredito: que, embora todas as manifestações especiais da religião tenham sido absurdas (quero dizer, seus credos e teorias), ainda

assim a vida da religião como um todo é a função mais importante da humanidade. Uma tarefa quase impossível, temo eu, e na qual devo falhar; mas tentá-la é o *meu* ato religioso (*Letters*, 2:127).

Entre as várias implicações destas linhas, notaremos duas. (1) A "filosofia" contra a qual James pretende defender a "experiência" é a filosofia que celebra a completa clareza e unidade cósmica a partir do ponto de vista de um "Conhecedor de Tudo", um tipo de filosofia que James já havia criticado em sua palestra de 1898, "Concepções filosóficas e resultados práticos" ["Philosophical Conceptions and Practical Results"],[2] e continuou a criticar mais minuciosamente no *Pragmatismo* [*Pragmatism*] (1907) – ver, por exemplo, sua crítica da noção do "*Conhecedor único*" no capítulo "O uno e o múltiplo" ["The One and the Many"] (71-76) – bem como em *Um universo pluralista* [*A Pluralistic Universe*] (1909) e no ensaio "Um mundo de experiência pura" ["A World of Pure Experience"] presente nos *Ensaios em empirismo radical* [*Essays in Radical Empiricism*] (1912).[3] (2) Novamente, "experiência" nesse contexto equivale a, embora seu significado não se limite a isso, sensação, percepção, sentimentos, oração, mudanças de coração, libertações do medo e alterações de atitude. A experiência é a pedra angular do pluralismo metafísico prospectivo ou pragmático de James, que privilegia não a "forma do todo", como o fazem as filosofias do absoluto, mas a "forma dos particulares, que é nossa forma humana de experienciar o mundo" (*PU*, 25-26), e é muito mais compatível com as inferências que um estudo empírico da vida religiosa nos incita a realizar. Em *Um universo pluralista* James pergunta: "Será que o próprio fluxo da experiência sensível não pode conter uma racionalidade que foi ignorada...?" (38).

No entanto, James não realizou tudo que sua carta a Frances Morse sugere, e as *Variedades* que lemos não são as *Variedades* que ele planejara originalmente. Seu plano original havia sido dedicar o segundo ano de seu cur-

---

[2] Ver *P*, apêndice 1, 257-270.
[3] Ver, por exemplo, *ERE*, 30. "Um mundo de experiência pura" apareceu originalmente em 1904.

so de dois anos de conferências à sua própria avaliação filosófica da religião, àquilo que ele, em certa ocasião, chamou de "As tarefas da filosofia religiosa" (*VRE*, 534); mas a saúde ruim frustrou a realização dessa ambição, de modo que apenas a vigésima e última conferência, juntamente com o pós-escrito do autor, lidam explicitamente com suas reflexões filosóficas sobre a experiência religiosa.[4] Após completar o curso inteiro, ele lamentou a F. C. S. Schiller: "99/100 ou mais do livro é descritivo e documental, e a parte construtiva é uma mera indicação" (547).

Embora James não tenha conseguido realizar seu plano inicial, *As variedades de experiência religiosa* que temos são ricas e complexas. A riqueza aparece em lugares demais para serem até mesmo mencionados por um ensaio tão breve quanto este, e muito menos examinados, mas certamente um bom exemplo dela é a longa passagem sobre a prece (365-376). Essa longa passagem é ainda mais notável por causa do repúdio do autor a "qualquer crença viva em um espírito consciente do universo, com o qual eu possa manter uma comunhão" (492); apesar disso, James também pôde escrever a James Henry Leuba sobre seu próprio "*germe* místico. É um germe bastante comum. Ele cria as colunas e as fileiras dos crentes" (*Letters*, 2:211). A rica complexidade das *Variedades* deriva em parte da natureza complicada do próprio autor. Ela é também uma função da composição peculiar do livro; pois nas *Variedades* encontramos (1) abundantes relatos de primeira-mão de experiências religiosas – relatos que James chama de seus *documents humains* – juntamente com (2) a descrição psicológica e o comentário de James sobre estes relatos e (3) também as ocasionais avaliações filosóficas que James faz da significância tanto dos relatos quanto do comentário psicológico. O efeito total é o de uma conversa interminável sempre conduzida por diversos participantes. Precisamos, contudo, examinar os elementos específicos que contribuem para esse efeito.

---

[4] Ver a história de "O texto das *Variedades de experiência religiosa*" de Ignas K. Skrupskelis, em *VRE*, 520-554. James escreveu as conferências em dois estágios, relatando o progresso com o segundo conjunto de dez conferências em um registro de diário datado de 14 de novembro de 1901, bem depois de sua entrega do primeiro curso de dez conferências (545).

Na ordem em que estes elementos aparecem, o primeiro a se anunciar de um modo súbito mas significativo é o enunciado de James, logo de início, de que seu tratamento da experiência religiosa será psicológico. No entanto, ele não identifica o tipo de psicologia que pretende empregar. Os leitores alertas para essa falta de especificidade podem esperar que a psicologia a ser aplicada seja aquela que o próprio James já havia trabalhado tanto para desenvolver. No entanto, James introduziu mudanças importantes em sua própria psicologia entre os *Princípios* e o *Curso breve*. Uma dessas mudanças precisa ser mencionada aqui. Ela aparece primeiro no fato de que James mudou sua definição de psicologia. Os *Princípios* abrem com uma definição da psicologia como "a Ciência da Vida Mental", ao passo que o *Curso breve* a define como "*a descrição e explicação de estados de consciência enquanto tais*". Como a "Ciência da Vida Mental", a psicologia é uma disciplina de horizontes relativamente abertos e inclui, entre outras coisas, uma teoria mais ou menos elaborada da relação cognitiva da consciência para com os "objetos independentes da consciência" ou as "Relações das Mentes com Outros Objetos", um dos tópicos principais da psicologia filosófica clássica. E os *Princípios* de fato afirmam explicitamente um dualismo mais ou menos tradicional de sujeito e objeto (*PP* 1:212-216). Mas quando definida como "a descrição e explicação de estados de consciência enquanto tais", a psicologia é mais restrita e exclui questões de metafísica, axiologia e teoria do conhecimento. De fato, o objetivo dessa segunda definição é apresentar a psicologia como uma "ciência natural" empírica, que não se propõe a ser também uma "Teoria do Conhecimento" ou uma "Psicologia Racional".[5] Logo, a mudança na definição de psicologia de James assinala uma revisão do escopo da psicologia. Naturalmente, qual dessas versões da psicologia James pretende colocar em ação nas *Variedades* é uma questão de grande importância. A hipótese mais plausível é que as *Variedades* seguirão a linha da psicologia como uma ciência natural "da consciência *enquanto tal*", uma vez que esta última concepção deve te-

---

[5] Ver a "Introdução" de Michael M. Sokal, *PB*, xxxiii-xxxvi; e também 9-11.

oricamente suplantar a anterior. No entanto, encontramos James dizendo no capítulo de conclusão do *Curso breve*:

> Então, quando falamos da psicologia como uma ciência natural, não devemos assumir que isso significa um tipo de psicologia que afinal se ergue sobre um terreno sólido. Isso significa exatamente o inverso; significa uma psicologia particularmente frágil, e na qual as águas do criticismo metafísico se infiltram em cada ponto, uma psicologia cujos dados e assunções elementares devem todos ser reconsiderados em conexões mais amplas e traduzidos em outros termos. Ela é, em suma, uma frase de difidência, e não de arrogância (*PB*, 400).

Dadas essas observações, fazemos bem em nos aproximar das *Variedades* com alguma cautela e atentar com precisão ao texto em busca de indícios quanto a se o "criticismo metafísico se infiltra". Se James for leal a sua confissão a Frances Morse de que ele invencivelmente acredita que a vida da religião como um todo é a função mais importante da humanidade, então as considerações metafísicas e outras "considerações mais amplas" provavelmente exercerão uma extensa influência ao longo das *Variedades*, não importando o quanto elas estejam longe de realizar o plano original do autor.

Precisamos, em seguida, atentar para a distinção filosófica de James entre juízos "existenciais" e "espirituais" ou de valor. Já no terceiro parágrafo da primeira conferência ele diz que, como psicólogo, a coisa natural para ele é compartilhar com seus ouvintes um levantamento *descritivo* das propensões religiosas humanas, dos "sentimentos religiosos e [do] impulso religioso", derivado daqueles "fenômenos subjetivos mais desenvolvidos registrados na literatura produzida por homens articulados e totalmente autoconscientes, em obras de devoção e de autobiografia" (*VRE*, 12). Mas quase imediatamente ele explica que deve abordar não apenas a questão "O que são as propensões religiosas?", mas também a questão "Qual é sua significância filosófica?". As respostas a esses dois tipos de questão, acrescenta ele, devem ser tornadas independentemente uma da outra e só podem ser combinadas subsequentemente (13). A primeira questão exige como resposta proposições ou juízos "existenciais"; a segunda pede proposições ou juízos "espirituais" ou de valor. "Os fatos existenciais por si mesmos são insuficientes para determinar... o valor" (14). A distinção entre proposições existenciais e juízos espirituais é uma questão de urgência para James por pelo menos duas razões. A primeira deriva de sua decisão de basear suas descrições das propensões, sentimentos e impulsos religiosos, em grande medida, nos pronunciamentos dos "gênios" ou "assentadores de padrões" religiosos, em vez de baseá-las naqueles que vivem sua religião como um "hábito tedioso" ou como algo "de segunda mão". Mas tais personalidades frequentemente aparecem como excêntricas e exageradas, e mesmo como mórbidas ou patológicas. James oferece George Fox, fundador da Sociedade dos Amigos, como um exemplo, juntamente com uma passagem dos diários deste último que defende esse ponto dramaticamente (16). Evidentemente ele está preocupado com a possibilidade de que seu apelo às personalidades patológicas incite os leitores a serem céticos em relação aos tipos de experiência religiosa que ele estará apresentando. A outra razão é sua discordância filosófica com aqueles que ele denomina "materialistas médicos" e com a afirmação destes últimos de que as experiências religiosas não são "nada além de" produtos da histeria ou de um colo desarranjado, ou de ataques epiléticos.[6] Para se opor a tais objeções ele dedica boa parte da primeira conferência a seu argumento de que a excentricidade de caráter ou as desordens neurológicas (isto é, os "acidentes naturais") têm pouco ou nada a ver com "*o modo como [a religião] funciona em geral*" (24). Ao contrário, afirma James, o valor das atitudes, crenças e modos de vida religiosos

> só pode ser determinado por juízos espirituais emitidos diretamente sobre elas, juízos baseados primariamente em nosso sentimento imediato e secundariamente naquilo que podemos determinar de suas relações

---

[6] É claro que a posição pragmática de James contesta *todos* os argumentos de origens, inclusive aqueles oferecidos por teólogos dogmáticos.

experienciais para com nossas necessidades morais e para com o restante daquilo que consideramos verdadeiro *(VRE, 23)*.[7]

Em suma, ele conclui que os únicos critérios genuinamente aplicáveis, nos juízos de valor acerca da experiência religiosa, são a "luminosidade imediata", a "razoabilidade filosófica" e a "prestimosidade moral" (23).

O que exatamente James entende por "luminosidade imediata" não é inteiramente claro, mas certamente isso se aplica a experiências tão intrusivas ou irresistíveis, nas vidas daqueles que passam por elas, que resultam em uma alteração em seu senso do eu e de seu mundo-de-vida.[8] No texto das *Variedades* James utiliza a palavra "experiência" de modo bastante vago. Às vezes ela parece significar "aquele impartilhável sentimento que cada um de nós tem do aperto do destino... girando na roda da fortuna" (393). Outras vezes ela parece significar apreensões sensíveis de mudança. James cita a bem conhecida "Narrativa Pessoal" de Jonathan Edwards, que é cheia de relatos de apreensões sensíveis de mudança (202). E ainda outras vezes ela evidentemente carrega algum outro significado; mas aparentemente ela sempre significa "conhecimento" que traz consequências práticas, mesmo embora o "conhecimento" seja por familiaridade simples.

---

[7] Uma passagem de *Palestras sobre psicologia para professores: e sobre alguns dos ideais da vida para estudantes* [*Talks to Teachers on Psychology: and to Students on Some of Life's Ideals*] lança alguma luz adicional sobre a convicção de James de que os juízos de valor são baseados principalmente no sentimento imediato. "Nossos juízos acerca do valor das coisas, grandes ou pequenas, dependem dos *sentimentos* que as coisas despertam em nós. Onde julgamos que uma coisa é preciosa em consequência da *ideia* que formamos dela, isso se dá apenas porque a própria ideia já é associada a um sentimento. *Se fôssemos radicalmente sem sentimentos, e se as ideias fossem a única coisa que nossas mentes pudessem nutrir*, perderíamos de um só golpe todos os nossos gostos e desgostos e *seríamos incapazes de apontar qualquer situação ou experiência na vida que fosse mais valiosa ou significativa que qualquer outra*" (132).

[8] A sentença pertinente é aberta a mais de uma leitura: "A *luminosidade imediata*, em suma, a *razoabilidade filosófica* e a *prestimosidade moral* são os únicos critérios disponíveis" (*VRE*, 23).

De qualquer modo, James acredita que os critérios aduzidos por ele sejam pragmáticos;[9] no fundo eles são a mesma coisa que "nosso critério empirista: Vós os conhecereis por seus frutos, não por suas raízes". Para legitimar ainda mais o critério empirista, ele extrai do *Tratado sobre as afecções religiosas* de Edwards a sentença resumidora: "*O grau* em que nossa experiência é produtiva de uma prática mostra *o grau em que nossa experiência é espiritual e divina*" (25). Dirigindo-se diretamente aos leitores, ele conclui: "Todos vocês devem estar prontos agora para julgar a vida religiosa exclusivamente por seus resultados, e assumirei que o bicho-papão da origem mórbida não mais escandalizará a piedade de vocês" (26).

Evidentemente, portanto, James emprega múltiplos métodos: o método existencial ou descritivo *e* o método filosófico. O método filosófico, por sua vez, envolve o exame e o julgamento acerca da utilidade moral da experiência religiosa *e* da relação de tal experiência para com o restante daquilo que acreditamos ou sustentamos ser verdadeiro. Então vemos que o projeto, conforme delineado na primeira conferência, é de fato complexo e, como antecipamos, envolve muito mais do que a descrição de propensões religiosas. Não é de surpreender, portanto, que James introduza nas *Variedades* seus *próprios* juízos filosóficos de ambos os tipos, a saber, juízos sobre a utilidade moral e juízos sobre a relação da experiência religiosa para com o restante daquilo em que acreditamos. E estes juízos vêm à tona em diversos lugares, antes do enunciado de suas conclusões na vigésima conferência. Por exemplo, em um ponto onde ele compara as implicações do "evangelho da atitude mental saudável" com a experiência de vida da "alma doente", ele corrige, por assim dizer, a teologia filosófica professada pelos defensores da religião da "cura mental". Enquanto os *pronunciamentos* destes tendem a ser "monistas", sua *atitude* em relação à doença não implica nada mais do que isso: que a doença pode ser superada por meio da união com uma "Presença superior". "A Presença superior... não precisa ser o todo absoluto das coisas"; ela precisa ser simplesmente uma parte, "contan-

---

[9] Posteriormente, nas *Variedades*, ele invoca C. S. Peirce para justificar seu procedimento pragmático na avaliação das crenças religiosas (350-351).

to que seja a parte mais ideal" (113, n. 4). Em alguns indivíduos de atitude mental saudável, James admira francamente a recusa em consagrar o mal como necessário para a perfeição do todo absoluto das coisas. Para eles o mal "é enfaticamente irracional... um elemento supérfluo a ser descartado e negado". Aqui encontramos razões para adotar uma metafísica pluralista, em contraste com uma metafísica monista. "O teísmo filosófico", observa James, "sempre exibiu uma tendência a se tornar panteísta e monista e a considerar o mundo como uma unidade de fato absoluto; e isso esteve em desacordo com o teísmo prático ou popular, que sempre foi pluralista de modo mais ou menos franco, para não dizer politeísta... Agora peço a vocês para não esquecerem essa noção [de pluralismo]; pois embora a maioria dos filósofos pareça esquecê-la ou desdenhá-la demais para chegar a mencioná-la, acredito que nós mesmos teremos de admiti-la no final como contendo um elemento de verdade" (112-114). A atitude do próprio James em relação ao mal e seu próprio sentimento moral a respeito das filosofias do absoluto e pesam muito em seus juízos morais quando ele considera certos tipos de narrativas e testemunhos de experiências religiosas.[10]

A CRENÇA EM UMA ORDEM INVISÍVEL

Enquanto a presença ativa do filosofar do próprio James é claramente evidente na passagem anterior, a terceira conferência, "A realidade do invisível" ["The Reality of the Unseen"], apresenta-nos um material que é mais ambíguo. Nossa questão é, mais uma vez, se James está envolvido aqui em um empreendimento meramente descritivo, uma descrição da consciência *enquanto tal*, ou se ele está se aventurando em um território dotado de possível significância filosófica. (É claro que na ordem normal de leitura nós abordaríamos a terceira conferência através da segunda, "Circunscrição do tópico" ["Circumscription of the Topic"]. Mas o texto posterior também lança luz sobre o anterior.) James começa dizendo que ele deseja

---

[10] Vemos o efeito dessa atitude também em outros ensaios e livros de James, principalmente o *Pragmatismo*.

chamar atenção para algumas das "peculiaridades psicológicas" da crença "de que existe uma ordem invisível e que nosso bem supremo reside em nos ajustarmos harmoniosamente a essa ordem", pois é tal "crença que caracteriza a vida da religião nos termos mais amplos e mais gerais possíveis". Ele generaliza no sentido de que "todas as nossas atitudes morais, práticas ou emocionais, bem como religiosas, são devidas aos 'objetos' de nossa consciência, as coisas que acreditamos existir, seja real ou idealmente, juntamente com nós mesmos" (51). Colocando de lado a crença baseada em argumentos racionalistas, tais como "as provas da existência de Deus derivadas da ordem da natureza", ele se concentra na "existência, em nosso maquinário mental, de um senso de realidade presente, mais difuso e geral do que aquele que nossos sentidos especiais produzem" (58-59). Este último senso de realidade é ligado a "objetos abstratos", tais como ideias transcendentais de "alma", "Deus" e "imortalidade", as quais, apesar de sua falta de conteúdo sensorial, de fato têm um sentido definido para nossa prática; e é ligado também a "realidades quase-sensíveis diretamente apreendidas". Entre estas últimas se encontram sentimentos da *presença* de Deus, e, para fins de documentação, James cita um escritor suíço não-identificado: "No fundo, a expressão mais apta a descrever o que senti é esta: Deus estava presente, embora invisível; ele não caiu sob nenhum dos meus sentidos, e ainda assim minha consciência o percebia" (63). Mas ele também acrescenta muitos exemplos similares.

Referindo-se ao senso da realidade de objetos abstratos como "Deus", ele observa que a força desse senso de realidade pode ser tal que "toda nossa vida é polarizada... por seu senso da existência da coisa em que se acredita".

> É como se uma barra de ferro, sem tato ou visão, sem nenhuma faculdade representativa que seja, pudesse ainda assim ser fortemente dotada de uma capacidade interior de sentimento magnético; e como se, através das várias excitações de seu magnetismo por magnetos indo e vindo em sua vizinhança, ela fosse conscientemente determinada a diferentes atitudes e tendências. Uma tal barra de ferro nunca poderia dar a você uma descrição exterior das agências que tiveram o poder de agitá-la tão fortemente; contudo, da presença dessas agências, e da significância delas para sua vida, ela seria intensamente consciente através de cada fi-

bra de seu ser... Todo o universo de objetos concretos... flutua... em um universo mais alto e mais amplo de ideias abstratas, que lhe emprestam sua significância (*VRE*, 53).

Em conexão com a apreensão direta de realidades quase-sensíveis, ele fornece múltiplos exemplos de seus *documents humains*, incluindo o do escritor suíço já mencionado, bem como outros que ele considera serem de um caráter místico. "Tal", conclui James, "é a imaginação ontológica humana, e tal é a convencibilidade daquilo a que ela dá origem... Estes sentimentos de realidade... são tão convincentes para aqueles que os têm quanto qualquer experiência sensível direta pode ser" (*VRE*, 66). Nossos sistemas religiosos e articulados de crenças são persuasivos apenas quando nossos sentimentos de realidade inarticulados tenham sido impressionados a favor das mesmas conclusões. James se apressa em acrescentar que ele não "diz ainda que é *melhor* que o subconsciente e não-racional deva deter de tal modo a primazia no reino religioso. Me limito simplesmente a apontar que [ele] a detém, como uma questão de fato" (68).

Claramente, a conferência "A realidade do invisível" é suscetível de diferentes leituras. Ela pode ser apenas uma descrição de pessoas ou estados incomuns ou pode também pressagiar uma significância metafísica a ser ainda desenvolvida. Qual destes é o caso os leitores devem decidir por si mesmos, à medida que acompanham mais além o empreendimento de James. Mas diversas características dessa terceira conferência são especialmente importantes. (1) É aqui que James introduz sua metáfora do campo magnético. (2) É também aqui que ele associa estas intuições mudas da realidade do invisível com o misticismo, uma forma de experiência religiosa que ele leva muito a sério nas *Variedades*. (3) Seu modo de falar na terceira conferência é em seu teor, embora não em sua linguagem, uma reminiscência da distinção traçada por ele nos *Princípios da psicologia* entre *conhecimento por familiaridade* e *conhecimento-sobre*. Essa distinção requer alguma elaboração. "Todas as naturezas elementares do mundo... ou não devem ser conhecidas de todo, ou devem ser conhecidas segundo esse modo mudo de familiaridade, sem *conhecimento-sobre*." O que quer que saibamos por meio apenas do conhecimento por familiaridade é algo que não podemos comunicar a outros. Eles devem obter a familiaridade por si mesmos. "Aquilo com que estamos apenas familiarizados só está *presente* para nossas mentes; nós o *temos*, ou a ideia dele. Mas quando sabemos sobre ele, fazemos mais do que meramente tê-lo; parecemos, conforme refletimos sobre suas relações, sujeitá-lo a um tipo de *tratamento* e *operar* sobre ele com nossos pensamentos. As palavras *sentimento* e *pensamento* dão voz à antítese" (*PP*, 1:217-218). A distinção que os *Princípios* fazem aqui não é absoluta. Cada tipo de conhecimento parece ser aquilo que é apenas em relação ao outro tipo. James se dedicou a desenvolver essa distinção em diversas de suas publicações posteriores, notavelmente nos *Ensaios em empirismo radical*, mas também no *Pragmatismo* e em *O significado da verdade* [*The Meaning of Truth*]. Em seu conjunto, as *Variedades* são um livro transicional, exibindo descrição e juízos espirituais, psicologia e metafísica incipiente, entrelaçando-se na mente de James.

Características da religião

Na conferência final das *Variedades* James pergunta: "Será que a existência de tantos tipos religiosos e seitas e credos é lamentável?". Sua resposta é um enfático "Não":

> O divino não pode significar nenhuma qualidade única, ele deve significar um grupo de qualidades das quais, sendo defensores em alternância, diferentes homens podem todos encontrar missões dignas. Sendo cada atitude uma sílaba na mensagem total da natureza humana, é necessária a totalidade de nós para decifrar completamente o significado... Devemos francamente reconhecer o fato de que vivemos em sistemas parciais e que as partes não são intercambiáveis na vida espiritual (384).

Essa resposta é consistente com o pluralismo que é evidente ao longo das conferências. Assim, na segunda conferência, "Circunscrição do tópico", James evita a identificação de uma essência simples da religião e se coloca em vez disso a tarefa de distinguir múltiplos sinais da religião, mantendo em mente o tempo todo que as diferenças entre fenômenos religiosos e não religiosos são vagas e variáveis.

Como ponto de partida, ele propõe sua formulação bem conhecida: "A religião, portanto, como eu agora peço que vocês arbitrariamente a considerem, deve significar para nós *os sentimentos, atos e experiências de homens individuais em sua solidão, na medida em que eles se apreendem como estando em relação com o que quer que eles possam considerar ser o divino*" (*VRE*, 34). Seguindo essa definição flexível, ele oscila entre especificações de sentimentos, atos e experiências, por um lado, e especificações daquilo que pode ser considerado como "o divino", por outro lado; isto é, entre os polos "subjetivo" e "objetivo" ou "intencional" da experiência religiosa. Enumeraremos estes traços subjetivos e objetivos tão brevemente quanto possível.

Ele começa considerando o "divino". Dado aquilo que já notamos em "A realidade do invisível", isso não é tão surpreendente quanto poderia parecer. De qualquer modo, ele toma o cuidado de formular o "divino" de modo bastante amplo. (1) Ele é "ativo" (35); (2) "divino" denota "qualquer objeto que é *semelhante* a um deus [*godlike*], quer ele seja uma divindade concreta, quer não" (36); (3) "os deuses... envolvem e abarcam, e deles não há nenhuma escapatória" (36). Depois disso James se volta para nossas respostas humanas, para distinguir o que conta como uma resposta religiosa. Expressões tais como "Tudo é vaidade!" (Eclesiastes 1,2) significam *reações* à "totalidade da vida", mas não se qualificam como respostas religiosas. (4) "O divino deve significar para nós apenas uma realidade primal à qual o indivíduo se sinta impelido a responder *solenemente* e *gravemente*, e nem mediante uma maldição nem uma pilhéria" (39, ênfase acrescentada). Além disso, (5) a resposta religiosa é *enérgica*. "Energia" e termos associados, tais como "quente" e "frio", são palavras que James favorece por toda parte, como veremos. (6) A resposta religiosa excede a atitude mental moral. A moralidade envolve esforço volitivo, uma "atitude atlética", ao passo que no estado mental religioso "a vontade de nos afirmarmos e de mantermos o que é nosso foi substituída por uma disposição de fecharmos nossas bocas e sermos como um nada nas enchentes e trombas-d'água de Deus" (46). Finalmente, (7) o estado mental religioso é um estado de felicidade. Mas "a felicidade religiosa não é um mero sentimento de fuga. Ela não se importa mais em fugir. Ela consente com o mal exteriormente como uma forma de sacrifício – interiormente ela sabe que o mal foi permanentemente superado". Ela é "uma felicidade superior [que] mantém em cheque uma infelicidade inferior" (48). Tudo isso incita James a concluir: "*A religião, portanto, torna fácil e feliz aquilo que é necessário de qualquer modo*; e se ela for a única agência que pode realizar esse resultado, sua importância vital como uma faculdade humana encontra-se vindicada além de qualquer disputa" (49). Assim, em sua circunscrição do tópico James passa de "estados" ou "campos" de consciência simples para outros cada vez mais complexos. Se estes são realmente predicados de "homens individuais em sua solidão", o que James afirma aqui que eles sejam depende de como interpretamos a relação do indivíduo para com aquele "mais" do qual ele fala em sua última conferência. De qualquer modo, torna-se cada vez mais claro que ele valoriza mais a atitude religiosa que tem "dois andares de profundidade" e que reconhece a realidade do "princípio negativo ou trágico". Por exemplo, posteriormente, ao comentar sobre o antagonismo entre as atitudes mentais saudável e mórbida, ele afirma:

> Não há dúvida de que a atitude da mente saudável *é inadequada como uma doutrina filosófica*, porque os fatos maus que ela se recusa a levar em conta positivamente são uma porção genuína da realidade; e eles podem, afinal, ser a melhor chave para a significância da vida, e possivelmente os únicos abridores de nossos olhos para os níveis mais profundos da verdade (136, ênfase acrescentada).

Tipos de experiência religiosa

O percurso resultante que James segue nas *Variedades* vai da atitude mental saudável, com sua distinção entre uma atitude mental saudável involuntária e outra voluntária ou sistemática, para a alma doente e o eu dividido, a conversão, a santidade e o misticismo. Com a possível exceção das conferências sobre o misticismo, a sequência que James adota se adequa à progressão ideal da experiência religiosa evangélica. Essa sequência fornece a maior parte dos "dados concretos" nos quais suas conclusões são baseadas. No restante deste ensaio, atentaremos para o eu dividido, a conversão, a santidade e o misticismo, como representando todo o itinerário de James. Depois consideraremos suas reflexões finais.

As *Confissões* de Agostinho contêm o relato paradigmático do eu dividido contra si mesmo, mas ainda assim as referências de James a Agostinho são relativamente infrequentes e feitas apenas de passagem, embora ele cite o livro VIII, onde Agostinho descreve suas duas vontades como envolvidas em uma batalha entre si (143-144). Ele é muito mais atraído pelo combate espiritual de John Bunyan, exposto em *Graça em abundância para o chefe dos pecadores*, pela *Minha confissão*, de Leo Tolstoy, e pelo diário de David Brainerd, um missionário do século XVIII entre os nativos americanos. Ele até mesmo compara uma de suas experiências com a de Bunyan, de uma maneira indireta;[11] e, como sabemos a partir de outras fontes, ele, assim como Tolstoy, considerou o suicídio durante um longo período de tempo.[12] James ecoa as palavras de Tolstoy, "A fé... é a força pela qual vivemos!", em numerosos pontos ao longo das *Variedades*. De Tolstoy ele cita linhas que exibem várias das características do eu dividido e do eu convertido.

> Lembro-me de um dia no início da primavera, eu estava sozinho na floresta, emprestando meu ouvido a seus ruídos misteriosos. Eu ouvia, e meu pensamento retornou àquilo com que sempre esteve ocupado nestes três anos – a busca de Deus. Mas a ideia dele, eu disse, como foi que cheguei a essa ideia pela primeira vez? E novamente despertaram em mim, com esse pensamento, alegres aspirações à vida. Tudo em mim despertou e recebeu um significado... "Por que procuro tão longe?", perguntou uma voz dentro de mim. Ele está ali: ele, sem o qual não se pode viver. Reconhecer Deus e viver são uma e a mesma coisa. Deus é o que a vida é. Pois bem! Viva, busque Deus, e não haverá nenhuma vida sem ele. Depois disso, as coisas

---

[11] James disfarça a passagem citada como tendo uma origem francesa. De fato, ele descreve uma experiência sua. Ver *VRE*, "Notas", 447.

[12] Ver Lewis, 1991, 185; e também *Letters*, 1:129.

clarearam dentro de mim e ao meu redor mais do que nunca, e a luz nunca se apagou completamente. Fui salvo do suicídio. Exatamente como ou quando a mudança ocorreu não sei dizer... Eu desisti da vida do mundo convencional, reconhecendo que isso não é vida, mas uma paródia da vida, que suas superfluidades simplesmente nos impedem de compreender (154).

Um traço saliente do relato de Tolstoy é que ele oferece um exemplo dos efeitos práticos da experiência religiosa. Mas o que é igualmente, se não mais, notável é a simplicidade e a limitação de sua linguagem. Como contraste, Brainerd é fervoroso.

Certa manhã, enquanto eu caminhava em um local solitário, como era comum, vi de uma vez que todas as minhas artimanhas e projetos para efetuar ou obter a libertação e a salvação para mim mesmo eram absolutamente *em vão*... Continuei... neste estado mental, da manhã de sexta-feira até a tarde do sábado seguinte (12 de julho de 1739), quando eu estava novamente caminhando no mesmo local solitário... *Eu estava tentando rezar; mas não encontrava nenhum sentimento para me envolver com esse ou qualquer outro serviço... desconsolado, como se não houvesse nada no céu ou na terra que pudesse me fazer feliz*... então, conforme eu caminhava por um bosque escuro e espesso, uma *glória indizível* pareceu se abrir à apreensão de minha alma... Essa foi uma nova apreensão interior ou visão que eu tive de *Deus*... ela parecia ser a *glória Divina*. Minha alma *se regozijou com indizível alegria*... Eu não tinha nenhum pensamento sobre minha própria salvação e mal refletia que houvesse tal criatura como eu mesmo... Senti-me em um novo mundo, e tudo ao meu redor aparecia com um aspecto diferente daquele que era o habitual (175-176).

O extravasamento de Brainerd exemplifica graficamente a passagem "de um menos para um mais", "de uma pequenez para uma vastidão": o fenômeno da erupção de uma ampla consciência extramarginal em uma restrita consciência ordinária, que James delineia em alguns pontos para os quais logo atentaremos. Diversas outras vozes povoam estas conferências centrais, mas estes exemplos devem ser suficientes como representantes do resto.

É na nona conferência, a primeira sobre a conversão, que James define esta última como "o processo, gradual ou súbito, pelo qual um eu até então dividido, e conscientemente errado, inferior e infeliz, torna-se certo, superior e feliz, em consequência de sua preensão mais firme das realidades religiosas" (157). É claro, mantendo-se fiel a seu método geral, ele dá a devida atenção às contraconversões (147-148), mas nas *Variedades* seu interesse é pelas primeiras; e é na nona conferência que ele recorre à metáfora do "campo da consciência", ostensivamente para propósitos psicológicos descritivos apenas. Aludindo aos budistas e à crítica de David Hume à identidade pessoal substancial, com a qual ele de fato não concorda inteiramente,[13] James diz que "para eles a alma é apenas uma sucessão de campos de consciência". Apropriando-se desse modelo de "sucessão de campos" para seus próprios fins, ele acrescenta o detalhe de que em cada campo sucessivo há um subcampo "focal" contendo a "excitação". Estes subcampos focais são "quentes", e a partir deles "o desejo pessoal e a volição fazem suas excursões", ao passo que as partes do campo que nos deixam passivos ou indiferentes são "frias". No eu dividido, as partes quentes e frias oscilam rapidamente. Mas se "o foco de excitação e calor... [vier a] jazer permanentemente no interior de um certo sistema; e... se a mudança for uma mudança religiosa, nós a chamamos de *conversão*, especialmente se ela é súbita ou ocorre através de uma crise" (162). James propõe que tal lugar "quente" seja chamado de "*o centro habitual da... energia pessoal*". Não obstante, adverte ele, enquanto a psicologia pode dar uma descrição geral do que acontece em tais alternâncias do centro de energia pessoal, ela é incapaz de explicar acuradamente todas as forças singulares em ação. De fato, "nem um observador externo nem o Sujeito que passa pelo processo podem explicar completamente como

---

[13] Para o juízo de James acerca da noção de eu de Hume, ver *PP*, 1:332-336. "Assim como [os filósofos substancialistas] dizem que o Eu não é nada além de Unidade... Hume diz que ele não é nada além de Diversidade" (333).

as experiências particulares são capazes de mudar tão decisivamente o centro de energia de um indivíduo" (163).

Na décima conferência, sua segunda conferência sobre a conversão, James desenvolve mais o modelo do campo de consciência, retornando à analogia de um campo magnético, que encontramos pela primeira vez na terceira conferência, "A realidade do invisível". Agora, no entanto, seu propósito é voltar nossa atenção para as margens destes campos. Quer os campos mentais sejam amplos ou estreitos, cada qual é rodeado por uma margem indeterminada que se assemelha a um "campo magnético", que influencia nossa atenção e nosso comportamento. À medida que nossa fase presente de consciência, com suas margens, transforma-se em sua sucessora com suas margens, "nosso centro de energia gira como a agulha de uma bússola" (189).[14] Mas tendo dito isso, ele imediatamente introduz aquilo que chama de o "*extra*marginal". "A psicologia ordinária... tomou como garantido, primeiro, que toda a consciência que a pessoa agora possui, seja esta focal ou marginal, atenta ou desatenta, está ali no 'campo' do momento, não importando quão indistinto e impossível de determinar possa ser o contorno deste último; e, segundo, que aquilo que é extramarginal é absolutamente inexistente, e não pode de modo algum ser um fato da consciência". O que a psicologia ordinária ignora é "um conjunto de memórias, pensamentos e sentimentos que são extramarginais e estão totalmente fora da consciência primária, mas ainda assim devem ser classificados como fatos conscientes de algum tipo, capazes de revelar sua presença mediante sinais inconfundíveis" (190). Juntamente com o "extramarginal", James emprega vários outros termos como sinônimos: "ultramarginal", "subliminar" e "subconsciente". Ao surgir assim tão abruptamente, essa referência à

---

[14] James utiliza novamente a metáfora do campo magnético e da agulha de bússola em *Um universo pluralista*. "Cada pedaço de nós é, a todo instante, parte e parcela de um eu mais amplo e estremece ao longo de vários raios como a rosa-dos-ventos em uma bússola, e o atual nesses pedaços é continuamente uno com possíveis que não se encontram ainda em nossa visão presente... será que nós mesmos não podemos formar a margem de algum eu mais realmente central nas coisas, o qual é coconsciente com a totalidade de nós mesmos?" (131).

"consciência primária" e a "fatos conscientes de algum tipo" que estão fora dela é impressionante e nos leva a esperar mais de James a esse respeito.[15] Mas na décima conferência ele oferece apenas escassos comentários adicionais sobre sua função e importância. Em vez do que esperamos, ele se volta para os fenômenos do automatismo[16] e depois aduz mais exemplos de experiências de conversão, salvo que antes de concluir a conferência ele faz duas observações importantes pertinentes à região "extra" ou "ultramarginal". (1) Uma consciência ultramarginal fortemente desenvolvida é uma "região em que o trabalho mental pode ocorrer subliminarmente e da qual podem advir experiências invasivas, perturbando abruptamente o equilíbrio da consciência primária" (193). (2) James levanta a hipótese de que essa consciência ultramarginal, se for um fato,[17] proporciona a nós uma possível descrição psicológica da conversão instantânea, que não necessariamente exclui a validade da convicção religiosa de que Deus está

---

[15] De fato nós realmente aprendemos algo mais a respeito da "consciência primária" na décima-nona conferência, "Outras características", em que ao comentar sobre a inspiração James propõe que a personalidade "possui" uma região A e uma região B. A segunda corresponde à região subliminar ou transmarginal e é funcionalmente equivalente à "consciência secundária" que James não menciona, mas que sua "consciência primária" implica. Essa região B é "obviamente a parte maior de cada um de nós" (381). Ela é a região onde transpira a inspiração religiosa, e James considera a inspiração como uma espécie de automatismo. Ver 376-381.

[16] O interesse de James pelo automatismo é bem documentado. Ver VRE, 191-199; e também a nota 16 acima; bem como seu ensaio de 1901, "O serviço de Frederic Myers para a psicologia" [Frederic Myers's Service to Psychology"] e a resenha de 1903 de "A personalidade humana e sua sobrevivência à morte corpórea" ["Human Personality and Its Survival of Bodily Death"] de Frederic W. H. Myers, entre outros escritos em Ensaios em pesquisa parapsicológica [Essays in Psychical Research].

[17] O fato de que James realmente considera a região ultramarginal ou subliminar como uma hipótese de grande importância, e mesmo de importância metafísica, é evidente em sua carta a Henry W. Rankin de 16 de junho de 1901, escrita pouco antes de sua entrega da décima conferência. Cito essa carta abaixo; ver Letters 2:149-150. Ralph Barton Perry cita a partir das notas das Conferências Gifford de James: "Lembrar que o caso inteiro reside realmente em acreditar que através de um certo ponto ou parte em você você se funde e é idêntico ao Eterno"; ver Perry, 1935, 2: 331. Ver também a passagem de uma carta a F. C. S. Schiller, de 24 de abril de 1902, citada em VRE, 547.

diretamente presente nas experiências de conversão como um "controle superior" e "externo".

> Assim como nossa consciência primária completamente desperta escancara nossos sentidos para o toque das coisas materiais, também é logicamente concebível que *se existirem* agências espirituais superiores que possam tocar-nos diretamente, a condição psicológica para que elas o façam *pode ser* nossa posse de uma região subconsciente que sozinha deveria render-lhes acesso. A algazarra da vida desperta pode fechar uma porta que pode permanecer semicerrada ou aberta no indistinto Subliminar (197).

A construção subjuntiva nestas linhas sublinha que James está na verdade propondo uma hipótese. De fato, essa é uma dupla hipótese: que o subliminar é uma porta possível abrindo-se para uma realidade maior e que podem existir agências espirituais superiores ou o equivalente destas. Mas essa é uma hipótese que ele considera com a maior seriedade. Isso é evidente em sua comunicação de junho de 1901 a Henry W. Rankin:

> Eu ligo a consciência mística ou religiosa à posse de um eu subliminar extensivo, com uma fina separação através da qual irrompem mensagens. Assim nos tornamos convincentemente cônscios da presença de uma esfera de vida maior e mais poderosa do que nossa consciência usual, com a qual esta última é, não obstante, contínua. As impressões e impulsos, e emoções, e excitações que recebemos dali nos ajudam a viver, elas fundamentam a segurança invencível de um *mundo além dos sentidos*, elas... comunicam significância e valor a tudo (ênfase acrescentada).[18]

Mas nesse ponto ele não se demora muito na (dupla) hipótese e adia a discussão adicional de sua significância até o final da vigésima conferência (406-408). Pois seu interesse real aqui reside na questão do *valor* de tais possíveis "agências espirituais superiores". Consequentemente, invocando

---

[18] Ver a carta de James a Rankin, conforme citada acima na nota 17.

seu princípio pragmático, ele imediatamente acrescenta que o que importa são os efeitos que tais agências poderiam produzir. "O mero fato de sua transcendência não estabeleceria por si mesmo nenhuma presunção de que elas fossem mais divinas do que diabólicas" (197).

Antes de passarmos da discussão que James faz da conversão para suas conferências sobre a santidade, devemos notar que seu modelo da consciência como uma sucessão ondulatória de campos com suas margens indeterminadas, tenuemente separadas de uma região ultramarginal, implica que a consciência não é uma entidade substancial permanente. A esse respeito, a psicologia que molda as *Variedades* lembra o modelo anterior do fluxo da consciência de James, que enfatiza a transitoriedade da consciência. Ela também antecipa vagamente seu ensaio de 1904, republicado nos *Ensaios em empirismo radical*, "A consciência existe?" ["Does Consciousness Exist?"], no qual James desafia a distinção tradicional de sujeito e objeto, rejeita sua assunção fundamental de que "o-objeto-mais-o-sujeito é o mínimo que pode existir realmente", e propõe que sujeito e objeto, consciência e conteúdo, são dois momentos aditivos da experiência pura (*ERE*, 5-7).

As conferências de James sobre a santidade (conferências 11-13) e sobre o valor da santidade (conferências 14-15) são a sequência natural de sua investigação da conversão. A santidade é o resultado ideal, embora incerto, da conversão; nela as emoções espirituais formam o novo centro de energia pessoal. É nestas páginas que ele coloca explicitamente seus "juízos espirituais" sobre a experiência religiosa. Entre estes juízos, os mais notáveis são: (a) as religiões se "aprovam" na medida em que satisfazem necessidades vitais, "nenhuma religião jamais deveu sua prevalência à 'certeza apodítica'" (266); (b) as instituições religiosas são propensas a se tornar interessadas principalmente em seus próprios dogmas e ambições corporativas (268-269); (c) toda virtude santa é sujeita à corrupção (272); (d) a caridade, por toda sua ternura, é essencial para a evolução da sociedade (285-286); (e) a verdade presente no ascetismo é que "aquele que se alimenta da morte que se alimenta dos homens possui a vida sobreeminentemente... e enfrenta melhor as demandas secretas do universo" (290). Mas devemos deixar estes juízos sem comentários adicionais, exceto para notar a resumida proposição espiritual de que "no geral... o grupo de qualidades santas é indispensável para o bem-estar do mundo" (299).

O lugar que as conferências de James sobre o misticismo ocupam nas *Variedades* sugere que elas são a culminação à qual levam todas as suas investigações anteriores. Mas em certos aspectos elas também fornecem aos leitores a visão mais direta das premissas das quais depende toda a sequência das conferências.[19] Isso é indicado pela declaração de abertura: "Pode-se dizer verdadeiramente, penso eu, que a experiência religiosa pessoal tem sua raiz e seu centro nos estados místicos de consciência" (301). De modo similar, James escreve em sua carta a Rankin: "O mar original e a nascente de todas as religiões se encontram nas experiências místicas do indivíduo, tomando a palavra mística em um sentido bastante amplo".[20] James se volta para o misticismo após suas conferências sobre o *valor* da santidade, a fim de investigar a *verdade* da religião (300). Essa virada do valor para a verdade parece surpreendente à primeira vista, especialmente para os leitores que se lembram de seu enunciado anterior de que as religiões se aprovam pela satisfação de necessidades vitais (266) e para aqueles que estão familiarizados com o princípio enunciado no *Pragmatismo* de que "a verdade é uma espécie de bem" (*P*, 42) e com outros enunciados tais como "Verdadeiro é o nome para qualquer ideia que inicia o processo de verificação, útil é o nome para sua função completada na experiência" (*P*, 98). Mas James atenua a aparente inconsistência, quando na conclusão da décima-sétima conferência, sobre o misticismo, ele apresenta o juízo de que os estados místicos superiores "apontam em direções para as quais os sentimentos religiosos até mesmo de homens não místicos se inclinam. Eles falam da supremacia do ideal, da vastidão, da união, da segurança e do repouso. Eles nos oferecem *hipóteses*, hipóteses que podemos volunta-

---

[19] Considero que as conferências sobre o misticismo sejam parte da totalidade da investigação sobre a experiência religiosa, e não componham um tópico separado. Em sua introdução às *VRE*, John E. Smith argumenta que a experiência religiosa e o misticismo sejam fenômenos distintos (xliii-xliv).

[20] Ver a carta a Rankin citada acima na nota 17.

riamente ignorar, mas que, como pensadores, não podemos possivelmente derrotar. O sobrenaturalismo e o otimismo aos quais eles nos persuadiriam podem... ser afinal o mais verdadeiro dos *insights* sobre o significado da vida" (339).

Santa Teresa é um dos místicos dos quais James depende para essa hipótese, que neste ponto já adquiriu um caráter inconfundivelmente metafísico. Outros são Al-Ghazzali, Jacob Boehme e São João da Cruz. Algumas linhas de Teresa comunicam algo daquilo que tanto captura a imaginação ontológica de James.

> Na oração de união a alma está totalmente desperta no que diz respeito a Deus, mas inteiramente adormecida no que diz respeito às coisas deste mundo e acerca de si mesma. Durante o breve tempo que dura a união, ela é, por assim dizer, privada de todo sentimento, e mesmo se quisesse ela não poderia pensar em alguma única coisa que seja. Assim, ela não precisa empregar nenhum artifício a fim de deter o uso de seu entendimento: ele permanece tão acometido de inatividade que ela nem sabe o que ela ama, nem de que maneira ela ama, nem o que ela quer. Em suma, ela está absolutamente morta para as coisas do mundo e vive unicamente em Deus (324).

Mas nem todos os momentos de transporte se qualificam como pertencendo a esse tipo de alto misticismo. Consequentemente, James distingue entre o misticismo "esporádico" e o "metódico", embora ambos brotem da mesma "região transmarginal cuja existência a ciência está começando a admitir" (337-338). No primeiro tipo ele inclui um amplo leque de fenômenos que se assemelham ao misticismo, indo desde sensações efêmeras da significância mais profunda da vida, inspiradas pelo testemunho da transformação da paisagem em luz alternante ou pela audição musical, até o panteísmo lírico naturalista da poesia de Walt Whitman. Ele até mesmo alude a seu próprio experimento com óxido nitroso, que o impressionou suficientemente para que ele lhe atribuísse uma significância metafísica.

> Uma conclusão se forçou à minha mente na ocasião... Nossa consciência normal e desperta... é apenas um tipo especial de consciência,

enquanto que ao redor de toda ela, separadas dela pelas mais finas películas, encontram-se formas potenciais de consciência inteiramente diferentes. Podemos atravessar a vida sem suspeitar de sua existência; mas aplique o estímulo necessário, e a um toque elas estão ali em toda sua completude... Nenhuma explicação do universo em sua totalidade pode ser final se deixa de considerar estas outras formas de consciência (307-308).[21]

Procedendo em grande medida da mesma maneira que em sua "Circunscrição do tópico", James lista quatro marcas da experiência mística: *inefabilidade, qualidade noética, transitoriedade* e *passividade*. Contudo, em face da eloquência verbal fornecida por Teresa e outros místicos clássicos, ele qualifica essa atribuição de "inefabilidade"; evidentemente, inefável significa para ele não conceitual. Ele admite que os pronunciamentos dos místicos exibem uma "tendência teórica distinta", rumo ao otimismo e ao monismo (329-330). E embora ele afirme que independentemente de "clima ou credo" há uma "tradição mística duradoura e triunfante" que testifica que nos tornamos um com o Absoluto (332), ele também admite que entre os estados místicos há tantas diferenças significativas que, se os tomarmos como evidências, devemos concluir que o "mundo mais amplo" para o qual eles se abrem é de uma constituição mista, exatamente como este mundo. "Ele teria suas regiões celestiais e infernais... suas experiências válidas e suas falsas experiências" (339). Temos de submetê-los ao teste do uso, pois aquele mundo mais amplo "contém todo tipo de matéria: o 'serafim' e a 'serpente' permanecem ali lado a lado. Vir dali não é nenhuma credencial infalível" (338).

---

[21] Comparem-se estas linhas com o ensaio autobiográfico de James escrito em 1910, "Uma sugestão sobre o misticismo" ["A Suggestion about Mysticism"], em *Ensaios em filosofia* [*Essays in Philosophy*]. Ver especialmente o enunciado: "O sentimento – não o chamarei de crença – de que eu havia tido uma súbita *abertura*, de que eu havia visto através de uma janela, por assim dizer, realidades distantes que incompreensivelmente pertenciam a minha própria vida foi tão agudo que não posso me livrar dele até hoje" (160).

Podemos resumir, portanto: os estados místicos têm autoridade absoluta para seus sujeitos; "eles são absolutamente sensoriais em sua qualidade epistêmica", exibindo o senso de presença sobre o qual James se deteve na terceira conferência – "eles são apresentações cara a cara daquilo que parece existir imediatamente" (335-336). Nenhuma autoridade emana deles para os outros que se encontram fora deles (335). "Eles destroem a autoridade da... consciência racionalista, baseada unicamente no entendimento e nos sentidos. Eles mostram que ela é apenas um tipo de consciência" (335). "Aquilo que provém [deles] deve ser peneirado e testado, e suportar o desafio do confronto com o contexto total da experiência" (338). Em suma, o estado místico é como o estado de fé de Tolstoy; os homens vivem por eles, mas as verdades que eles proferem são falíveis.

A conclusão de James

Em suas reflexões sobre a prece (conferência 19, "Outras características"), que fornecem uma visão prévia das conclusões às quais ele finalmente chega, James diz que a prece é "a própria alma e essência da religião... ela é a religião em ato" (365-366). Se a consciência em estado de prece for enganosa, então a religião não é genuína. Em sua reflexão ulterior, James acrescenta que encontramos na vida de prece a "persuasão de que... a energia do alto flui para satisfazer a demanda e se torna operativa no mundo fenomênico. Enquanto se admite que essa operatividade é real, não faz nenhuma diferença essencial se seus efeitos imediatos são subjetivos ou objetivos. O ponto religioso fundamental é que na prece... um trabalho espiritual de algum tipo é realmente efetuado" (376). Estes comentários sobre a prece formam uma ponte para as conclusões do próprio James na vigésima conferência. Entre suas conclusões, há duas de um tipo geral que são contínuas com os temas que seguimos até aqui e as quais devemos notar.

A primeira é a reafirmação de James da tese de que aprendemos a experiência religiosa mais vividamente quando buscamos favoravelmente discernir suas características em pessoas individuais. O modo como James reitera e sublinha esse ponto é insistir que um "senso de um eu" deve sempre pertencer a um "fato *completo*". Um "objeto" do qual se subtrai tal senso é vazio. A religião e a experiência religiosa são algo desse tipo: "Um campo consciente *mais* seu objeto como é sentido ou pensado, *mais* uma atitude em relação ao objeto, *mais* o senso de um eu" (393). Isso significa para James que a religião é "egotista". "Descrever o mundo com todos os vários sentimentos do aperto individual do destino e todas as várias atitudes espirituais deixados de fora da descrição – sendo estes tão descrevíveis quanto qualquer outra coisa – seria algo como oferecer um vale-refeição impresso como o equivalente a uma refeição sólida. A religião não comete tal disparate. A religião do indivíduo pode ser egotista, e aquelas realidades privadas com as quais ela mantém contato podem ser bastante estreitas; mas de qualquer modo ela sempre permanece infinitamente menos vazia e abstrata... do que uma Ciência que se orgulha de não fazer nenhum caso de nada que seja privado" (394).

A segunda das conclusões gerais de James que devemos notar é uma ampla hipótese que o leva e ao leitor para além da religião "egotista". Ela depende de nossa aceitação de um "eu subconsciente" como uma entidade real, e de nossa concordância de que a "parte superior germinal" de nós mesmos é "*contérmina e contínua com um* mais *da mesma qualidade*"; um mais que trabalha fora de nós e do qual podemos "*subir a bordo e [nos] salvar quando todo nosso ser inferior se despedaçou no naufrágio*" (400). Do seu lado de cá, esse "mais" é a continuação subconsciente de nossa vida consciente (403), e constitui "*um eu mais amplo através do qual experiências salvadoras advêm*, um conteúdo positivo de experiência religiosa que... *é literalmente e objetivamente verdadeiro até onde se sabe*" (405). Em seu lado mais distante – e essa é a hipótese ou sobrecrença pessoal de James – ele é "uma dimensão de existência completamente outra em relação ao mundo sensível e meramente 'compreensível'. Pertencemos a ela em um sentido mais íntimo do que aquele em que pertencemos ao mundo visível, pois pertencemos no sentido mais íntimo a onde quer que nossos ideais pertençam" (406). Essa outra dimensão produz efeitos reais, mudanças regenerativas, e diferentes condutas de nossa parte. Por isso, James acredita que não temos nenhuma desculpa filosófica para chamar essa outra dimensão de irreal, e ele próprio está pronto para chamá-la de Deus. Além disso, um deus que entre apenas na experiência de uma pessoa religiosa deixa de cumprir os requisitos de uma hipótese real. Um deus satisfatório "precisa entrar em relações cósmicas mais amplas a fim de justificar a paz e confiança absolutas do sujeito" (407). Consequentemente, ao seguir sua própria sobrecrença até as conclusões que ele considera apropriadas, James se aventura novamente no reino da "verdade" enquanto distinta do valor (401, n. 23). "O que é isso senão dizer que a Religião, no exercício mais pleno de sua função, não é uma mera iluminação de fatos já dados em outro lugar... Mas é algo mais, a saber, também uma postuladora de novos *fatos*. O mundo interpretado religiosamente não é o mundo materialista novamente, com uma expressão alterada; ele deve ter, acima e além da expressão alterada, *uma constituição natural* diferente, em algum ponto, daquela que um mundo materialista teria" (407-408). Então ocorre que a hipótese ou sobrecrença final de James traz os leitores à borda de uma metafísica pragmática da experiência religiosa que James não terminou, não pôde terminar, nas *Variedades de experiência religiosa*. "Nós e Deus temos negócios um com o outro; e ao nos abrirmos para sua influência nosso destino mais profundo é preenchido. O universo, naquelas partes dele que nosso ser pessoal constitui, move-se genuinamente para o melhor ou para o pior em proporção à medida que cada um de nós satisfaz ou evita as demandas de Deus" (406-407).

12 Interpretando o universo segundo uma analogia social: Intimidade, panpsiquismo e um deus finito em um universo pluralista

David C. Lamberth

A última década da vida de William James foi seu período mais produtivo e notável, começando em 1901-1902, com suas imensamente bem-sucedidas "Conferências Gifford" [*Gifford Lectures*], *As variedades de experiência religiosa* [*The Varieties of Religious Experience*], e testemunhando a publicação de praticamente todos os seus escritos estritamente filosóficos, com a notável exceção de *A vontade de crer* [*The Will to Believe*]. Embora sua produção nesse período tenha sido volumosa em páginas e extensa em tópicos, James expressou ao longo da década uma insatisfação a respeito de sua falha em produzir uma obra sistemática tratando explicitamente da metafísica.[1] Desde as próprias *Variedades*, que deveriam ter tido um complemento filosófico, até o esforço final, publicado postumamente como *Alguns problemas em filosofia* [*Some Problems in Philosophy*], quase todos os projetos de James abrigaram ao mesmo tempo a esperança e o desapontamento de seu desejo de fundamentar e defender sua *Weltanschauung* ["visão de mundo"] radicalmente empirista de maneira completa.

---

[1] Ver, por exemplo, sua carta a F. C. S. Schiller, 20 de abril de 1902 (*Letters*, 2:165); sua carta a Theodore Flournoy, 30 de abril de 1902 (2:187); e sua carta a Henry James, 6 de outubro de 1907 (2:299).

Em 1907, quando chegou um convite do Comitê do Consórcio Hibbert para que ele ministrasse conferências em Oxford, James parecia estar mais interessado em trabalhar em um livro para cumprir sua promessa de uma metafísica do que em oferecer mais uma série de conferências públicas. Não obstante, ele se achou incapaz de resistir à tentação de atacar as filosofias do absoluto uma última vez.[2] Originalmente intituladas "A situação presente na filosofia" e ministradas em 1908, as conferências incluem uma mistura de excitante refutação polêmica e exposição construtiva espirituosa, manifestando assim ambos os interesses. Dado esse fato, *Um universo pluralista* [*A Pluralistic Universe*] (a forma publicada das conferências) pode ser visto como oferecendo uma importante perspectiva sobre os detalhes em desenvolvimento da posição filosófica de James, uma perspectiva que é posterior por alguns anos – e, como eu argumento, por uma boa dose de desenvolvimento – à sua frequentemente considerada rajada de artigos de 1904-1905 introduzindo formalmente o empirismo radical na cena filosófica.[3] Embora o *Pragmatismo* [*Pragmatism*] e os *Ensaios em empirismo radical* [*Essays in Radical Empiricism*] tenham recebido mais atenção em conexão com a metafísica de James, no que se segue quero explorar uma

---

[2] Ver sua carta a Henry James, 6 de outubro de 1907 (*Letters*, 2:299), bem como "The Text of *A Pluralistic Universe*", PU, 214-215.

[3] Por "em desenvolvimento" entendo mais elaborada que a apresentação das visões em seus artigos de periódicos de 1904-1905. Quanto à rajada de artigos, "A consciência existe?" ["Does Consciousness Exist?"], "Um mundo de experiência pura" ["A World of Pure Experience"], "Humanismo e verdade" ["Humanism and Truth"], "O método pragmático" ["The Pragmatic Method"], "A coisa e suas relações" ["The Thing and Its Relations"], "A experiência de atividade" ["The Experience of Activity"], "A essência do humanismo" ["The Essence of Humanism"], "Como duas mentes podem conhecer uma coisa" ["How Two Minds Can Know One Thing"], "Humanismo e verdade mais uma vez" ["Humanism and Truth Once More"], "O empirismo radical é solipsista?" ["Is Radical Empiricism Solipsistic?"], "O lugar dos fatos afetivos em um mundo de experiência pura" ["The Place of Affectional Facts in A World of Pure Experience"] e "A noção de consciência" ["La Notion de Conscience"], todos apareceram entre setembro de 1904 e junho de 1905, oito em *The Journal of Philosophy, Psychology and Scientific Methods*, dois em *Mind*, e um em cada um dos periódicos *The Psychological Review* e *Archives de Psychologie*. "O método pragmático" foi o único artigo escrito antes do período de publicação.

linha temática central – a da intimidade e da socialidade – das "Conferências Hibbert" [*Hibbert Lectures*] de James como um meio de elaborar alguns dos detalhes da visão de mundo filosófica de James.

O que se segue está dividido em quatro seções. Na primeira seção, examino o que James parece entender por "intimidade", argumentando que ela tem três usos distintos: (1) um uso fenomenológico, que se concentra na intimidade como um afeto ou sentimento; (2) um uso metafísico, em que a intimidade é relacionada às relações factuais que, de acordo com o empirismo radical, constituem o mundo; e (3) uma noção ideal de intimidade-em-produção, que James deriva do modelo da socialidade ou reciprocidade. Após esse resumo esquemático do critério de intimidade, as três seções seguintes são um olhar sobre os compromissos particulares de James que se desenvolvem de cada uma das interpretações da intimidade ou correspondem a cada uma delas. Na segunda seção, portanto, abordo a ideia de James de substituir a racionalidade pela intimidade como um critério na filosofia, relacionando-a ao sentido fenomenológico da intimidade. A seção seguinte considera o compromisso de James com uma forma moderada de panpsiquismo (o "panpsiquismo pluralista"), ligando-a à concepção metafísica de intimidade. Na seção final, volto-me para a compreensão de James do sobrenaturalismo, da experiência religiosa e do teísmo, ligando essa visão da religião ao ideal de James de interpretar a intimidade como socialidade. Na conclusão, ficará claro como o critério da intimidade é central para a visão de mundo filosófica madura de James.

Deve-se notar que minha exploração pressupõe a afirmação interpretativa de que, mais do que qualquer outra obra, *Um universo pluralista* representa a articulação mais coerente, desenvolvida e completamente integrada da visão de mundo filosófica de James.[4] Embora eu não possa defender adequadamente essa afirmação aqui, muitas das questões em jogo devem ser iluminadas através do argumento que se segue.

---

[4] Essa visão é defendida em Lamberth (no prelo). Ver particularmente os capítulos 2 e 5.

I. O CRITÉRIO COMPLEXO DA INTIMIDADE

Um universo pluralista começa com um capítulo sobre "Os tipos de pensamento filosófico", no qual James busca esclarecer sua visão da natureza e dos objetivos da filosofia e inventariar o conjunto do trabalho filosófico recente. No que concerne à natureza da filosofia, James se concentra no caráter humano do filósofo, argumentando que as filosofias particulares são "expressões do caráter íntimo do homem" (*PU*, 14). Os filósofos derivam suas visões de mundo a partir de analogias com suas próprias experiências, argumenta ele: "... o único material que temos à nossa disposição para produzir uma imagem do mundo é fornecido pelas várias porções do mundo das quais já tivemos experiência" (*PU*, 9). "Todos seguem uma ou outra analogia...", continua ele posteriormente, afirmando que "diferentes homens acham que suas mentes estão mais em casa em fragmentos muito diferentes do mundo" (*PU*, 10). Apesar destas diferenças substantivas e empíricas, para a mente de James todas as filosofias brotam, não obstante, de um desejo comum: "Ansiamos, de modo semelhante, por nos sentirmos mais em casa [no universo] e por contribuirmos com nossa pequena parcela para sua melhoria" (*PU*, 11). Assim, apesar da ampla divergência das visões filosóficas, para James toda filosofia pode ser vista como similar em sua referência à experiência humana real e, em última instância, aos interesses humanos.

Apesar de ser notável por suas caracterizações estéticas da filosofia, a primeira conferência é mais interessante por seu esforço classificatório. James começa distinguindo as filosofias materialistas e espiritualistas em geral, afirmando em uma passagem reminiscente do *Pragmatismo* que cada qual deriva de um temperamento filosófico diferente e produz uma visão de mundo de caráter diferente. James então expressa uma preferência pelas filosofias espiritualistas em detrimento das materialistas, uma vez que os resultados destas últimas são mais alheios, pensa James, ao passo que os das primeiras provam-se mais íntimos.

James propõe então mais duas distinções no interior da própria filosofia espiritualista, deixando o materialismo de lado, aparentemente como um não-competidor. A primeira destas divide a filosofia espiritualista em duas subespécies, o teísmo dualista e o panteísmo. O teísmo dualista é considerado mais alheio por James, uma vez que ele "nos torna forasteiros e nos mantém alheios em relação a Deus", ao passo que as filosofias de tipo panteísta são vistas como alcançando um "nível superior de intimidade", através de sua inclusão dos seres humanos no divino (*PU*, 17, 16). No interior das filosofias panteístas, James finalmente localiza o par crucial para seu próprio argumento, a saber, a divisão entre a subespécie monista das filosofias do absoluto e sua própria visão pluralista – o empirismo radical. O objetivo último de James em suas Conferências Hibbert é demonstrar que o empirismo radical é mais íntimo que as filosofias racionalistas do absoluto. A partir deste esboço, também fica claro que a "intimidade" é, em algum sentido, o critério central para as distinções de James entre os tipos de pensamento filosófico. A fim de acrescentar conteúdo a essa noção, exploro nas subseções seguintes três usos distintos que James faz da noção de intimidade mencionada acima e traço suas interconexões.

A intimidade como um afeto fenomenológico

Ao distinguir entre as filosofias materialistas e espiritualistas na primeira conferência, James nota que o materialismo deriva de, ou corresponde a, um temperamento cínico, definindo portanto o mundo "de modo a deixar a alma do homem sobre ele [isto é, sobre o mundo] como um tipo de passageiro exterior, alienígena". Por contraste, as filosofias espiritualistas, para James, derivam de um temperamento solidário e "insistem que o íntimo e o humano devem circundar e subjazer ao brutal" (*PU*, 16). Com base nisso, pode-se muito bem caracterizar James como oferecendo uma explicação psicológica – ou mesmo genética – para as diferenças entre visões de mundo filosóficas.

A principal distinção que James traça nessas passagens, no entanto, tem a ver não com as origens das visões, mas antes com suas consequências experienciais.[5] O materialismo (e o teísmo dualista), segundo James, leva

---

[5] James faz uma distinção similar na abertura de *As variedades de experiência religiosa*, em que ele distingue entre origens e valores e mapeia os juízos existenciais e espirituais correspondentes (*VRE*, 13). É interessante comparar essa seção de *Um universo pluralista* com a passagem de abertura do *Pragmatismo*, em que James dá bastante importância ao temperamento (*P*, 9-26).

os seres humanos a experienciar sua relação para com o mundo como algo alheio, enquanto as filosofias espiritualistas de modo geral permitem uma experiência e uma autocompreensão mais amplas (*PU*, 18-19). A principal diferença entre as filosofias materialistas e espiritualistas, enquanto esboços ou visões de mundo, portanto, depende daquilo que podemos chamar de caráter "fenomenológico" da relação experiencial que a visão filosófica projeta entre os seres humanos particulares e o resto do mundo.

Essa noção de que as diferenças de intimidade são os diferenciadores críticos entre as filosofias é intimamente relacionada a diversos componentes centrais da visão de mundo [*Weltanschauung*] radicalmente empirista de James, mais notavelmente sua tese metafísica não dualista da experiência pura. Nessa tese, enunciada mais abertamente no artigo de 1904 "A consciência existe?" ["Does Consciousness Exist?"], James afirma que tudo no mundo pode ser entendido como sendo composto de "experiência pura", um tipo de "estofo" [*stuff*] plural que tem tantas naturezas quanto existem coisas experienciadas (*ERE*, 4, 14). Ao se examinarem atentamente os artigos que agora compõem os *Ensaios em empirismo radical*, pode-se ver que James tem pelo menos dois objetivos diferentes ao propor sua tese da experiência pura. Primeiro, James está interessado em desenvolver um conceito metafísico que possa facilitar uma compreensão logicamente satisfatória e empiricamente adequada das relações dinâmicas entre os componentes que constituem o mundo (incluindo pensamentos, coisas e as relações epistêmicas e energéticas que os conectam). Segundo, James está interessado em desenvolver um empirismo "radical" – uma filosofia que exclua tudo que não podemos experienciar, mas, de modo mais importante, inclua de alguma forma tudo aquilo que de fato experienciamos. Portanto, James também está interessado em propor uma metafísica que possa explicar diretamente as características concretas, de primeira ordem, da experiência vivida e da vida sensorial humana. Esse desejo é, em grande parte, aquilo que está por trás de sua escolha do termo "de cano duplo", a "experiência", como o elemento básico em sua filosofia (ver *ML*, 331).

A aplicação "de primeira ordem" do termo "experiência pura" aparece nos ensaios de 1904-1905 quando James fala sobre a experiência pura como "o *aquilo* que não é ainda nenhum *quê* definido" ou "o campo instantâneo do presente" (*ERE*, 46, 13). Segundo minha interpretação, esse uso concreto deve ser compreendido como o análogo fenomenológico do emprego metafísico da noção de experiência pura como o elemento básico de tudo que é real.[6] A "experiência pura", portanto, é uma categoria fundamentalmente complexa, sujeita tanto a tratamentos conceituais e metafísicos (tipificados por sua perspectiva mais ampla, de segunda ordem) quanto a traduções *fenomenológicas* ou afetivas (identificáveis por suas características sensoriais ou concretas).

Voltando a *Um universo pluralista*, agora é possível enxergar sob uma luz bastante diferente a inclinação de James para a intimidade enquanto característica fenomenológica. Enquanto, em uma primeira leitura a distinção de James aparece como arbitrária, atribuível talvez apenas a *seu* temperamento psicológico, em uma segunda leitura podemos ver James traçando suas distinções de acordo com a adequação de uma filosofia particular para explicar a concretude fenomenológica de nossa experiência real, vivida. Sua preferência pela intimidade no nível fenomenológico pode assim ser compreendida como sendo consistente com (e mesmo dependente de) sua tese da experiência pura e seu comprometimento metodológico com uma forma radical de empirismo. A intimidade no nível fenomenológico, portanto, diz respeito à adequação de uma visão à experiência concreta, vivida, de primeira ordem.

A intimidade como uma relacionalidade metafísica

Embora as referências a diferenças temperamentais e um apelo à experiência sejam temas relativamente comuns na obra de James,

---

[6] Para uma explicação mais detalhada dessa leitura, ver Lamberth, capítulo 2. Minha leitura da experiência pura como tanto metafísica quanto fenomenológica busca evitar a posição adotada por diversos intérpretes que enxergam James como vacilando entre um monismo neutro e a ideia de uma experiência não analisada. Ver, por exemplo, Ford, 1982, 76-77; Wild, 1969, 161; Bird, 1986, 95; e Myers, 1986a, 308.

a centralidade do apelo à "intimidade" em *Um universo pluralista* é nova, pelo menos na forma impressa. Uma distinção entre intimidade e alheamento aparece pela primeira vez na obra de James em sua discussão das relações conjuntivas no ensaio de 1904 "Um mundo de experiência pura" ["A World of Pure Experience"]. Ali, elaborando acerca do que se poderia chamar de tese factual do empirismo radical (a saber, que as relações, tanto conjuntivas quanto disjuntivas, são elas mesmas fatos da mesma ordem que as coisas relacionadas), James trata as relações conjuntivas e disjuntivas como diferindo umas das outras por graus em um espectro de intimidade e, por implicação, de alheamento:

> As relações são de diferentes graus de intimidade. Meramente estar "com" os outros em universo de discurso é a relação mais exterior que os termos podem ter, e não parece envolver mais nada, no que diz respeito às consequências mais distantes. A simultaneidade e o intervalo de tempo vêm em seguida, e depois a adjacência espacial e a distância. Depois delas, a similaridade e a diferença, carregando a possibilidade de muitas interferências. Depois as relações de atividade, amarrando os termos em séries envolvendo mudança, tendência, resistência e a ordem causal de modo geral. Finalmente, a relação experienciada entre termos que formam estados mentais e são imediatamente cônscios de continuar uns aos outros. A organização do eu como um sistema de memórias, propósitos, esforços, satisfações ou desapontamentos, é incidental a essa relação mais íntima de todas, cujos termos parecem em muitos casos, realmente se penetrar mutuamente e se espalhar pelo ser uns dos outros (*ERE*, 23-24).

Notável por sua reformulação do antigo problema do estatuto e do caráter das relações, essa discussão em 1904 é ainda assim ambígua em termos de sua importância. James fala da "relação de estar com" em um "universo de discurso" como o polo do alheamento, enquanto trata certos estados mentais do eu como sendo maximamente íntimos. Ele então parece (talvez inadvertidamente) considerar as relações apenas em um sentido limitado, meramente cognitivo (em oposição a um sentido metafísico), deixando em aberto a questão de se os estados mentais são tudo o que existe e deixando assim indeterminadas as questões acerca da aplicação do critério da intimidade.[7]

O artigo no qual essa passagem ocorre se concentra em problemas epistemológicos – especificamente, as relações cognitivas envolvidas nos casos em que o conhecimento é uma relação entre "dois pedaços de experiência atual pertencentes ao mesmo sujeito" (*ERE*, 27). A linguagem de James parece talhada para seu tópico e talvez ainda presa aos hábitos terminológicos de sua própria escrita psicológica dualista. No entanto, com base na tese metafísica da experiência pura discutida acima (e apresentada no artigo de James, imediatamente antes dessa), pode-se tomar James enganosamente como um subjetivista acerca das relações cognitivas em particular ou das relações como uma classe geral. Para que o empirismo seja radical, escreve James, "*as relações que conectam as experiências devem ser elas mesmas relações experienciadas, e qualquer tipo de relação experienciada deve ser considerada como 'real' assim como qualquer outra coisa no sistema*" (*ERE*, 22). Assim, embora as relações de intimidade possam fenomenologicamente parecer subjetivas, de acordo com o empirismo radical e sua tese não dualista da experiência pura, as relações que estão sendo experienciadas são elas mesmas objetivas. Metafisicamente falando, portanto, os graus de intimidade correspondem a graus de conjunção, ao passo que o relativo alheamento traça o mapa das relações disjuntivas.

Essa extensão metafísica do termo "intimidade" é, de fato, algo não ambíguo em *Um universo pluralista*. Ali, no contexto de tratar as relações íntimas, James discute a "substância humana" e a "substância divina", "a ordem do mundo", "a substância da realidade" e "o mundo" e "o universo" enquanto tais (*PU*, 20-21). Segue-se que a intimidade diz respeito não apenas aos afetos fenomenológicos que podem ser discernidos através

---

[7] O argumento de "A consciência existe?" e "Um mundo de experiência pura" é destinado, de modo geral, a propor uma visão metafísica na qual a experiência é o componente mais básico. Uma vez que os dois artigos se concentram principalmente em questões epistemológicas (particularmente o estatuto das relações cognitivas), a linguagem de James às vezes deixa em aberto certas questões metafísicas que se esperaria que ele eliminasse – dada a restrição do empirismo radical à experiência.

da consideração do assunto; em adição a isso, a intimidade se refere diretamente às características concretas das relações factuais, conjuntivas e disjuntivas, que são constitutivas de toda a realidade enquanto tal (inclusive de pensamentos e coisas). A intimidade como critério, portanto, exige uma filosofia que seja ao mesmo tempo fenomenológica e metafisicamente responsiva à experiência.

A intimidade como o ideal da socialidade

Em adição a essa exigência radicalmente empirista de que as filosofias tomem o mundo, tanto fenomenológica quanto metafisicamente, do modo como nós realmente o experienciamos, James também invoca a intimidade em outro sentido em *Um universo pluralista* – um uso dinâmico da intimidade, mais intimamente relacionado àquilo que ele entende por socialidade. A intimidade nesse sentido é um ideal – algo que queremos que o mundo se torne mais completamente – nesse caso, o ideal especificado pela socialidade. Embora James critique seus oponentes filosóficos a partir de bases lógicas e em relação à adequação das concepções deles à experiência concreta, James também argumenta que o empirismo radical, como uma forma de pluralismo, é preferível a seus competidores na medida em que propõe a intimidade do mundo nesse nível ideal. Em seu "Seminário sobre Metafísica" de 1905-1906, de fato, James ofereceu essa caracterização de toda sua visão de mundo do empirismo radical, notando que "ela francamente interpreta o universo segundo uma analogia social" (*ML*, 367). Se a metafísica do empirismo radical fornece um meio de compreendermos os primeiros apelos à intimidade, o que devemos deduzir do apelo de James à socialidade como um ideal?

Na primeira conferência de *Um universo pluralista*, James introduz a socialidade ao distinguir as formas de teísmo. O teísmo dualista, argumenta ele, "torna-nos forasteiros e nos mantém alheios em relação a Deus... [a] conexão [de Deus] conosco aparece como unilateral, e não recíproca. A ação dele pode afetar-nos, mas ele nunca pode ser afetado por nossa reação. Nossa relação, em suma, não é uma relação estritamente social" (*PU*, 17). A socialidade é especificada aqui como uma relação recíproca, indicando a preferência de James por um tipo particular de interatividade dinâmica no interior do mundo. Assim, onde a intimidade se referia diretamente aos aspectos factuais e relacionais do mundo, a socialidade adicionalmente especifica a intimidade como um ideal a respeito do *caráter* das relações dinâmicas no interior do mundo assim composto.

Quando retorna subsequentemente à diferença geral entre as visões materialistas e espiritualistas, James digressiona novamente a respeito da socialidade e da intimidade, esclarecendo mais o que ele entende por socialidade como um ideal íntimo:

> De um ponto de vista pragmático, a diferença entre viver contra um pano de fundo de alheamento e um de intimidade significa a diferença entre um hábito geral de cautela e um de confiança. Pode-se dizer que esta é uma diferença social, pois, afinal, o *socius* comum de todos nós é o grande universo do qual somos filhos. Se formos materialistas, devemos suspeitar desse *socius*, devemos ser cautelosos, tensos, e ficar de guarda. Se formos espiritualistas, podemos ceder, abraçar e não manter nenhum medo absoluto (*PU*, 19).

"*Socius*", que também aparece nos *Princípios*, significa um aliado, parceiro ou mesmo um membro da família com que o indivíduo é íntima e ativamente relacionado (*PP*, 1:301). Interpretar o universo segundo uma analogia social implica, assim, duas coisas, em adição às formas anteriores de intimidade discutidas. Primeiro, isso indica que James favorece uma filosofia na qual todas as nossas relações dinâmicas no mundo são formuladas (metafisicamente) como recíprocas em vez de meramente relacionais. Segundo, James pensa que a própria aceitação de uma tal visão da realidade é algo que produz afetos adicionais de intimidade e hábitos de confiança. É interessante que, embora nos *Princípios* James houvesse implicado que um *socius* adequado só poderia ser "ideal" no sentido de "não real", em 1906-1908 James implica que uma visão espiritualista pode, ao menos potencialmente, providenciar a possibilidade de um *socius* adequado no mundo empírico.

Deve-se notar que esse apelo à socialidade como um ideal não é da mesma ordem que a crítica de James a seus rivais a partir das perspectivas da intimidade fenomenológica e metafísica. Ao atentar para o mundo real da experiência, James acha que os fatos à mão são suficientes para desacreditar as filosofias do absoluto (e outros competidores) em relação ao empirismo radical. Daí, onde a intimidade nos dois primeiros sentidos é para James totalmente realista em valência, a socialidade envolve uma fusão de elementos reais e ideais, uma vez que ela ainda se encontra apenas parcialmente produzida, e é assim ainda ideal em sua forma completa. O irresistível apelo das filosofias do absoluto jaz em sua pretensão de expressar, se não também realizar, o otimismo e a intimidade do temperamento solidário. Se o empirismo radical visa aspirar ao manto de filosofia espiritualista, ele também deve ser capaz de apresentar a intimidade como um ideal que deveria – mas, mais importantemente, pode – ser buscado. As três seções seguintes, sobre a racionalidade, o panpsiquismo e a concepção finita de deus, exploram a resposta sistemática de James a essa aspiração.

RACIONALIDADE

Compreender a noção complexa de intimidade de James – como um afeto fenomenológico, como um traço variável de relações metafísicas reais, concreto e independente, e, em última instância, como um ideal para a ação humana – é crucial para desenvolver uma compreensão de alguns de seus compromissos filosóficos mais peculiares evidenciados em *Um universo pluralista*. Talvez o mais notável destes seja a surpreendente sugestão de James, quase no fim de suas conferências, de que a filosofia poderia ser melhor servida, de modo geral, se o critério da intimidade viesse a substituir o da racionalidade na filosofia. "Seria uma pena se fosse permitido que a palavra 'racionalidade' nos causasse problemas aqui", escreve ele:

> Ela é uma dessa palavras de elogio que ambos os lados reivindicam – pois quase ninguém está disposto a anunciar sua filosofia como um sistema de irracionalidade. Mas, como a maioria das palavras que as pessoas usam elogiosamente, a palavra "racional" carrega muitos significados... Seria melhor desistir totalmente da palavra "racional" do que se envolver em uma briga verbal a respeito de quem tem o melhor direito de mantê-la.

Talvez as palavras "alheamento" e "intimidade", que propus em minha primeira conferência, expressem melhor o contraste sobre o qual insisto do que as palavras "racionalidade" e "irracionalidade". (*PU*, 144-145)

Aquilo sobre o qual James "insiste" nesse ponto do texto não é meramente o afeto fenomenológico da intimidade, discutido anteriormente. Em adição a isso, ele parece ter em mente a reintrodução normativa, na filosofia, das características concretas (e variavelmente íntimas ou alheias) da experiência real. Nessa concretude, James considera tanto as relações conjuntivas quanto as disjuntivas como sendo fundamentalmente reais e em fluxo, com algumas parcelas da realidade "interpenetrando" umas às outras, enquanto outras estão apenas com as outras ou próximas umas das outras. "A experiência imediata da vida resolve os problemas que tanto deixam perplexa nossa inteligência conceitual", escreve ele, atacando a compreensão intelectualista das relações (compartilhada pelo materialismo e pelas filosofias do absoluto), na qual todas as relações entre as partes metafísicas da realidade são entendidas como sendo coisas separadas, acrescentadas pelo pensamento (*PU*, 116). "Se nos ativermos à máxima de Hume", escreve ele, "... de que quaisquer coisas que sejam distinguidas são tão separadas quanto se não houvesse nenhum tipo de conexão entre elas, então não pareceria haver escapatória da dificuldade, senão saindo completamente da experiência" (*PU*, 119). O empirismo radical, ao adotar a experiência concreta e vivida como seu componente *metafísico* fundamental, "insiste" que essa visão intelectualista das relações seja posta de lado em favor de uma outra visão. Nesta, a intimidade concreta que experienciamos como parte da própria relação também pode ser vista como figurando filosoficamente como uma parte fundamental da realidade.

Mas alguém pode perguntar: qual é a conexão entre, por um lado, reconhecer a realidade de relações conjuntivas, íntimas, e, por outro, a noção filosófica e o ideal da racionalidade? Não é de surpreender, dada a noção de intimidade de James como tanto fenomenológica quanto metafísica, que haja duas conexões a serem seguidas aqui. Em um nível metafísico, James está, em certo sentido, buscando algo semelhante ao dito de Hegel de que "o racional é real e o real é racional", apenas substituindo a racionalidade pela intimidade. Com isso quero dizer que a factualidade das relações, que James apresenta como básica para o empirismo radical, provê um gancho metafísico para a intimidade fenomenológica ou afetiva. Esse gancho é semelhante à noção do absoluto de Hegel, que é concebido como um componente metafisicamente básico da realidade, e que é ele próprio *produtivo* da racionalidade. O que é diferente é que enquanto a racionalidade e o absoluto aparecem ao leitor como tendo um caráter de tudo-ou-nada (como o próprio James nota), a intimidade, como todas as relações, inevitavelmente parece envolver uma questão de graus. Mais ou menos íntimo, portanto, é o análogo de mais ou menos racional na filosofia, para James.

A racionalidade, contudo, não é meramente, ou talvez nem mesmo muito basicamente, uma característica do mundo; mais comumente, ela é entendida como se aplicando a um subconjunto específico daquele grupo mais amplo de "experiências puras" – a saber, nossas concepções. O uso que James faz da intimidade como o critério básico na filosofia é menos desconcertante quando nos lembramos que para ele a racionalidade tem um aspecto afetivo. James escreveu pela primeira vez em detalhes a respeito da racionalidade em 1879, em "O sentimento de racionalidade" ["The Sentiment of Rationality"], reimpresso em *A vontade de crer*. Ali, James abordou a racionalidade psicologicamente, caracterizando-a como envolvendo uma "fluência" ou "função mental desimpedida" (*WB*, 57-58). Segundo essa visão, nós *sentimos* a racionalidade (e sua ausência) assim como sentimos nossos outros estados afetivos. O que não ficava claro naquele ensaio inicial, que ainda aderia ao dualismo de mente e matéria, é como James poderia ou iria explicar que o sentimento de racionalidade tivesse alguma vez qualquer correlação com o modo como o próprio mundo é, em contraste com o modo como ele meramente é sentido.[8]

---

[8] Pode-se ler "O sentimento de racionalidade" a partir da perspectiva do empirismo radical, fornecendo a simples resposta de que a distinção entre o que é e o que é sentido não é severa, pois é mediada pela noção de experiência pura. Meu ponto, no entanto, é que o próprio James não havia ainda aderido a essa visão, e portanto deve ser lido como um dualista metafísico, apesar de um tanto hesitante.

Quando James levanta a questão da racionalidade novamente em 1908, o contexto filosófico é bem diferente. Nessa época, James já havia articulado uma metafísica formalmente monista da experiência pura. Na visão de James, uma das formas de intimidade às quais a filosofia deve aspirar é um sentimento de que o mundo como nós o experienciamos e as ideias que temos desse mundo devem ser eles mesmos intimamente relacionados ou pelo menos capazes de uma relação íntima. No empirismo radical de James, e particularmente em sua explicação funcional da verificação da referência objetiva (o "conhecimento sobre"), isso equivale à afirmação de que nossas ideias filosóficas devem ser capazes de encontrar sua verificação exibindo continuidades esperadas com os detalhes do mundo concreto, segundo o modo como nós realmente o experienciamos.[9] A referência objetiva, para James, envolve o ato de sermos "conduzidos", através de "transições definidamente sentidas", até experiências puras, concretas, que são "significadas", sempre que a verificação está em questão (*ERE*, 28-29). Esse ato de condução é o análogo fenomenológico de uma relação metafísica de continuidade, a qual, como argumentei, envolve um grau relativamente alto de intimidade. No contexto da verificação de uma concepção, portanto, essa experiência íntima de condução pode ser tomada como uma marca fenomenológica da verdade ou "racionalidade", ou, como James coloca nas *Variedades* (em um contexto diferente), do "sentimento de realidade". O desejo de James de substituir a racionalidade pela intimidade como critério básico na filosofia, portanto, pode ser compreendido como sendo ao mesmo tempo baseado em, e uma elaboração de, seus compromissos

---

[9] Há duas classes distintas de conhecimento para James, a saber, a familiaridade direta e o conhecimento sobre. A familiaridade direta é caracterizada pela imediaticidade (mas não pela certeza), conectando dois sistemas de associados através de uma experiência. O conhecimento sobre, por contraste, é uma forma mediada de conhecimento, envolvendo a substituição funcional de uma parte da experiência por outra. Estas funções são elas mesmas dinamicamente interrelacionadas. O conhecimento sobre é verificado ao conduzir até a familiaridade direta, enquanto que a familiaridade direta é, por sua vez, entendida como cedendo lugar ao conhecimento sobre, à medida que a imediaticidade se esvai (ou é rompida) fenomenologicamente. Ver Lamberth, capítulo 2, para uma análise mais detalhada.

radicalmente empiristas com a realidade das relações e com a fenomenologia, a metafísica e a epistemologia inter-relacionadas da experiência pura concreta.

Panpsiquismo pluralista

Os intérpretes de James discordam amplamente quanto a se, e em que medida, ele endossava alguma forma de panpsiquismo.[10] Isso é particularmente estranho, uma vez que James alia sua visão diretamente ao panpsiquismo em duas ocasiões em *Um universo pluralista*, que foi o último livro "novo" (isto é, não compilado) que ele publicou (*PU*, 141, 143). Além disso, os manuscritos não publicados e notas de conferências de James claramente demonstram um interesse explícito por, e em última instância um compromisso com, alguma forma dessa visão (por exemplo, *MEN*, 6, 43, 48, 55; *ML*, 223, 278, 308, 403). Biograficamente, as crescentes ideias panpsiquistas de James coincidem com seu trabalho metafísico a respeito do empirismo radical. Não deve ser surpreendente, portanto, que o interesse de James pelo panpsiquismo possa estar substantivamente relacionado a sua defesa da intimidade na filosofia, tanto no nível do desenvolvimento de uma metafísica íntima da relacionalidade quanto na viabilização do ideal social da intimidade como reciprocidade.

Boa parte do desacordo a respeito, e mesmo da falta de interesse pelas inclinações panpsiquistas de James, deriva de uma falta de clareza sobre o que é o panpsiquismo enquanto posição filosófica, e até mesmo sobre por que ele chega a ser uma questão. No final do século XIX, o panpsiquismo era uma visão comum, compartilhada, em princípio, por muitos dos co-

---

[10] Perry enxerga James como oscilando, mas não aderindo em última instância ao panpsiquismo (Perry, 195, 2:394-395). Entre as interpretações recentes, apenas Ford (1982) e Spriggs (1993) afirmam diretamente que James é um panpsiquista (75s; 137). Myers (1986a) acha que o próprio James nunca endossa tal posição (612), ao passo que Levinson concorda com Perry que ele oscila, mas conclui que qualquer compromisso com o panpsiquismo não faz nenhuma diferença para a posição geral de James (Levinson, 1981, 177s.).

legas de James. Em um mínimo, o panpsiquismo envolve a afirmação de que todos os elementos que constituem o universo possuem um aspecto ou disposição psíquica. O panpsiquismo não é simplesmente a afirmação de que a matéria é intrinsecamente ativa (hilozoísmo); antes, o panpsiquismo envolve a afirmação inerentemente avaliativa de que o componente psíquico é "superior" ou mais valioso do que o componente não psíquico (se houver um). Assim, nesta visão, o universo é intrinsecamente animado, ao menos potencialmente, em todo o trajeto de descida até suas partes (ou de subida a partir delas).

No final do século XIX, o problema do panpsiquismo se tornou agudo quando filósofos como James se descobriram insatisfeitos com as explicações da continuidade da experiência, da consciência e do pensamento que haviam emergido tanto das visões filosóficas materialistas quando das idealistas. O problema era, por um lado, explicar a independência dos objetos no mundo, e, por outro, explicar plausivelmente (e logicamente) como eles podiam ser interconectados (ou "dialéticos") no pensamento ou experiência.

O panpsiquismo admite várias interpretações. Entre aquelas que eram comuns na época de James, distinguirei uma versão fraca e uma versão forte antes de identificar uma terceira, uma versão moderada que é a do próprio James. Na visão forte (sustentada por Gerhardus Heymans e Charles Strong), todo elemento individuável do universo é entendido, em seu nível filosoficamente mais básico, como sendo autoexperienciador ou autoconsciente, em adição a quaisquer outras relações ou características que possa ter (incluindo suas características físicas e relações causais, uma vez que o panpsiquismo forte retém um dualismo fundamental entre mente e matéria). Essa atividade psíquica é entendida como sendo causalmente básica e eficaz, tornando assim a ordem física subserviente à atividade psíquica. Essa visão, que James chama de "panpsiquismo idealista", pretende explicar tanto a independência radical dos objetos (coisas-em-si) quanto o caráter dialético (relacional) da experiência, sem propor dois reinos separados de experiência, sem ignorar os sucessos das ciências físicas e sem excluir alguma forma de filosofia idealista (*ML*, 396).

Uma versão mais fraca do panpsiquismo (sustentada por Friedrich Paulsen) sustenta que, embora todo elemento no universo deva ter um aspecto ou disposição psíquica inerente, esse aspecto é sempre subordinado em termos da atividade das características materiais do objeto em questão. Nessa visão, os elementos individuáveis são entendidos como sendo autoconscientes ou autoexperienciadores; no entanto, esse estado psíquico não é visto como basicamente responsável pela existência ou atividade do elemento, como é o caso na versão forte. A autoconsciência, e de fato qualquer forma de atividade psíquica ou mental, portanto, é epifenomênica em relação à atividade material. O "epifenomenalismo", como James o chamava, atenta assim (embora fracamente) para o caráter dialético da experiência que o materialismo tende a deixar inexplicado, mas, diferentemente do panpsiquismo forte, ele permanece inteiramente comprometido com as prioridades do materialismo dualista clássico, em detrimento do idealismo (*ML*, 396).

Entre o panpsiquismo idealista e o epifenomenalismo há muito espaço para manobras, e isso é o que James faz ao longo dos anos 1900. A história do compromisso de James com o panpsiquismo é nebulosa, uma vez que só pouco frequentemente ele se referiu à sua visão por esse nome. À medida que o tempo passa na carreira de James, contudo, as referências se tornam mais claras a respeito de sua própria afinidade. A primeira menção publicada ocorre cedo, no ensaio de 1881 "Ação reflexa e teísmo" ["Reflex Action and Teism"], no qual James nota (como ele também o faz dezessete anos depois) que o pensamento moderno parece estar convergindo para conclusões panpsiquistas (*WB*, 12; cf. *PU*, 141ss.). Mais notáveis são suas duas referências na sequência dos *Ensaios em empirismo radical*, em que ele menciona o panpsiquismo como uma questão em aberto e se refere positivamente à visão de Strong pelo nome (*ERE*, 43, 95). Depois de *Um universo pluralista*, a única outra menção publicada ocorre nas "Confidências de um pesquisador do paranormal" ["Confidences of a Psychical Researcher"] de 1909, em que James novamente nota a convergência a respeito daquela visão (*EPR*, 374).

Quando nos voltamos dos materiais publicados para os não publicados, o compromisso de James e sua compreensão do panpsiquismo se tornam muito mais evidentes. As referências também datam do início dos anos 1880 e geralmente indicam um crescente interesse pela doutrina, particularmente das *Variedades* em diante (por exemplo, *MI*, 146, 198, 278, 308; *MEN*, 6, 43, 48, 55, 176, 223). Embora James pareça ter concordado com a análise de seus colegas quanto ao porquê de o panpsiquismo ser filosoficamente exigido, depois que ele se voltou para sua metafísica do empirismo radical (com sua experiência pura não dualista) ele se descobriu insatisfeito com o explícito dualismo de mente e matéria de todas as posições panpsiquistas que ele conhecia.[11] Isso pode, de fato, explicar por que James utilizou com tão pouca frequência o termo na forma impressa.

A solução final de James parece ter sido desenvolver uma forma moderada de panpsiquismo, o "panpsiquismo pluralista", que evita o dualismo fundamental de mente e matéria de seus colegas em favor de uma metafísica pluralista da experiência pura e de uma noção correspondentemente pluralista de causalidade. As referências textuais para o esboço dessa visão são um tanto escassas. Embora a locução "visão panpsíquica pluralista" apareça em *Um universo pluralista*, a obra sobrevivente de James só prové uma discussão filosófica séria dos detalhes emergentes de tal visão em dois lugares: em uma passagem de um caderno de 1905, "O livro de Heymans"; e, no ano seguinte, nas notas para seu trabalho de 1906-1907 "Problemas gerais da filosofia" (*MEN*, 223; *ML*, 403).

No primeiro destes manuscritos, James está interessado em modificar o panpsiquismo forte de acordo com sua tese formalmente monista e não redutiva da experiência pura. Especificamente, dada a visão de James de que a separação entre o físico e o mental é secundária e não metafisicamente básica, ele precisa se dar ao trabalho de dar um sentido à afirmação de que toda atividade, especificamente a atividade causal, é inerentemente psíquica. Segundo o empirismo radical, o fato de uma experiência (um

---

[11] Essa virada para a metafísica não dualista da experiência pura, representada pelo empirismo radical, ocorre em 1895 e é clara no ensaio "O conhecimento das coisas em conjunto" ["The Knowing of Things Together"], datado daquele ano e bem anterior à publicação dos ensaios conhecidos por aquele nome. Ver Lamberth, capítulo 3, para uma demonstração sustentada e uma exploração dessa interpretação.

objeto) no mundo ser considerada mental ou física depende não de uma hierarquia metafísica preexistente, mas, em vez disso, dos tipos de atividades e efeitos com os quais aquela experiência particular está relacionada no campo mais amplo da experiência. A atividade causal, portanto, não é singular, mas sim plural por natureza – todas as experiências (potencialmente) produzem efeitos, embora não necessariamente efeitos que possam ser agrupados como similares. Além disso, as experiências concretas reais frequentemente admitem a contribuição de múltiplas condições causais, e algumas destas podem ser de tipos diferentes. A afirmação de que a causalidade psíquica é primária (ou mais real) prova-se, portanto, reducionista demais para o programa radicalmente empirista e pluralista de James. Em última instância, James acha que o panpsiquismo forte é incapaz de explicar a existência de, e a interação entre, sistemas físicos e mentais em um nível secundário, uma vez que a experiência pura pluralista, com suas "naturezas" múltiplas e variadas, seja tomada como sendo metafisicamente primária (ver *ERE*, 14).

O caderno de James de fato indica que ele estava rumando para uma solução neste ponto, uma que equivale à sua solução para a divisão entre mente e matéria no empirismo radical. Em 1904-1905, James havia explicado a distinção de senso comum entre o mental e o físico falando sobre a "classificação" das experiências puras em diferentes sistemas de associados (principalmente mentais e físicos) com base no modo de interação dessas experiências (*ERE*, 69-70). Em 1905-1906, James traça outra distinção funcional, dessa vez entre a causação física e mental: "A ação energética [física] é simplesmente uma ação transitiva – a causação 'psíquica' é simplesmente uma ação imanente" (*MEN*, 223). Esses dois tipos de ação são, portanto, distinguíveis com base em seus modos de funcionamento. Além de operar separadamente, as formas de causalidade também podem combinar-se para efetuar uma única mudança experiencial; por exemplo, a percepção é, segundo James, condicionada por ambos, a mente e o cérebro. "Quando o tipo transitivo é *adicionado* ao tipo imanente", escreve ele, "a experiência é de coisas físicas" (*MEN*, 223). A atividade psíquica e a atividade física, portanto, são em última instância distinguíveis e distinguidas (analogamente às próprias experiências puras) com base nos graus concretos de continuidade e descontinuidade experiencial em relação ao fluxo mais amplo da experiência. Além disso, embora estas formas de atividade sejam distinguíveis, assim como as várias relações de intimidade e estranheza discutidas acima, não é necessário, em última instância, afirmar que elas são de tipos diferentes. Assim, a tendência redutora do panpsiquismo forte (assim como a do materialismo) pode ser superada em favor de uma visão mais pluralista, mantendo-se vivas, ainda assim, as noções de interação e dinamismo do panpsiquismo, bem como sua abertura para influências mentais novas.

A segunda discussão importante do panpsiquismo por parte de James ocorre em suas notas para um curso em que o texto "epifenomenalista" de Paulsen era leitura obrigatória. (O sistema do próprio James não foi apresentado nesse curso.) Nessas notas, James distingue entre o "panpsiquismo idealista" e o "epifenomenalismo", desenvolvendo os detalhes de cada posição. Ao final do manuscrito, após considerar em detalhes as vantagens e desvantagens de cada visão, James coloca a questão geral de "se o panpsiquismo deve ser interpretado monisticamente ou pluralisticamente", indicando diretamente tanto os traços retóricos quanto os metafísicos do panpsiquismo pluralista que ele desenvolveria um ano depois em *Um universo pluralista*. "Será que há um *propósito todo-inclusivo* nutrido por uma alma-do-mundo geral, abarcando todos os subpropósitos em seu sistema?", escreve ele, "ou há *muitos propósitos variados*, mantendo-se juntos como podem, sem nenhum propósito abrangente para incluí-los? Em outras palavras, será que as diferentes partes da matéria são 'moldadas' por almas diversas que não obedecem a nenhum princípio unificador, mas elaboram sua harmonia mútua da melhor maneira que podem?" (*ML*, 403). Embora a classe tenha lido Paulsen como texto, fica claro a partir dessa citação que James estava mais intrigado com o panpsiquismo forte. Além disso, é evidente que, quaisquer que fossem suas razões metafísicas, James também era atraído para alguma forma de panpsiquismo precisamente como um meio de fornecer uma alternativa íntima – e, em última instância, mais social – para o todo-conhecedor autoritário das filosofias do absoluto (tais como as de Royce e Bradley). O panpsiquismo, interpretado de maneira moderada e pluralista, oferecia a James os meios metafísicos de tornar os objetivos e interesses íntimos potencialmente eficazes e reais no universo. Ao mesmo tempo, por outro lado, o panpsiquismo abria o caminho para James perseguir seu ideal espiritualista e empirista de um universo "gradual", mas inerentemente social. Assim, para James, fornecer uma explicação pluralisticamente panpsiquista da atividade (causal) e da natureza da experiência pura é um meio não apenas de incrementar sua concepção metafísica de intimidade, mas também de tornar filosoficamente plausível o ideal de interpretar o universo segundo uma analogia social.

Deus(es) finito(s)

Tematicamente, o texto de *Um universo pluralista* representa a maioria dos interesses de James a partir da última década de sua vida, encarregando-se do absoluto, explorando questões metafísicas e epistemológicas tais como a composição da consciência, tentando fornecer uma alternativa pluralista e empirista ao materialismo e ao idealismo e encarando com seriedade os fatos da experiência religiosa e os fenômenos parapsicológicos. Do modo como tenho interpretado o texto até aqui, todas estas questões podem ser compreendidas como sendo de um mesmo tipo, pelo menos na medida em que buscam compreender o universo como intimamente conectado com, e através de, nossa experiência vivida, e como apto, em última instância, a se tornar mais íntimo através de nossa própria atividade. Próximo do fim das Conferências Hibbert, James parece dirigir-se ao ideal de intimidade, quando ele clama por uma ação filosófica que faça avançar a causa: "Deixem que o empirismo se torne de uma vez associado à religião, assim como até então, por meio de alguma estranha incompreensão, ele foi associado à irreligião, e acredito que uma nova era da religião, bem como da filosofia, estará pronta para começar" (*PU*, 142). O que será que ele tem em mente ao dizer isso, e como ele elabora seu ideal íntimo de socialidade?

Quando James veio a ministrar as Conferências Hibbert em 1908, ele tinha atrás de si os esforços empíricos das *Variedades*, sua pesquisa parapsicológica e as reflexões metafísicas e epistemológicas conhecidas como empirismo radical e pragmatismo. Embora sejam semelhantes quanto ao objeto, as diferenças entre o primeiro tratamento de James à religião e as

Conferências Hibbert são significativas. Apesar de suas intenções originais a respeito das Conferências Gifford, em 1902 James não ofereceu publicamente um sistema metafísico com o qual pudesse explicar seu "sobrenaturalismo gradual", "o eu mais amplo" ou sua afirmação de que a religião postula "fatos novos" (*VRE*, 406-408). De fato, embora as *Variedades* contenham numerosas indicações em contrário, a abordagem geral de seu objeto ocorre a partir da perspectiva da psicologia dualista.

Em 1908, por contraste, James apresenta suas visões sobre a religião colocadas contra o pano de fundo de um empirismo radical e pluralisticamente panpsiquista, que toma como básicas tanto a realidade das relações dinâmicas – conjuntivas e disjuntivas – quanto a introdução contínua da novidade através das várias atividades causais das partes que compõem o mundo. Esse pano de fundo implica que a estrutura relacional da experiência religiosa e a noção objetiva do "eu mais amplo" – que James só podia afirmar ter explicado psicologicamente nas *Variedades* – podem e devem agora ser lidas metafisicamente. Segundo essa interpretação, o caráter relacional da experiência religiosa pode ser entendido como uma função objetiva no interior da fábrica da experiência pura, em vez de uma função meramente subjetiva na mente do experienciador. Além disso, o "eu mais amplo" e o "mais" podem ser tomados como referindo-se não meramente à região subconsciente subjetiva, mas também a uma "consciência sobre-humana" real (ver *PU*, 130-131). Essa consciência sobre-humana iria muito além de qualquer sistema individual de experiências, interconectando concretamente vários sistemas através de relações factuais, dinâmicas, conjuntivas e portanto íntimas. É claro que se estas conclusões são ou não justificadas depende, para James, de fatos concretos e empíricos; mas ele pensa que a possibilidade *filosoficamente* real dessas conclusões não precisa ser encarada tão ceticamente quanto antes. Isso, ao que parece, é o que ele tem em mente quando pede que deixemos o empirismo (radical) tornar-se associado à religião (*PU*, 142).

O tratamento que James dá à religião nas Conferências Hibbert começa literalmente onde ele deixou o assunto nas *Variedades*. Citando diretamente suas próprias Conferências Gifford acerca do "eu mais amplo" e do "mais", ele descreve sua própria metafísica panpsiquista no nível fenomenológico (*PU*, 131, 139; *VRE* 400, 405). "Todo pedaço de nós a todo momento é parte e parcela de um eu mais amplo" – escreve ele –, "ele estremece ao longo de vários raios como a rosa-dos-ventos em uma bússola, e o que é atual nele é continuamente uno com possíveis que ainda não se encontram em nossa visão presente" (*PU*, 131). Ao se referir diretamente à experiência religiosa, James caracteriza a pessoa religiosa como "contínua, para sua própria consciência, de qualquer modo, com um eu mais amplo a partir do qual fluem experiências salvadoras... nós habitamos um ambiente espiritual invisível de onde a ajuda advém, nossa alma sendo misteriosamente uma com uma alma maior, da qual somos instrumentos" (*PU*, 139). Estes, pensa James, são os fatos fenomenológicos da experiência religiosa.

Dada a caracterização que ofereci dos compromissos metafísicos de James, deveria ser relativamente claro como o empirismo radical, enquanto filosofia espiritualista e íntima, explicará a experiência religiosa. Mas e quanto ao entendimento de James acerca da natureza da consciência sobre-humana, com a qual somos "misteriosamente unos" e da qual "somos instrumentos"? A última conferência Hibbert de James é apenas um esboço, oferecendo poucos argumentos, tendendo antes a traçar ideias gerais. Sobre Deus, no entanto, James tira duas conclusões: primeiro, Deus deve ser entendido como sendo finito (e não necessariamente singular); e segundo, nossa atividade deve ser tomada como contribuindo com a de Deus para tornar o muito mais ideal.

James apresenta a primeira destas afirmações em duas frentes. Ao longo do livro, ele argumenta, tanto a partir do sistema conceitual do idealismo quanto da perspectiva de seu próprio empirismo radical, que Deus como absoluto não é logicamente necessário. Uma vez que "o fio do intelectualismo é quebrado [desse modo]", o destino do absoluto é sujeito, como outras concepções, à verificação entre os fatos empíricos (*PU*, 130). Fatos tais como o livre-arbítrio, o mal e a experiência religiosa, pensa James, certamente não indicam um ser infinito, mas antes um ser que é finito. Acerca do caráter de tal ser finito, James argumenta que devemos provisoriamente concluir que uma consciência sobre-humana é semelhante a outros sistemas de consciência sobre os quais sabemos mais (por exemplo, os seres humanos). Isto é, devemos postular pelo menos que Deus tem um ambiente, está no tempo e realiza uma história (*PU*, 144).

A conclusão de que qualquer consciência sobre-humana deve ser finita é, pensa James, adequada aos fatos tanto fenomenologicamente quanto conceitualmente. Entre outras coisas, elas nos permite ao mesmo tempo incluir todas as nossas experiências do mundo, boas e más, e satisfazer nossas consciências conceituais (lógicas). "Deixemos que Deus tenha o menor *outro* infinitesimal de qualquer tipo ao lado dele próprio", escreve ele, "e o empirismo e o racionalismo [a filosofia espiritualista] podem dar as mãos em um tratado de paz" (*PU*, 141). A conclusão pluralista de James, contudo, tem também um componente ideal que não faz parte da ordem factual: sua invocação de uma analogia social ao representar a relação entre o humano e o sobrehumano.

Como discuti acima, James objeta ao teísmo dualista na primeira conferência com base no fato de que ele não interpreta nossas relações com o divino como relações recíprocas e sociais. No fechamento das *Variedades*, James havia concluído esperançosamente que "a fidelidade dos indivíduos aqui embaixo... pode de fato ajudar Deus, por sua vez, a ser mais efetivamente fiel a suas próprias tarefas maiores", sugerindo um Deus que fosse finito em algum sentido, e assim minimamente, se não reciprocamente, dependente de nós (*VRE*, 408). Concluindo suas Conferências Hibbert, James retorna a esse tema, representando nossa fidelidade como uma tarefa mais concreta, empiricamente exigente, que se aproxima da reciprocidade, ao menos em termos da importância de nossas contribuições. "A incompletude do universo pluralista", escreve ele, "... também é representada pela filosofia pluralista como sendo autorreparativa através de nós, como tendo suas desconexões remediadas em parte por nosso comportamento" (*PU*, 148; *VRE*, 408). Nossa socialidade com uma consciência sobrehumana finita é, portanto, diretamente relacionada ao fato de contribuirmos realmente para a continuidade e intimidade do universo pluralista em um futuro contingente, ao invés de necessário.

Há um segundo sentido em que nossas relações com consciências sobre-humanas são entendidas como ao mesmo tempo sociais e ideais. Na conferência de abertura, James havia identificado o *socius* comum de todos nós como "o grande universo do qual somos filhos" (*PU*, 19). Ao falar sobre o Deus finito, James retoma a mesma noção inclusiva, escrevendo que: "Somos realmente partes internas de Deus, e não criações externas, em qualquer leitura possível do sistema panpsíquico" (*PU*, 143). Assim, não apenas nossos próprios esforços são necessários para a vida da consciência sobre-humana, mas também, nesse sistema pluralisticamente panpsíquico, nossa vida é de fato parte daquela vida. Segue-se que o ideal íntimo de um *socius* comum deve ser alcançado nos fluxos concretos de experiência dos indivíduos, que são, ao mesmo tempo, constitutivos do fluxo mais amplo da vida de todos nós. Parece que falta apenas um pequeno passo para se compreender a necessidade das relações recíprocas e completamente sociais entre seres humanos, se se pretende que nosso ideal filosófico íntimo seja realizado.

Conclusões

Através de um olhar atento sobre diversos temas de *Um universo pluralista*, tentei discernir e esboçar o desejo de James e sua compreensão de uma visão de mundo filosófica íntima e social. A questão óbvia que permanece é por que alguém deveria, em última instância, preferir a visão íntima em detrimento da estranha. O empirismo radical de James o compromete com a visão de que a filosofia (e a ciência) enfrenta sempre o caso da "vida excedendo a lógica", a novidade, parte da qual é, em princípio, imprevisível (*PU*, 148). Aliado ao reconhecimento, por parte de James, da realidade empírica do livre-arbítrio e da influência das ideias e pensamentos no mundo (através de sua inclusão tanto como objetos quanto como operadores funcionais no mundo), esse compromisso com a novidade implica que as próprias concepções filosóficas não são apenas representações passivas, mas antes contribuições ativas para o curso futuro da história e participantes neste curso. A busca da socialidade e da intimidade como ideais, portanto, parece ser justificada (até que os fatos provem o contrário) com base na afirmação de que os próprios filósofos e suas ideias devem ser "absorvidos" no mundo que eles tratam (*PU*, 21, 143).

Sozinho, contudo, esse argumento não torna *necessária* a dedicação, seja às filosofias espiritualistas em geral, seja a uma visão pluralista como o empirismo radical em particular. No fechamento de suas conferências, James admite que não há, de fato, nenhuma razão logicamente coercitiva para que se aceite sua visão: "Este mundo *pode*, em último recurso, ser um universo em bloco; mas, por outro lado, ele *pode* ser um universo apenas frouxamente amarrado, não circunscrito e fechado. A realidade *pode* existir distributivamente, tão sensivelmente quanto ela parece existir, afinal" (*PU*, 148). Mas uma vez que o mundo realmente parece ser receptivo a ser mudado, e até mesmo a ser "remediado" por nosso comportamento, James não enxerga nenhuma "racionalidade" na ideia de que nós, enquanto seres humanos, aspiraríamos a um mundo que fosse menos íntimo em qualquer um dos três níveis que considerei. Tal visão, portanto, aconselha (embora ela certamente não exija) uma preferência pela intimidade e pela socialidade entre nossos ideais filosóficos condutores, uma vez que é através delas que os fluxos concretos de nossas vidas podem ser eles próprios tornados mais ideais.

13 A filosofia moral e o desenvolvimento da moralidade

GRAHAM H. BIRD

Em "O filósofo moral e a vida moral" ["The Moral Philosopher and the Moral Life"] (*WB**, 184-216), William James oferece um resumo geral da filosofia moral e de seus problemas centrais. Os principais interesses desse tipo de filosofia residem em responder o que James chama de questão "casuística" da "medida dos vários bens e males que os homens reconhecem" e no papel que a crença religiosa pode desempenhar aí. Nesse contexto padrão de uma justificação para princípios morais, James se volta para uma visão utilitarista, mas também é crítico em relação a qualquer tarefa filosófica desse tipo. Mas antes de discutir tal questão, ele também identifica e responde duas outras: primeiro, uma questão "psicológica" sobre a "origem histórica de nossas ideias morais"; e segundo, uma questão "metafísica" sobre o "significado das palavras 'bom', 'mau' e 'obrigação'" (185). O aparente contraste entre essas duas questões é, contudo, obscurecido nas respostas que James dá a elas. Pois até mesmo a questão metafísica, ao que parece, tem mais a ver com as origens das discriminações morais do que com aquilo que deveríamos entender como uma explicação dos significados desses termos morais. Isso levanta um problema geral a respeito do empreendimento de James nestas duas seções iniciais, o qual desejo considerar neste ensaio.

O problema pode ser tornado mais evidente de duas maneiras relacionadas. Primeiro, e positivamente, a discussão de James diz respeito à realidade das propriedades morais, e portanto a questões correntes acerca do realismo moral e do naturalismo moral. Segundo, e negativamente, ela enfrenta a dificuldade de explicar como uma questão "genética" sobre a origem das propriedades morais pode legitimamente lançar luz sobre a natureza dessas propriedades.¹ A fim de explorar estes problemas, delinearei primeiro as afirmações centrais que James faz ao discutir aquelas questões iniciais; em segundo lugar considerarei duas explicações relacionadas, mais recentes, devidas a Jonathan Bennet e Mark Johnston, sobre o caráter das propriedades morais (Bennett, 1971, 94-102; Johnston, 1989); e finalmente, avaliarei a medida em que a explicação de James contribui para estes problemas.

A explicação de James

James contrasta sua própria posição com diversas outras. Ele deixa claro desde o início que o ceticismo moral deve ser rejeitado e começa sua discussão da questão psicológica criticando duas escolas opostas, o intuicionismo *a priori* e o evolucionismo *a posteriori*. Sua visão destas escolas é que elas simplificam excessivamente as considerações morais, mesmo embora depois pareça haver espaço para alguma contribuição de cada uma delas. Neste estágio inicial, contudo, ele nota o mérito contrastante de um utilitarismo empirista que enfatiza o papel que os simples prazeres corporais e o alívio da dor desempenham na questão. Mas até mesmo o utilitarismo é considerado uma simplificação excessiva, uma vez que ele não deixa espaço para aquilo que é chamado de "afecções secundárias", as quais não podem, pensa James, ser explicadas meramente por "associação ou utilidade". Características tais como "o amor pela embriaguez, a timidez ou a suscetibilidade a sons musicais", entre outras, são descritas como "nascidas do cérebro" em origem (*WB**, 186). Uma luz adicional é lançada sobre

---

[1] Esse linguajar genético foi utilizado tanto por filósofos tradicionais quanto por filósofos recentes. A explicação de Hobbes sobre a origem de um contrato social fornece um exemplo tradicional, e as explicações de Grice sobre uma teoria intencional do significado e sobre o desenvolvimento de conceitos tais como crença e verdade fornecem exemplos recentes. James utiliza esse dispositivo também em outros contextos, como sua explicação pragmática da verdade e suas discussões do surgimento da consciência.

sua visão quando ele diz: "O sentimento da dignidade interior de certas atitudes espirituais, como a paz, a simplicidade... e a vulgaridade essencial de outras como a lamúria, a ansiedade... são bastante inexplicáveis exceto por uma preferência inata da atitude mais ideal por si mesma" (187). Ele acrescenta, de modo típico: "A coisa mais nobre tem um gosto melhor, e isso é tudo que podemos dizer" (187). Parece que as "afecções secundárias" são preferências inatas que devem ser explicadas em termos de estruturas fisiológicas cerebrais.

A referência a um "gosto" manifesto em tais casos gesticula em direção à noção de um "senso moral" e oferece algum papel para o intuicionismo, como o próprio James explica em seguida. Ele traça uma distinção entre respostas estritamente morais, na quais consideramos alguma ação como perversa, por exemplo, e outras onde descrevemos o comportamento como "medíocre" ou "vulgar". As primeiras precisam de uma referência às consequências, as últimas têm uma referência imediata, em vez disso, a sentimentos de desgosto ou repugnância. Tais sentimentos nos impediriam de aceitar uma barganha utilitarista que troca a felicidade geral pela tortura interminável de uma pessoa, e revelam uma fraqueza na posição empirista. Essa fraqueza é adicionalmente enfatizada na afirmação de que todos os "... ideais superiores e mais penetrantes são revolucionários e se apresentam menos sob o aspecto de efeitos da experiência passada do que sob o de prováveis causas da experiência futura" (189).

O resultado da discussão é que nenhuma das escolas licenciadas de filosofia moral é adequada. O intuicionismo deposita confiança demais em uma consciência *a priori*, embora esteja correto em enfatizar ao mesmo tempo nossas respostas imediatas a algumas circunstâncias morais, e também o desenvolvimento revolucionário, prospectivo, dos ideais morais. O utilitarismo está correto em colocar ênfase nos prazeres corporais simples, nos alívios da dor e nas consequências, mas, assim como o evolucionismo, ele coloca ênfase demais na experiência passada e pouca ênfase no desenvolvimento dos ideais morais.

Fora a referência a preferências inatas, na primeira seção James diz pouco, explicitamente, sobre a questão histórica da origem das discriminações morais. Na segunda seção, a seção metafísica, ele também diz pouco, explicitamente, sobre a semântica dos termos morais. É, porém, nessa segunda seção que ele embarca em uma série de experimentos de pensamento que parecem destinados a lançar uma luz adicional sobre as origens da moralidade. Uma vez que é bastante claro que os experimentos não nos dizem nada sobre a origem histórica da moralidade, resta uma questão sobre o valor prático dos experimentos. Podemos dizer que na primeira seção James pelo menos oferece uma explicação psicológica e fisiológica das origens de algumas discriminações morais, a saber, aquelas que ele chama de "afecções secundárias"; enquanto que na segunda ele oferece, em vez disso, uma explicação das origens metafísicas das propriedades morais. Mas o que são "origens metafísicas"? Antes de tentar responder a essa questão, consideremos como os experimentos são conduzidos.

James começa com uma descrição de um universo no qual ele acredita que não emerge nenhuma propriedade moral. Esse é um mundo puramente físico-químico, no qual não existe nenhuma vida senciente. No estágio seguinte, o universo é complicado pela adição de um único ser senciente. James permite que aqui "haja uma chance de que bens e males existam realmente"; o que é bom, é bom para aquele ser que é o único árbitro de tais valores. Em tal solidão moral, como ele a chama, pode ser que a criatura viva uma vida problemática. Ela pode ter de fazer escolhas, de pesar demandas conflitantes em algum momento ou ao longo do tempo, e pode vir a se arrepender destas escolhas em vários graus. Todas estas características imitam o mundo moral que habitamos, mas James também deixa claro que esse mundo carecerá de um aspecto de nosso mundo. Pois, em tal solidão, ele acha que não pode haver nenhuma questão sobre a verdade ou falsidade dos juízos morais. A razão para isso é que "a verdade supõe um padrão fora do pensador, ao qual ele deve adequar-se; mas aqui o pensador é um tipo de divindade não sujeita a nenhum juízo superior" (*WB**, 191). Podemos dizer, fazendo eco de Wittgenstein (1953, § 202), que uma vez que aquilo que *parece* certo *é* certo, não há nenhum escopo para uma moralidade pública na qual a atribuição da verdade ou falsidade possa ser feita apropriadamente.

Com a adição de outras criaturas sencientes, a solidão moral se torna ou aquilo que James chama de um "dualismo moral", ou um "universo moral". No primeiro, os habitantes levam vidas morais indiferentes e separadas, enquanto que no segundo essas vidas não são indiferentes. A referência de James à indiferença é ambígua e cobre, por exemplo, o caso em que as criaturas não têm nenhuma relação consciente ou favorável entre si, embora compitam, e casos nos quais há algum reconhecimento da competição, seja este favorável ou não. Aquela segunda situação, mais rica, marca evidentemente uma aproximação maior com nosso próprio mundo moral, com suas demandas plurais, sua competição por recursos escassos e um reconhecimento destes problemas que motiva a busca filosófica por ideais racionais conciliatórios. Este último desenvolvimento prenuncia a questão "casuística" de James, mas antes de considerá-la ele retorna à anterior rejeição do ceticismo.

Ele nota que um universo moral plural, sem nenhum critério para resolver discordâncias ou pesar ideais conflitantes, produzirá apenas um "ceticismo antigo" no qual o agente é a medida da visão moral desse universo. A anterior rejeição do ceticismo moral é ligada agora a uma rejeição dessa posição. Embora James seja modesto a respeito do papel prático da filosofia moral, ele claramente acredita, não obstante, que a tarefa geral de prover uma ordem racional para ideais divergentes não pode ser abandonada. Se ele é anticético nesse contexto, no entanto, ele também endossa um ceticismo ulterior. Pois ele pensa que acreditar em uma "... ordem moral abstrata na qual reside a verdade objetiva" (*WB**, 194), que pode ser associada ao teísmo, é apenas uma superstição. Tal compromisso pode ter algum papel a desempenhar na moralidade, como mostra sua própria discussão posterior, mas esse compromisso não pode estabelecer aquela ordem objetiva. James refere-se explicitamente aos problemas de Eutífron (10b-1b)[2] como uma base decisiva para rejeitar tal apelo teísta. Em vez disso, a direção para onde devemos olhar em busca de uma compreensão da moralidade é nosso mundo humano, e não alguma outra existência sobrenatural. "Quer exista um Deus, quer não exista nenhum Deus... nós formamos, de qualquer modo, uma república ética aqui embaixo" (198).

---

[2] O problema também é discutido em Johnston, 1989.

Assim como James rejeita uma ordem moral sobrenatural presidida por um Deus teísta, ele também rejeita um naturalismo grosseiro. As propriedades morais não existem como habitantes de um reino sobrenatural, mas tampouco existem como fenômenos naturais semelhantes à aurora boreal. Há, para James, uma subjetividade residual em nossas discriminações morais, e é isso que ele busca capturar antes de passar para a questão casuística. Aqui estão algumas citações dessa seção:

> nada pode ser bom ou correto exceto na medida em que alguma consciência o sente como sendo bom (*WB**, 192-193).

> essa melhoridade deve ser localizada concretamente na percepção real de alguém. Ela não pode flutuar na atmosfera, pois não é um tipo de fenômeno meteorológico como a aurora boreal... Seu *esse* é *percipi* (193).

> A única razão... por que qualquer fenômeno deve existir é que tal fenômeno é de fato desejado (195).

> agora aprendemos o que as palavras "bom", "mau" e "obrigação" severamente significam. Elas não significam nenhuma natureza absoluta, independente do apoio pessoal. Elas são objetos de sentimento e desejo, que não têm nenhum ponto de apoio ou ancoragem no Ser além da existência de mentes realmente viventes (197).

Estas sugestões conduzem James à formulação de sua visão de que toda obrigação requer uma demanda e toda demanda traz uma obrigação, e de sua própria prescrição ideal para satisfazer tantas demandas quanto possível ao menor custo. É também dessa maneira que ele representa sua discussão como uma contribuição para o significado dos termos morais, pois a sugestão é que o significado destes termos só pode ser entendido mediante a referência a estas origens. Tal afirmação, contudo, é na melhor das hipóteses pouco clara, uma vez que a especificação dos significados relevantes é muito geral, e podemos enxergá-la mais como uma explicação do estatuto metafísico das propriedades morais, pois o resultado geral da discussão de James é que as propriedades morais são essencialmente dependentes das mentes sencientes viventes e só existem ou têm realidade em relação com essa dependência. É desse modo que seus experimentos de pensamento levantam e buscam responder problemas a respeito da "dependência ou independência" das propriedades morais "em relação à mente". Estes problemas antecipam debates mais recentes acerca do estatuto de propriedades morais e de outras propriedades que dependem da mente. Os experimentos de James têm a intenção de nos guiar rumo a uma apreciação apropriada da dependência das propriedades morais em relação aos sentimentos pessoais, aquilo que ele chama de "apoio pessoal", e portanto de explicar a ideia de que elas são residualmente "subjetivas". Vimos, contudo, que tal afirmação carece de clareza. James rejeita certas formas de subjetivismo, assim como rejeita certas formas de objetivismo. Assim como a associação de James da verdade com a conveniência não nos dá licença de acreditar no que quisermos, também a associação daquilo que é correto com o que é conveniente não nos dá licença para fazermos o que quisermos. Um relativismo protagoreano é rejeitado tão firmemente quanto um sobrenaturalismo objetivo e um naturalismo ingênuo.

A explicação de James gesticula, desse modo, em direção ao projeto de maior escala de elucidar aquela subjetividade residual, embora ele ofereça disso pouco mais que um esboço. O esboço inicia uma busca por aqueles fatores que fornecem a base complexa a partir da qual nossas discriminações morais emergem. Sugeri que uma tal explicação não poderia ser entendida de modo plausível ou útil como uma explicação das origens *históricas* daquelas propriedades morais. Até mesmo a referência nominal de James às origens históricas, na questão "psicológica", aponta mais na direção das bases fisiológicas das propriedades morais do que na da história dessas propriedades. Um modo nominalmente melhor de expressar o projeto seria como uma investigação da emergência ou proveniência[3] das propriedades morais, mas estas descrições, assim como as referências ante-

---

[3] É interessante que Johnston usa esse termo em "Teorias disposicionais do valor" ["Dispositional Theories of Value"] (1989, 171). Esse é um termo natural a se usar para indicar algo diferente tanto da origem histórica quanto da derivação analítica. James frequentemente utiliza o termo "emergência" em tais contextos.

riores ao estatuto metafísico ou à origem metafísica, também necessitam de elucidação. A questão positiva que os experimentos de James deixam para trás é simplesmente se em seu esboço há quaisquer pistas para lançar luz sobre problemas correntes acerca da dependência mental, especialmente no que diz respeito às propriedades morais. A fim de realizar algum progresso na compreensão do projeto, eu o comparo na próxima seção com duas explicações mais recentes.

Duas explicações formais recentes

O experimento de pensamento de James parece contrastar fortemente com algumas discussões recentes do estatuto das propriedades morais, e isso pode sugerir que a discussão de James não oferece nenhuma contribuição de todo. A fim de avaliar essa afirmação, quero considerar duas explicações recentes e relacionadas acerca destes problemas. Estas são a discussão de Jonathan Bennett sobre a distinção entre qualidades primárias e secundárias, e uma versão similar mas revisada acerca dos valores ou propriedades morais devida a Mark Johnston. Bennett não considerou o modo como sua explicação das qualidades secundárias poderia lançar luz sobre os valores, mas comentadores posteriores tentaram utilizar a explicação a fim de assimilar os dois casos e tirar conclusões sobre a natureza das propriedades morais.[4] Johnston oferece uma revisão extensiva da explicação de Bennett, classifica os valores como disposicionais ou dependentes de respostas e discute aquilo que ele chama de um "realismo qualificado" a respeito deles. Delinearei e comentarei ambas as explicações antes de retornar à posição de James.

A discussão original de Bennett era guiada pela ideia de que as qualidades secundárias, mas não as primárias, são disposicionais, relacionais e dependentes da mente. Essas características são reveladas ao

---

[4] Alguma discussão destes últimos problemas é dada em Dancy, 1993, 156-163.

se analisarem as atribuições de qualidades secundárias como raciocínios hipotéticos. A afirmação

(1) X é vermelho

é equivalente a

(2) Se X estivesse em relação com um humano normal, teríamos uma ideia sensorial de tipo K.

Não considerarei em detalhes a medida da adequação da forma de tal enunciado, mas ele é destinado a capturar a ideia de uma disposição causal em X, em virtude de suas qualidades primárias, destinada a produzir nos percipientes uma certa resposta dependente da mente. As qualidades de cor, segundo essa visão, não são simplesmente inerentes aos objetos. Elas podem ser atribuídas aos objetos como poderes ou disposições, mas são dependentes das qualidades primárias e de respostas sensoriais dependentes da mente, por parte de percipientes humanos normais. O argumento a favor de tal análise repousava sobre uma diferença ilustrada entre a cegueira de cor e a de tamanho. Em qualquer distorção sistemática desse tipo, a segunda será mais significativa que a primeira e, no limite, resultará em uma inabilidade para conceber o mundo físico do mesmo modo que os observadores normais o fazem. A ciência física sublinha essa diferença, ao selecionar seu vocabulário explicativo dentre as qualidades primárias.

Identifico quatro dificuldades gerais enfrentadas pela explicação de Bennett. Estas são:

(I) Que ela busca marcar uma diferença de tipo com base em uma diferença de grau.

(II) Que ela deixa em aberto a forma e o estatuto dos enunciados hipotéticos na análise.

(III) Que seu tratamento de casos específicos é questionável.

(IV) Que ela não é clara em seu apelo primário à ciência e à metafísica.

(I) O argumento a partir da cegueira de cor e de tamanho pelo menos inicialmente demonstra apenas uma diferença de grau de importância nos dois casos. Alguém que tenha visão monocromática, por exemplo, pode provavelmente navegar adequadamente pelo mundo, mas, conforme a sugestão, a cegueira de tamanho será mais séria. Mas mesmo que tal afirmação seja verdadeira, um apoio adicional será necessário para tirar a conclusão de Bennett sobre uma diferença radical de estatuto entre as propriedades de cor e de tamanho. O grau de seriedade em tais casos pode não permanecer uniforme, uma vez que algumas deficiências de tamanho bastante pequenas podem na verdade ser menos sérias do que algumas deficiências de cor. Até mesmo a premissa adicional de que no limite os problemas de tamanho impedirão uma compreensão do mundo físico contém perigos. Pois ela pode precisar ser apoiada pelo apelo à seleção do vocabulário explicativo por parte da ciência, e isso levantará dificuldades relacionadas com (iv).

(II) Será evidente que a forma hipotética que Bennett utiliza é inespecífica e talvez incompleta. Precisaríamos, estritamente, saber mais sobre as circunstâncias da interação, sobre quais restrições devem ser colocadas sobre o percipiente normal e sobre como exatamente caracterizar o efeito sensorial. Mas estes serão problemas menores em comparação com o problema do estatuto dos elementos hipotéticos. Aqui a dificuldade é que embora Bennett trate (2) como uma análise de (1), ele descreve a relação entre ambos como uma relação de "equivalência". Uma relação tão fraca tornará difícil deduzir a distinção exigida entre as qualidades secundárias, para as quais a análise está disponível, e as qualidades primárias, para as quais ela não está disponível. Uma vez que nosso conhecimento das qualidades primárias deve também ser baseado em uma transação causal entre os objetos e nossos sentidos, podemos formular raciocínios hipotéticos paralelos para as qualidades primárias. Sempre se reconheceu como uma dificuldade para uma análise hipotética das disposições o fato de que tais raciocínios hipotéticos podem ser formulados mesmo para propriedades intuitivamente não disposicionais. Parece que a relação entre (2) e (1) precisaria ser fortalecida para as qualidades secundárias, a fim de distingui-las das qualidades primárias.

(III) Bennett oferece diversas ilustrações de propriedades com diferentes combinações das três características de serem disposicionais, relacionais e dependentes da mente.

Muitas destas poderiam ser questionadas, mas noto um caso saliente que começa a lançar dúvidas sobre a classificação. Temos uma imagem intuitiva de uma disposição mentalmente dependente e relacional de uma certa propriedade, como por exemplo a propriedade de ser alucinógena, atribuída a uma droga. Pensamos nela como sendo uma propriedade causalmente relacionada às características químicas de uma substância, e emergindo da relação de uma pessoa para com esta substância, a saber, a de absorvê-la na corrente sanguínea e ter certas experiências sensoriais. A propriedade de ser vermelho é diferente desta, de modo importante, pois a experiência sensorial no primeiro caso não é direta; mesmo que a droga tenha um gosto distintivo, ela não tem gosto de alucinógena. Isso reflete dois problemas já notados, primeiro sobre a especificação da resposta sensorial, e segundo sobre o contraste requerido entre os elementos hipotéticos para qualidades primárias e secundárias. No caso da cor, parecemos forçados a especificar a resposta sensorial em termos da qualidade de ser vermelho, enquanto que no outro caso parecemos forçados a descrever a resposta em termos independentes. Além disso, se admitimos que ambas as propriedades, a de ser vermelho e a de ser alucinógeno, são disposições relacionais e dependentes da mente, então isso pode tornar correspondentemente difícil negar que isso valha também para as qualidades primárias. As disposições relacionais dependentes da mente podem cobrir um âmbito tão amplo que elas não possam ser distinguidas de propriedades categoriais independentes da mente.

(IV) Diante disso, o argumento de Bennett parecia planejado para explicar, por meio de certos aspectos gerais de nossa experiência, a seleção de qualidades primárias por parte da ciência. Podemos dizer que a metafísica da experiência servia para mostrar por que a ciência seleciona essas qualidades. E ainda assim, em vários estágios do argumento, parecia também que a seleção científica atuava como uma premissa. Se fosse assim, então o caso ilustrativo tomado a partir da experiência ordinária seria redundante e não poderia ser utilizado sem circularidade para explicar aquela seleção.

Isso indica um dilema. Se o argumento se baseia unicamente na metafísica da experiência ordinária, então ele está aberto aos questionamentos já levantados; mas o apelo à ciência tornará o argumento potencialmente circular. Não é claro se o argumento se move da metafísica para a ciência ou no sentido inverso.

Dois desses problemas têm uma importância geral. Se fosse para a explicação funcionar adequadamente, deveria haver alguma maneira de distinguir qualidades primárias, genuinamente categoriais, de qualidades secundárias, genuinamente disposicionais. Uma maneira de fazer isso no interior do referencial hipotético seria apoiar a ideia de que os raciocínios hipotéticos relevantes são *necessariamente* relacionados às qualidades secundárias, mas não às primárias. Isso seria admitir, realisticamente, que as mesmas formas *podem* ser construídas para ambas, mesmo embora suas relações para com as afirmações originais difiram. Um segundo problema geral emerge da sugestão de que a dependência em relação à mente não é ela própria uma relação bem definida, mas cobre um âmbito extenso de casos diversos. A existência de tal âmbito pode tornar difícil ou impossível traçar uma linha clara entre aquilo que depende da mente e o que não depende e pode indicar que a distinção é grosseira demais para ser útil. Podemos ter de reconhecer que a dependência para com a mente tem diferentes tipos ou mesmo diferentes graus e que tais diferenças não apoiam qualquer distinção clara entre o dependente e o independente. Uma subdivisão mais cuidadosa e mais sutil das diversas propriedades dentro desse âmbito ajudaria a esclarecer a questão. Isso poderia ser recomendado não apenas com base em um interesse austiniano pelo detalhe, mas também como uma maneira, aliás a maneira de Austin,[5] de rejeitar um grosseiro dualismo tradicional de mente e corpo.

Estas fraquezas da explicação de Bennett são a princípio remediáveis, e a explicação de Johnston sobre os valores como propriedades disposicionais visa remediar muitas delas. Suas revisões são voltadas não apenas para

---

[5] Austin, 1962. Há um comentário sobre esse aspecto das visões de Austin em meu verbete "J. L. Austin" em Dancy e Sosa, 1992, 34-36.

a explicação formal de disposições "dependentes da mente", mas também para as conclusões metafísicas que podem ser tiradas de tal explicação. Ele é, por exemplo, corretamente cético acerca das conclusões sobre o caráter real ou irreal das qualidades secundárias assim entendidas, e tem o cuidado de caracterizar sua conclusão preferida acerca dos valores como um "realismo qualificado". Eu me concentrarei, contudo, principalmente em sua explicação da "dependência de resposta" *(R*-dependência) como uma revisão do tratamento formal que Bennett dá às qualidades secundárias.

Para Johnston, a *R*-dependência pode ser entendida nestes termos: se *C* é um conceito, então uma condição necessária para que *C* seja *R*-dependente é que um dos seguintes bicondicionais seja verdadeiro *a priori*:

(3) *X* é *C* sse, em *K*, os sujeitos *S*s estão dispostos a produzir a resposta *R* direcionada a *X*.

ou

(3') *X* é *C* sse *X* é tal que produza *R* nos *S*s sob as condições *K*.

A diferença entre (3) e (3') é aquela entre os casos em que a resposta de *S* é de um tipo intencional e aqueles em que ela é mais puramente causal. Estes últimos casos incluiriam, por exemplo, aqueles em que James caracterizaria os efeitos como simples sentimentos corporais.

Johnston admite alguma flexibilidade nessas formas quando ele exige que para a *R*-dependência "algo da seguinte forma (bicondicional)" se mantenha *a priori*. Nesse aspecto, sua versão corresponde a uma flexibilidade similar na explicação de Bennett, mas em outros aspectos Johnston deixa claro que suas fórmulas diferem significativamente das de Bennett, pelo menos das seguintes maneiras:

(I) Ao exigir que os bicondicionais sejam verdadeiros *a priori*, Johnston reconhece o problema de distinguir entre formas similares para conceitos *R*-dependentes e *R*-independentes. Embora essa exigência seja apenas uma condição necessária para a *R*-dependência, de modo que algumas propriedades *R*-independentes possam satisfazê-la, ainda assim qualquer propriedade que deixe de satisfazê-la será *R*-independente.

(II) Embora o bicondicional deva ser *a priori*, ele não deve ser entendido como uma análise do conceito relevante *C*. Uma maneira de reforçar isso seria dizer que ele não fornece uma explicação definicional ou semântica de *C*, mas fornece o estatuto metafísico de tal conceito como sendo essencialmente relacionado às respostas dos sujeitos. Johnston considera uma vantagem em tal explicação o fato de que ela não precisa sempre evitar a circularidade, como ela teria de fazer se fosse uma análise. Mas ele também deixa claro que sua explicação deve evitar a trivialidade de ajustar as variáveis de tal modo que a exigência seja satisfeita por qualquer propriedade, seja ela qual for. Os bicondicionais devem ser *a priori*, mas não devem ser nem analíticos e nem triviais.

(III) Johnston, assim como Bennett, oferece diversos exemplos ilustrativos da *R*-dependência e da *R*-independência. O "nauseante", o "titilante" e o "crível" seriam exemplos da primeira, enquanto conceitos como "conjunção", "muito" e "sucessor" são exemplos da segunda. Há problemas a serem levantados aqui, assim como havia nos exemplos de Bennett, mas intuitivamente o grupo *R*-dependente anterior parece plausível. Assim como "alucinógeno", eles se encaixam melhor no grupo genuinamente disposicional do que "vermelho" parece fazer.

A explicação de Johnston oferece uma revisão necessária da explicação anterior, mas ainda enfrenta dificuldades similares de tipo formal e material. O ponto formal emerge da incerteza no domínio das variáveis do bicondicional. Sabemos que as variáveis devem ser construídas de modo que as fórmulas sejam *a priori* mas não triviais, e ainda assim não é claro como isso deve ser realizado. Não é claro, por exemplo, se podemos não ser forçados a admitir uma tal conexão *a priori* mesmo para aqueles conceitos que intuitivamente esperamos que sejam *R*-independentes, sem cometermos uma trivialidade puramente formal. Não há nenhuma garantia de que seremos capazes de traçar a distinção exigida entre conceitos *R*-dependentes e *R*-independentes, mesmo que evitemos uma construção das variáveis que torne as fórmulas trivialmente verdadeiras *a priori*. De modo similar, embora Johnston corretamente exija que o bicondicional seja verdadeiro *a priori* para os casos *R*-dependentes, resta ainda uma falta de clareza a respeito de como determinamos isto ou de se podemos distinguir claramente entre a *R*-dependência/independência nestes termos.

Pode ser dito que estes pontos são detalhes remediáveis, e é verdade que até aqui eles são falhas de incompletude. Mas alguns deles já indicam potencialmente obstáculos mais sérios. Pode realmente ser difícil traçar a distinção exigida entre casos *R*-dependentes e *R*-independentes, mesmo que evitemos trivializar as fórmulas, e mesmo que tenhamos um critério claro para distinguir o que é *a priori* daquilo que é *a posteriori*. As dificuldades materiais reforçam essa ansiedade da seguinte maneira. Suponhamos que contrastemos as três afirmações:

(4) A queda d'água tem 500 pés de altura.

(5) A queda d'água é muito alta.

(6) A queda d'água é impressionante.

Intuitivamente esperaríamos que o predicado de (4) fosse *R*-independente e o de (6) fosse *R*-dependente. Não é inicialmente claro se devemos esperar que o de (5) seja *R*-dependente ou *R*-independente. Contudo, em cada caso podemos formular os bicondicionais correspondentes como

(4') A queda d'água tem 500 pés de altura sse Ss competentes que a meçam em condições apropriadas considerem-na como tendo por volta de 500 pés de altura.

(5') A queda d'água é muito alta sse Ss competentes que comparem sua altura com a de outras nas redondezas (alguma região apropriada) a coloquem no quartil superior da coleção (algum padrão apropriado).

(6') A queda d'água é impressionante sse Ss competentes que observem a queda d'água em circunstâncias apropriadas sejam (adequadamente) impressionados ou a julguem impressionante.

Pode-se objetar que as referências à "competência", "adequação" e à característica de "ser apropriado" são exatamente do tipo que reduz a exigência à trivialidade, mas a intenção aqui é que estas sejam especificadas, mesmo que não seja inteiramente claro como fazê-lo. Se for então afirmado que as especificações impedirão o bicondicional de ser verdadeiro *a priori*, surge a questão de por que isso deveria ser diferente nos casos *R*-dependentes e *R*-independentes. De modo similar, pode-se objetar que, ao passo que (4') especifica um teste de verificação para a afirmação, (6') não o faz. Johnston traça brevemente uma distinção entre o conteúdo de tais afirmações e sua verificação, mas isso parece insuficiente para responder à dificuldade. O próprio Johnston insiste que o lado direito do bicondicional não é uma análise do conteúdo do lado esquerdo; o bicondicional não oferece nenhuma análise desse tipo, mesmo nos casos *R*-dependentes. Assim, alguém que pense que (4') e (6') podem ambos ser verdadeiros *a priori* não está comprometido com nenhuma explicação verificacionista do conteúdo.

Será que há alguma boa razão para afirmar que (6') é verdadeiro *a priori* ao passo que (4') não é? Parece plausível argumentar que há uma conexão necessária de algum tipo entre as cláusulas do bicondicional, mesmo no caso de (4'). É no mínimo difícil enxergar como o contraste deve ser compreendido nestes casos e ainda mais difícil no caso de (5'). Nem pode ser plausivelmente dito que (5') invoca algum padrão em termos dos quais a comparação poderia ser feita, enquanto isso não é verdadeiro para (4') ou (6'). Claramente, (4') invoca de fato padrões de medida de algum tipo, e os padrões também estão envolvidos, talvez de modo menos óbvio, até mesmo em (6'). Nós não seríamos inclinados a pensar que uma queda d'água de 5 pés de altura é impressionante apenas porque ela impressionou *S*s que nunca haviam visto uma queda d'água antes. É claro que, neste caso, assim como nos outros, resta uma questão não resolvida, não apenas acerca dos padrões apropriados pelos quais os *S*s poderiam julgar ou responder, mas também acerca do número ou proporção de *S*s necessários para fazer a conexão *a priori* com a afirmação original.

Estas dificuldades materiais seguem os rastros da prévia flexibilidade formal. Eles sugerem que em cada caso deverá haver alguma referência aos padrões pelos quais a resposta há de ser avaliada, bem como às circunstâncias da resposta e à própria resposta. Pois há uma complexidade oculta nas respostas, mesmo dos conceitos intuitivamente R-dependentes. Mesmo para um candidato tão plausível quanto "nauseante", haverá diferenças a traçar entre sua atribuição à comida e aos gostos; entre o fato de ele reportar uma resposta ocorrente e o de refletir um juízo geral; e entre seus usos literais e figurativos.[6] Até mesmo aqui o problema anterior sobre os diferentes tipos ou graus, de R-dependência emerge novamente. O problema será mais sério quanto mais nos afastarmos dos casos intuitivos rumo aos mais problemáticos, tais como os próprios casos do valor ou do valor moral. É claro que não é difícil encontrar respostas naturais associadas aos juízos morais, mas elas próprias são complexas e não parecem esgotar as bases para tais juízos. Na categoria de James, encontramos referências a respostas imediatas, tais como sentimentos de dignidade ou vulgaridade interior, e de desgosto ou repugnância, que podemos ligar a sentimentos de aprovação ou desaprovação. Mas se o catálogo de James é acurado, então tais respostas desempenham apenas um papel limitado na derivação complexa destes juízos.

Faço estas considerações para sugerir não que a explicação de Johnston deve ser rejeitada, mas que ela é incompleta e necessita de exploração adicional. Deixo em aberto a possibilidade de que, à luz de tal exploração adicional, a R-dependência possa ser rejeitada, mas o resultado mais provável é que a R-dependência seja estabelecida em uma base mais clara e mais restrita. A questão de se, neste caso, as propriedades morais serão incluídas em tal âmbito restrito permanece em aberto. Porém, não me dedicarei a essa questão diretamente, mas considerarei, em vez disso, se

---

[6] A primeira distinção que tenho em mente é óbvia, e as outras duas podem ser exemplificadas nos seguintes pares: (1) Aquilo é nauseante (mas não está de fato causando náusea agora)/ Aquilo é nauseante (para mim agora). (2) Aquilo é nauseante (isto é, está causando ou está sujeito a causar náusea)/ Aquilo é nauseante (isto é, tem um gosto desagradável, revoltante, etc., mas não está causando e nem está sujeito a causar náusea). É claro que também usamos o termo de maneiras ainda mais distantes e figurativas, que não têm nada a ver com o gosto.

uma comparação entre a explicação de Johnston e o projeto de James lança luz sobre o problema. Em dois aspectos tal comparação parece promissora. Pois a explicação de Johnston nos fornece uma explicação do estatuto metafísico das propriedades morais, a qual não diz respeito nem às origens históricas destas propriedades nem à análise semântica das mesmas, enquanto o projeto de James parecia necessitar exatamente de uma alternativa desse tipo. Ademais, foi sugerido que a explicação de Johnston é determinadamente formal e é aberta a alguns questionamentos como consequência disso. É evidente, por contraste, que a explicação de James não é formal, mas material, e isso levanta a questão de se ela não poderia ser usada para complementar aquele tratamento formal. A fim de examinar estas possibilidades, retornarei finalmente à explicação de James.

A EXPLICAÇÃO DE JAMES REVISITADA

James não oferece nada mais que um breve esboço de seu projeto, e o projeto enfrenta, consequentemente, diversos problemas. Alguns destes problemas dizem respeito aos métodos a serem utilizados na condução dos experimentos de pensamento, e alguns dizem respeito a suas conclusões sumárias a respeito destes experimentos. Não seria possível aqui justificar inteiramente seu procedimento, nem realizar o projeto; mas oferecerei algumas sugestões, tanto de método quanto de substância, para obter uma imagem mais clara do projeto.

Os principais ingredientes na explicação de James da emergência das propriedades morais podem ser sumariamente listadas como se segue:

(I) Prazeres e dores corporais simples. Respostas emocionais diretas a eventos.

(II) Preferências inatas "nascidas do cérebro", embutidas em nossa fisiologia, chamadas por James de "afecções secundárias".

(III) Objetivos biológicos, tais como a sobrevivência, que podem aplicar-se não apenas a indivíduos, mas também a grupos ou espécies.

(IV) Preferências e desejos complexos e adquiridos.

(V) Objetivos explícitos e benefícios e danos de longo prazo.

(VI) Escassez de recursos e competição por eles.

(VII) Avaliação de consequências e a habilidade de agir.

(VIII) Exigências para a atribuição de verdade e falsidade a juízos morais.

(IX) "Ideais" explícitos, que expressam uma estratégia para resolver problemas sociais, tais como aqueles derivados de (vi), incluindo algum procedimento de pesagem ou graduação dos fatores relevantes.

Tal lista parece, por um lado, ser pouco notável, e ainda assim ela merece algum comentário imediato, pois também pode parecer assistemática e incompleta. Embora, do ponto de vista de James, a lista seja importante para identificar os itens que podem ser incluídos sob seu rótulo genérico de "demanda", é evidente que muitos desses itens se sobrepõem. Pode muito bem ser que alguns dos fatores listados sob (III) devam também aparecer sob (II). Mesmo que os itens listados sob (II) e (III) como inatos ou instintivos possam ser contrastados com as preferências adquiridas de (IV), ainda assim muitas destas últimas podem ser realizações específicas dos primeiros. As distinções entre (IV) e (V), por um lado, e entre estes e (IX), por outro lado, parecerão, na melhor das hipóteses, obscuras. Pode-se dizer que não sobrou nenhum espaço para fatores óbvios como o acesso à informação ou a habilidade de processá-la, que podem ser caracterizados como determinantes da crença e pensados como essenciais para a habilidade de expressar juízos morais. Pode-se questionar se James está justificado em traçar uma linha entre um universo moral e um não moral no ponto da senciência, ao invés de na fronteira entre o que é vivo e o que não é ou entre o que é consciente e o que não é. E pode-se objetar que James não forneceu nenhuma orientação a respeito do procedimento a ser seguido nos experimentos de pensamento associados. No que se segue, faço uma tentativa de responder a algumas destas dificuldades, mas não resolverei os problemas de sobreposição entre os rótulos. O procedimento de James é assistemático, mas as sobreposições têm menos importância do que a exigência de que fatores salientes não sejam deixados de fora.

James evidentemente concebe um procedimento no qual perguntamos, acerca dos itens da lista, se caso eles estivessem ausentes de algum mundo ainda assim seria possível imaginar um escopo para o juízo moral. Mas isso imediatamente levanta dois problemas, pois os filósofos às vezes resistem a qualquer apelo à imaginação como sendo inadequado; e, nesse caso, não fica claro o que é imaginar um escopo para o juízo moral. O primeiro ponto pode ser respondido insistindo-se em uma verificação adequada para qualquer conclusão imaginativa. O experimento certamente seria inútil se não se baseasse em nada além de um apelo aos poderes imaginativos dos indivíduos; mas na medida em que é possível verificar qualquer apelo desse tipo, a objeção é desfeita.

Mais séria é uma ambiguidade que emerge acerca da natureza do exercício imaginativo. Há dois projetos relacionados, que James não distingue. No primeiro, perguntamos se em algum mundo seria possível para os *habitantes* construir juízos morais; no segundo, perguntamos se seria possível para nós fazer tais juízos sobre aquele mundo. Ambos os projetos são viáveis e podem ser de algum interesse, mas parece que é o segundo e não o primeiro que James concebe como principal. Uma razão para isso é que a primeira questão só poderia ser respondida se os próprios habitantes fossem investidos de um aparato suficiente, tal como a obtenção e processamento de informação, para realizar tais juízos. Mas a segunda questão não envolveria necessariamente isso, pois nós temos o aparato necessário e podemos pensar que juízos morais podem ser feitos a respeito dos habitantes de algum mundo, mesmo que eles próprios sejam incapazes de fazê-los. James encoraja tal abordagem ao traçar a linha entre um universo moral e um não moral no ponto da senciência e também ao omitir de sua lista qualquer referência à crença. Pois a senciência por si mesma não faz nenhuma referência à obtenção e ao processamento de informação. Tal referência seria necessária para o primeiro projeto, mas não para o segundo, mesmo que aceitássemos que criaturas com tais habilidades desenvolvidas teriam um maior direito às nossas sensibilidades morais do aquelas sem tais habilidades.

Uma restrição adicional emerge acerca do resultado provável do experimento. Meramente dizer que sem qualquer um dos fatores listados as propriedades morais não achariam nenhuma aplicação parece fraco. Seríamos deixados com o puro mundo físico-químico que James dispensa rapidamente como moralmente improdutivo. É claro que se pode dizer que ocorrem prejuízos mesmo em tal mundo limitado, como quando falamos que as tempestades prejudicam uma linha costeira, mas ninguém pensaria seriamente que isso fornece uma base suficiente para o juízo moral. Nada seria perdido se substituíssemos a noção de prejuízo em tal contexto pela noção mais conveniente de "dano" e seu correlativo "reparo", sem permitir o ingresso de propriedades morais. Uma conclusão mais forte seria afirmar que alguns ou todos os fatores separados são necessários para a introdução de propriedades morais, mas parece impossível tratar qualquer um dos fatores listados como estritamente necessários dessa maneira. A sensações corporais simples de James, e mesmo as respostas emocionais imediatas, não são necessárias para o juízo moral. Os cavalos racionais de Swift podem escapar de tais características sem impedir um apelo a propriedades morais. Novamente, recursos escassos e competição não são estritamente necessários, pois as considerações morais podem surgir mesmo sem eles. Mesmo em condições de abundância o uso de recursos introduzirá problemas morais, e em qualquer caso prejuízos e benefícios podem surgir independentemente dos recursos. O único fator que parece difícil de evitar, como o próprio James enfatiza, é a noção genérica de uma demanda ou de um objetivo, mas essa noção cobre precisamente o amplo âmbito de outros tipos de fatores dos quais nenhum parece individualmente necessário.

Consequentemente, o resultado do experimento não pode realisticamente ser uma lista de condições separadamente necessárias e conjuntamente suficientes para qualquer propriedade moral específica. O que pode ser esperado é apenas que certas combinações possam em algum mundo ser suficientes para a introdução de alguma propriedade moral e que os rótulos incluirão todos os fatores gerais relevantes desse tipo. A imagem resultante não fornecerá critérios claros para a aplicação de qualquer propriedade moral específica, mas antes uma reserva de recursos dentre os quais a base natural para qualquer propriedade moral tem de ser escolhida. O que podemos esperar encontrar é que certas combinações de tais fatores será mais ou menos próxima do universo moral que habitamos. Um mundo de coisas vivas meramente sencientes, sem nenhuma consciência e com uma atividade restrita, que poderia ser a identificação de um mundo de vida vegetal em vez de animal, divergirá fortemente do nosso, mesmo embora ainda possa haver espaço para o juízo moral.

Mas um mundo de animais sencientes, conscientes e em competição, cujas atividades não são tão restritas, será mais próximo de nosso mundo. O próprio James indica tal conclusão, nos contrastes que ele traça entre uma solidão moral, um dualismo moral e um universo genuinamente moral, pois estes são representados como aproximações sucessivas à nossa própria condição moral.

Entre os fatores listados, alguns, tais como o apelo a diferentes objetivos biológicos, serão claramente realizados de modos divergentes e darão origem a um universo moral pluralista. Outros, tais como a incidência de demandas conflitantes, também envolverão diretamente uma explicação pluralista. É parcialmente por essa razão que James se recusa oficialmente a formular qualquer princípio moral único e totalmente abrangente, e no final apela apenas para a satisfação geral de demandas conflitantes ao menor custo. Tal relação entre um conjunto de fatores naturais e um desenvolvimento moral divergente pode respeitar uma superveniência geral que insiste apenas que qualquer que seja a base natural escolhida em algum mundo, para alguma propriedade moral, essa base deve produzir a mesma propriedade moral sempre que essa base descritiva reapareça naquele mundo.[7] Mas essa compatibilidade formal não nos diz nada acerca dos critérios a serem utilizados para propriedades morais específicas, e contém alguma obscuridade acerca do domínio de propriedades descritivas do qual tais

---

[7] Não considerarei explicações mais complexas da superveniência porque a posição de James parece não envolvê-las. Para uma discussão da superveniência e daquilo que ele chama de "resultância" no contexto moral, ver Dancy, 1993, 73-82.

critérios podem ser derivados. Esse tipo de obscuridade, no entanto, não surge na explicação de James, uma vez que ele não faz nada além de listar os fatores gerais salientes no conjunto e não oferece nenhuma explicação das relações formais entre eles e suas propriedades morais associadas.

A explicação de James difere também de outro interesse mais recente. Alguns filósofos também construíram listas de fatores gerais dos quais derivam os juízos morais, mas seu interesse foi frequentemente apenas o de refletir a base para os juízos morais em uma sociedade existente. Lukes, por exemplo, lista itens tais como "recursos escassos, competição, egoísmo, desejos, fins, concepções de 'bem' e 'eu', racionalidade, informação, posição social, resolução de disputas, coordenação e remediação de danos" como estando entre os determinantes de nossa escolha de critérios morais (Lukes, 1987, 98-109). Mas a inclusão de características morais tais como uma concepção de "bem" ou de "eu" produziria uma circularidade no projeto de James. Seu interesse reside em esboçar como uma concepção de "bem" pode ela própria surgir, em vez de em utilizar esta concepção para determinar a aplicação de propriedades morais.

Pode-se objetar, no entanto, que até mesmo James inclui em sua lista aquilo que ele chama de "ideais" sob o rótulo (ix), o que pode parecer já indicar alguns fatores explicitamente morais. É verdade que a lista de James indica uma progressão natural que vai de mundos mais primitivos a mundos mais sofisticados aos quais o juízo moral possa ser aplicado, de modo que alguns dos rótulos indicam apenas uma mudança de demandas implícitas para demandas conscientemente reconhecidas. A referência aos ideais e à sua ordem de posicionamento marca o desenvolvimento mais sofisticado na hierarquia, o que mais se aproxima de nosso mundo moral plural. Ainda assim, permanece verdadeiro que se estes ideais forem eles próprios conscientemente "morais", então neste ponto o projeto de James se sobreporia ao de Lukes e correria o risco de uma circularidade. Parece que traçamos, para o bem de James, uma distinção entre fatores que servem para introduzir uma discriminação moral e fatores que já a personificam. Assim como a distinção anterior entre os dois projetos de introduzir propriedades morais, a partir de dentro e a partir de fora, por assim dizer, essa distinção relacionada identifica dois objetivos diferentes, mas viáveis.

Oficialmente, do modo como eu o representei, o objetivo de James é listar fatores não morais que servem para introduzir discriminações morais, em vez de listar fatores, morais ou não morais, que determinam nossos juízos ou princípios morais específicos.

O problema então girará em torno da questão de se a noção de um "ideal", como entendida por James, é uma noção explicitamente moral, mas parece que podemos distinguir entre ideais que são explicitamente morais e outros que não o são. Um princípio que determina de algum modo o resultado de demandas conflitantes em uma situação de recursos escassos pode não ser ele próprio um princípio moral, mas pode apenas determinar um resultado em uma situação que consideramos como moralmente saliente. Há aqui uma ambiguidade no modo como utilizamos o termo "moral". De um modo ele indica um item que pertence a um sistema ou consciência moral explícita; de outro, ele indica apenas um item que pensamos exigir uma consideração ou resposta moral, mesmo embora ele próprio não seja parte de um sistema moral explícito. O interesse oficial de James é identificar itens que pertencem àquela segunda categoria, isto é, itens que exigem uma resposta moral mas não se qualificam eles próprios como uma resposta desse tipo. O ponto pode ser colocado de outro modo. As respostas a conflitos ou competições, por exemplo em um jogo de soma zero, podem determinar aquilo que é um resultado prudente mas não necessariamente um resultado moral. No projeto de James, fechar a lista no ponto em que a prudência se transforma em moralidade é evitar a acusação de circularidade. Mas pode-se esperar que a prudência tenha uma estrutura similar à de uma moralidade explícita, pois ela também pode ser representada como governada por princípios ou ideais. Pode ter sido um pensamento como este que deu origem à visão de James de que o correto é afinal nada mais que o conveniente. Tal afirmação, no contexto do projeto de explicar a proveniência de propriedades morais, não é tão chocante quanto pode inicialmente parecer. Ela pode ser entendida ali não simplesmente como recomendando considerações de conveniência, mas antes como sugerindo como as considerações mais puramente morais derivam da conveniência ou da prudência.

Conclusão

Uma comparação entre a discussão de James e a de Johnston ajuda a esclarecer ambos os projetos. Há três aspectos em que a explicação de James se assemelha à de Johnston, e um aspecto principal evidente em que os procedimentos de ambos diferem. Johnston fornece um modelo formal em termos do qual compreender a investigação de James acerca da origem das propriedades morais. Além disso, ambas as explicações convergem a respeito dos problemas do naturalismo e da subjetividade, embora nenhuma delas endosse estas doutrinas sem qualificação. A principal diferença entre elas é que a explicação de Johnston é principalmente formal, enquanto a de James é exclusivamente material.

Anteriormente surgiu a questão de se a investigação de James não poderia se reduzir ou a uma explicação histórica das origens das propriedades morais ou a uma análise semântica destas propriedades. Nenhuma destas opções seria satisfatória para James. É patente que ele não oferece uma explicação histórica, e sua alegação de discutir o significado dos termos morais na questão metafísica está aberta ao questionamento. A explicação de Johnston não é apresentada nem como uma investigação histórica nem como uma investigação analítica, mas sim, em vez disso, como um modelo sofisticado daquilo que chamei de "estatuto metafísico" das propriedades morais. Ela dá um sentido àquelas obscuras referências anteriores feitas à "origem metafísica" ou à "proveniência" das propriedades morais. Ela indica uma relação essencial, *a priori*, entre estas propriedades e as respostas dos sujeitos a características de seu ambiente. A discussão de James visa o mesmo objetivo, e suas conclusões são equivalentes.

James embarca em seu projeto a fim de mostrar como a moralidade se desenvolve a partir da situação natural em que os agentes se encontram e como ela só pode ser entendida em termos desta situação. Nessa medida, ele é um naturalista confirmado, mesmo embora ele revise alguns dos modos empiristas e utilitaristas tradicionais de articular tal visão. Essa posição equivale à explicação da R-dependência de Johnston, na qual as propriedades morais dependem essencialmente daquilo que é dado no ambiente e de nossas respostas padrão ou normais a esse dado. Na medida em que essas respostas, assim como o próprio ambiente, são consideradas como partes do mundo natural, então ambas as explicações são naturalistas. Um dos motivos mais fortes do projeto de James era restringir o escopo da proveniência das propriedades morais ao que ele chamou de "república ética aqui embaixo". Sua explicação identifica essa república ética com os fenômenos naturais a partir dos quais as propriedades morais se desenvolvem.

O lado obverso desse naturalismo é que ele repousa sobre uma subjetividade residual. James rejeita as formas fortes do subjetivismo moral e do ceticismo, mas ele aceita que as propriedades morais repousam essencialmente sobre as "demandas" das criaturas sencientes, das "mentes realmente viventes". Desse modo, as propriedades morais dependem daquilo que ele chama geralmente de "apoio pessoal". A explicação das propriedades morais como R-dependentes defende o mesmo argumento de que esse grau de subjetividade é ineliminável. Em ambos os casos, ela é uma subjetividade qualificada em sua referência essencial também às características "objetivas" do mundo habitado. O compromisso de Johnston com aquilo que ele chama de "realismo qualificado" defende um ponto similar. Tal compromisso equivale a nada mais que a negação fraca de que os conceitos morais são independentes dos conceitos de nossas respostas, e a explicação de James endossaria essa conclusão. Para ele, ao que parece, as propriedades morais são reais apenas segundo o modo como quaisquer propriedades com aquela proveniência são reais.[8]

Ainda assim, a explicação de Johnston é formalmente sofisticada de um modo que a de James não é. James não faz nenhum uso do aparato de elementos hipotéticos que marca a classificação das propriedades morais como disposições. Ele não oferece nenhuma explicação formal do modo como os objetos adquirem propriedades morais através de sua influência sobre os sujeitos e das consequentes respostas destes últimos. Ele também não oferece nenhuma resposta explícita para a questão de como seu projeto pode evitar as indesejáveis alternativas de uma explicação histórica ou

---

[8] Diferentes formas e explicações do realismo moral são dadas em Brink, 1989; Dancy, 1993; e McNaughton, 1988.

analítica. Não obstante, não é difícil ver como o projeto de James pode encaixar-se na explicação formal de Johnston e complementá-la. Se a *R*-dependência de Johnston tem os méritos de uma abordagem formal, ela também tem algumas fraquezas correspondentes. A *R*-dependência exige uma distinção clara entre propriedades categoriais e disposicionais e um critério adequado para distinguir raciocínios hipotéticos *a priori* e *a posteriori*. Estes próprios raciocínios hipotéticos dependem de um amplo conjunto de substituições para as variáveis, o qual, no limite, pode ameaçar a distinção entre *R*-dependência e *R*-independência. Uma vez que James não tem nenhum aparato formal desse tipo, ele não é vulnerável a estes problemas. Mesmo que o aparato formal se revelasse insatisfatório no caso das propriedades morais, isso não impediria que a explicação de James de uma base natural para tais propriedades estivesse correta. Ainda seria necessário encaixar aquela explicação em algum referencial formal, e James não dá nenhuma contribuição, do lado material, para esse projeto.

14 Alguns dos ideais da vida

RUTH ANNA PUTNAM

No prefácio a *A vontade de crer* [*The Will to Believe*], James descreveu sua "atitude filosófica" como um "empirismo radical": empirismo porque ele considerava todas as afirmações sobre questões de fato como hipóteses sujeitas à revisão à luz da experiência subsequente, e radical porque ele estendia essa atitude empírica a hipóteses metafísicas. De modo específico, "diferentemente da maior parte do empirismo parcial que corre sob o nome de positivismo ou agnosticismo, ou naturalismo científico, ele não afirma dogmaticamente o monismo como algo ao qual toda a experiência deve se conformar. *A diferença entre o monismo e o pluralismo é talvez a mais fértil de todas as diferenças na filosofia*" (*WB*, 5; ênfase acrescentada). Embora ele utilize a expressão "empirismo radical", essa visão não é ainda a doutrina que ele posteriormente advogou como o empirismo radical.[1] Ainda assim, ele já era um pluralista em mais de um sentido.

---

[1] O empirismo radical, conforme desenvolvido nos *ERE*, acrescenta à demanda radical de que as teses metafísicas sejam tratadas como hipóteses a afirmação de que os objetos da experiência participam de relações que são elas próprias experienciadas. Aqui, esta última doutrina técnica, e com ela a noção de experiência pura, será ignorada exceto para mencionar de passagem que o empirismo radical é não apenas um empirismo mais radical, mas também um pluralismo mais radical do que aquele advogado/defendido nos ensaios presentes em *A vontade de crer* e nos dois ensaios das *Palestras*. Pois a experiência pura não é uma substância geral da experiência, mas antes "há tantas substâncias quanto há 'naturezas' nas coisas experienciadas" (*ERE*, 14). Em outras palavras, a ontologia de James é mais apropriadamente vista como um pluralismo neutro do que como um monismo neutro.

Neste ensaio, estou interessada no tipo de pluralismo que James pretendia promover em "Sobre uma certa cegueira nos seres humanos" ["On a Certain Blindness in Human Beings"] e em "O que torna uma vida significativa" ["What Makes a Life Significant"], mas não apenas nestes ensaios. Ele caracterizou seu pluralismo no prefácio a *Palestras para Professores* [*Talks to Teachers*] como se segue. "A verdade é grande demais para que qualquer mente que existe em ato, mesmo que essa mente seja chamada de 'o Absoluto', conheça-a inteira. Os fatos e valores da vida precisam de muitos conhecedores para assimilá-los. Não há nenhum ponto de vista absolutamente público e universal. As percepções privadas e incomunicáveis sempre permanecem, e o pior disso é que aqueles que procuram por elas nunca sabem *onde*" (*TT*, 4; ênfase no original). Essa visão concorda com o falibilismo. Se um indivíduo tem aguda consciência de que seu próprio ponto de vista é limitado, ele deve estar preparado para aprender com os outros, para ter sua perspectiva ampliada, ou mesmo radicalmente alterada, ao ouvir o que eles têm a dizer. Conversamente, se o indivíduo está preparado para alterar suas crenças à luz da experiência, essa experiência deve incluir aquilo que ele ouve dos outros. Estas não são consequências lógicas, mas sim aquilo que a razoabilidade exige. Contudo, reconhecer que nossas convicções morais mais profundas podem ser derrubadas pela experiência posterior *não* é o mesmo que nos aletar para não agir com base nelas – ao contrário, o progresso moral depende de pessoas que heroicamente arriscam a vida e a reputação por um "ideal maior do que [as regras estabelecidas] permitem". Isso é simplesmente nos convocar a estar preparados para modificar nossos próprios ideais ou a maneira como tentamos realizá-los se os "gritos dos feridos" nos informam que cometemos um "péssimo erro" (*WB*, 156, 158).

Refletindo sobre "O sentimento de racionalidade" ["The Sentiment of Rationality"], no início de sua carreira filosófica, James acha incrível que "os filósofos profissionais finjam que qualquer filosofia possa ser, ou alguma vez tenha sido, construída sem o auxílio da preferência pessoal, da crença e da adivinhação" (*WB*, 77); próximo do fim de sua vida, ele acha que os sistemas filosóficos são "apenas um conjunto de visões, modos de sentir todo o empuxo e de ver toda a corrente da vida, impostos ao indivíduo pelo caráter e experiência totais deste último, e, de modo geral, *preferidos* – não há nenhuma outra palavra sincera – como a melhor atitude de trabalho deste indivíduo" (*PU*, 14-15). Este, portanto, é um sentido em que a filosofia de James é pluralista; ao argumentar que a filosofia de um indivíduo não pode ser mais do que uma "visão... imposta ao indivíduo pelo caráter total deste último", ele legitima uma pluralidade de visões de mundo, cada uma das quais equilibra de uma ou de outra maneira nossas necessidades acerca do poder explicativo e unificador das classificações, acerca da apreciação da multiplicidade dos particulares em toda a sua diversidade e acerca do ato de dar sentido aos nossos impulsos práticos. Mas esse pluralismo jamesiano não é um subjetivismo do tipo "vale-tudo". James aponta as visões de Espinosa e Hume como dois exemplos de filosofias que falham em obter aderentes, porque, diz ele, elas ignoram completamente uma ou outra dessas necessidades.

Porém, quando James escreveu que a diferença mais fértil na filosofia é aquela entre o monismo e o pluralismo, ele tinha em mente não a pluralidade das filosofias abraçadas por pessoas de diferentes temperamentos, mas uma visão metafísica particular abraçada por ele próprio, a saber, a visão de que o pluralismo é "a forma permanente do mundo... a crueza da experiência permanece como um elemento eterno desta. Não há nenhum ponto de vista possível a partir do qual o mundo possa aparecer como um fato absolutamente único. Possibilidades reais, indeterminações reais, fins reais, mal real, crises, catástrofes e fugas reais; um Deus real, e uma vida moral real, exatamente como o senso comum concebe estas coisas, podem permanecer no empirismo como concepções que aquela filosofia desiste de 'superar' ou de reinterpretar de forma monista" (*WB*, 6-7). Para James, a crença em possibilidades reais – a crença tanto em nossa habilidade de fazer escolhas que não sejam determinadas por eventos que ocorreram antes de existirmos quanto em um futuro cuja forma depende destas escolhas pelo menos em alguma medida – era um pré-requisito indispensável para o bem-estar psicológico.[2]

---

[2] Em 1870, James se recuperou de uma crise mental ao se convencer de que o livre--arbítrio não precisa ser uma ilusão e ao decidir, segundo seu diário, a "assumir pelo presente – até o próximo ano – que o livre-arbítrio não é nenhuma ilusão. Meu primeiro ato de livre-arbítrio será acreditar no livre-arbítrio" (citado em Lewis, 1991, 204).

Além disso, James não podia compreender como alguém podia ser motivado a agir para o bem mesmo a um grande custo para si próprio, a menos que esse alguém acreditasse que existem bens reais e males reais. E ele não acreditava que haveria bens reais e males reais em um mundo determinista.[3] Não posso me dedicar a este problema metafísico aqui.

Também não posso discutir a tentativa de James de reconciliar sua afirmação (em "O filósofo moral e a vida moral" ["The Moral Philosopher and the Moral Life"]) de que "nada pode ser bom ou correto exceto na medida em que alguma consciência sente que isso é bom ou pensa que isso é correto..." (*WB*, 147) com sua visão, recém-mencionada, de que existem bens reais e males reais. Ele considera que uma ordem moral objetiva resulta do fato de que fazemos reivindicações uns aos outros e somos capazes de reconhecer estas reivindicações. Ele sustenta que um mundo consistindo apenas em "duas almas *amorosas*" fadadas à extinção teria "uma constituição moral tão completa quanto qualquer mundo possível" (*WB*, 150; ênfase acrescentada). Ouvimos aqui ecos de Kant, mas há uma diferença. Para Kant, a moralidade preexistente *exige* que tornemos os fins de outros nossos próprios fins; para James, a moralidade *pressupõe* que tenhamos feito isso e o estejamos fazendo continuamente. Somente então buscaremos uma resolução quando reivindicações ou ideais entrarem em conflito, e somente então pode-se falar sobre um ponto de vista que transcenda o de qualquer pensador individual. James não pensava que tinha de refutar o cético moral (embora ele responda ao ceticismo moral em outra parte), e este não é o lugar para perguntar se a posição dele, ou de fato a de qualquer um, é uma resposta adequada.

O que é de interesse aqui é que não podemos, neste mundo, satisfazer todas as nossas reivindicações, e isso dá origem àquilo que James chama de "Questão casuística". O resultado final de sua longa discussão da questão casuística é este: "Na escala casuística, portanto, os ideais a serem postos na posição mais elevada são aqueles que *prevalecem ao menor custo* ou aqueles

---

[3] Os argumentos a favor dessa posição são expostos em "O dilema do determinismo" ["The Dilemma of Determinism"] (*WB*, 114-140). Aqui apenas tomarei nota do problema.

por cuja realização o menor número possível de outros ideais é destruído" (*WB*, 155; ênfase no original). O indivíduo deve, enquanto filósofo, buscar uma inclusividade que fará justiça, em alguma medida, até mesmo aos ideais que são destruídos. O que são estes ideais cada vez mais inclusivos é algo que só pode ser determinado através de experimentos sociais, julgados "pela descoberta real, após sua produção, da quantidade de clamor ou apaziguamento que advém" (*WB*, 157).

James é um consequencialista: as consequências empíricas das ações ou políticas são o que determina em última instância a correção ou o erro destas ações ou políticas e o que guia as escolhas subsequentes. Mas James, embora admirasse bastante John Stuart Mill, não é um hedonista, nem qualquer outro tipo de utilitarista reducionista. Enquanto reconhece que muitos de nossos ideais são conectados mais ou menos remotamente com dores e prazeres corporais, ele sustenta que muitos outros, especialmente os mais altos, têm outras fontes. "As forças elementares presentes na ética são provavelmente tão plurais quanto as da física. Os vários ideais não têm nenhum caráter comum além do fato de que eles são ideais" (*WB*, 153). Mais uma vez, James é um pluralista.[4]

Não me dedicarei a esse tópico aqui. Pois neste ensaio não estou interessada em James como um teórico da ética, mas em James como moralista e filósofo público. É claro, essa distinção não deve ser tomada muito seriamente. Mesmo em seus escritos mais teóricos sobre ética – em "O filósofo moral e a vida moral" ou nos *Princípios da Psicologia* [*Principles of Psychology*] – ouve-se a voz do moralista. No primeiro, ele defende implicitamente a vida moral estrênua, bem como explicitamente a busca de ideais cada vez mais inclusivos. No segundo, tendo afirmado que, à medida que o indivíduo se torna cônscio de que sua essência é semelhante à de outros seres humanos,[5] esse indivíduo adotará alguma versão ou outra

---

[4] Discuti a teoria ética de James em detalhes em Putnam, 1990.
[5] "Eles se assemelham a nós por terem o mesmo Pai Celestial, por não serem consultados sobre seu nascimento, por não serem sujeitos ao agradecimento ou à culpa por causa de seus dons naturais, por terem os mesmos desejos e dores e prazeres, em suma, por uma multidão de relações fundamentais" (*PP*, 2:1266).

de um princípio universalizante, ele ilustra o ponto com um argumento supostamente irrefutável para a admissão de mulheres na Escola Médica de Harvard, baseado na premissa de que as mulheres são seres humanos e, portanto, dignas de todos os direitos dos seres humanos.[6]

James, o moralista, dirigia-se a estudantes que eram idealistas e que, especialmente as mulheres, se perguntavam se sua vidas teriam ou poderiam possivelmente ter qualquer significância. Sendo de uma linhagem universitária, eles eram, além disso, inclinados a supervalorizar "a cultura e o refinamento" e a rebaixar ou serem "cegos" àquilo que poderia dar significância às vidas das pessoas não educadas. James, cônscio de que ele também tendia a sofrer desta cegueira, entendia-a como sendo não apenas uma falha moral, não apenas empobrecendo os próprios cegos, mas como fornecendo desculpas para o imperialismo dos Estados Unidos e constituindo geralmente uma base para tendências antidemocráticas.

Em "O que torna uma vida significativa" James concluiu, após muita reflexão sobre vários tipos de vidas – a vida abrigada, refinada e aculturada em Chautauqua; as vidas expostas e audaciosas dos trabalhadores de construção em altos andaimes; o tédio das vidas dos trabalhadores diaristas, que poderiam ainda ser redimidas se escolhidas em nome de algum ideal –, que nenhum fator singular pode "redimir a vida da insignificância. A cultura e o refinamento sozinhos não são suficientes para fazê-lo. As aspirações ideais não são suficientes, quando não combinadas com ânimo e vontade. Mas tampouco o ânimo e a vontade, a persistência obstinada e a insensibilidade ao perigo são suficientes, quando tomados sozinhos. Deve haver algum tipo

---

[6] "Um cavalheiro me disse que tinha um argumento conclusivo para abrir a Escola Médica de Harvard às mulheres. O argumento era esse: As mulheres não são humanas? – premissa maior que, é claro, tinha de ser admitida. Não são elas, portanto, dignas de todos os direitos da humanidade? Meu amigo disse que ele nunca havia encontrado ninguém que pudesse vencer com sucesso esse raciocínio" (PP, 2:1266n.). Talvez o exemplo mais impressionante da habilidade de James de inserir suas preocupações sociopolíticas até mesmo em argumentos bastante abstratos seja sua leitura dos escritos de um jornalista anarquista durante a primeira conferência sobre o pragmatismo (ver P, capítulo 1). Estas leituras descreviam em detalhes horripilantes os sofrimentos dos desempregados.

de fusão, alguma combinação química entre estes princípios, para que resulte uma vida objetiva e completamente significativa" (*TT*, 165).

Comecemos com a cultura e o refinamento. Não apenas eles não são suficientes para tornar uma vida significativa; pode-se perguntar se eles são, estritamente falando, necessários. Por um lado, a menos que o indivíduo seja completamente oprimido (pela pobreza, pela doença, por um inimigo implacável ou pela depressão), ele buscará acrescentar alguma beleza, algum adorno, à sua residência ou à sua pessoa; ele celebrará certos eventos (nascimentos, chegadas de idades, colheitas etc.) em uma comunidade mais restrita ou mais ampla. Por outro lado, às vezes, quando a vida é intensamente significativa e precária (ao escalar o Monte Everest, tramar para assassinar um ditador), não se dá nenhum pensamento a essas "frivolidades". Nos redutos de posseiros na Carolina do Norte, James afirmou não ter encontrado "um único elemento de graça artificial para compensar a perda da beleza da natureza"; ainda assim, ele veio a compreender que a feiura que eles haviam criado era para eles "um símbolo carregado de memórias morais e cantava um verdadeiro peã de dever, luta e sucesso" (*TT*, 134). Isso pode ter sentimentalizado aquela que era, afinal, uma existência muito dura e mínima; e também deixa de fora aquilo que pode muito bem ter estado presente: esforços para tornar "bela" a cabana (digamos, com uma foto recortada de uma revista) e as consolações de uma fé simples.

A literatura – tanto a imaginativa quanto a de outro tipo – a arte e a música expandem a visão do indivíduo, aprofundam sua compreensão, avivam sua imaginação. A ciência não apenas mudou nossas vidas, ela mudou nossa compreensão de nós mesmos e do mundo ao nosso redor. A alta cultura não é meramente uma adição prazerosa a vidas que de outro modo seriam monótonas, não importando o quanto fossem "significativas"; ela altera estas vidas, aumenta sua significância ao ampliar e enriquecer os ideais que as animam.[7] Mas alguém sofreria da cegueira que James dese-

---

[7] Em uma veia similar, James escreveu: "A educação, ampliando, como o faz, nosso horizonte e nossa perspectiva, é um meio de multiplicar nossos ideais, de trazer novos ideais à vista" (*TT*, 163).

java curar, se negasse que as vidas intocadas pela alta cultura poderiam ser significativas.

Considerei a relevância da cultura e do refinamento humanos para a significância da vida humana, do ponto de vista do indivíduo que vive essa vida. James abordou a mesma questão, de uma perspectiva social, quando falou a um grupo de alunas de faculdades femininas sobre "O valor social dos universitários" ["The Social Value of the College-Bred"]. Neste ensaio ele apresentou aos americanos o termo "intelectual" como um termo de orgulho, e a ideia de uma classe educada com sua própria consciência de classe.[8] "Em nossa democracia", escreveu ele, "onde tudo mais é mutável, nós alunos e alunas das faculdades somos a única presença permanente que corresponde à aristocracia dos países mais antigos. Temos tradições contínuas, assim como eles; nosso lema também é *noblesse oblige*; e, diferentemente deles, apoiamos unicamente interesses ideais, pois não temos nenhum egoísmo corporativo e não exercemos nenhum poder de corrupção" (*ECR*, 110). Nós intelectuais devemos guiar a embarcação humana através dos "ventos de paixão" e "correntes de interesse", rumo à verdade e a justiça. Devemos ser os críticos sociais, os moldadores de opinião pública, e devemos fazer isso de maneira desinteressada. James entendia uma educação liberal como sendo um estudo das várias maneiras segundo as quais os seres humanos buscaram a perfeição, "e quando vemos quão diversos podem ser os tipos de excelência, quão variados os testes, quão flexíveis as adaptações, adquirimos um sentido mais rico daquilo que os termos melhor e pior podem significar. Nossas sensibilidades críticas se tornam ao mesmo tempo mais agudas e menos fanáticas" (*ECR*, 108). Para James, a tolerância em relação a uma grande variedade de ideais é ela própria um ideal governante. O ideal inclusivo que devemos buscar não há de ser alcançado formando-se uma sociedade na qual todos pensam de modo

---

[8] Uma das causas que James havia abraçado era a do judeu francês Alfred Dreyfus, que havia sido injustamente condenado por traição. Aqueles que lutaram pelo perdão e a exoneração de Dreyfus e finalmente os obtiveram foram conhecidos como *les intellectuels*.

semelhante, mas antes encontrando através da sensitividade e do respeito mútuo um modo de harmonizar uma variedade de ideais. Pensamos mais nas grandes sinfonias do final do século XIX do que no canto em uníssono do Hino Nacional.

James acreditava que uma educação universitária ajuda o indivíduo a reconhecer a bondade quando a encontra. É claro, alguém não poderia ser um votante inteligente, nem alguém que influencia a opinião pública em uma direção benéfica, se não fosse capaz de reconhecer a bondade em um candidato, qualquer que fosse a bondade relevante. Mas o ponto não é meramente político. Os educadores se preocupam com modelos de conduta, ou mais frequentemente com a ausência de modelos de conduta para certos grupos (mulheres que querem se envolver na ciência ou na política, jovens do interior que querem ir para a faculdade, e assim por diante). Não falamos muito frequentemente sobre modelos de conduta em conexão com o fato de alguém ser um ser humano decente; estou convencida de que James o teria feito.[9] Ele percebeu também que a maioria de nós conhece apenas uns poucos bons seres humanos e que encontramos variedades de bondade na literatura e em biografias, as quais podemos nunca encontrar de outro modo; daí, novamente, a relevância da cultura.

Mas, pode-se perguntar, será que precisamos de modelos de conduta para sermos seres humanos decentes? Aqui a cultura e o refinamento fazem contato com outra condição necessária da vida significativa, o "ânimo e vontade", isto é, o caráter. Quando alguém enfrenta uma escolha moral significativa, escreveu James, o que está em questão não é tanto o que esse alguém deve agora escolher fazer, mas o tipo de pessoa que ele "deve agora resolver se tornar" (*PP*, 1:227). Isso exige não apenas a habilidade de representar vividamente para si próprio aquilo que o indivíduo está prestes a fazer e as consequências imediatas

---

[9] Agnes Heller, no prefácio a seu *Uma filosofia da moral* [*A Philosophy of Morals*], argumenta que todos os filósofos morais "originais" tiveram um modelo particular da boa pessoa em mente. Seu próprio modelo é o de seu pai (Heller, 1990).

disso para si próprio e para os outros, mas também a habilidade de visualizar o tipo de pessoa que o indivíduo será, ou terá se tornado, se seguir por este caminho ao invés daquele ou se se comprometer com este ideal ao invés daquele. Os modelos de conduta, positivos e negativos, reais ou ficcionais, ajudam nesta tarefa. Não obstante, a "cultura e o refinamento" são de significância apenas secundária. "O significado sólido da vida é sempre a mesma coisa eterna – o casamento, a saber, do mesmo ideal não habitual, não importando o quão especial, com alguma fidelidade, coragem e resistência; com a dor de algum homem ou mulher" (*TT*, 166).

Enquanto concordaremos com James sem hesitar quando ele diz que não há nada tão desprezível quanto uma pessoa que professa muitos ideais sublimes mas falha em fazer qualquer coisa para realizá-los, há mais sobre o caráter do que o ânimo e a vontade. Há de fato uma conexão íntima entre o caráter e os ideais. "Caráter" é um termo bastante flexível. Será que a timidez de alguém, por exemplo, é parte do seu caráter? Certamente, ela é relevante para o tipo de trabalho de vida que o indivíduo escolherá para si próprio. Por certo, o indivíduo pode ser instado a fazer um esforço heroico para falar em defesa de vítimas de injustiça, a despeito de seu terror, mas não é obrigado a se tornar um advogado de tribunal ou um político, se acha doloroso se dirigir a estranhos. Diferentes pessoas são capazes de ouvir os lamentos de diferentes feridos, diferentes caracteres acham apelo em diferentes causas, diferentes talentos e fraquezas levam seus possuidores a adotar diferentes projetos, diferentes compromissos de longo prazo resultam de diferentes paixões. Ter um certo tipo de caráter ou se tornar esse tipo pode ser ele próprio o ideal de alguém. Para James, ser uma pessoa que tem "ânimo e vontade", que leva a vida moralmente estrênua, que não sucumbe nem a um "sentimentalismo sem coragem" nem a um "sensualismo sem limites", é um ideal desse tipo (*WB*, 132).

Pelo bem desse ideal, James acreditou e defendeu o pluralismo das possibilidades reais; pelo bem desse ideal, aconselha ele, "mantenham a faculdade do esforço viva em vocês mediante um pequeno exercício gratuito todos os dias" (*TT*, 52). Aqui é importante notar não apenas a ênfase sobre o esforço, mas também a palavra "pequeno". James era tão oposto à inabilidade dos americanos para relaxar quanto a qualquer tendência de mimar a si próprio. Ambas as coisas, pensava ele, eram um perigo para o indivíduo e para a nação.

Contudo, o ideal do heroísmo (moral) é um ideal secundário; a questão de se uma determinação resoluta diante de grandes obstáculos ou tentações é uma coisa boa depende dos ideais de primeira ordem às quais ela serve. Nada parece ser mais fácil do que um indivíduo ser heroico quando seu país está envolvido em uma guerra e persuadir-se de que seu país está certo. Mas esse não é o heroísmo que James tinha em mente, e ele tampouco era cego para as falhas de seu país. Consideremos, portanto, os ideais como a terceira condição necessária para uma vida significativa.

O que é um ideal? James enfatiza duas características; primeiro, que os ideais são "concebidos intelectualmente", e segundo, que "deve haver *novidade* em um ideal – novidade pelo menos para aquele de quem o ideal se apodera". Mas a novidade, e portanto os ideais, "são relativos às vidas que os alimentam" (*TT*, 163; ênfase no original).

Um ideal é qualquer ideia, qualquer projeto ou compromisso, que guia a vida de alguém, ou uma parte principal dessa vida. James, como vimos, pensava que alguém pode ter ideais sem ter a vontade para tentar realizá-los; mas, a bem da simplicidade, entenderei a posse de um ideal como incluindo o fato de ser motivado por ele em pelo menos alguma medida. Nem todo desejo passageiro é um ideal, assim como nem todas as nossas ações são guiadas por nossos ideais. Sacrificamos sem nem mesmo um murmúrio milhares de desejos passageiros, em benefício de nossos projetos mais duradouros, e até mesmo a vida mais interessante é repleta de atividades rotineiras e ações habituais. Finalmente, mesmo quando as ações exigem pensamento, tais como dirigir um carro ou preencher um cheque, o pensamento pode não ser relacionado a nenhum ideal. James diz que um ideal é um fato intelectual para defender dois pontos: que o indivíduo tem consciência de possuir o ideal e que possuir aquele ideal é parte da autoconcepção do indivíduo. James, por exemplo, tinha consciência de si próprio como sendo, entre outras coisas, um "*mug-wump*" [isto é, um independente político].[10] Os ideais podem ser compromissos bastante inarticulados – limpar um terreno – ou objetivos bem articulados de longo-prazo – o compromisso de James com um mundo sem a guerra.

Em "O equivalente moral da guerra" ["The Moral Equivalent of War"], James propõe um recrutamento nacional para uma guerra contra a natureza. Ignorando nossas sensibilidades modernas, que se encolhem perante a ideia de uma guerra contra a natureza, quero notar que o ensaio tenta resolver dois problemas: que somos belicosos e amamos a glória, e que certas virtudes promovidas pela guerra são necessárias para a sobrevivência nacional. O equivalente moral, o exército recrutado contra a natureza, satisfará o anseio por uma luta lutada e vencida de modo justo e instilará virtudes tais como a coragem, a persistência e a colocação do interesse coletivo acima do interesse do indivíduo. Ele ensinará também, dizia James, à juventude embelezada, as realidades de uma vida de trabalho físico duro. O próprio James era, vez por outra, impressionado pelo fato de que o trabalho físico de outros fornecia o fundamento sobre o qual repousava uma vida da mente, tal como a dele próprio.[11] Ele apreciava o heroísmo não declarado das massas trabalhadoras (ver, por exemplo, *TT*, 154-155), mas isso levanta a questão de quais benefícios os jovens das classes trabalhadoras haveriam de derivar desse tipo de serviço nacional. Talvez, por causa da mistura de classes, isso contribuísse para uma diminuição da cegueira e para mais tolerância em toda parte; talvez os ricos e pobres viessem igualmente a compreender, como ele escreveu em outro lugar, que

---

[10] (Um independente político: primeiro, alguém que deixou o Partido Republicano apesar das credenciais abolicionistas deste último, quando o partido se tornou inteiramente corrupto; e depois alguém que se tornou anti-imperialista.) Descrevendo sua oração no desvelamento do monumento de Robert Gould Shaw, coronel do 54º regimento de Massachusetts, um regimento negro, James escreveu a seu irmão Henry: "enfiei alguma *mugwump*eria no final, mas foi bem difícil conseguir isso" (*Corresp.*, 3:9).

[11] Ele escreveu a seu irmão Henry: "Quando alguém vê o grande Oeste, vê também quão insignificante, na grande massa da humanidade que realiza trabalhos manuais, é o punhado de pessoas que vivem para os refinamentos" (*Corresp.*, 3:39).

"nenhuma mudança exterior de condição na vida pode impedir o rouxinol de seu significado eterno de cantar em todos os tipos de corações de diferentes homens... Se o pobre e o rico puderem olhar uns para os outros desse modo, *sub species aeternitatis*, o quanto suas disputas se tornarão suaves? Quanta tolerância e bom humor, quanta disposição de viver e deixar viver entrariam no mundo!" (*TT*, 167).

Mas aqui – no final de "O que torna uma vida significativa" – James foi arrebatado por sua própria eloquência, arrebatado, creio, porque ele genuinamente acreditava na tolerância. Há, contudo, uma diferença entre deixar os outros viverem suas vidas enquanto não interferirem na nossa ou chegar a compromissos mutuamente acordados quando os conflitos se assomam e tolerar a opressão. James enxergava isso claramente no caso da ocupação das Filipinas pelos Estados Unidos. O que estava errado era precisamente que os Estados Unidos não deixavam os filipinos viverem como estes desejavam, e James objetava isso repetidamente e de modo vociferante.

A segunda característica de um ideal, de acordo com James, é que ele contém novidade. Isso levanta um grande número de problemas, nenhum dos quais é adequadamente abordado por James. Devemos perguntar por que os ideais devem conter a novidade, se é que de fato eles o fazem. Devemos perguntar como um ideal contém a novidade. Descobriremos que, a fim de responder a essas questões, precisamos considerar mais cuidadosamente o que se entende por uma vida significativa. Ao final, devo concluir que não é claro como um ideal contém novidade, que alguns ideais, não obstante, parecem antes obviamente desprovidos de novidade, e que as vidas animadas por estes últimos ideais podem mesmo assim ser significativas.

Por que um ideal deve conter novidade? Nosso primeiro pensamento pode ser este. Ao passo que a rotina entediante de uma pessoa pode ser a excitante variedade de outra, sempre que alguém sente que sua vida não consiste em nada além da mesma velha coisa de sempre, o que tira esse alguém desse mal-estar é encontrar algum novo interesse, projeto ou compromisso. Isso leva ao pensamento adicional de que uma vida significativa não pode ser uma vida que não consiste em nada além de rotinas. Quer alguém se imagine passando oito horas por dia em uma linha de montagem, realizando o mesmo movimento repetidamente, quer se imagine confinado a uma cama por causa de uma longa enfermidade, o que o impressiona como sendo horripilante é o puro tédio de uma vida como essa. Certamente, esse alguém quer dizer, uma vida significativa não pode ser tão entediante, ela deve conter alguma novidade. Mas a novidade real, não a novidade substitutiva que pode advir da leitura de livros, pareceria exigir que a vida da pessoa fosse animada por algum ideal que trouxesse a novidade consigo. Mas agora passamos do pensamento de que a pessoa precisa de uma nova ideia (um novo ideal) para redimir uma vida entediante, para a ideia bastante diferente de que cada ideal deve conter novidade.

O que isso significa? Não pode significar que uma vida animada por um ideal não pode ser uma vida de regularidade extraordinária. A vida de um contemplativo religioso, apesar de seguir um padrão diário, semanal e anual estabelecido e desprovido de novidade exterior, é uma vida preenchida por uma significância interior de um modo como poucas vidas mais ativas o são. Além disso, a vida interior de oração, estudo e reflexão, uma vida de intensa atividade mental, pode ser cheia de seu próprio tipo de novidade. Mas o próprio ideal não é novo, e aqueles que o abraçam podem muito bem resistir à novidade não apenas em seus rituais, mas nas circunstâncias de suas vidas e na sociedade da qual eles são parte. Isso preocuparia James, porque seria um obstáculo para o progresso da humanidade rumo a ideais cada vez mais inclusivos. Precisamos apenas pensar sobre a resistência à paz entre Israel e os palestinos por parte de certos tipos de judeus ortodoxos e suas contrapartes islâmicas. Mas, claramente, alguém pode ser profundamente religioso e ainda promover ativamente a paz e outras formas de progresso social; conversamente, a resistência à mudança social não é confinada àqueles com fortes compromissos religiosos. Em qualquer caso, James reconhecia que não se pode dizer, a partir da forma exterior de uma vida, se ela é ou não animada por uma ideia; mesmo as vidas duras, empobrecidas e sem esperança dos trabalhadores diaristas podem, até onde sabemos, ser animadas por ideais, por exemplo o ideal de prover o sustento da família. Mas será que estes são ideais novos, ou que contêm novidade em algum outro sentido?

Um ideal pode conter novidade segundo pelo menos essas duas maneiras. Primeiro, um ideal pode ser de tal tipo que uma pessoa vivendo em busca dele encontrará inevitavelmente a novidade, embora o próprio ideal não seja novo. Estou pensando nos ideais que animam os exploradores e experimentalistas, pessoas que desejam aumentar seu próprio conhecimento e o conhecimento da humanidade mediante a busca deliberada por novas experiências, seja indo a novos lugares, seja produzindo novas condições em um laboratório. Mais geralmente, a busca por conhecimento é um ideal que tem a novidade inserida em seu próprio cerne. Talvez seja por isso que Peirce pensava que esse fosse o único ideal que alguém poderia perseguir, não importa o que ocorresse; donde ele concluiu que "a regra da ética será aderir ao único objetivo absoluto possível e esperar que ele se prove alcançável" (Peirce, 1931-1960, 5.136).

É claro que James teria objetado, corretamente, que a aderência de alguém ao crescimento do conhecimento pode ser tão conservadora, tanto um obstáculo para o progresso social, quanto apegar-se a uma ordem social estabelecida há muito tempo ou a valores herdados. Além disso, creio que James teria objetado contra a própria ideia de um objetivo absoluto, pois isso implica um tipo de infalibilidade. Assim, discordo de Edward H. Madden, que argumentou que James tem um compromisso moral fundamental – maximizar a satisfação das necessidades – e que esse compromisso é "tão absoluto quanto o compromisso de qualquer outro filósofo moral" (*WB*, xxxiii). Creio que qualquer atribuição de um compromisso absoluto tão específico a James é, em última instância, enganosa, pois ignora o antirreducionismo de James e seu pluralismo. Em contraste, a fórmula do próprio James, "Há apenas um mandamento incondicional, que é este: que devemos buscar incessantemente, com temor e tremor, votar e agir de modo a realizar o maior universo total de bem que podemos enxergar" (*WB*, 158), é compatível com seu antirreducionismo – o bem é deixado sem especificação – e com seu pluralismo, pois nós todos não enxergamos agora o mesmo maior universo total de bem. James busca os *ideais* (notem o plural!) mais inclusivos, mas qualquer formulação que fala em maximizar as satisfações (ou minimizar a dor) ignora o fato de que para James não há nenhuma medida comum por meio da qual alguém possa comparar os ideais.

O ideal de alguém pode conter a novidade em um segundo sentido; alguém pode vislumbrar mudar o mundo, mudar o modo como o mundo prosseguiria sem sua intervenção. Frequentemente isso era o que James tinha em mente. Os posseiros nas montanhas da Carolina do Norte estão modificando a face do reduto particular que eles escolheram limpar. O anarquista Swift escreve sobre a miséria dos desempregados em um esforço para produzir um mundo mais justo. James lê trechos dos escritos de Swift para sua audiência de pessoas educadas e complacentes, para abrir seus olhos para um tipo de mal que não precisa persistir e para a superficialidade de um otimismo leibiniziano (*P*, 21-22).

Não é sempre fácil dizer, contudo, se o ideal de outra pessoa promove ou resiste à mudança. Em 1894, e novamente em 1898, James se opôs a decretos que teriam criminalizado a prática da medicina por parte de qualquer um que não tivesse um diploma de uma escola médica de renome ou não tivesse passado em um exame. Em uma carta ao periódico *Transcript*, James explicava sua oposição como baseada em três fundamentos: o decreto interferiria na liberdade dos cidadãos para escolher seus curadores; não garantiria um tratamento mais efetivo; e tenderia "a obstruir o progresso do conhecimento terapêutico" (*ECR*, 145).[12] Quatro anos depois, testemunhando perante a Legislatura do Estado de Massachusetts, ele argumentou em palavras que hoje devem soar familiares: "Nosso Estado precisa da assistência de todo tipo de mentes, acadêmicas e não acadêmicas, das quais ele possui exemplares. Nunca há um excesso delas, pois para nenhuma delas o todo da verdade pode ser revelado. Cada uma é necessariamente parcialmente perceptiva e parcialmente cega. Até mesmo o melhor de todos os tipos é parcialmente cego. Há métodos que ele não pode se levar a utilizar" (*ECR*, 60). Embora do ponto de vista dos praticantes ortodoxos James resistisse à mudança, pelo que ele foi redondamente condenado, seus próprios motivos eram exatamente o oposto; ele via a si próprio como defendendo o progresso.

---

[12] James era, contudo, a favor de um decreto que impediria aqueles que não houvessem passado em um exame estatal de se referirem a si mesmos como médicos ou de usar "doutor" antes ou "M.D." [*"Medicine Doctor"*] depois de seus nomes, porque as pessoas têm o direito de saber "quem é regular e quem é irregular" (*ECR*, 149).

As coisas são ainda menos claras quando nos voltamos para a novidade no ideal do posseiro. O posseiro que cultiva a terra deseja mudar a face da terra; o defensor dos parques nacionais deseja mantê-la inalterada. Seus ideais podem colidir no que diz respeito a um pedaço particular de propriedade real. O cultivador deseja alterar a face do terreno; o conservador deseja mudar o curso do esforço humano, desviá-lo da dominação da natureza para o ato de deixar a natureza sozinha. De quem é o ideal que contém novidade?

O que tentei sugerir com estes exemplos é simplesmente que é pouco claro o que significa "conter novidade", embora sejamos também tentados a dizer que há ideais que não contêm a novidade em qualquer sentido óbvio. Finalmente, não funcionará dizer que enquanto pode haver ideais que não contêm novidade, as vidas que estes ideais animam não são significativas. Dizer isso seria, penso eu, simplesmente exibir a cegueira que James ansiava por combater.

Isto, contudo, revela uma ambiguidade na frase "tornar uma vida significativa". Quando James pergunta se a vida de um trabalhador diarista, um operário do metrô ou das camponesas austríacas que ele vê em dias de mercado pode ser significativa, ele dá dois tipos de resposta. Ele diz que eles merecem monumentos, porque toda a nossa vida civilizada se apoia nas costas deles, depende de sua faina, e que nós não lhes construímos monumentos porque eles suportam um trabalho enfadonho, adversidades, e mesmo perigo, não por algum ideal sublime, mas pelas necessidades nuas e os luxos mais modestos (algum tabaco, cerveja ou café). Ele parece sugerir que as vidas daqueles cujo trabalho apoia nossa "cultura e refinamento" são significativas de nosso ponto de vista, isto é, para nós, mas não do ponto de vista deles, isto é, para eles. Mas quem, afinal, nega que suas vidas sejam significativas? Não eles, até onde podemos saber, mas nós, porque *nós* desprezamos os ideais que animam estes trabalhadores.

O ponto de "Sobre uma certa cegueira nos seres humanos" é precisamente que somos cegos para aquilo que torna outras vidas significativas para aqueles que as vivem. Enquanto podemos pensar que cultivar um terreno na Carolina do Norte tem significância também em uma escala maior – que isso pode ser comparável a criar galinhas ou vacas, coletar ovos e produzir manteiga, de modo que em dias de mercado pode-se ir à cidade para supri-la de comida –, esse não é o ponto que James quer defender. Pois seu exemplo seguinte é tirado da descrição de Stevenson de meninos com lanternas olho-de-boi. Ter acendido a lanterna escondida sob o casaco era uma fonte do tipo de excitação sobre a qual James escreve que, o que quer que ela seja, "ali a vida se torna genuinamente significativa" (*TT*, 134). De um ponto de vista externo, adulto, somos tentados a objetar que os meninos gozam esse prazer particular apenas no outono, que mesmo nessa estação ele preenche apenas uma pequena parte do dia deles e que certamente o que tem uma significância de longo prazo para suas vidas é aquilo que eles aprendem na escola. Mas isso seria perder o ponto; os meninos vão para a escola, fazem seus deveres, comem suas refeições e assim por diante, tudo em vista daquele tempo com a lanterna. Aquele é seu ideal animador. O estado mental deles é mais bem compreendido comparando-o, como faz James, com o de alguém que está apaixonado. E assim como o amante descobre sempre novas características no amado, também o indivíduo descobre sempre novas características em um ideal com o qual ele se compromete, não importando o quão "familiar" ou "antigo" aquele ideal possa ser.

Os ideais dos meninos são transitórios e desligados do resto de suas atividades diárias, mas isso não é essencial. Os intelectuais podem imaginar mais facilmente ideal similares aos seus próprios, ideais que preenchem grandes partes de cada dia e moldam anos da vida de um indivíduo. Ambos os tipos de ideais podem ser absolutamente opacos para pessoas de fora, que podem de fato, como disse James no prefácio às *Palestras*, não saber nem mesmo onde procurar pela significância nessas vidas alheias. De fato, de duas maneiras distintas alguém pode ser cego para os ideais que tornam a vida do outro significativa para aquele outro. O indivíduo pode não saber o que o ideal é – como um estranho não saberia que o menino está carregando uma lanterna acesa sob seu casaco firmemente abotoado – e substituir por aquele ideal desconhecido algum ideal desprezível de sua própria invenção ou o indivíduo pode saber o que o ideal é e considerá-lo desprezível. James é vítima de uma ou outra forma dessa cegueira quando ele explica por que não construímos monumentos para os trabalhadores.

Porém James se recupera: ele lembra que os ideais (e sua novidade!) são relativos às vidas que eles animam. Assim, manter-se fora da sarjeta não é um ideal para nós (não somos conscientes dele como um objetivo, e tampouco a tentativa ou a experiência seriam novidades), mas "para muitos de nossos irmãos ele é o mais legitimamente absorvente de todos os ideais" (163). Ainda assim, somos tentados a nos perguntar como isso pode ser um ideal. James parece pensar novamente nos trabalhadores diaristas que ele havia mencionado anteriormente no ensaio. Ele então havia sugerido que alguns deles podem ser animados por ideais, tanto o ideal simples de sustentar uma esposa e uma criança (mantê-los fora da sarjeta?) quanto ideais mais complexos – enxergar aquilo como um dever religioso ou se engajar nele temporariamente para ampliar a compreensão pessoal solidária de vidas diferentes –, mas ele também pensava que a vida mais comum de um trabalhador era estéril e ignóbil porque não era animada por quaisquer "nascentes ideais interiores" (*TT*, 162). Acredito que James nos permite testemunhar sua própria luta contínua contra estar cego para os possíveis valores de vidas não intelectuais. Ele partilha de nossa inabilidade para saber onde procurar pelas "percepções privadas e incomunicáveis", isto é, percepções morais, percepções de deveres e ideais, que animam aqueles que levam vidas muito diferentes das nossas (*TT*, 4).

Finalmente, consideremos o que torna uma vida significativa para um espectador ou para a humanidade, ou, de qualquer modo, para alguma outra pessoa. Quando James quer construir monumentos para os trabalhadores do metrô, ele tem em mente esse senso de significância. Aqui eu quero dizer, apenas de passagem, que as vidas podem ser significativas neste sentido mesmo embora aqueles que vivem estas vidas possam ser destroçados pela dúvida pessoal e mesmo embora a significância de suas vidas não seja reconhecida por seus contemporâneos. Todo artista que passa fome ilustra o segundo ponto; e essa falta de reconhecimento é uma, embora não a única, fonte de dúvida pessoal.

Quando James insistia que um ideal deve conter novidade, ele pode ter assumido esse ponto de vista exterior. Uma vida tem significância para a humanidade se ela é, em sua maior parte (mas não exclusivamente; os feriados morais são não apenas permitidos, mas importantes), animada por um ideal que mudará o mundo. James foi um filho de sua época, imbuído de uma crença no progresso a qual talvez seja impossível para nós. Novas invenções, novas concepções nas artes e nas ciências, pareciam de modo geral tornar as vidas humanas melhores. Em particular, James prezava a novidade em arranjos sociais que permitiriam que ideais mais diversos, e portanto que mais indivíduos, florescessem. Isso porque a intolerância de um tipo ou de outro, uma cegueira para o valor das vidas diferentes da nossa própria, continua a ser um obstáculo principal ao florescimento humano. A persistente devoção de James aos ideais de pluralidade e tolerância é tão relevante e inspiradora quanto era um século atrás. O pluralismo epistemológico de James, sua compreensão de que não há nenhum ponto de vista a partir do qual o todo da verdade possa ser apreendido, apoia a demanda por um pluralismo moral, pois também não há nenhum ponto de vista a partir do qual o todo da verdade moral possa ser apreendido, nenhum ideal que inclua todos os outros. De fato, o progresso moral consiste amplamente na extinção dos ideais de dominação e exclusão por parte de ideais de igualdade e inclusão.

A crença de James no progresso recebeu um sério golpe a partir da ocupação americana das Filipinas, embora não um golpe fatal. James argumentou convincente e frequentemente contra o imperialismo americano, como em sua carta ao *Boston Evening Transcript*.

> Aqui havia um povo em relação ao qual não sentíamos nenhuma vontade desfavorável... Aqui havia um líder que... aparece como um espécime excepcionalmente bom do patriota e herói nacional... Aqui havia o precioso início de uma vida nacional indígena... [Contudo] estamos agora abertamente engajados em esmagar a coisa mais sagrada neste grande mundo humano – a tentativa de um povo há muito escravizado de alcançar a posse de si próprio, de organizar suas leis e seu governo, de ser livre para seguir seus destinos internos de acordo com seus próprios ideais... Estamos destruindo as vidas destes ilhéus aos

milhares... Estamos destruindo até as raízes cada germe de uma vida nacional saudável nestas pessoas desafortunadas e estamos certamente ajudando a destruir pelo menos por uma geração sua fé em Deus e no homem.

James sabia que a justificativa oferecida a favor da política imperialista era o velho cântico do "fardo do homem branco" e continuava: "Será que poderia haver uma indicação mais maldita de todo aquele ídolo empanturrado chamado 'civilização moderna' do que essa? A civilização é portanto a grande, oca, retumbante, corruptora, sofisticante, confusa torrente de mero *momentum* brutal e irracionalidade que produz frutos como esse!" (*ECR*, 154-158).

Um ideal que torna significativa a vida que ele anima, do ponto de vista social, deve "conter novidade" no sentido bastante direto de vislumbrar uma ordem social que difere da existente, pois é mais inclusiva, e deixa espaço para que mais indivíduos tenham mais liberdade de perseguir seus próprios destinos como acharem melhor, dado que eles concedam aquela mesma liberdade a todos os outros. Mas nem todos os ideais são sociais, e no caso dos ideais pessoais não é nem descritiva nem normativamente correto que eles devam conter a novidade. O enormemente importante ideal social da tolerância, que inspirou todos os escritos de James e que considerei aqui, acarreta, creio eu, a tolerância acerca dos ideais pessoais mesmo que eles careçam de novidade.

Falei sobre a tolerância porque esse é o termo que James usou. Mas o que está em jogo aqui é mais do que a tolerância, é uma forma de respeito. Uma vez cônscio do ideal que torna significativa a vida de um outro, o indivíduo não apenas o tolera, mas também o respeita, e é por isso que busca incluir aquele ideal no seu próprio.[13]

---

[13] É claro que este último comentário nos leva de volta ao que James chama de "questão casuística", a busca por ideais cada vez mais inclusivos. Isso levanta o problema dos ideais conflitantes e, finalmente, a questão de o que se deve fazer a respeito daqueles que abraçam a intolerância como um ideal. Este não é o lugar para tentar responder a estas questões vitalmente importantes.

15 "Um abrigo da mente": Henry, William e a cena doméstica

Jessica R. Feldman

> Os homens sempre tentaram e sempre tentarão fazer suas mentes habitarem um mundo mais razoável, assim como sempre buscaram e sempre buscarão tornar suas cidades e seus lares mais belos (*MEN*, 3).

> Se sua mão entra em contato com uma laranja sobre a mesa, o amarelo dourado da fruta, seu sabor e perfume, cruzarão imediatamente sua mente...
> A voz do violino ecoa debilmente através das mentes quando a mão é posta sobre ele no escuro (*PP**, 1:556).

I

Quando Henry James escreve sobre "a casa de ficção" em seu prefácio à edição de Nova York de *O retrato de uma senhora*, ele nos ensina a vaguear analogicamente entre sítios domésticos. Ele nos pede para considerar as relações entre, por um lado, o lar contemporâneo onde ele está sentado escrevendo o romance – "Eu tinha quartos em Riva Schiavoni, no topo de uma casa próxima à passagem que leva a San Zaccaria; a vida à beira d'água, a maravilhosa lagoa se estendia diante de mim, e o incessante tagarelar humano de Veneza chegava até minhas janelas" –, e, por outro lado, o conceito do processo de construção do artista, sua "edificação". Descrevendo a "casa de ficção", ele escreve: "O campo que se estende, a cena humana, é a 'escolha do assunto'; a abertura feita, quer seja ampla, em forma de sacada ou semelhante a uma incisão e de sombrancelhas baixas, é a 'forma literária'; mas elas não são, singularmente ou juntas, nada sem a presença anunciada do observador – sem, em outras palavras, a consciência do artista" (James, 1984, 1070, 1075). Além disso, ao escrever tal prefácio, James nos pede para reconsiderarmos *O retrato de uma senhora* como um romance de casas: Gardencourt, a residência dos Archer em Albany, o apartamento de Osmond em uma vila toscana, o Palazzo Roccanera, o convento de Pansy.

Publicado em série a partir de 1880 em *The Atlantic Monthly*, uma revista que publicava alguma ficção popular mesmo enquanto tentava manter suas credenciais como uma revista para a *intelligentsia*, *O retrato de uma senhora* teria sido lido por uma audiência disposta a pagar pelo conto de ficção doméstica popular. Tais histórias normalmente retratavam uma menina órfã, lançada no mundo, que deveria sobreviver por meio de sua sagacidade e seus valores cristãos e finalmente obter para si através do casamento um lar onde pudesse satisfazer os ideais culturais da América vitoriana: pureza, domesticidade, piedade e submissão.[1] Isabel teria sido reconhecida como um exemplar de uma irmandade de heroínas potencialmente vendáveis que habitavam a esfera privada do lar e da família, o refúgio elegante contra as brutalidades da feira. Como William Veeder demonstrou tão amplamente, até mesmo os desvios de Isabel em relação ao lugar-comum do doméstico e sentimental – ela é rica, não pobre, é uma romântica ingênua, não uma cristã piedosa, uma refugiada, não uma filha leal do interior de Nova York, e assim por diante – não podem distingui-la inteiramente das heroínas da ficção popular. Elas também pareciam vender melhor quando testavam os limites da fórmula, quando prestavam testemunho acerca das inconsistências e hipocrisias da feminilidade americana elegante que era prescrita, contanto que sua "mensagem" eventualmente reafirmasse os códigos sociais vitorianos. De fato, no fim do romance Isabel pretende, não importa quão ambígua

---

[1] Ver Welter, 1966, para uma discussão do culto à verdadeira feminilidade na América do século XIX. Para a discussão mais ampla da transformação da ficção popular por parte de James, ver Veeder, 1975.

ou temporariamente, retornar às suas responsabilidades como esposa de Gilbert Osmond e madrasta de Pansy.

Se a "casa de ficção" de Henry James representa, portanto, o romance como gênero, os quartos em Veneza onde ele escreveu por três semanas as casas no *Retrato* e o lar americano idealizado da ficção de revista, ela talvez significasse para ele também apenas "lar". Com quais significados será que James preenche essa palavra? Uma das impressões mais intensas do termo pode ser encontrada em sua correspondência quando ele se prepara para comprar a Lamb House ["Casa do Cordeiro"], a habitação em Rye que ele vinha alugando. Em agosto de 1899, ele escreve a William, que o adverte a não pagar pela propriedade mais do que o seu valor:

> Todo o meu ser grita alto por algo que eu possa chamar de meu – e quando olho ao meu redor, para o esplendor de tantas das miudezas "literárias" de meus confrades... e sinto que posso surpreender o mundo, aos 56 anos, com todo meu longo trabalho e meu gênio, como ainda imprudente, presunçoso e injustificado em me recolher (para uma produção pacífica mais assegurada) em um pobre abrigo de $10,000 – de uma vez por todas e por todo o tempo – *então* eu sinto de fato a amargura da humilhação, o ferro penetra em minha alma e (coro em confessá-lo) eu *choro*! (*Corresp.*, 3:78)

Henry James anseia por um lar como uma marca da realização literária, como oficina literária, como refúgio cujas "velhas paredes espessas nunca dão o menor estremecimento e mantêm do lado de fora o frio, bem como a violência" (*Corresp.*, 3:48). E como um retiro de família, a "Casa do Cordeiro", escreve ele a William, "é *Sua* completamente – interminavelmente – absolutamente – por *todo* o tempo em que você estiver na Europa" (*Corresp.*, 3:94). Henry seria ao mesmo tempo o anjo e o gênio magistral da casa para membros da família visitantes; quando Alice Gibbens James o visita, ela relata a William "belos pores-do-sol, pequenos jantares frugais, noites tão pacíficas quanto as tardes" (*Corresp.*, 3:132). O "abaixo" doméstico, o ordinário transformado, pelo amor protetor, no belo e sublime, foi alcançado.

William James também escreve no interior da cultura vitoriana americana de domesticidade sentimental e contra ela; suas audiências, como as de Henry, aprenderam a esperar dele o familiar com um desvio, o doméstico e o sentimental produzindo o profundo, o erudito, o surpreendente. Traçar a reescrita da domesticidade de William em suas obras de psicologia e filosofia é ligá-las a toda uma série de criações que se encontram, ao que parece, precisamente do lado de fora do reino das disciplinas acadêmicas e das preocupações da filosofia técnica. Talvez as aparências enganem. A vida e o pensamento de James têm sido geralmente vistas como possuindo um caráter masculino; ele é um neurastênico que é salvo pela atividade viril, um defensor da vida ao ar livre e da estrenuosidade moral, um filho que transforma o legado intelectual de seu pai. O meliorismo, o voluntarismo e o pragmatismo, todos têm a ver com a ação implicitamente tornada masculina; querer (ao invés de se submeter), construir (ao invés de ser ou habitar), dizer sua parte (ao invés de permanecer em silêncio), em nada menos que o próprio universo. Desejo apresentar um James diferente, alguém que aprendeu de sua mãe e de sua esposa; um homem sempre atraído ao langor efeminado, às intensidades privadas e à vida dentro de casa, no interior de uma cena especificamente doméstica, até mesmo sentimental.

É atualmente um truísmo o fato de que os americanos do século XIX imaginavam a experiência como dividida entre a esfera privada das mulheres – a esfera do lar e da família – e a esfera pública dos homens – esfera do mercado e do profissionalismo. Mas William James, mais do que a maioria dos homens de sua época, viveu, pensou e trabalhou em ambas; de fato, esferas totalmente separadas não existiam para ele. Em sua casa, ele turvava as linhas entre os papéis materno e paterno. Ele trabalhava longas horas em casa em um gabinete, frequentemente com a presença de suas crianças. Em Harvard e, de fato, nacional e internacionalmente, ele era reconhecido por estudantes e colegas como excepcionalmente acalentador, modesto e de coração sensível, mesmo quando defendendo sua posição. Ainda assim, a domesticidade de William James, sua participação na cultura "das mulheres", deve importar para nós apenas se for refletida em seu trabalho intelectual. Essa é a presença – do femininizado e do doméstico em seu pensamento – que irei esboçar. Consideremos então quatro quadros domésticos principais: William James conforme ele estabelece a natureza problemática da domesticidade em "O sentimento de racionalidade" ["The Sentiment of Rationality"]; James conforme ele participa autoconscientemente da cultura doméstica e popular de sua época; Elizabeth Stoddard, uma romancista doméstica da época, conforme ela lida e "resolve" dilemas similares de domesticidade; e a solução do próprio James, que traz uma semelhança de família com a de Stoddard, conforme ele a apresenta em "Sobre uma certa cegueira nos seres humanos" ["On a Certain Blindness in Human Beings"].

Começamos com uma das passagens mais notadas das obras de William James, o relato disfarçado de sua crise espiritual e emocional nas *Variedades de experiência religiosa* [*The Varieties of Religious Experience*], que se inicia assim:

> Enquanto estava neste estado de pessimismo filosófico e depressão geral do espírito acerca de minhas perspectivas, entrei certa noite em um quarto de dormir, no crepúsculo, para buscar algum objeto que ali estava; foi quando subitamente caiu sobre mim sem qualquer aviso, como se saísse da escuridão, um medo horrível de minha própria existência. Simultaneamente emergiu em minha mente a imagem de um paciente epilético que eu havia visto no asilo, um jovem de cabelos pretos e de pele esverdeada, inteiramente idiota, que costumava sentar o dia inteiro em um dos bancos, ou antes prateleiras contra a parede, com seus joelhos recolhidos contra o queixo, e a tosca camisola cinzenta, que era sua única peça de roupa, puxada sobre eles envolvendo toda sua figura. Ele se sentava ali como um tipo de gato egípcio esculpido ou uma múmia peruana, não movendo nada além de seus olhos negros e parecendo absolutamente não humano (*VRE*, 134).

Assim como as escritoras populares que, frequentemente publicando anonimamente, paradoxalmente anunciavam em uma voz pública o princípio de que a voz das mulheres só deveria ser ouvida na esfera privada, James oculta suas palavras.² Ele baseia as *Variedades* no valor do testemunho pessoal, mas nega o seu próprio testemunho, apresentando a autobiografia como as palavras "traduzidas" de um correspondente francês.

A força da passagem se desenvolve precisamente em seu desvio do cotidiano doméstico: o que deveria ser uma experiência ordinária naquele mais ordinário dos lugares, um quarto de vestir, torna-se uma experiência crepuscular de ataque alucinatório e loucura infecciosa. O jovem epilético torna-se uma coisa em uma prateleira, em vez de uma pessoa em uma cadeira; o próprio signo da loucura é a simultânea proximidade e a absoluta distância em relação às seguranças do lar. O asilo onde James havia visto a criatura idiota traveste um refúgio doméstico, assim como, pelo tempo de sua visão, o armário de James é o lar e não é o lar. A simpatia, aquela mais poderosa das virtudes domésticas, intensifica-se aqui até o nível do horror; tal sentimento próximo transforma um homem em uma criança pequena: "por meses fui incapaz de sair sozinho no escuro" (*VRE*, 135). Ele precisa da segurança do lar agora mais do que nunca, e, como que por um poder imagético, sua mãe faz uma aparição: "Minha mãe, em particular, uma pessoa bastante alegre, parecia-me um perfeito paradoxo em sua inconsciência do perigo, a qual você pode muito bem acreditar que tive bastante cuidado de não perturbar" (*VRE*, 135). Como homem, James deve protegê-la do horror que ele conhece; mas ele pode também, como todo homem na América bem-educada, buscar abrigo na esfera da mulher. A alegria e luminosidade de sua mãe são, juntamente com a Bíblia ("se eu não tivesse me agarrado aos textos da Escritura... acho que teria ficado realmente insano"), os signos de sua salvação (*VRE*, 135).

A essa trama de habilitação – o homem sitiado pode esperar a presença doméstica da mulher alegre – James acrescenta um desvio sensacional: foi um cataclismo interior, e não os caprichos do mercado, o

---

[2] Para discussões dos problemas inerentes ao próprio processo de publicação para as mulheres americanas do século XIX, ver Wood, 1971, e Kelley, 1984.

que levou o narrador a se apegar ao lar. Mas o lar, normalmente o lugar da sinceridade, em contraste com a moralidade escorregadia da esfera pública, torna-se aqui um teatro. James viu a figura confusa como "um tipo de gato egípcio esculpido ou uma múmia peruana" (*VRE*, 134): no interior da mente no interior do armário no interior da casa se esconde a intensa beleza estranha, e o perigo do estético, da vida capturada e assassinada em forma de arte.

Essa qualidade metafórica do ordinário, sua tendência a aparecer ora como um refúgio doméstico e materno, ora como um sombrio teatro da imaginação, revela-se não apenas na principal obra de James sobre as margens da sensação, *As variedades de experiência religiosa*, mas também ao longo de toda a sua obra. O lar é um contexto importante no qual se deve considerar o pensamento de James.

Os comentadores de James desde o início reconheceram seu interesse pela "vida humana no mundo cotidiano" (*P*, xxvii), sua insistência de que o filósofo amador e o profissional consentem igualmente com as crenças filosóficas por causa do temperamento e seus avisos contra ignorar a experiência "cotidiana". Mas o mundo cotidiano é sempre *um* mundo cotidiano; o ordinário é talvez de todos o conceito mais limitado pelo espaço e pelo tempo. Morton White esclareceu a noção de James do mundo ordinário do sentimento humano, traçando uma narrativa filosófica que parte da intuição lockeana e vai até o "Senso do Coração" de Jonathan Edward e aos filósofos escoceses do Senso Comum conforme estes foram transformados pelos transcendentalistas através da Razão "sentimental" de Emerson. William James assume então o seu lugar em uma linha de filósofos americanos que concederam ao sentimento um papel decisivo nas teorias do conhecimento, da crença metafísica e da ética. A passagem representativa dessa herança intelectual seria, para nosso propósito de estabelecer a importância da cultura doméstica na obra de James, estas palavras do "Erudito Americano" de Emerson:

> Do que nós realmente saberíamos o significado? Da refeição no barril; do leite na panela; da canção na rua; das notícias do barco;

do vislumbre do olho; da forma e do passo do corpo – mostre-me a razão última destes assuntos, mostre-me a presença sublime da mais alta causa espiritual que se esconde, como ela sempre o faz, nestes subúrbios e extremidades da natureza (Emerson, 1983, 3).

Sabemos sobre estes assuntos incultos por meio do sentimento. Voltemo-nos para um dos ensaios do próprio William James acerca do conhecimento e do sentimento, "O sentimento de racionalidade" (*WB*, 57-89), para explorarmos com ele a jurisdição filosófica do coração humano.

II

William James escreve à mulher com quem ele espera se casar, Alice Howe Gibbens, dizendo que ele se sente mais intensamente ativo, mais ele mesmo, quando experiencia uma "tensão ativa" em seu interior e confia que as coisas exteriores irão "realizar sua parte, sem qualquer garantia de que elas o farão". Ele sente essa ausência de garantia como um "tipo de profunda bem-aventurança entusiástica, de amarga disposição para fazer e sofrer qualquer coisa, que se traduz fisicamente por um tipo de dor aguda no interior do meu osso esterno". Essa emoção ou disposição de ânimo é "para mim como o princípio mais profundo de toda determinação ativa ou teórica".[3] No final da carta ele se desculpa, como deveria, por sua aridez e embaraço; não obstante, ele se mantém fiel a seu plano de produzir amor epistolar intelectual e descrever seus sentimentos interiores como sendo relevantes tanto para sua filosofia quanto para sua aceitação por parte de Alice.

Cortejando como um filósofo, pouco depois James filosofa como um homem de família, em "O sentimento de racionalidade" (*WB*, 57-89). Aqui James explora temas tais como a natureza e os tipos da racionalidade, os temperamentos constrastantes dos idealistas e materialistas e o poder da

---

[3] William James a Alice Howe Gibbens, 7 de junho de 1877, Coleção da Família James, Biblioteca Houghton. Doravante citada no texto como "Houghton".

crença pessoal, em certas circunstâncias, de criar a verdade. Contudo, ao mesmo tempo ele enfrenta uma incômoda contradição no coração da vida doméstica na América educada: o lar é o refúgio que os homens desejam, mas é também o lugar da emasculação, da placidez que pode anestesiar ou mesmo aleijar permanentemente seus habitantes masculinos.[4] O doméstico e o sentimental se entrelaçam como o motivo condutor do ensaio; através de sua música filosófica e de seus padrões retóricos, James nos leva de volta repetidamente ao local do lar de classe média.

O pensamento filosófico, diz James à sua audiência, é inseparável da experiência ordinária das pessoas reais. Nós reconhecemos uma visão de mundo racional pela "comodidade, paz e repouso" que ela traz (*WB*, 57). Tal placidez e simplicidade são esteticamente prazerosas – "o alívio do músico ao resolver uma confusa massa de som" – e domesticamente prudentes – "a paixão pela parcimônia, pela economia de meios no pensamento, é a paixão filosófica por excelência" (*WB*, 58). Contudo, esse desejo de simplificação confronta um desejo conflitante, um desejo de "distinguir", que "ama reconhecer os particulares em toda a sua completude". O "racionalismo" puramente "teórico" falha porque simplifica excessivamente; devemos considerar a racionalidade também em seus aspectos "práticos".

As concepções simples aqui simplesmente não servem. Devemos abandonar a "insípida espaçosidade" da racionalidade teórica, um abrigo que não é nenhum abrigo, e passar para a "abundante e dramática riqueza do mundo concreto" e reconhecer os sentimentos complicados do homem inteiro. Aqui nos encontramos claramente no mundo do costume. "A contemplação diária de fenômenos justapostos em uma certa ordem" (*WB*, 66) que nos permite compreender os objetos segundo o que eles foram e o que provavelmente se tornarão é agora a verdadeira fonte de "qualquer racionalidade que a coisa possa obter em nosso pensamento" (*WB*, 67). Toda concepção filosófica aceitável deve "banir a incerteza do futuro", deve nos fazer sentir em casa. "Quando ocupamos nosso espaço em um

---

[4] Para explicações do mal-estar e do medo da emasculação americanos, ver Lears, 1981, Cotkin, 1990, e Lutz, 1991.

novo aposento, não sabemos quais correntes de ar podem soprar em nossas costas, quais portas podem abrir-se, quais formas podem entrar, quais objetos interessantes podem ser encontrados nos armários e nos cantos", diz ele à sua audiência. Mas, após alguns dias, "o sentimento de estranheza desaparece" (*WB*, 67). Exatamente do mesmo modo como habitamos os aposentos e passamos a sentir o bálsamo da familiaridade, as concepções racionais consideradas de modo prático também devem salvar-nos daquilo que é estranho e imprevisível.

Como que com um horror repentino, James, aconchegado em segurança na cama das certezas familiares e resultados previsíveis, subitamente se senta ereto. Reasseguração demais, aconselha ele, é algo ruim. O familiar e o costumeiro devem agora desempenhar um papel diferente: eles devem convidar-nos a agir sobre eles. O materialismo, ao negar que exista um aspecto eterno sob o qual possamos considerar nossos propósitos, faz com que nos sintamos *unheimlich*, desabrigados, no universo. O materialismo nos permite agir, mas não nos permite sentir que nossos atos importam no grande esquema das coisas. Porém o idealismo, com sua relação íntima e sentimental para com o mundo, parece extinguir a necessidade de ação, na medida em que habitamos o interior de nossos egos e mentes, certos de que nossas mentes e a mente absoluta são de uma mesma substância. A "reparação" idealista encoraja a passividade absoluta. Ao escolhermos entre o materialismo da mente rija e o idealismo da mente tenra, explica James, encontramo-nos ou distanciados de um lar favorável, ou paralisados nas profundezas de um desses lares.

Nenhuma dessas alternativas lhe é adequada; James quer tanto descansar em casa quanto viver intensamente, fisicamente, estrenuamente. Ele abraça a segurança doméstica, mas deve buscar o risco e o desafio. Para que não subestimemos seu esforço masculino (o que poderíamos muito bem fazer, uma vez que ele parece caracterizar o racional, seja teórico ou prático, como um retorno ao lar), ele encerra com uma última dicotomia. Será que desejamos ser céticos morais (alarmantemente janotas, epicuristas e superficiais) ou desejamos ser absolutistas morais (enérgicos, embora tragicamente rígidos)? Entre a anestesia do cético e a energia do absolutista, James claramente nos faria escolher a segunda, mas também nos faria correr riscos, *produzir* a verdade em um universo ainda inacabado que desafia a visão trágica do determinista. Contudo, até mesmo esse repúdio do janota e do efeminado ele expressa em termos efeminados. Qualquer filosofia aceitável, explica ele, não deve desapontar nossos "desejos mais caros e nossos poderes mais acalentados" (*WB*, 70). A defesa do poder e da espontaneidade masculinos, a contribuição pessoal "x" que o meliorista dá à massa dos fenômenos mundanos, é feita no próprio baluarte do coração, a esfera privada do lar e da família. "Tudo que o coração humano deseja é ter sua chance", insiste ele: um chamado bastante lamentoso à ação (*WB*, 89). Será que os impulsos do coração, esse órgão palpitante da sentimental cultura popular americana, pode alguma vez enviar os homens montanhas acima para porem à prova sua resistência e se testarem contra o universo? Será que uma filosofia que leva a sério a pessoa que sente será para sempre uma armadilha?

Tendo explorado os domínios do sentimento e do costume por causa de seu "valor prático" filosófico, James abriu um espaço filosófico que o ameaça como uma prisão cultural. Nós nos voltamos então para as reações de James a esse impasse e a fim de fazê-lo devemos começar enxergando seu problema como um fenômeno mais amplo da cultura dos meados e do final do século XIX.

III

William James veio a escrever em um ambiente ricamente variado. Poderíamos concentrar-nos em sua situação familiar amplamente documentada ou na influência de acadêmicos contemporâneos dele em Harvard e outros lugares (Kuklick, 1977). Ou, alargando ainda mais nossas explorações, poderíamos examinar a posição de James na cultura mais ampla, concentrando-nos desta vez em James como um filósofo público que tentou satisfazer sua sociedade ansiosa e indiferente, no terreno de suas necessidades mais prementes, mediante a criação de "um discurso de heroísmo" (Cotkin, 1990, 11).

Nestas abordagens variadas da cultura das letras em meio à qual James gradualmente encontrou seu caminho, suas circunstâncias domésticas, ainda consideradas parte da "esfera da mulher", tendem a se desvanecer, como em uma das vagas auras que ele descreve nos *Princípios de psicologia* [*Principles of Psychology*]. Como enunciado por um dos biógrafos de James – e ele poderia falar por praticamente todo outro comentador –, "essa é principalmente uma história sobre homens, não porque as mulheres não sejam importantes, mas porque as fontes a contam dessa maneira" (Feinstein, 1984, 16). Embora "as" fontes tenham há muito incluído a irmã de William, Alice, a ansiedade evidenciária prevalece.[5] Sabemos bastante sobre as residências de James, sobre suas roupas, viagens, enfermidades e membros da família (de fato, sua correspondência com Henry é irresistivelmente inclinada para o que podemos chamar de questões "domésticas"), mas a questão "e daí?" se intromete. Como havemos de fazer conexões úteis entre a vida ordinária no lar e a vida da mente?

Um ensaio como "O sentimento de racionalidade" sugere que queiramos fazer tais conexões.

Podemos muito bem começar, como faz Cotkin, com o mal-estar social geral do período. Ele enxerga a "solução" de James (não importando quão problemática ela seja) como uma exploração da experiência estrênua que se lê culturalmente como os rigores da vida ao ar livre, energias marciais redirecionadas para fins pacíficos e uma certa postura de coragem em relação ao universo ou, mais modestamente, em relação ao tédio da própria pessoa. Mas aqui eu apontaria também para a busca de James por uma renovação de energias malogradas no interior da própria cena doméstica, e especificamente no interior do potencial daquela cena para a experiência intensa e estética. O lar educado americano captura em uma armadilha tanto os homens quanto as mulheres, mas James considera mais do que as tradicionais rotas de fuga masculinas. Seu pragmatismo, um método predicado na ação e no teste, poderia ser, da mesma forma, um produto da decadência da virada do século.

---

[5] Para o lugar de Alice na história de James, ver Strouse, 1980, Yeazell, 1981, e Lewis, 1991.

Em apoio a essa alegação, não me volto diretamente para o registro de sua vida doméstica, mas em vez disso situo William James ao mesmo tempo em e contra uma outra cultura de letras, aquela das assim chamadas romancistas "domésticas" do século XIX.⁶ Elizabeth Stoddard, uma romancista da Nova Inglaterra, fornece meu caso de teste, em parte porque Henry leu suas obras e reagiu violentamente a elas, e em parte porque, como William – o professor de Harvard e popularizador transcontinental –, ela se situava entre culturas "altas" e "baixas", em última instância borrando as distinções entre elas. Uma vez que não temos nenhuma evidência de que William alguma vez tenha lido Stoddard, este enfaticamente não é um estudo de fontes; ele é antes uma exploração da interseção de várias culturas de letras – filosóficas, literárias, regionais, populares, domésticas – cujos próprios limites mutáveis constituem seu valor revelatório mais vívido.⁷

O registro de ficção doméstica que busco explorar sinedoquicamente através de Stoddard coloca indisputavelmente as questões da família e do lar no pano de fundo. Que estas mulheres tenham escrito ficção (e não, digamos, sociologia, história ou psicologia) apenas fortalece seu valor como comentadoras da cena americana. Como compreender melhor o que as audiências de massa queriam e precisavam ouvir sobre seus galanteios, casas, casamentos, crianças, trabalhos e mortes do que examinar os contos e romances que elas compravam em números gigantescos?⁸

---

⁶ Atualmente existe um formidável corpo de criticismo que define, descreve e situa criticamente esse corpo de literatura. Todos os esforços desse tipo devem levar em consideração o trabalho de Baym, 1984, Kelley, 1984, Harris, 1990, Brown, 1990, e as bibliografias contidas nestas obras, que dão aos muitos estudiosos deste campo o devido crédito.

⁷ Ver Brodhead, 1993, para as frases "culturas de letras" e "cena de escrita", que aparecem ao longo de meu ensaio. Brodhead argumenta que "a história literária americana deveria ser repensada como a história da relação entre a escrita literária e os significados e lugares mutantes produzidos para tal trabalho na história social americana" (1-2). Acho suas afirmações especialmente convincentes ao considerar um escritor como William James, que abrange as culturas literária e filosófica.

⁸ De fato, o fenômeno do "best-seller" foi criado para satisfazer esse mercado; ver Geary, 1976.

Em vez de rejeitar a sentimentalidade (feminina) como parte da degradação da cultura americana, contra a qual James tinha de falar abertamente em um discurso de heroísmo (masculino), poderíamos considerar a participação autoconsciente de James nessa sentimentalidade. Poderíamos também pausar para notar que tal cultura, descrita e recriada na ficção popular da época, nunca é puramente trivial ou formulaica. Ela pode abraçar um *status quo* idealizado, mas também pode criticá-lo, explorá-lo e até mesmo miná-lo.

Para compreendermos a visão de James sobre os assuntos domésticos, perguntamos, então, como ele via a si próprio em relação à "baixa" cultura do discurso doméstico. Imediatamente notamos que, assim como os autores de manuais domésticos e como muitos romancistas domésticos, ele fala diretamente, em tons familiares, e mesmo amigáveis, a audiências que ele deseja convencer acerca da legitimidade de certos modos de considerar a humilde experiência delas próprias. Reconhecemos que os ensaios de James normalmente começam como conferências públicas dirigidas a uma audiência geral; que ele deliberadamente popularizou suas ideias sobre a religião e sobre a ética; e que, como argumenta Cotkin, ele falou terapeuticamente, bem como cientificamente, sobre a disciplina, a formação de hábitos e mesmo sobre a metafísica. De fato, seu comprometimento com tal popularização de suas ideias – assim como os romancistas domésticos, ele falou e escreveu para sustentar sua família – na verdade obstruiu o caminho para que ele alguma vez elaborasse uma filosofia técnica para uma audiência de especialistas (*MEN*, xxvi).

Ademais, a personalidade de James, se não sua metafísica, era terna: as pessoas se sentiam atraídas por ele, acreditavam que ele se importava com elas e com seus problemas. As testemunhas concordam a respeito de seu dom de intimidade; mesmo realizando ajustes por causa das tendências hagiográficas, notamos que os relatos de antigos alunos retratam James como sábio, modesto e simpático. Um deles escreve sobre seu ensino: "Sempre viradas alegres de frases intrigantes, um brilho de calor e significado... Estávamos sempre pensando *juntos*. Aquele tipo de 'ensino' nos fazia gostar da matéria e amar o instrutor". Ele acrescenta que James frequentemente seduzia os alunos a "participarem da graciosa hospitalidade de um lar perfeito. Ele era o artista consumado no viver" (Starbuck, 1943, 128-129). Ele era tão popular que em 1904 recusou uma centena de convites para palestrar (*P*, xvi). Leitores e membros de audiências, agradecidos, escreviam-lhe diretamente.

Parte do apelo de James teria sido o conforto de ouvir novas ideias explicadas pacientemente em termos familiares e emolduradas por valores tradicionais. Em resenhas de livros e ensaios ocasionais ele descreve o lar como o refúgio do homem, "um ponto tranquilo onde ele será válido absolutamente e de uma vez por todas", e a esposa adequada como subordinada ao marido (*ECR*, 253-254). Sua própria correspondência revela que ele de fato viveu esse ideal, que o principal prêmio doméstico da companheira graciosa, inteligente, forte e pura realmente lhe pertencia. Quando William, assediado pelos nervos, pela fadiga e pela ambição, deixa Alice em Cambridge com crianças pequenas e um orçamento apertado, enquanto ele viajava pelo exterior, ela escreve: "Você não deve voltar para casa antes da primavera. Para o seu próprio bem, é muitíssimo melhor que você fique. Espere até que as coisas tenham se acalmado e você tenha feito o trabalho que deseja, desimpedido das interrupções que o sobrecarregariam aqui... Estou feliz por pensar em você em aposentos confortáveis vendo estes homens dos quais você gosta" (Houghton, 22 de dezembro de 1882). Alice comparece ao leito de morte de Henry *Senior*, e depois escreve uma carta a William expressando pesar, esperança e amor dignos da heroína idealizada da ficção popular. Sentimental, sim, mas genuína precisamente em sua habilidade de relatar e evocar as emoções ternas. William James podia falar diretamente, a uma audiência geral, sobre preocupações domésticas popularmente concebidas, porque ele as conhecia intimamente e as associava de modo inconsútil ao seu trabalho como filósofo.

Contudo, ao mesmo tempo, ele denegria seu "estilo amassado de conferência popular" (citando Evans, 1929, 378), ressentia-se de falar diante de multidões de visitantes de Chautauqua e registrava o custo de sua *persona* pública; "Também acabaram de me oferecer 1500 dólares para ministrar conferências na Califórnia... Tudo isso significa trabalho duro, e é inseparável de uma dança social que é um veneno violento para minha natureza" (*Corresp.*, 3:2). William James havia conseguido se situar no interior da cultura educada doméstica e popular – ele havia se casado bem, vendia bem e, ao menos em comparação com seus períodos de luta mental, até mesmo comia e dormia bem. Contudo, ele também sondava as limitações de tal cultura, ansiava por mais e buscava contribuir para o "alto" fluxo da realização filosófica. O problema que ele colocara em "O sentimento de racionalidade", o conflito intrínseco no interior das formas domésticas como ele as conhecia, seria tratado por ele e até mesmo sepultado. E ele o faria em um ensaio que ele próprio rotulou como "popular", "Sobre uma certa cegueira nos seres humanos". Para avaliarmos a mensagem ali presente, façamos uma breve excursão pelo livro de Stoddard, *Os Morgesons*.

IV

Em 1865, Henry James apresentou uma resenha (nunca publicada) dos romances *Os Morgesons* e *Dois Homens*, de Elizabeth Barstow Stoddard, à *North American Review*.

Sobre *Os Morgesons*, Henry se sente negativo de uma maneira positiva. Ele é "um romance totalmente ruim", mas uma falha "incomum". Seu diálogo incoerente e falta de exposição narrativa são causas de uma "vívida irritação dos sentidos críticos". Embora a história seja "abortiva", ela "contém diversos elementos de poder". Este é um livro escrito com "inquestionada sinceridade", "surpreendente ignorância", "sagacidade" e "imaginação" (Henry James, 1984, 614-617, doravante *AW*). Ele é ao mesmo tempo inútil e promissor.

Podemos ver, em retrospecto, que James reclama justamente daqueles elementos em Stoddard que reconhecemos como marcas do mestre que ele viria a se tornar: o método dramático do romance (Stoddard nunca explica), que requer um trabalho duro do leitor; a misteriosa qualidade da heroína; a violência emocional das cenas sociais. Mesmo embora Stoddard tenha "imaginação suficiente para equipar vinte Sr. Trollopes", ela "se diverte falando aquilo que nos sentimos obrigados a chamar de contrassenso".

Os Morgesons é um *Bildungsroman* ["romance de formação"] feminino que conta a história de Cassandra Morgeson, filha de um comerciante construtor de navios e de uma mãe piedosa, em Surrey (Mattapoisett),

Massachusetts, no início do século XIX. O narrador de Stoddard conta as três excursões de Cassandra fora do lar – uma ao lar de seu avô materno calvinista, aonde ela é mandada para abrandar sua selvageria; uma à casa de um parente distante, que a desperta sexualmente; e finalmente uma a Belém (Salém), onde ela descobre os valores distorcidos da aristocracia da Nova Inglaterra e encontra seu futuro marido, o libertino Desmond. Stoddard periodicamente traz Cassandra de volta ao lar para retratar sua ambígua relação com sua irmã Verônica, uma jovem mulher realmente bastante estranha, o alter-ego ligeiesco de Cassandra. Ao final do romance, a orgulhosa e impetuosa Cassandra acaba, como toda boa heroína doméstica, corrigindo-se e casando-se com o pretendente byronico. Ela é cercada por membros da família necessitados, os quais ela evidentemente planeja sustentar até o fim de seus dias. A heroína romântica – Cassandra comunga com o mar, sua fonte de sabedoria e força – foi apropriada por uma trama formulaica doméstica.

Recontar a trama apenas seria ignorar as principais fontes estilísticas do significado do romance. "Nonsequiturs" e eventos parcialmente explicados são abundantes. A secretividade prevalece: todo personagem tem uma obsessão misteriosa que é compreendida apenas imperfeitamente por ele próprio e semiescondida dos outros. Os membros da família circulam, enunciando sua inabilidade de conhecerem uns aos outros, mas eles também emitem melodramaticamente comunicados sobre pessoas ou situações: "Estimule Adelaide, ela é genuína, tem um sentido fino e em parte despreza sua vida; mas ela não conhece nenhuma outra e é orgulhosa" (167).

Certamente o romance tem uma qualidade de pesadelo, uma qualidade quase submarina. Henry James diz a respeito: "se o leitor pôs de lado o livro com a sensação de ter estado sonhando pesado por uma hora, ele foi ainda também sensível à extraordinária vividez dos diferentes episódios de seu sonho. Ele se levantou com a cabeça cheia de impressões tão vívidas quanto discordantes" (*AW*, 614). Stoddard infunde *Os Morgesons* com uma energia romântica, ao enxergar a cena doméstica de modo tão intenso que se metamorfoseia no grotesco. A casa revela poderes sombrios à medida que Stoddard pressiona a vida cotidiana do lar dos Morgesons até que ele produza mistério e violência. Ela coloca seus personagens em disposições de espírito protossurrealistas: eles compartilham seus sonhos, sonham em voz alta, sonambulizam, praticam a arte da *frottage* ["fricção"] e até mesmo se hipnotizam antes de alucinarem. Ao olhar intensamente para aquilo que é mais familiar, Stoddard move-se para além dos lugares góticos para induzir e representar o estranho na própria fortaleza do sentimental. Sua abordagem revolucionária ao doméstico deve tê-la agradado, conforme ela percebia que tal realização poderia até mesmo "passar" como ficção doméstica vitoriana e assim vender bem. Melhor ainda, aquilo poderia permitir--lhe recapturar não apenas sua infância na Nova Inglaterra, mas também a curiosa vida que ela levava como escritora entre *littérateurs* na cidade de Nova York. Assim como William James, Stoddard habitava incômoda mas facilmente o interior de uma cultura doméstica da qual e a qual ela desejava ao mesmo tempo celebrar, explorar e escapar.

Quando, em 1853, Elizabeth Drew Barstow, filha de uma família de construtores de navios da Nova Inglaterra adentrando gradualmente tempos difíceis, casou-se com Richard Henry Stoddard, o poeta "elegante", ela também se juntou, para o bem ou para o mal, a um movimento literário que conseguiu declinar durante todos os momentos de sua ascendência. Richard Stoddard e seu círculo de amigos próximos, Bayard Taylor, Edmund Clarence Stedman e George H. Boker, escreviam uma poesia elitista de amabilidade idealizada e, em última instância, insípida, uma malograda "arte pela arte", ao mesmo tempo que contribuíam para, e até mesmo ajudavam a editar ou publicar, as revistas populares da época, tais como *Harper's Monthly*, *The Century*, *The Atlantic Monthly*, *The North American Review*, *The Nation* e *Scribner's*.[9] Estes poetas, instituições literárias e artigos estéticos de fé operavam fora de equilíbrio, como se um leve terremoto ribombasse perpetuamente abaixo deles.

Os poetas elegantes se perguntavam se eram artistas feminizados ou homens de negócios, se eles eram mais eles mesmos quando adequavam a literatura aos padrões da classe média e a um mercado amplamente femi-

---

[9] Para um excelente resumo dos poetas elegantes, ver Tomsich, 1971.

nino ou quando louvavam Swinburne, Rossetti e Poe e sustentavam que o didático não tinha lugar na literatura.

O círculo elegante comunicava a Elizabeth Stoddard um senso de profunda insegurança artística mascarado por um fervoroso profissionalismo literário. Seu marido e os amigos dele caíam cada vez mais fundo em um abismo entre aquilo que Santayana mais tarde caracterizaria como os aspectos opostos da mente americana: prática, enérgica e agressiva de um lado, langorosa, intelectual e feminizada do outro. À medida que veio a se considerar uma artista, Elizabeth transformou o *agon* elegante no próprio estilo e substância de sua ficção: pode-se dizer que os poetas elegantes viviam e escreviam de modo defensivo e hipócrita, ao passo que Elizabeth vivia e escrevia com um senso de ironia tão agudo que resultava em uma prosa genuinamente experimental.

Bem conectados na comunidade editorial da América da metade do século, os poetas elegantes forneceram a Elizabeth os meios práticos de publicar seus escritos. Uma irmandade íntima que se considerava uma família, os poetas elegantes inadvertidamente deram a ela os meios de pensar na arte em termos profundamente domésticos: uma busca pelo Belo que teria lugar nos limites da cena doméstica. Aquilo que os poetas elegantes separavam – a poesia "séria" que eles escreviam em casa, em gabinetes acarpetados e preenchidos de livros, e a literatura popular que eles escreviam, editavam ou publicavam mais publicamente – Elizabeth Stoddard reunia, escrevendo três romances que desde a época dos irmãos James até hoje desafia a categorização literária ou avaliação confortável.

Elizabeth Stoddard percorria a fita de Möbius das suas duas vidas "privadas": a de sua família imediata (Richard, três crianças – das quais apenas uma sobreviveu à infância –, o irmão Wilson e o pai) e a de sua família literária prolongada. Suas cartas revelam uma mulher que era esposa e virago na primeira, poeta subordinada e par dos "grandes" na segunda, mas as duas nunca podiam ser separadas. Não é de se admirar que ela experienciasse mais poderosamente esses papéis variados, às vezes conflitantes, às vezes sinergéticos, como disposições alternantes, e não posições fixas. No decurso de cada uma de suas cartas mais longas, podemos assisti-la soando as mudanças em sua própria personalidade. "Toda a minha vida e interesse estão nas diferentes formas de arte – e o *artista* pertence ao seu trabalho", escreve ela em resumo.[10] É precisamente o trabalho, o trabalho da mulher e o trabalho do homem, o trabalho público e o privado, que os poetas elegantes colocam em questão. Se ela não pode distinguir seu eu doméstico de sua posição em uma cultura de letras, dificilmente podemos culpá-la. As duas vidas são quase uma só, tanto do modo como são apresentadas a ela pelos outros quanto como ela se põe a manipulá-las. Ela escreve em seu diário:

> Acho que agradeci a Deus, quando saí esta tarde, por me sentir subitamente viril. Por viril entendo que caí em mim por um instante, o poder real afirmou a si próprio. É muito bonito aqui, minhas queridas velhas fotos nunca pareceram melhores do que agora, no papel amarelo ou camurça; atrás da porta de vidro do armário há alguns dos familiares livros ilustrados, meus vasos, caixas, caixas, [sic] ornamentos ao meu redor, mas como trabalhei para posicioná-los...
> Tudo está feito de maneira nova[;] quando os livros estiverem organizados, estarei pronta para escrever meu livro, e o método de minha vida será tantalizador, único, pitoresco, não social, triste, incompleto (Stoddard, 1984, 348).

Como o "método de sua vida", assim é o método de sua arte. Para ela, organizar seu lar é se permitir sentir-se "viril", pronta para escrever. Escrever sobre a beleza é escrever sobre a domesticidade, pois Stoddard acredita que "o artista pertence ao seu trabalho", e a noção de trabalho é para ela, de modo intrigante, frustrante e frutífero, resistente às categorias separadas, arte e vida. Ela criaria como um gênio, *sui generis*, mas o próprio conceito de gênio a colocaria entre pares literários que se consideravam uma família. Seu primeiro romance mostra suas raízes na cultura americana de classe média, do lar e da família, mas também comunicava um senso de seu desenraizamento e pobreza na cidade de Nova York, seu senso de nunca ter chegado, de não ter nenhum lar. Assim como muitas famílias, sua família

---

[10] Coleção Stedman, Biblioteca da Universidade de Columbia.

elegante ao mesmo tempo lhe servia e falhava com ela. Mas, como artistas da corrente da arte pela arte, eles sempre o faziam em nome do belo.

Em essência, Stoddard criou uma solução estética para o problema de negociar um caminho entre as formas públicas e privadas de expressão, as ambições elitistas e populares, a resistência e a capitulação ao culto da verdadeira feminilidade. *Os Morgesons* é um romance sentimental e doméstico que realiza suas transformações potencialmente revolucionárias precisamente dentro dos limites do lar elegante. Os refinamentos de vestuário e decoração interior perdem seu poder como tropos de respeitabilidade e assumem uma qualidade imaginativa irrequieta. Porque Stoddard lera Friedrich Schiller e de fato citara-o entre as epígrafes de seu terceiro romance, ela foi capaz de imaginar um retorno à selvageria que revigoraria as pessoas e as conduziria a uma liberdade esteticamente concebida. Na narrativa de Schiller, o homem selvagem descobre nas formas belas, exteriores, artificiais – "sua moradia, seu mobiliário, seu vestuário" – um padrão para uma recriação de si mesmo como um conjunto de qualidades harmoniosas; ele se move da arrogância da força bruta ao "triunfo da forma" no estético, e daí para a moralidade, a "simples majestade da Lei" (Schiller, 1965, 136). A violência nos romances de Stoddard, à qual Henry James reagiu de modo tão agudo, é uma selvageria ficcional que se volta para as formas domésticas como sua fonte de energia.

Assim, o dilema do "Sentimento de racionalidade" de William – a atração pelas seguranças do lar, que poderia estragar a realização americana com um vasto bocejo – foi enfrentado e resolvido por Stoddard, outra escritora para quem o popular e o doméstico colocavam um problema especial. O lar pode ser "apenas" o lar, mas precisamente em seus recintos um mundo de energia selvagem schilleriana pode metamorfosear-se em beleza. "Ao passar a mão sobre o aparador ou ao cutucar o balde de carvão com o pé, a grande e lustrosa forma escura de um e o negrume irregular do outro despertam como um lampejo" (*PP**, 1:556), escreve William, aproximadamente vinte e cinco anos depois de Henry ter expressado uma fascinação bastante perplexa em relação a *Os Morgesons*. E, como se olhasse rumo ao futuro, a relação das gêmeas Verônica e Cassandra de Stoddard, à moda de Poe, testifica a importância das transições e relações, das relações fluxionais entre as pessoas, como sendo mais reais do que as próprias pessoas.

Embora a ficção não tenha sido a forma de William James, a domesticidade foi intrínseca à sua produtividade como pensador, e contudo ameaçou suas ambições filosóficas mais caras. Temos razão para acreditar que os tipos "de mente rija" e "de mente tenra" de James são revisões do "sentimental" e do "coração duro" de Schiller em seu "Sobre a poesia ingênua e sentimental".[11] E James considera nos *Princípios de psicologia* que "muitos dos assim chamados princípios metafísicos são no fundo apenas expressões de sentimento estético" (*PP**, 1:672). Ele periodicamente ataca a estética filosófica tradicional como uma ciência soturna que perde o ponto da beleza; em uma resenha ao livro *Dor, Prazer e Estética* (1894), de Henry R. Marshall, ele nota com aprovação que o autor expande o conceito de beleza para incluir as experiências reais das pessoas que sentem prazer, indicando, ao que parece, um nascente *Variedades de experiência estética* (*ECR*, 490). Assim como Stoddard, James deseja incluir a experiência cotidiana no contínuo da experiência estética, que poderia começar com uma passagem pelo conforto e culminar na apreciação de Michelangelo e Beethoven (*ECR*, 337-338).

William James tentou resolver essa complicada relação com o doméstico em seu ensaio "Sobre uma certa cegueira nos seres humanos". Ele anuncia que neste ensaio se encontra "realmente a percepção sobre a qual toda minha filosofia individualista" está baseada (*TT*, 244). Assim como Stoddard, James reivindica neste trabalho "bastante popular" um caminho estético não para além, mas *para dentro* do doméstico, um caminho que simultaneamente afirma suas raízes conservadoras e populares e expõe seu potencial transformador. Ele escreve ao Dr. G. C. Ferrari que o volume no qual o ensaio está incluído é "mais amado por mim do que qualquer uma das minhas outras produções; especialmente [valorizado é] o Ensaio sobre uma certa cegueira" (*TT*, 256). Aqui está o William James que acredita que o terno pode subsumir o estrênuo. Que ele "amava" tanto este ensaio quanto o ensaio de Robert Louis Stevenson que ele cita longamente em seu

---

[11] Ver Weigand, 1952, para a evidência que liga os termos de James ao pensamento de Schiller.

interior; que o ensaio vendia extremamente bem; que ele acreditava que sua filosofia individualista fosse baseada nos *insights* daquele ensaio; que na forma ele presta um louvor da boca para fora ao desenvolvimento lógico, mas na atuação ele dá vazão logo de início, de modo alegre, a um fluxo de quadros mutantes e imagens ecoantes; que estes quadros, não importando quão exóticos (James nos leva por todo o caminho até a Patagônia), são apresentados em um contexto de criação doméstica: todos estes assuntos testificam a percepção de James, ao longo dos anos, de que a domesticidade, esteticamente compreendida, oferece uma oportunidade, não uma armadilha. O heroico e o enérgico podem ser localizados no interior do coração terno da segurança doméstica.

V

Em "Sobre uma certa cegueira nos seres humanos", James prega a mensagem da tolerância e do respeito pelos outros. O mundo que conhecemos e apreciamos é o mundo feito por cada um de nós; não podemos esperar jamais experienciar o mundo como outro o "conhece". Em vez de desenvolver um argumento epistemológico, James escolhe pintar com palavras a forma mais familiar e individual de criação de mundos: a criação de lares. À medida que ele apresenta os principais quadros do ensaio – cenas da Patagônia, da Rússia, da Carolina do Norte, do Brooklyn e da Escócia – James medita sobre a prática estética como o caminho mais certo rumo ao eu mais verdadeiro de um indivíduo: a imaginação de um indivíduo em uma relação íntima e transformadora com o universo.

James exibe repetidamente em "Sobre uma certa cegueira" o lugar do cuidado do lar, de reivindicar e organizar o mundo, de chegar ao "costume" que ele introduziu em "O sentimento de racionalidade". Contudo, cada vez que ele ensaia o imperativo doméstico – reivindicar o aqui e agora e torná-lo adequado à habitação humana – ele expande o reino e torna mais abstratos os objetivos desse imperativo. Finalmente, em uma carta de 1873 a Henry, ele retrata algo semelhante à habitação ideal que ele descreve: "Como as pessoas podem passar anos sem uma semana daquela vida *Normal* eu não posso imaginar. A vida na qual seus cuidados e responsabilidades e pensamentos para o dia seguinte se tornam um sonho distante, e você simplesmente *é*, flutuando adiante dia a dia, e 'abrigado' sem que você saiba como, por qual Providência, tornado limpo por dentro e por fora, pela luz e pelo ar suave" (*Corresp.*, 1:215). Aqui está um alojamento que invoca abertamente o mundo do sonho e da irresponsabilidade; o próprio éter reivindicado como lar.

Isso é notavelmente similar ao fechamento do ensaio de James, no qual W. H. Hudson partiu (masculamente) para explorar os ermos da Patagônia. Não há nele nehuma acídia doméstica. A terra que ele explora fornece uma antítese à sala de visitas elegante: ela é um "ermo cinzento", informe, "estendendo-se até a infinitude, um ermo nunca pisado pelo homem" (*TT*, 147). Hudson "explora" sem objeto ou motivo; de fato, ele cavalga por ali durante horas a um passo lento, em "peregrinações sem objetivo", aberto a toda sensação. O cume de uma colina revela uma ondulante equivalência cinzenta em relação ao próprio horizonte. Mas a narrativa sofre uma reviravolta: Hudson descobre um bosque em uma colina que parece diferente das colinas vizinhas; ele "atribui importância ao fato de encontrá-lo e utilizá-lo como lugar de descanso todos os dias ao meio-dia" (*TT*, 148). À medida que o hábito se forma, ele começa a conceber seu lugar especial como um lugar bem-arrumado – "aquele grupo particular de árvores, com troncos polidos e uma limpa cama de areia por baixo" (148). Aquele é um lugar de repouso, de onde ele observaria e escutaria em um estranho e exaltado estado de suspense. Hudson acredita que ele "*regrediu*" (149); assim como Stoddard e James, ele está interessado no "estado mental do puro selvagem".

O lar é agora uma cama de areia nos confins da Terra; o explorador que energicamente se põe a caminho a partir de sua "ínsipida existência" em casa encontra-se agora em um langor absoluto que é simultaneamente selvagem. Mas que selvageria: ele está "em perfeita harmonia com a natureza" (149). Seu drama diário, representado por razões irracionais, levou-o para casa em um bosque abrigado e em toda a natureza, para casa no eu concentrado e no ser sem eu de um "animal selvagem". Assim como o dândi selvagem de Baudelaire em *O pintor da vida moderna*, Hudson pratica "a centralização e a vaporização do eu".

James nos preparou para apreendermos intuitivamente o limite onde a domesticidade se abre para a habitação imaginativa do cosmo, na longa passagem que ele cita dos "Portadores de lanterna" de Stevenson. As lanternas olho-de-boi de lata escondidas dentro dos casacos dos meninos escoceses certamente oferecem a James uma poderosa metáfora para a secretividade do coração humano, mas como "alguma câmara dourada" no coração da vida, a imagem da lanterna (emblema romântico da própria imaginação) ecoa o emblema de Stevenson da "câmara quente e fantasmagórica do cérebro [do homem], com as janelas pintadas e paredes pavimentadas" (*TT*, 137). Ambos insistem na qualidade imaginativa de todo lugar de profunda segurança. Os meninos que escondem as lanternas se reúnem em "algum oco das junções" ou no "ventre de um lugre de dez homens" (135) a fim de escapar dos ventos fortes. Sua irmandade secreta de portadores de lanternas no interior de espaços abrigados é prática (eles buscam abrigo contra o frio), absoluta e importantemente extravagante (assunto de peças schillerianas), e sempre dramática e esteticamente concebida: as lanternas a bem das lanternas.

Um tema com variações, "Sobre uma certa cegueira" é também uma colagem de ensaio, poesia, ficção e diário de viagem. Citando profusamente, James adota as vozes de seus escritores escolhidos; conforme ele aponta para as morais destas páginas emprestadas, ele também as deixa falar por si mesmas e contradizer o esquema lógico de seu ensaio, que visa documentar a solidão do coração humano como um primeiro passo para nos instigar a superar as barreiras. Whitman, por exemplo, não apenas celebra sua unidade, em vez de sua distância, em relação aos membros da multidão: "Assim como você se sente quando olha para o rio e para o céu, também eu me senti"; mas ao citar extensamente, James nos faz perder a pista de onde termina sua voz e onde começa a de Whitman ou a de Tolstoy, ou a de Stevenson. Ele *é* estes outros; a visão deles é sua visão; a Patagônia, o Brooklyn, a Rússia são os mundos dele. Até mesmo a feia cabana na Carolina do Norte é dele; quem mais do que o terno William poderia compreender o caseiro que deseja apenas reunir sua família em segurança ao seu redor?

O que, então, nós esboçamos? Podemos considerar este um prólogo para um futuro estudo da participação de William na cultura doméstica.

Assim como Henry James e Elizabeth Stoddard, William coloca tremenda ênfase no doméstico enquanto tema, estilo e circunstância habilitadora. Henry deposita na posse da Casa do Cordeiro seu direito de ser e prosperar como artista. Stoddard sente uma virilidade feminina, um poder jorrando de dentro do coração da própria domesticidade, que lhe possibilita encontrar dentro do lar a própria condição de sua expressão artística e narrar essa descoberta na ficção que ela escreve. As contradições domésticas fascinam tanto Henry James quanto Elizabeth Stoddard: o lar é o lugar tanto do confinamento quanto da liberdade; o ordinário, aquilo que é "dado", é também o estranho, o esteticamente intenso, o artificial. William James também explorou a domesticidade em sua obra, teceu-a como estímulo e obstáculo, imagem e tema, solução e problema, na própria substância de sua vida intelectual. O lar conforme encontrado, o lar conforme feito: entre essas duas possibilidades, William coloca seu pensamento em movimento.

No interior das "janelas pintadas e paredes pavimentadas" da mente, William toca no íntimo do lar a liberdade, a beleza, e até mesmo a verdade. Levando em consideração a Razão sentimental de Emerson, a beleza doméstica decadentemente interpretada de Stoddard, as complacentes revisões do lugar-comum doméstico de Henry e a insistência de William acerca do ordinário, da experiência cotidiana das pessoas reais, podemos talvez começar a repensar a importância da domesticidade para o próprio pragmatismo enquanto método de determinar imaginativamente a verdade. James nos assegura: "Se estou perdido na floresta e faminto e encontro o que parece ser uma trilha de vacas, é da mais absoluta importância que eu pense em uma habitação humana no final da trilha, pois se eu o faço e sigo a trilha, eu me salvo" (P, 98).

16 A influência de William James na cultura americana

Ross Posnock

"A virada foi devida a William James." Aqui W. E. B. Du Bois recorda, em sua autobiografia *Penumbra do Amanhecer* (1940), que seu professor favorito de Harvard encorajou-o a passar do estudo da filosofia para o da história e dos problemas sociais (Du Bois, 1986, 582). Mas o que é mais importante: essa curta sentença destila nitidamente o impacto catalítico de James não apenas sobre Du Bois, mas também sobre duas gerações de estudantes de Harvard. O ato da virada é o movimento mais característico de James, seja na virada ou volteio das palavras como "em si mesmo um ato de poder sobre os significados já estabelecidos", seja do modo como tal movimento anima a postura emblemática do pragmatista (Poirier, 1987, 17). Nas famosas palavras de James, o pragmatista "volta suas costas resolutamente... a muitos hábitos inveterados caros aos filósofos profissionais. Ele se afasta da abstração... das soluções verbais, dos princípios fixos, dos sistemas fechados e dos pretensos absolutos e origens. Ele se volta na direção" dos fatos, da ação e do poder (*P*, 31).

Um número notável de intelectuais americanos respondeu ao convite de James para se virar. Ele influenciou diretamente duas gerações de seus estudantes de Harvard: Du Bois, Gertrude Stein, Walter Lippmann, os sociólogos Robert Park, o filósofo Alain Locke, Robert Frost, o jurista Learned Hand e o filósofo cultural Horace Kallen. Ele também moldou o pensamento de jovens admiradores contemporâneos, como os socialistas Harold Laski, William English Walling e Randolph Bourne e, é claro, o de pragmatistas mais jovens – John Dewey, George Herbert Mead e Charles Cooley – e dos psicólogos James Mark Baldwin e John B. Watson. Seus escritos sobre a experiência da crença religiosa influenciaram diversos teólogos posteriores, incluindo Reinhold Niebuhr, Norman Vincent Peale e Mordecai Kaplan. Em suma, o problema de avaliar o impacto de James é onde traçar a linha, uma vez que sua influência é sentida na literatura, na sociologia, na teoria política, na psicologia (incluindo a experimental e a behaviorista), na filosofia (não apenas no pragmatismo, mas também na fenomenologia) e na teologia modernas. Assim, o presente ensaio deve, por necessidade, ser radicalmente seletivo. A tentativa aqui é revelar como alguns dos estudantes mais criativos de James realizam variações sobre um dos principais temas jamesianos – seu esforço para enunciar de novo aquilo que as ortodoxias dominantes ignoram, temem e desprezam.[1]

I

James está sempre se voltando do estabelecido e assegurado para aquela "zona de insegurança nos assuntos humanos" que chamamos de presente. Ele enfrenta o fato da contingência com um espírito exultante, nietzscheano. De fato, ele invoca "o *amor fati* de Nietzsche!" em 1910 para louvar a "voz de desafio" que ele encontra no misticismo pluralista de seu amigo Benjamin Paul Blood, que declarou: "Simplesmente, *nós não sabemos*. Mas quando dizemos que não sabemos, não devemos dizê-lo com fraqueza e humildade, mas com confiança e contentamento" (*EPh*, 189). Favorável à adoção do misticismo por parte de Blood e ao seu ato de relegar a razão e o conhecimento a uma posição "secundária", James era inflexível acerca da inerradicável abertura da realidade. Em sentenças que eram amadas por

---

[1] Em *Os princípios da psicologia* [The Principles of Psychology], James fala de seu esforço para "restituir... ao *vago* seus direitos psicológicos... O passageiro e o fugidio são partes tão reais do fluxo [da consciência] quanto o distinto e o comparativamente subsistente" (1:452). Isso registra uma preocupação que anima a psicologia, o pragmatismo e o ativismo social de James. Ao mostrar a influência deste particular legado jamesiano, utilizei um critério para fazer seleções – o quão bem conhecida é a conexão com James. Assim, por exemplo, a relação de Gertrudes Stein para com James é suficientemente bem conhecida para não necessitar de menção aqui; existem diversos estudos da relação entre ambos. Para provocativos tratamentos recentes, ver Ruddick, 1990, e Poirier, 1993.

seu amigo Henri Bergson, James declarava no *Pragmatismo* [*Pragmatism*] que "para o racionalismo a realidade está pronta e completa desde toda a eternidade, enquanto que para o pragmatismo ela ainda está sendo feita... o universo ainda está realizando suas aventuras" (*P*, 123).

Nesse mundo dinâmico, o pragmatismo prosperava por estar em movimento, pausando apenas para convidar. Essa postura é tão radicalmente prospectiva quanto o "Paro em algum lugar esperando por você" de Whitman – a evasiva conclusão que finaliza a "Canção de Mim". O pragmatismo não é uma filosofia – "ele não representa nenhum resultado especial" –, mas um método, que acena e tem espaço para todos, ou pelo menos para todos que estejam dispostos a se sujar – a se imergir na "emaranhada e enlameada" confusão da "experiência pessoal e concreta" (*P*, 17). Tal imersão era parte do esforço de James para reorientar a filosofia, mudando a perspectiva tradicional desta última como "essencialmente a visão das coisas a partir de cima", para uma perspectiva radicalmente descendente – deitada "diretamente sobre a barriga... no meio mesmo da areia e do cascalho" (*PU*, 125).

James raramente perdia uma oportunidade de zombar das propriedades e piedades do mundo da alta burguesia em que ele embaraçosamente vivia e ensinava como um "tipo de irlandês entre os brâmanes", nas palavras de Santayana (94). Assim, James faz do "refinamento" elegante seu consistente alvo de escárnio. "Uma filosofia que não profere nada além de refinamento", isto é, as filosofias intelectualistas, "nunca satisfará" o temperamento pragmatista, porque a filosofia refinada reduz a experiência à epistemologia, a uma questão de conhecimento. Este é "o mundo ao qual seu professor de filosofia introduz você" – um mundo "simples, limpo e nobre... Pureza e dignidade são o que ele mais expressa". Mas essa filosofia ignora que nosso encontro imediato com a experiência precede a tradução (e divisão) reflexiva desta em conceitos ou linguagem, e nessa dimensão precognitiva "somos como peixes nadando no mar dos sentidos" (*P*, 17-18, 63). Em vez de perseguir um "objeto de contemplação refinado", o pragmatismo busca ensinar-nos a pensar como peixes nadando em um mar dos sentidos. Mas esse mergulho na experiência bruta não é um abandono ao primitivismo, mas antes coincide com os procedimentos e o objeto de estudo das ciências naturais, que experimentam em meio às coisas da experiência em estado bruto. James louva a ciência como um "método desapaixonado", em vez de "um certo conjunto de resultados", e alerta que considerar as descobertas da ciência como definitivas é o mesmo que deixar de ser científico. Pois a ciência, "assim como a vida, alimenta-se de sua própria decomposição. Fatos novos rompem as velhas regras" (*WB*, 236). "Nossa ciência é uma gota; nossa ignorância, um mar" (*WB*, 50).

O convite whitmanesco de James para virarmos as costas para as salas de aula de filosofia formalistas e doutrinárias e nos abrirmos para os choques do ordinário funciona como um "fermento", se emprestarmos uma de suas palavras favoritas. Assim como seu venerado Emerson, James cultuava o gênio, não passivamente, nem a bem do próprio gênio, mas por sua "influência fermentadora" sobre nosso próprio pensamento. Não há testemunho mais convincente quanto ao poder do gênio fermentativo do próprio James do que o número de figuras brilhantes que ele ajudou a impelir no tumulto de um novo século, onde as certezas acalentadas fornecidas pelo positivismo e pelo racionalismo se envergavam sob a pressão de mudanças sociais sem precedentes.

O pragmatismo parecia oferecer uma maneira de se estar em casa nessa falta de lar. James descrevia um "universo frouxo", um "mundo nômade e vagabundo, à deriva no espaço", onde as experiências não se apoiam em nada além de outras experiências finitas, "mas a totalidade delas, se existe tal totalidade, não se apoia em nada... a experiência finita como tal é sem lar. Nada fora do fluxo assegura seu desfecho" (*P*, 125). O que é particularmente irresistível acerca desse mundo sem alicerces é a atitude despreocupada de James em relação a ele: James descreve o "pragmatista radical" como um "tipo de criatura anarquista que confia na sorte" e que não se incomoda nem um pouco com a frouxidão. Ao passo que a maioria dos professores de filosofia ficaria escandalizada com um mundo desse tipo – ele não apenas confundiria seu temperamento domático, mas também "não seria *respeitável*, filosoficamente" –, James está mais do que "disposto a viver baseado em um esquema de possibilidades não garantidas" em meio à realidade em fluxo. E ele inspira seus alunos a se juntarem a ele nesse mundo. Sete anos depois do *Pragmatismo*, Walter Lippmann causou uma sensação com *Deriva e Maestria*, pois o livro parecia emergir das páginas evocativas de James para capturar o ânimo de uma geração ao mesmo tempo temerosa e animada diante da perspectiva de que "nenhum marinheiro jamais entra em um mar menos explorado do que o ser humano comum nascido no século XX" (Lippmann, 1985, 112). "Somos desabrigados em uma selva de máquinas e poderes indomados que assombram e fascinam a imaginação". Veremos abaixo como as propostas de Lippmann sobre como se deve viver em um "mundo nômade e vagabundo" ao mesmo tempo expandem e orientam as ideias de James em novas direções.

II

O pensamento de James compreendeu a contribuição americana crucial para a matriz internacional dos primórdios do modernismo. Ao lado de Nietzsche, Bergson, Freud, Shaw, Ibsen e Dostoievsky, James foi quem a primeira vanguarda cultural autoconsciente americana – os jovens intelectuais da geração de 1910 – adotou como um herói em sua revolta contra a cultura vitoriana e puritana. Essa geração, composta de críticos culturais pré-guerra (frequentemente chamados de "a esquerda lírica") e boêmios de Greenwich Village, derrubou a autoridade da tradição elegante, assim apelidada pelo colega de James, George Santayana, e desafiou a assunção de que a universidade é o único domicílio do intelectual. O desgosto de James em relação às ortodoxias da vida acadêmica foi vigorosamente afirmado por outras figuras iconoclásticas tais como Santayana e Thornstein Veblen. Juntos eles inspiraram esquerdistas líricos como Bourne e Lippmann, juntamente com outros tais como Wyck Brooks, Max Eastman e Lewis Mumford, a se emanciparem do espírito elegante da cultura anglossaxônica que ainda pairava nos bosques da academia. Essa geração mais jovem moldou carreiras fora dos limites frequentemente sufocantes da academia, produzindo intelectuais públicos eminentes, assumindo ocasionalmente cargos acadêmicos temporários, mas, de modo geral, permanecendo sem afiliação. Estes pensadores ajudaram a criar a imagem dominante do intelectual literário americano do século XX como uma figura desprendida de regras ou regulamentos e cujo habitat natural era a crítica. Esse ícone reinou triunfante até os anos 1970, quando, de acordo com alguns cenários, a academia americana absorveu e domesticou essa figura glamourosa de independência incorrigível.²

Talvez mais do que ninguém, William James inspirou a venerável tradição romântica americana que fez do intelectual praticamente um sinônimo do individualismo radical. De fato, James foi o primeiro americano a usar a palavra "intelectual", importando em 1907 o termo francês que havia sido cunhado em 1898 para zombar de Zola e dos outros dreyfusianos que haviam intervindo contra o rábido nacionalismo da direita. "Deveríamos ter nossa própria consciência de classe: 'Les Intelectuels!'", anunciava James. Representando "interesses ideais apenas, pois não temos nenhum egoísmo corporativo e não exercemos nenhum poder de corrupção", o intelectual concebido por James deve sempre "trabalhar para manter nosso precioso direito de nascença ao individualismo e à liberdade a salvo das... instituições. *Toda* grande instituição é forçosamente um meio de corrupção – qualquer que seja o bem que ela também possa fazer. Somente na relação pessoal livre há de ser encontrada a completa idealidade" (citado em Matthiessen, 1962, 633, 635). Seu herói Emerson não poderia tê-lo dito melhor.

Neste ponto encontramos um dos surpreendentes paradoxos que dão forma à vida e ao pensamento de James. Sua estatura como um poderoso ímpeto ao modernismo cultural coexistia com uma hostilidade contra a modernidade, que ele expressava em sua rejeição quase anarquista das coletividades. Ele se zangava contra "a pretensiosidade e a grandeza em todas as suas formas" – do cientificismo ao imperialismo e ao profissionalismo acadêmico. Ainda assim, o protesto de James contra "todas as grandes organizações... todos os grandes sucessos e grandes resultados" e sua defesa do idiossincrático e do pequeno ("só as pequenas coisas podem ser verazes e inocentes") constituem menos um engajamento com a história e suas limitações do que uma teimosa recusa em interrogar seu funcionamento (citado em Perry, 1935, 2:315). Essa recusa é frequentemente ignorada

---

² A mais conhecida apresentação desse cenário é a de Russell Jacoby (1987). Discuto a relevância de James para o argumento de Jacoby em Posnock, 1989.

graças à incomparável eloquência moral e à paixão de James. Sua retórica do heroísmo derivava seu elã da urgência de sua defesa aguerrida do indivíduo, incluindo o estrangeiro de pele negra que a política externa americana buscava colonizar. Ele venera a tolerância à alteridade – o respeito pela particularidade e pela multiplicidade – como o padrão moral condutor para a sempre precária tradição democrática americana. Assim, ele condena a expansão predatória do império americano da administração McKinley-Roosevelt como moralmente indefensável. Mas como uma alternativa ao imperialismo, tudo que ele pode oferecer é a esperança vazia de que o país venha novamente a "possuir sua alma antiga" ao se emancipar de nossa crença destrutiva "em um destino nacional que deve ser 'grande' a qualquer custo" (*ECR*, 157). Embora James provavelmente soubesse que os Estados Unidos haviam se concebido como um império desde as origens e haviam equiparado o expansionismo à liberdade e à prosperidade, ele escolheu, em vez disso, ignorar a história e abrigar seu protesto moral como um intelectual responsável defendendo "interesses unicamente ideais".

O resoluto idealismo de James é enraizado em um senso autoconfessado e autoimposto de "impotência" política que é (temporariamente) aliviado pela expressão da indignação moral.[3] A crítica cultural jamesiana, em suma, funciona como uma terapêutica. Talvez porque os intelectuais como uma classe social são predispostos à ansiedade e desafeição devido ao *status*, essa dialética de impotência e terapia (ao dar vazão à indignação moral contra a modernidade) se tornou profundamente atraente para as gerações posteriores de intelectuais públicos americanos. Nesse contexto, o legado de James é misto: apesar de seu desprezo pela presunção e pela certeza, ele perpetuou as premissas idealistas do criticismo cultural elegante. Sua celebração do voluntarismo individual ajudou a fazer dele uma figura bem-amada durante a última década de sua vida, pois ele enaltecia uma audiência que necessitava de conforto espiritual para confrontar

---

[3] James nota que "a impotência do indivíduo privado, com o imperialismo em pleno avanço, é realmente deplorável. Mas todo americano tem uma voz ou uma pena e pode usá-la" (*ECR*, 158).

os desnorteamentos da modernidade. A exuberante sinceridade de James não apenas sobrevive, mas floresce até mesmo em nossa era antirromântica e anti-humanista de paródia implacável e vertiginosa ironia. Isso é um testemunho tanto de seu irresistível exemplo pessoal quanto de nossa própria necessidade de conforto. Especialmente para alguns na esquerda acadêmica que encontram pouco sustento na visão supostamente ascética e carcerária de Foucault, James é venerado como um intelectual público de consciência moral exemplar.[4]

A reverência que os alunos de James tinham por ele era inspirada tanto por sua estatura moral, por seu "espírito galante" e sua "alegre paixão pelas ideias" (Bourne, 1977, 347), quanto pela substância particular de seu pensamento. Dentre aqueles que foram influenciados por ele, alguns revisaram cuidadosamente seu fervor subjetivista e moralista. Tomemos o caso de Du Bois. Em Harvard ele prezava muito a amizade de James e via seu "pragmatismo realista" como uma convincente alternativa às "esterilidades da filosofia escolástica" (Du Bois, 1968, 133). Ainda assim, em 1954 Du Bois olhava em retrospecto para sua dissertação de doutorado, publicada como seu primeiro livro, *A supressão do tráfico de escravos africanos* (1896), como sendo agudamente atenuada em seu entendimento histórico, em parte *por causa* do treinamento de Du Bois em Harvard. Apesar de libertador, o pragmatismo de James promovia aquilo que Du Bois chamava de "a ética da Nova Inglaterra, da vida como uma série de juízos morais conscientes" (Du Bois, 1986, 1315). Por exemplo, James alertaria no *Pragmatismo* que "a maneira de escapar do mal... é abandonando-o completamente, lançando-o por sobre a borda e indo além dele, ajudando a produzir um universo que esquecerá o próprio lugar e o nome do mal" (*P*, 142). Essa atitude seria de pouca ajuda no confronto de Du Bois com o mal da escravidão: "Eu era continuamente lançado de volta àquilo que os homens 'deveriam' ter feito para evitar a má consequência. A última admoestação do meu livro era a de 'fazer as coisas no exato momento em que elas deveriam ser feitas'... Eu

---

[4] Ver o influente "The Return of William James", de Frank Lentricchia, em Lentricchia, 1989.

ainda enxergava a escravidão e o tráfico como principalmente o resultado da lassidão moral". Du Bois nota que, se ele tivesse adquirido um conhecimento de Marx e Freud (como ele posteriormente fez), suas conclusões teriam sido "menos prontas e simples"; sem dúvida ele teria percebido que "a escravidão era uma questão de renda mais do que de moral" (Du Bois, 1986, 1315). A criativa apropriação do pragmatismo de James por parte de Du Bois será discutida posteriormente. Agora, examinaremos como um outro aluno de James, Walter Lippmann, transformou seu professor em um entusiástico modernista ao apagar suas ambivalências em relação à modernidade.

III

Deriva e Maestria negocia a passagem de um universo vitoriano para um universo moderno. Em um dado ponto Lippmann cita *Praia Dover*, de Mathew Arnold: "nem a certeza, nem a paz, nem o alívio para a dor/ E estamos aqui como em uma planície sombria". Aonde foi a certeza pela qual chora Arnold, pergunta Lippmann. Ele considera a resposta do professor de Harvard, Irvin Babbitt, que culpa o romantismo e a Revolução Francesa por arruinarem a autoridade divinamente sancionada. Babbitt incita um retorno às "formas eternas de justiça e moderação", um retorno, diz Lippmann, "à Era de Ouro dos clássicos" (Lippmann, 1985, 111). Embora ele rejeite o antimodernismo nostálgico de Babbitt como um conto de fadas que imagina ser possível "apagar a memória dos últimos cem anos", ele admite que Babbitt localizou o "problema espiritual". "Não temos nenhuma autoridade sobre a qual nos apoiarmos... Nós estamos à deriva... Nunca antes tivemos de confiar tão completamente em nós mesmos" (118, 111).

A maestria, é claro, é o antídoto de Lippmann para a deriva. E, à medida que ele começa a detalhar o que entende por maestria, veremos que ele consegue habilmente comunicar um sabor jamesiano a ideias que ele orienta em uma direção bastante diferente daquela que seu mentor estava disposto a seguir. Essa direção é a ciência, e Lippmann a entroniza como o motor da maestria, o instrumento-chave da dominação e do controle. Tão logo começamos a refletir, "a coisa que chamamos de ciência se inicia", pois a reflexão substitui o "esforço inconsciente pela intenção consciente" (148). Em palavras que Dewey e toda uma geração de pensadores sociais progressistas articulariam em suas próprias versões, Lippmann declara que "a ciência entendida corretamente é a cultura sob a qual as pessoas podem seguir vivendo em meio à complexidade... O costume e a autoridade funcionarão em uma civilização simples e sem mudanças, mas em nosso mundo só aqueles que compreendem conquistarão. Não há, portanto, nada de acidental no fato de que a democracia na política é a irmã gêmea do pensamento científico" (151). James não apenas teria calafrios em relação ao ímpeto de Lippmann coroar a ciência como uma panaceia, mas também o entusiasmo de seu aluno em relação ao controle e à conquista provavelmente soaria para James como um tom do imperialismo que ele abominava.

Mas exatamente quando Lippmann parece a caminho de se tornar um navegador tecnocrático guiando presunçosamente sua embarcação pelos mares inexplorados da modernidade, o legado jamesiano se reafirma. Lippmann se apressa em nos assegurar que a ciência não é a atitude inumana, sanitarizada e positivista com que a maioria das pessoas a confundem. Ele toma emprestada a crítica de James ao racionalismo para indiciar aqueles cientistas que vêm a considerar seu "método rigoroso e classificador, em que cada cor é toda um tom", como mais importante do que "as misturas e entrelaçamentos da realidade" (159). Recomendando o ceticismo acerca da classificação e dos conceitos, Lippmann cita James ("Utilize os conceitos quando eles ajudam e abandone-os quando eles obstruem o entendimento") e depois o defende como um cientista modelo que foi injustamente ridicularizado por sua pesquisa parapsicológica acerca da existência de fantasmas. O ataque a James era ignorante, "pois a atitude de William James em relação aos 'fantasmas' era o verdadeiro oposto da crença cega. Ele ouvia as evidências. Nenhum apóstolo da autoridade pode encontrar o menor conforto nisso. Pois no momento em que você testa a crença por meio da experiência, você destruiu toda a estrutura da autoridade" (161).

O restante de *Deriva e Maestria* (aproximadamente vinte páginas) continua nessa veia jamesiana, distinguindo entre o desejo de controle e a objetividade absoluta e igualando a ciência à "imaginação criativa" do "artista profissional" que despreza a rotina e em vez disso nutre a invenção e a possibilidade: "Escapar de possibilidades estéreis: esse deve ser o esforço interminável de um povo democrático" (172-174). Em seu primeiro livro, *Um prefácio à política* (1913), Lippmann também havia oposto o rotineiro ao inventor como dois modos do político. Ele celebra o segundo, louvando-o em termos jamesianos como alguém imbuído de iniciativa e originalidade, que submete as coisas ao uso humano e que concorda com o imperativo de Nietzsche: "'Deixe que o valor de tudo seja determinado de novo por você'" (Lippmann, 1962, 183-184).

O excitante senso de possibilidade que o pragmatismo jamesiano oferecia ajudou a inflamar a confiante ambição dos primeiros dois livros de Lippmann. Lippmann estava convencido de que um novo século exige um "novo senso de valores políticos" inspirado pelo "*insight* contemporâneo" de modo que a mente seja mantida "flexível e adaptada ao movimento da vida real" (29). Essa maleabilidade era, é claro, parte da lição do pragmatismo. Ao aplicar essa lição, os livros de Lippmann inadvertidamente expõem a vagueza do próprio James a respeito dos usos dessa maleabilidade. A fonte dessa vagueza é inerente à sua construção do pragmatismo como um método em vez de uma filosofia. James utiliza o método para propagar a tolerância em relação a pessoas e experiências normalmente estigmatizadas por várias ortodoxias racionalistas. Ele amplia as fronteiras do conhecido, divertindo-se no fluxo da indeterminação pluralista. Nas mãos de Lippmann, o método está também a serviço da liberdade, mas da liberdade construída como um produto do controle da tecnologia e das energias excedentes por parte de uma elite. Em *Um prefácio à política*, por exemplo, ele engenhosamente ligava "as sublimações da escola freudiana" à defesa de um "equivalente moral da guerra" por parte de James, como duas estratégias que redirecionam impulsos recalcitrantes ao invés de transformá-los em tabus. "Toda ânsia é capaz de alguma expressão civilizada". Uma gangue de delinquentes juvenis é potencialmente uma "força que poderia ser tornada valiosa para a sociedade através dos Escoteiros". Para Lippmann, "o trabalho do estadista é... encontrar bons substitutos para as coisas ruins que queremos. Esse é o coração de uma revolução política" (42-43, 67). Em pouco tempo, Lippmann se tornaria íntimo de Woodrow Wilson e se tornaria também um absoluto observador interno da política; seu livro *Opinião pública* (1922) recomendaria a autoridade do especialista como a salvação da democracia.

IV

Em 1914, o "realismo pragmático aplicado" de *Deriva e Maestria* arrastou o crítico social deweyano Randolph Bourne e muitos outros. Mas com a chegada da guerra em 1917, o entusiasmo de Bourne por Lippmann se desfez conforme este último se tornou um ávido partidário da sangrenta cruzada de Wilson pela paz. Quando Dewey se mostrou em apoio à guerra, Bourne se sentiu traído por seu antigo professor de Columbia, desiludido com o "agudo senso de controle sobre os eventos" de Dewey e sua hostilidade para com "qualquer atitude que não seja uma alegre e enérgica disposição para o trabalho" (Bourne, 1977, 341). Avançando através de seu senso de traição, Bourne escreveu uma série de artigos que equivalia a uma profunda crítica ao fetiche de controle do pragmatismo. Ele zombava da presunçosa certeza dos "realistas": "Quão rapidamente sua 'maestria' se torna 'deriva'" (330). Ao se afastar de Dewey e Lippmann, Bourne se voltava na direção do espírito de William James: "Se William James fosse vivo, será que ele estaria aceitando a situação de guerra de modo tão fácil e complacente?". Será que ele se juntaria à histeria contra a opinião discordante e estaria "excomungando das fileiras do progresso liberal os lamentáveis remanescentes daqueles que lutam 'acima da batalha'" (337)? O que a postura pró-guerra de Dewey cristaliza para Bourne é "a inadequação de seu pragmatismo como uma filosofia de vida". Bourne invoca James para lembrar a si próprio que o pragmatismo pode significar mais do que uma filosofia do método científico, da adaptação e do ajuste. E a memória de James também lhe recorda que quando o método pragmático está em outras mãos, ele pode imbuir até mesmo a guerra com uma nota "criativa" de "aventura espiritual" ou "visão poética" (336, 343). Por esta última frase Bourne entende tudo aquilo que escapa à regra do ajuste, tudo que permite a uma filosofia do controle "ir além de si mesma" e confrontar a "qualidade da vida como acima do maquinário da vida" (342). "Se o seu ideal", diz

Bourne, é "o ajuste à sua situação... então o seu sucesso será provavelmente apenas isso e nada mais. Você nunca transcende nada. Você cresce, mas seu espírito nunca salta fora de sua pele para embarcar em aventuras selvagens... A visão deve constantemente ultrapassar a técnica" (344).

A crítica jamesiana de Bourne ao pragmatismo como uma técnica de controle não foi sem impacto. Mas esse impacto ocorreu postumamente, uma vez que ele faleceu durante a epidemia de influenza em 1918. Nos anos do pós-guerra, a filosofia de Dewey se ampliou decisivamente em uma direção bourneana. Por volta de 1925, Dewey passara a reconhecer que, apesar do prodigioso poder e realização da ciência, a experiência permanecia fundamentalmente arriscada e precária (Dewey, 1958, 40-41). Suas duas obras-primas tardias, *Experiência e Natureza* (1925) e *Arte como experiência* (1934), honram essas qualidades e as associam à arte e, implicitamente, à "visão poética" que Bourne havia anteriormente achado fatalmente ausente. Para compreender o que é a experiência, dizia Dewey, o filósofo deve ir até a experiência estética, pois ela é "livre dos fatores que subordinam" a algo mais refinado – um objeto de conhecimento –, "uma experiência conforme ela é tida diretamente" (Dewey, 1980, 274). Os capítulos de abertura de *Experiência e Natureza* contêm alguns dos escritos mais eloquentes, e mesmo líricos, de Dewey. Pois ao retornar a um tema jamesiano – que "aquilo que está realmente 'na' experiência se estende muito além daquilo que é *conhecido* em qualquer momento" – sua prosa adquire uma medida da paixão jamesiana pela reformulação de tudo aquilo que o intelectualismo relegaria a uma ordem inferior de existência ou invalidaria totalmente – o obscuro e o vago, a escuridão e o crepúsculo, as potencialidades e as possibilidades (Dewey, 1958, 21).

Com efeito, Dewey recupera o "resíduo inclassificado" que James nomeou pela primeira vez e buscou preservar nos reinos da filosofia e em sua política anti-imperialista (*WB*, 222). Esse resíduo devasta o "ideal de toda ciência", a saber, o de criar um "sistema fechado e completo da verdade". Em ensaios iniciais e posteriores, James havia criticado um destes sistemas – a "lógica da identidade" de Hegel – por seu sacrifício da contingência e da particularidade em benefício de leis abstratas. James também buscou salvar o resíduo diante do imperialismo racista de Theodore Roosevelt.

Em 1899, James denunciou-o como um "arquiabstracionista" e acusou-o de efetivamente praticar, em sua demanda nativista de cem por cento de americanismo, uma política hegeliana da identidade que "atola tudo em uma inundação de emoção belicosa abstrata" (*ECR*, 164). Em 1907, sob a influência do vitalismo bergsoniano, James renuncia dramaticamente à lógica da identidade em *Um universo pluralista* [*A Pluralistic Universe*] e tentará pensar em "termos não conceitualizados", pois os conceitos "recortam, fixam e excluem tudo exceto aquilo que fixamos" (*PU*, 113). Abraçando as severas consequências de sua lógica, James deve fazer um voto de silêncio: porque "as palavras só podem ser os nomes de conceitos", tudo que alguém pode dizer é "Não digo mais nada: devo deixar a vida ensinar a lição" (*PU*, 132).

V

A sensibilidade de James em relação aos excluídos e sua resistência ao imperativo disciplinar da identidade tornou seu pensamento particularmente agradável aos intelectuais afro-americanos. Sob o regime de Jim Crow, eles lutavam diariamente com o jugo da identidade em sua forma congelada do estereótipo racista, que circunscrevia brutalmente a liberdade e a participação democrática. Na América branca, a "lei da natureza" parecia decretar, notava Du Bois, que "a palavra 'Negro' conota 'inferioridade' e 'estupidez' iluminadas apenas pelo humor e alegria irraciocinados" (Du Bois, 1992, 726). Dado que o impacto de James sobre as figuras negras é uma dimensão de sua influência que não foi suficientemente reconhecida, dedicarei minhas páginas restantes ao traçado de diversas conexões.

O romance de revista de Pauline Hopkins – *De um sangue* (1903) – oferece uma notável evidência de que o patrocínio do resíduo inclassificado, por parte de James, falava diretamente aos intelectuais negros. O protagonista ficcional da fantasia de ficção científica da autora é Reuel Briggs, um brilhante estudante negro de medicina de Harvard especializando-se em mesmerismo e múltiplas personalidades. Ele é observado pela primeira vez lendo um tratado intitulado *O Resíduo Inclassificado*. Hopkins não apenas toma o termo emprestado de James, mas cita a partir do ensaio no qual ele aparece originalmente – "O eu oculto" ["The Hidden Self"] (1890) – que foi reimpresso como parte de "O que a pesquisa parapsicológica alcançou" ["What Psychical Research Has Accomplished"] em *A vontade de crer* [*The Will to Believe*] (1897). O próprio Briggs encarna um "resíduo inclassificado": ele é um cientista mulato (ele se passa por branco) que abandonará sua identidade americana e viajará através do tempo e do espaço para se reunir com sua ancestralidade africana. Seu modelo óbvio é Du Bois. Em um ensaio da *Atlantic* de 1897, Du Bois havia teorizado sobre uma "dupla consciência" exclusiva dos americanos negros. (Em *As almas do povo negro*, Du Bois revisaria e republicaria este ensaio, no mesmo ano que Hopkins publicou *De um sangue*.) Du Bois se inspirava parcialmente na noção de James de um "eu oculto", "subconsciente" e "enterrado". Isso também inspirou a fantasia africanista de Hopkins. James fala desse "eu 'subliminar'" como sendo capaz de fazer "a qualquer momento uma irrupção em nossas vidas ordinárias. Em seu ponto mais inferior, ele é apenas o depositário de nossas memórias esquecidas; em seu ponto mais alto, não sabemos absolutamente o que ele é" (*WB*, 237). Ele é acessível por hipnose e se manifesta telepaticamente. Hopkins transforma a noção de James de um eu oculto (na verdade uma noção que o próprio James compartilhava com psicólogos como Alfred Binet, autor de *Sobre a consciência dupla*) em uma metáfora da recuperação de "memórias esquecidas" – o eu africano enterrado do negro americano. Ela também literaliza a metáfora; em um dado ponto, Briggs fala acerca do "país não descoberto dentro de nós mesmos – o eu escondido que repousa em toda alma humana" (448). A África é ao mesmo tempo o "país não descoberto" e o "eu escondido" para o qual Reuel Briggs é transportado de volta, conforme ele redescobre a cidade etíope de Meroe e sua própria ancestralidade como um rei africano.[5]

---

[5] O uso de William James por Pauline Hopkins foi discutido pela primeira vez em Otten, 1992. Ele escreve que "ao validar a ciência contracultural, James também parece validar aqueles momentos em letras negras nos quais assunções básicas sobre a identidade se tornam abertas ao questionamento" (242). Ver também Sundquist, 1993.

Na primeira década do século XX, o pragmatismo, juntamente com a antropologia de Franz Boas, manteve-se praticamente sozinho entre as ciências comportamentais e sociais como uma arma intelectual contra a teoria e a prática da supremacia branca. O pragmatismo recusava os sistemas absolutistas e as essências purificadas, os modos de pensamento frequentemente empregados para defender as assunções racialistas e o racismo. Assim como o contextualismo boasiano, o pluralismo pragmatista rejeitava "todas as grandes respostas de uma só palavra para o enigma do mundo, tais como Deus, o Uno... a Natureza" e "*A* Verdade", como "perfeito[s] ídolo[s] da mente racionalista!" (*P*, 115). Bourne adicionaria o Protestantismo Branco Anglo-Saxão à lista de ídolos. Bourne, que pensava em Boas e Dewey como seus maiores professores em Columbia, foi o primeiro a repreender o ideal do PBAS em nome de um pluralismo cultural e étnico que rejeitava a síntese coercitiva exigida pelo "ideal do caldeirão de derretimento". Bourne advogava um cosmopolitanismo "transnacional" inspirado por Horace Kallen, um devotado aluno e amigo de William James. Kallen, assim como outro aluno de James, o sociólogo Robert Park, encontrou uma inspiração particular para o pluralismo no ensaio de James "Sobre uma certa cegueira nos seres humanos" ["On a Certain Blindness in Human Beings"] (1899). A urgência do apelo de James pela "significância das vidas estrangeiras" estava enraizada no contexto imediato da agressão imperialista. Mas seu argumento era ontológico: porque os humanos são autoabsorvidos de modo inato na perseguição de seus próprios interesses, somos todos afligidos pela cegueira em relação aos sentimentos dos outros. Somente quando confrontamos diretamente o fato do egoísmo humano é que o respeito pela diferença pode crescer.

Dos anos 1920 aos 1940, Kallen, juntamente com Boas e seu colega Melville Herskovits, e seus alunos Ruth Benedict e Margaret Mead, bem como Dewey, Park e George Herbert Mead, formaram o núcleo do movimento cultural pluralista nos Estados Unidos. Embora eles não fossem um grupo formal, juntos os seus escritos e ativismo constituíram a defesa mais intelectualmente vigorosa e prestigiosa contra a intolerância nativista e o racismo científico. Como qualquer legado de ideias, o pluralismo de James recebeu inflexões particulares por parte daqueles que se apropriaram de seu pensamento e o expandiram. Kallen e outro estudante de Harvard influenciado por James, Alain Locke, o filósofo afro-americano e crítico cultural, tiveram um desacordo iluminador a respeito do significado do pluralismo jamesiano; e é para esse cisma nas fileiras que agora volto minha atenção.

VI

Kallen é mais conhecido por cunhar a expressão "pluralismo cultural" em 1915, em seu influente ensaio "Democracia *versus* o Caldeirão de Derretimento" (reimpresso em seu livro *Cultura e democracia nos Estados Unidos*, 1924). O pluralismo filosófico de James, recordaria Kallen, encorajou-o a aceitar "a realidade da multiplicidade" e a se recusar "a aceitar a proposição de que o múltiplo é a aparência e somente o uno é a realidade" (Kallen, citado em Sollors, 1986, 265). Kallen começou a formular a noção do pluralismo cultural já em 1905, quando, como assistente de docência de William James, ele encontrou o brilhante estudante de graduação negro Alain Locke. De acordo com Kallen, Locke era "muito sensível, muito facilmente magoado" e insistia que "ele era um ser humano e que sua cor não deveria fazer qualquer diferença... Somos todos igualmente americanos". Mas Kallen achava que Locke estava enganado e disse a ele: "[A cor] *tinha* de fazer uma diferença e *tinha* de ser aceita e respeitada e gozada por aquilo que era". Dois anos depois, Kallen encontrou Locke novamente na Inglaterra, em Oxford, onde Locke era o primeiro estudioso negro de Rhodes e Kallen pertencia a uma confraria. Eles continuaram sua conversa anterior sobre "como as diferenças faziam diferença, e na argumentação destas questões se desenvolveram as fórmulas, e depois os termos – 'pluralismo cultural', 'o direito de ser diferente'" (Kallen, citado em Sollors, 1986, 269).

Segundo Kallen, em suma, o pluralismo cultural nasceu a partir de sua inflexível insistência, à qual Locke opunha resistência, acerca da inerradicável diferença racial de Locke. Em outras palavras, desde o nascimento, o pluralismo de Kallen possui um elemento de separatismo e purismo em seu esforço de honrar a diferença. De modo suficientemente apropriado, Alain Locke criticaria anos depois essa qualidade de purismo, e os historiadores recentes apontaram para essa qualidade como um dos principais defeitos no modelo do pluralismo cultural. O purismo de Kallen deriva de sua crença de que "o que é inalienável na vida da humanidade é sua... herança psicossocial. Os homens podem mudar de roupas, de políticas, de esposas, de filosofias, em maior ou menor grau: mas não podem mudar de avós" (Kallen, 1924, 122). Esse compromisso com a permanência de dotes ancestrais imunes à mudança cultural e histórica dá forma à sua famosa metáfora da América pluralista como uma orquestra de diversidades harmônicas em uma "democracia de nacionalidades". "Assim como, em uma orquestra, todo tipo de instrumento tem seu *timbre* e *tonalidade* específicos, baseados em sua forma e substância... também na sociedade cada grupo étnico pode ser o instrumento natural... e a harmonia e as dissonâncias e discórdias de todos eles podem produzir a sinfonia da civilização" (Kallen, 1924, 125).

Como notou Werner Sollors, a metáfora de Kallen enfatiza o separatismo estático e a "persistência étnica não histórica", ao passo que a imagem do "caldeirão de derretimento é eminentemente dinâmica e acomoda os processos contínuos de assimilação e etnogênese... Na raiz do pluralismo cultural encontra-se uma noção do poder eterno da descendência, do nascimento, da *natio* e da raça", que Kallen compartilha com seus oponentes racistas (Sollors, 1986, 261). Uma questão que emerge para nós, se não para Sollors, é se o pluralismo cultural essencialista de Kallen é derivado de William James. Ou será que Kallen simplificou James? Esta última possibilidade parece ser o caso. Afinal, James chamava seu pluralismo e seu empirismo de radicais porque eles insistem na realidade das relações, de modo distinto do atomismo postulado pelo pluralismo e empirismo tradicionais. Mesmo embora James descreva o pluralismo como uma "forma individual" [*each-form*] da realidade, em contraste com a "forma total" [*all-form*] do monismo, a individualidade da primeira não é atomista, mas existe em "inextricável interfusão" com "seus próprios vizinhos imediatos" (*PU*, 146).

Isso vem de *Um universo pluralista*, que James ministrou como as Conferências Hibbert [*Hibbert Lectures*] em Oxford durante o ano acadêmico de 1907-1908, exatamente quando Kallen e Locke estavam no campus. Dado seu interesse compartilhado por questões de identidade e diferença, eles sem dúvida acharam as conferências de James imensamente estimulantes. Contudo, julgando-se por seu trabalho posterior, Kallen e Locke saíram das Conferências Hibbert com compreensões bastante diferentes. Se tomarmos seu ensaio de 1915 sobre o pluralismo cultural como evidência, Kallen ignorou amplamente a renúncia da lógica da identidade por parte de James e sua ênfase na experiência da "vida imediatamente sentida" como não sendo nada além de "sobreposta" – "toda feita de matizes e nenhum limite" –, onde as margens e os centros se encontram em intercâmbio perpétuo (*PU*, 130). Provavelmente Kallen já estava preocupado com o peso da experiência ancestral em fluxo, e não mais dividida em conceitos estáticos. Em vez disso, assim como o socialista de corporações Harold Laski, Kallen aludiria em 1915 à representação do mundo pluralista por como uma "república federal" por parte de James. Mas a república de Kallen é teleológica, implicitamente governada pelo separatismo e pela imutabilidade, pois ele a descreve como uma "democracia de nacionalidades, cooperando... no empreendimento da autorrealização através da perfeição dos homens de acordo com seu tipo" (Kallen, 1924, 124).

Diferentemente de Kallen, Locke penetrou naquilo que é radical no pluralismo de James – o ceticismo em relação à identidade e à tendência exclusivista dos conceitos. Assim, *Um universo pluralista* se provou um fértil estímulo para o pensamento. Quando Locke conceitualizou o "novo negro" em 1925 (ele editou uma antologia com esse mesmo nome, que se tornou um marco divisório), ele buscou evitar torná-lo simplesmente mais uma comodidade cultural facilmente classificada. Uma lógica decididamente pragmatista molda a declaração de abertura de sua antologia, de que "na última década algo além das estatísticas de vigilância e segurança aconteceu na vida do negro americano, e as três normas que tradicionalmente presidiram sobre o problema dos negros têm uma mudança em suas mãos. O Sociólogo, o Filantropo e o Líder Racial não ignoram o Novo Negro, mas não sabem como explicá-lo. Ele simplesmente não pode ser envolvido em suas fórmulas" (Locke, 1993, 3). William James teria apreciado a existência dessa mudança evasiva, esse desafio de categorias, desafio inclusive do separatismo.

"A ficção é que a vida das raças é separada", nota Locke em *O Novo Negro*; o fato é que Nova York testemunhou uma "reabertura de contatos intelectuais" "ricamente frutífera" (1993, 10). Locke considera tal evidência de "compreensão mútua" como um sinal de que o negro está tendo sucesso em reparar uma "psicologia de grupo danificada... e uma perspectiva social deformada" (10). Parte desse processo de cura inclui um maior autorrespeito e autoconfiança como parte de um ressurgimento do orgulho da raça – um "profundo sentimento de raça está presente no fluxo principal da vida negra". Mas esse sentimento é "radical em tom mas não em propósito". Pois o propósito de restaurar o orgulho racial é que os negros afirmarão sua africanidade não como separatista, mas como parte da democracia pluralista da América, que é obstruída quando qualquer um de seus canais é fechado. Locke chama essa "tentativa de basear... o americanismo em valores raciais" de um "experimento social único, e seu sucesso final é impossível exceto através do compartilhamento mais completo da cultura e das instituições americanas" (11-12).

Essa "nova fase das coisas é delicada", alerta Locke, e seu próprio equilíbrio delicado de racialismo e democracia evita as dicotomias transpondo o abismo entre assimilação e antiassimilação. Em outras palavras, o agudo senso que Locke tem do afro-americano como definido por relações simultâneas recusa o atomismo do tipo de pluralismo cultural de Kallen. Em um ensaio tardio, "Quem e o que é o 'Negro'?" (1942), Locke torna isso explícito quando alega enfaticamente que "devemos abandonar a ideia de purismo cultural": o "afro ou negro-americano [é] um produto híbrido" que está se tornando "progressivamente ainda mais composto e hibridizado" conforme interage com a "vida cultural comum" (Locke, 1989, 213). Como se estivesse respondendo à provocadora insistência de Kallen em 1905 de que a raça "*tinha* de fazer uma diferença", Locke declara que "ser 'negro' no sentido cultural, portanto, não é ser radicalmente diferente, mas apenas ser distintamente composto e idiomático, apesar de basicamente americano" (213). Ao se opor ao purismo de Kallen, a ênfase de Locke sobre o híbrido e simultâneo é mais próxima do espírito de pluralismo de James. Ao conceber a identidade como um processo aberto de influência recíproca, Locke partilha do dinamismo de que a "forma individual" desfruta conforme ela permite "a adoção e o abandono de conexões" entre as partes. Em vez da "unidade completa de todas as coisas de uma vez" do monismo, a "forma individual [está] todas as vezes em muitas conexões possíveis que não são necessariamente atualizadas no momento" (*PU*, 146).

VII

Embora tenham pertencido a diferentes gerações e sido frequentemente "homens da raça" rivais, W. E. B. Du Bois e Alain Locke compartilhavam um compromisso para com o pluralismo radical, isto é, impuro, de James. Tanto Locke quanto Du Bois – cada um dos quais realizou trabalhos de pós-graduação em Berlim antes de obter o doutorado em Harvard – construíram a identidade racial como móvel e fluida. Assim como Pauline Hopkins, Du Bois utiliza a pesquisa de James acerca de possíveis eus ocultos no interior da psique como uma metáfora inspiradora para reformular radicalmente os modos como a identidade é concebida. Com seu gênio poético, Du Bois transformou o ceticismo da visão estável do eu em uma imagem indelével da angustiada luta psíquica do americano negro:

> O negro é um tipo de sétimo filho, nascido com um véu e dotado de uma segunda visão nesse mundo americano – um mundo que não lhe concede nenhuma verdadeira autoconsciência, mas só o deixa ver a si mesmo através da revelação do outro mundo. Essa é uma sensação peculiar, essa dupla consciência, esse senso de estar sempre olhando para si mesmo através dos olhos de outros... O indivíduo sente sempre sua duplicidade – um americano, um negro; duas almas, dois pensamentos, duas lutas irreconciliáveis; dois ideais batalhando em um corpo escuro, cuja força obstinada é a única coisa que lhe impede de ser partido em pedaços. A história do negro americano é a história dessa luta (Du Bois, 1986, 364-365).

Sobre essa memorável passagem das páginas de abertura de *As almas do povo negro* (1903), o biógrafo de Du Bois, David Levering Lewis, diz: "Daqui em diante, o destino da raça poderia ser concebido como conduzindo não à assimilação, nem ao separatismo, mas à orgulhosa e duradoura hifenação" (Lewis, 1993, 281). Praticamente desde sua publicação, a noção de Du Bois de uma dupla consciência foi reconhecida como dispondo os termos mediante os quais a identidade afro-americana é entendida no século XX. Assim como o "fluxo da consciência" de James, a "dupla consciência" de Du Bois se tornou uma pedra de toque do pensamento moderno, continuamente reorientando o pensamento convencional e gerando um pensamento novo.[6] Mas a ressonância da frase de Du Bois é não apenas prospectiva, mas retrospectiva. Ela reverbera com usos anteriores na literatura e na medicina, incluindo Goethe, Emerson, William James e a pesquisa de outros psicólogos acerca das desordens de múltiplas personalidades, pesquisa que foi relatada pela mídia popular no século XIX.[7]

O trabalho erudito sobre a relação de Du Bois com James tem sido amplamente confinado à influência deste último sobre a "dupla consciência". Mas o impacto do amado professor de Du Bois não foi meramente local e contido. E tampouco foi restrito à psicologia jamesiana. Du Bois se autointitulou "um devoto seguidor de William James na época em que ele estava desenvolvendo sua filosofia pragmática" (Du Bois, 1968, 133). E ele parece ter internalizado o pragmatismo como um método e estilo de pensamento, pois aproveitava e canalizava aquilo que Du Bois chamava de sua incansável "anarquia do espírito, que é inevitavelmente o objetivo de toda consciência humana" (Du Bois, 1986, 652). Ele compartilhava esse espírito com James, aquele autodescrito "tipo criatura anarquista" que apreciava "um mundo de anarquia... com um 'nem tanto' em todas as nossas fórmulas, e a novidade e a possibilidade sempre se infiltrando" (citado em Perry, 1935, 2:700). Du Bois interpretou o pragmatismo jamesiano, com sua imersão pluralista na indeterminação e no acaso, como

---

[6] Para um testemunho recente da continuada vitalidade da frase, ver Early, 1993, que convoca um grupo de escritores afro-americanos a responder à frase de Du Bois.

[7] Para um sumário útil da história intelectual ligada à frase, ver Bruce, 1992. Para uma brilhante leitura da frase no contexto do primeiro capítulo de As almas do povo negro e na carreira de Du Bois como um todo, ver Holt, 1990.

efetivamente uma anarquia filosófica cuja lição para Du Bois, o cientista social, era que "ele não poderia ficar de fora e estudar *in vacuo*". Abandonando o isolamento de uma teoria do conhecimento de tipo 'espectador' (para tomarmos emprestada a frase de Dewey), Du Bois se abriu para um "certo desafio formigante de risco" (Du Bois, 1944, 57, 58).

A frase decididamente jamesiana de Du Bois é adequada, pois descreve o comprometimento visceral de seus escritos durante vinte e quatro anos (1910-1934) como editor do jornal *The Crisis* ["A Crise"] da NAACP. Ele chama sua obra naquele quarto de século de "sociologia" que foi inspirada pelo "pragmatismo jamesiano". Tenho citado trechos de uma notável porém raramente citada retrospectiva de carreira de 1944, "Meu programa em evolução para a liberdade negra". Ela mapeia as várias "readaptações" que ele improvisara no decurso de sua carreira. Sua sociologia pragmatista conta como uma revisão extremamente dramática, pois coloca Du Bois "no meio da ação" e de uma "contínua e caleidoscópica mudança de condições". O passo agitado da "quente realidade da vida real" tornou ultrapassado seu "prévio programa puramente científico" (seus estudos da Universidade de Atlanta) antes mesmo de ser analisado (Du Bois, 1944, 56). Movida pelo imediatismo jornalístico, a sociologia pragmatista de Du Bois não tenta descobrir leis físicas de ação, mas sim "medir o elemento de Acaso na conduta humana". Na direção de *A Crise*, Du Bois "enfrentava situações que clamavam – guinchavam – pela ação", se a "morte social" fosse para ser evitada, e isso não deixava tempo para o teste paciente da observação científica. Conduto, tampouco ele podia simplesmente trabalhar "rápida e furiosamente" por "intuição e emoção"; assim, Du Bois busca ser responsivo ao puro desenrolar dos eventos, enquanto busca simultaneamente o "conhecimento ordenado" do problema racial, que seria fornecido pela "pesquisa e observação incansável" (57). Du Bois está trabalhando na parcela mínima da ciência pragmatista como interpretada por James: seu esforço é praticar a ciência como uma imersão na experiência bruta e uma reflexão sobre esta experiência, em vez da ciência enquanto preocupada com a verificação técnica e uma objetividade especiosa.

Resumindo sua postura pragmatista, Du Bois escreve: "Eu era continuamente o cirurgião sondando cegamente, mas ainda assim com todo o conhecimento e habilidade que eu podia reunir, em busca de uma doença desconhecida" (Du Bois, 1944, 58). Essa é uma metáfora da crise, da autoridade desprovida de autoridade e flertando com o caos à medida que enfrenta os riscos da experiência indomada em um "mundo nômade e vagabundo, à deriva no espaço". Estas são as palavras de James descrevendo o universo pragmatista, onde Du Bois retraduziu a autoridade com o permanente risco implícito do caos. Acima de tudo, o pragmatismo inspira em Du Bois um modo de conduta que concorda precisamente com a mobilidade de sua "dupla consciência" de "lutas irreconciliadas", uma tensão que Du Bois internaliza como a estrutura de sua visão. Sociólogo, historiador, romancista, ensaísta e poeta, a carreira de Du Bois é uma carreira de viradas, de encontrar a liberdade em momentos de transição, de se mover nos interstícios. Cético em relação àquilo que é pré-ordenado, preferindo improvisar sob a pressão de circunstâncias históricas em mutação, Du Bois declarou que "nenhuma ideia é perfeita e válida para sempre. Sempre apósita e oportuna, ela deve ser modificada e adaptada aos fatos em mutação" (Du Bois, 1986, 336, 776).

Ele não só teorizou este historicismo, mas agiu sobre ele. De fato, Du Bois deu a declaração acima para explicar uma das mais controversas decisões de sua carreira – seu esforço de 1934 para revisar a razão de ser da NAACP [National Association for the Advancement of Colored People, isto é, "Associação Nacional para o Avanço das Pessoas de Cor"]: o comprometimento com a integração racial e a oposição à segregação. Esse objetivo sagrado de 1910 deve ser interrogado à luz daquilo que a história revela – que o resultado final da campanha contra a segregação "foi pouco mais do que nada" (Du Bois, 1986, 1241). Para se inserir novamente no presente em movimento, aquela "zona de insegurança nos assuntos humanos", como James o chamava, Du Bois estava disposto a se expor a acusações previsíveis (e não historicistas) de trair sua própria identidade como um valente lutador pela igualdade. A NAACP o expulsou depois que ele tentou perturbar sua identidade a partir de dentro, instigando a segregação econômica voluntária. Apesar de ter plena consciência de estar "tocando uma velha e sangrenta ferida no pensamento negro", Du Bois esperava transformar a segregação, de um tradicional "distintivo de servidão", em um de autorrespeito (777). Um cirurgião sondando cegamente, Du Bois está disposto a arriscar a dor de reabrir feridas, arrancar cascas de hábito tornadas endurecidas, de limitações e identidades tornadas escleróticas, tudo em um esforço para enunciar novamente o estado bruto da experiência prenhe de possibilidade e potencial. Ao tomar sobre si mesmo o "desafio formigante do risco", Du Bois transformou o legado de James em um modo de ser livre em um mundo determinado a aprisioná-lo.

17 Pragmatismo, política e o corredor

Harvey J. Cormier

Em *Pragmatismo* [*Pragmatism*], William James diz que o método pragmático

> se encontra no meio de nossas teorias, como um corredor em um hotel. Inumeráveis aposentos se abrem a partir dele. Em um você pode encontrar um homem escrevendo um volume ateísta; no próximo, alguém de joelhos rezando em busca de fé e força; em um terceiro, um químico investigando as propriedades de um corpo. Em um quarto um sistema de metafísica idealista está sendo imaginado; em um quinto, a impossibilidade da metafísica está sendo mostrada. Mas todos eles possuem o corredor, e todos devem passar por ele se querem uma maneira praticável de entrar ou sair de seus respectivos quartos *(P, 32)*.

James identifica esse método com o princípio segundo o qual "para desenvolvermos o significado de um pensamento, precisamos apenas determinar que conduta ele é destinado a produzir: aquela conduta é para nós sua única significância" (*P*, 29). Isto é, se queremos saber o que uma teoria significa, se é que ela significa algo, devemos descobrir o que ela nos diz para *fazer*: uma diferença que não faz nenhuma diferença prática *não é* uma diferença. Esse princípio é um "corredor" de conceito a conceito, ou de teoria a teoria, no sentido de que fornece um modo concreto de adentrar ou compreender um dado pensamento ou teoria e de sair dele para testá-lo e compará-lo com outros.

A versão do pragmatismo de James também contém uma teoria da verdade. Essa teoria, segundo a qual o "verdadeiro" nomeia "o que quer que se prove bom em termos de crença" (*P*, 42), é certamente a mais famosa dessas ideias, e sua elaboração é uma das contribuições distintivas de James para o movimento pragmatista. De acordo com aquilo que chamamos de pragmatismo jamesiano, portanto, o "corredor" é um meio de avaliação e, crucialmente, de fuga. As teorias e conceitos devem ser adentrados compreendendo-se a conduta que eles requerem e abandonados de uma vez por todas se eles conduzirem consistentemente a uma conduta má ou improdutiva, ou a nenhuma conduta. As teorias sobre as quais podemos descansar, as teorias "verdadeiras", conduzem, *ceteris paribus* e a longo prazo, a coisas proveitosas e a uma vida melhor.

Essa teoria filosófica tem suas perplexidades e simplicidades enganadoras, mas penso que ela é fundamentalmente direta e compreensível e que o trabalho verdadeiramente difícil de compreender o pragmatismo é compreender a oposição. Ou, pelo menos, que a coisa difícil é compreender o pragmatismo em relação a sua oposição e ver como esse conjunto comparativamente simples de ideias levanta um desafio para o pensamento filosófico muito complexo. Tento, portanto, na discussão que se segue, explicar o lúcido em termos do mais obscuro. Descrevo algumas das críticas políticas marxistas ao pragmatismo jamesiano que são oferecidas de passagem por Antônio Gramsci e em detalhes pelo aderente de Gramsci, Cornel West, e ofereço uma resposta. Espero que ao longo do caminho eu torne mais clara a natureza do corredor pragmático entre as teorias, e os usos que esse corredor possa ter até mesmo para os pensadores políticos.

Pragmatismo, realismo, idealismo

No fundo, o que tanto Gramsci quanto West criticam no pragmatismo de James é aquilo que eles criticam em outras filosofias mais tradicionais, a saber, uma relativa falta de engajamento com as condições políticas e sociais concretas e de pé no chão. Isso pode parecer surpreendente: a filosofia de James exibe um foco tão ligado ao mundo real e aos fatos que os leitores às vezes a percebem como irreflexiva e sem princípios, e, portanto, "não-filosófica". James estava determinado a oferecer teorias do significado e da verdade que concordassem com os modos como as pessoas reais – "geólogos, biólogos" e filólogos, por exemplo – realmente e de fato desenvolvem ideias e crenças (*P*, 34).

Além disso, James começa o *Pragmatismo* com uma alusão a críticas de base política que podem ser feitas a visões filosóficas não pragmáticas. Eles se refere a um panfleto chamado *Submissão Humana* escrito por "aquele valente escritor anarquista Morrison I. Swift": Swift nos conta a respeito de John Corcoran, um funcionário que perdeu seu emprego devido a uma enfermidade e que, depois de gastar suas poucas economias e de ter sido despedido de um emprego temporário removendo neve, voltou para casa para descobrir que sua esposa e suas crianças haviam sido expulsas e estavam sem comida. Corcoran se envenenou no dia seguinte. Swift deplora os "ingênuos e bem-alimentados pensadores" Royce e Bradley por sua ideia racionalista de que os sofrimentos humanos como esse contribuem para a absoluta bondade do mundo, e James concorda que os bem-ordenados princípios da filosofia moral e da epistemologia racionalista não podem ser mais que uma distração em relação às dolorosas e complicadas experiências da vida em "nosso regime civilizado" (*P*, 20-23).

Não obstante, o pragmatista pode ainda ser desesperançadamente desengajado do mundo real se o pragmatismo for um tipo de idealismo. O idealismo foi o alvo filosófico original do marxismo: foi Hegel que Marx "virou de cabeça para baixo" e atacou por causa de um tipo de irrealismo de outro mundo.[1] E se alguém pensa no pragmatismo como um método de interpretar e criticar crenças e ideias unicamente em termos da bondade ou satisfatoriedade destas para nós, crentes humanos, é fácil concluir que, apesar da crítica de James a Royce e Bradley, o próprio pragmatismo deve ser um tipo de idealismo insuficientemente apreciativo do mundo concreto e coercitivo que se encontra além de nossos pensamentos, linguagem e desejos. Penso que Gramsci e West concluem algo semelhante, e que é por isso que eles rejeitam, em última instância, o pragmatismo de James. Con-

---

[1] No segundo capítulo de West, 1991, há uma útil discussão da renúncia do jovem Marx em relação a seu próprio hegelianismo "jovem" ou "de esquerda" em favor de visões mas "radicalmente historicistas" e politicamente agressivas.

sideremos, portanto, as conexões entre pragmatismo, realismo e idealismo antes de tentarmos avaliar as críticas de Gramsci e West.

As crenças são tornadas verdadeiras, em uma imagem filosófica realista, por uma relação com fatos e objetos que são "exteriores" e independentes da mente. Os filósofos "idealistas" olham "para dentro", para o conteúdo da mente, em busca dos produtores (ou produtor, conforme o caso) da verdade, mas não para fatos ou objetos que dependem daquilo que qualquer pessoa individual concreta pensa. Tanto os realistas quanto os idealistas distinguem entre crenças verdadeiras e falsas acerca do mundo, sem referência às crenças e aos crentes individuais: ambos os tipos de filósofos consideram como dado que o objetivo das crenças individuais – um objetivo que as crenças podem e frequentemente falham em alcançar – é a representação correta destas entidades que independem das crenças individuais (ou, no caso dos idealistas hegelianos, de uma única Entidade, que independe das crenças individuais e é semelhante à mente de Deus). Contudo, James ataca essa ideia, e assim desafia tanto o realismo quanto o idealismo em todas as suas variedades racionalistas e empiristas.

Ele faz isso quando critica a ideia hegeliana da verdade como existindo *ante rem* ou "antes das coisas" (cf. *P*, 104-107). James reclamava que os hegelianos consideravam a verdade como uma relação que existia de algum modo como um "*tertium quid* ['terceiro elemento'] intermediário entre os fatos *per se*, por um lado, e todo o conhecimento a respeito deles, atual ou potencial, por outro" (*P*, 322). Ele oferecia em resposta uma imagem naturalista da verdade como uma "função" ou um "hábito" que existe *in rebus* ou "nas coisas" – as "coisas" aqui sendo as próprias crenças verdadeiras.[2] Para James, a

---

[2] A imagem do hegelianismo apresentada por James pode não representar acuradamente a posição real de alguém: James tinha sentimentos mistos acerca de sua própria compreensão de Hegel e culpava os "abomináveis hábitos de fala" de Hegel. As visões de Hegel também podem ter se alterado ao longo de suas diferentes obras. De qualquer modo, essa explicação reflete ao menos a compreensão que James tinha das tendências transcendentalistas especialmente no Hegel da *Ciência da Lógica* e da *Pequena Lógica* e a visão que James tinha de sua oposição hegeliana americana, especialmente Josiah Royce. Cf. Conferências 2 e 3, sobre Hegel e os hegelianos, em *PU*.

verdade existe dentro das "verdades" ou crenças como uma função ou hábito de produzir boas consequências experienciadas. Ela não é um conjunto de espaços vazios reservados, aguardando pacientemente que as crenças venham e se encaixem neles: a verdade vem e vai com as crenças concretas que a contêm e com as pessoas individuais que geram estas crenças através de interações com o mundo e com outras pessoas. Ela é uma função interna das crenças humanas, uma coisa que algumas crenças às vezes *fazem*.

James pensa que temos uma tendência de tratar as palavras com "-th", como *strength* ["força"] e *truth* ["verdade"], como nomes de coisas abstratas separáveis de outras instanciações e sublimemente não afetadas pelas circunstâncias prementes e mutáveis que as tornam valiosas. Mas a verdade, diz James, não é uma "relação" fixa abstrata mais do que a força é uma qualidade abstrata independente. É óbvio que, sem pessoas particulares envolvidas em vários eventos concretos de levantamento de pesos pesados, nenhuma força jamais viria a existir; e, de modo igualmente claro, ninguém se importa com a força exceto na medida em que ela torna possíveis outros eventos concretos similares. Analogamente, sem crentes individuais, sem suas crenças e sem os eventos concretos nos quais algumas destas crenças encontram a realidade que experienciamos e são "verificadas" pelo encontro, nenhuma verdade viria a existir. Pelo menos nenhuma verdade do tipo com que nos importamos, o tipo que de fato nos ajuda na vida, viria a existir. Esse tipo de verdade existe apenas *dentro* das crenças individuais ou "verdades" que nós, crentes, geramos, residindo ali como um "hábito" mutável e sujeito ao tempo que essas verdades têm – o hábito de serem verificadas ou de se tornarem úteis. Para adaptarmos a terminologia de Donald Davidson e Richard Rorty, as crenças verdadeiras não são "tornadas verdadeiras" por nenhuma relação exterior, abstrata e racionalisticamente descobrível com o mundo (ver Rorty, 1986).

Assim, o pragmatismo, como o marxismo, origina-se em um confronto com o racionalismo hegeliano. A principal motivação do argumento acima é a defesa da pessoa individual, das experiências individuais e da liberdade individual em relação ao "abstracionismo vicioso" que James associava à visão hegeliana da verdade: James pensava que o idealismo monista hegeliano declarava os indivíduos genuinamente separados e as experiências individuais como irreais e negava assim o poder dos indivíduos de reagirem livremente às suas experiências únicas e de realmente tornar o mundo melhor. O mundo não poderia ser possivelmente tornado melhor na visão hegeliana, porque ele era "simples, limpo e nobre": sua absoluta bondade podia ser logicamente – e, pensava James, enganosamente – demonstrada juntamente com sua total unidade (cf. *P*, 17-18). James queria atacar essa imagem do mundo, desafiando sua imagem da verdade como uma relação racionalmente cognoscível independente da crença e da experiência individuais, e mostrando como os indivíduos e suas experiências discretas no tempo eram pré-requisitos para a própria existência da verdade.

Contudo, James não atacou a narrativa idealista de Hegel oferecendo uma outra narrativa tradicionalmente realista em resposta. Em vez disso, ele criticou todo o debate entre realismo e idealismo. Este era (e ainda é) um debate sobre quais tipos de objetos são representados por nossas ideias, crenças e palavras verdadeiras. A resposta de James tanto aos realistas quanto aos idealistas é, com efeito, que essa é a pergunta errada. A verdade, nosso objetivo no pensamento e na fala, é mais bem compreendida não como uma representação de quaisquer tipos de objetos, mas antes como a utilidade na resolução de problemas. O objetivo de aperfeiçoar nossa busca pela verdade, de acabar com as disputas sem sentido e de integrar nossas diferentes visões das coisas é mais bem servido por esta concepção pragmática.

Marx, assim como James, criticou não apenas o idealismo, mas todo o conflito filosófico entre realismo e idealismo, e ele, também, fez isso prestando mais atenção do que os filósofos idealistas ao modo como os problemas são resolvidos de fato no mundo "material" da natureza e da ação humana. A famosa décima primeira de suas "Teses sobre Feuerbach" – "Os filósofos apenas *interpretaram* o mundo de várias maneiras; o ponto, contudo, é *mudá-lo*" – soa como uma nota claramente pragmática. Marx deplora a teorização vazia e abstrata e clama pela discussão de condições e práticas no mundo público, com o objetivo de modificar estas condições e práticas se elas forem confusas ou "contraditórias". Apesar disso, contudo, as críticas ao pragmatismo oferecidas pelos "filósofos da práxis" Gramsci e West são paralelas à crítica de Marx ao idealismo hegeliano. Voltemo-nos agora para a consideração destas críticas.

Gramsci e os pragmatistas

Tanto Gramsci quanto West aplaudem os esforços de todos os pragmatistas de desafiar as tendências anti-históricas da filosofia tradicional. Estas tendências, nas visões de Gramsci e West, levam a filosofia a negligenciar ou mesmo a ajudar a ocultar as injustiças do mundo político. E West sustenta que sua própria visão, o "pragmatismo profético", leva o pragmatismo a um nível ainda maior de engajamento político. Mas Gramsci associa o nome de James a um esforço filosófico para reformar a "linguagem", o qual está fadado ao fracasso; e West pensa que a versão do pragmatismo de James é uma visão imatura, ingenuamente otimista, que presta atenção demais ao indivíduo e às suas crenças. Estas críticas, quando examinadas mais de perto, assemelham-se à crítica política do marxismo ao idealismo. Tentemos determinar se elas são justas.

Gramsci pensa a filosofia como "uma batalha cultural para transformar a 'mentalidade' popular" (Gramsci, 1971, 348). Gramsci enfatizava a importância desse tipo de batalha cultural para fins políticos marxistas. Ele é um dos marxistas que transformaram o conceito de "ideologia" – originalmente um termo negativo para a imagem distorcida que o capitalismo forma do mundo moral e social – em um rótulo para todas as formas de consciência social e cultural, incluindo o próprio marxismo. O teórico gramsciano enxerga, consequentemente, sua luta com a sociedade política como em parte uma disputa de vontades e ideias. Gramsci não é um praticante do "economismo grosseiro": ele não considera que o simples autointeresse baseado na classe esteja no fundo de todas as ações políticas e de todo pensamento (163 ss.). Ele reconhece a habilidade de uma classe dominante para governar através da liderança moral e intelectual e de compromissos inteligentes com aliados das classes inferiores. Essa "hegemonia" inclui o intercâmbio de ideias filosóficas, um importante aspecto da ideologia no qual não apenas os intelectuais, mas todos os pensadores e usuários da linguagem, envolvem-se em alguma medida. Esse tipo de liderança, compromisso e intercâmbio de informações resulta no consentimento dos governados, e Gramsci interpreta em última instância o papel histórico especial do proletariado como a expansão desse consentimento ou como o desenvolvimento de uma sociedade "regulada", e a diminuição da coação política.[3]

O pragmatismo de James é, na teoria de Gramsci, apenas uma de "numerosas correntes idealistas" que absorveram elementos marxistas, refletindo os esforços dos intelectuais "puros" para "moderar um excesso de filosofismo especulativo com... [um] realismo historicista", isso no interesse de manter a hegemonia (389-390). Sobre o compromisso de James de pensar em termos de diferenças práticas, Gramsci diz: "Pode-se ver a partir disso a imediaticidade do politicismo filosófico dos pragmatistas... O pragmatista... deseja se atar imediatamente à prática" (372-373). E essa conexão imediata com a ação estabelece o pragmatismo como um "'partido ideológico' em vez de um sistema de filosofia" (372). Ela torna o pragmatismo, assim como a "filosofia da práxis" marxista, uma maneira de motivar a ação no mundo social.

Contudo, as semelhanças terminam na conexão com a ação. Gramsci considera o pragmatismo como sendo principalmente um esforço para reformar a linguagem a fim de evitar disputas filosóficas ilusórias e assim supostamente remover, de um modo quase positivista, os obstáculos que as confusões filosóficas e as ressacas religiosas podem impor à ação racional e moral. Mas Gramsci pensa que esse esforço de reforma linguística tem de falhar, porque ainda reflete um envolvimento insuficiente com o mundo público e objetivos políticos insuficientemente revolucionários. O pragmatismo manifesta "a ausência de uma concepção crítica e historicista do fenômeno da linguagem", e isso leva a "erros tanto no campo prático quanto no científico" (451). Quando os pragmatistas nos conduzem a evitar disputas vazias ao compreendermos os conceitos em termos de consequências práticas, eles apenas "teorizam abstratamente sobre a linguagem como uma fonte de erros". Essa teorização "abstrata" não será proveitosa, porque "A linguagem é transformada com a transformação de toda a civilização", e a teoria pragmática não fomentará a mudança social amplamente difundida.

---

[3] Uma discussão detalhada destas questões pode ser encontrada em Mouffe, 1979.

Gramsci pensa, de modo bastante curioso, que, por causa da origem histórica anglo-saxã e protestante do pragmatismo, os filósofos alemães e italianos – tanto os idealistas quanto os marxistas – fizeram e farão todas as contribuições importantes nessa disputa. Nos países católicos, a religião e a cultura prática cotidiana foram tão firmemente separadas que os filósofos, que são pensadores do lado religioso da linha, não podem pensar em si mesmos como lidando imediatamente com o prático: eles lidam com questões "mais altas". Não existe tal divisão entre os protestantes anglo-saxões, e, portanto,

> o tipo de filósofo italiano ou alemão é mais "prático" do que o pragmatista que julga a partir da realidade imediata, frequentemente no nível mais vulgar, pois o alemão ou italiano tem um objetivo mais alto, fixa suas visões em um nível mais alto e tende... a elevar o nível cultural existente. Hegel pode ser considerado o precursor teórico das revoluções liberais do século XIX. Os pragmatistas no máximo contribuíram para a criação do movimento do Rotary Clube e para a justificação de movimentos conservadores e reacionários (373).

Assim, na visão de Gramsci, o pragmatismo é um idealismo que não é idealista o suficiente para ser realista: ele é uma tentativa de produzir uma mudança cultural que não pode ser bem-sucedida, porque está concentrada demais no concreto e no particular, e portanto não pode conter a visão moral ou social mais grandiosa necessária para a mudança genuína.

A CRÍTICA GRAMSCIANA DE WEST

Em seu livro *A evasão americana da filosofia*, West reivindica afinidades com Gramsci e suas críticas aos pragmatistas históricos. Ao expor sua própria visão, West oferece um tipo de manifesto pragmatista: "*O objetivo de um neopragmatismo sofisticado é pensar genealogicamente acerca de práticas específicas, à luz das melhores teorias sociais, críticas culturais e* insights *historiográficos disponíveis, e agir politicamente para alcançar certas consequências morais à luz de estratégias e táticas efetivas*" (West, 1989, 209; ênfase no original). Assim, o pragmatista contemporâneo deveria deixar para trás o velho objetivo de demolir a filosofia tradicional e se encarregar, em vez disso, dos males políticos do presente.

As teorias filosóficas transcendentalizantes da tradição ocidental caíram sob uma onda de criticismo tanto na América quanto na Europa. West descreve essa onda como uma borbulhante rejeição do filosofar de poltrona em favor de novas teorias que abordam questões sociais, políticas e morais concretas a partir de perspectivas moldadas pela teoria literária, pela economia, pela sociologia, e pelo restante das humanidades e ciências sociais. West localiza a si próprio no interior desse movimento e anuncia um novo pragmatismo, um pragmatismo politizado que oferece uma "genealogia heterogênea" ou uma teoria historicista que reconhece diferenças praticamente significativas não apenas entre os indivíduos, mas entre pessoas *em diferentes grupos políticos*.

West reconhece que os ideais democráticos deveriam operar e operam na epistemologia e na política pragmáticas, mas ele aponta que, por exemplo, "nenhum [dos pragmatistas originais] enxergou o racismo como contribuindo enormemente para os impedimentos tanto à individualidade quanto à democracia" (147). Ele acusa amargamente os pragmatistas como James de "alcovitar piedades da classe média" (66) e de uma cegueira em relação aos "apuros dos miseráveis da Terra, a saber, a maioria da humanidade que não tem nenhuma propriedade ou riqueza, que não participa de nenhum acordo democrático e cujas individualidades são massacradas pelo trabalho duro e por ásperas condições de vida" (147-148). O pragmatismo ao mesmo tempo depende e argumenta a favor da liberdade e das habilidades de resolução de problemas dos indivíduos. Quando confrontado com os duros fatos políticos acerca das vidas de muitos dos habitantes do mundo, o pragmatismo pode parecer ingênuo e trivial, especialmente se sua explicação da origem e justificação das crenças e da linguagem negligencia a menção explícita a estes males sociais. Um pragmatismo sofisticado, pensa West, parará de tratar as pessoas simplesmente como crentes e usuários de linguagem com pequenos problemas particulares para resolver de modo gradual e começará a se concentrar neles como objetos ou impositores de uma dominação de larga escala.

West enxerga James e os outros filósofos pragmatistas como, segundo o termo de Gramsci, "intelectuais orgânicos": eles desestabilizaram o *status quo* moral e tanto refletiram quanto energizaram um grupo de indivíduos capazes de produzir mudanças sociais. Eles não escreveram como usuários desinteressados da razão pura: seu estatuto como membros particulares de um grupo social particular era explícito em seus escritos, assim como o era seu contagiante desejo pessoal por mudanças na maneira como aquele grupo vivia. Eles eram, contudo, muito individualistas e indiferentes aos problemas mais profundos dos seres humanos a seu redor para serem realmente efetivos. Eles se recusaram a participar de associações políticas radicais e permaneceram comprometidos de modo temeroso e míope com as estruturas fundamentais de uma América "civilizada".

Em particular, James era fundamentalmente motivado por um desejo de colocar "distância" entre suas visões e "a classe trabalhadora, as mulheres e as pessoas de cor" (62). A peça central da evidência de West a esse respeito é a "crucial e peculiar" conferência de James "O valor social dos universitários" ["The Social Value of the College-Bred"]. Ali James diz que:

> O senso de superioridade humana deve, portanto, ser considerado nossa linha, como a perfuração de túneis é a linha do engenheiro e a do cirurgião é a apendicite... A melhor alegação que podemos fazer a favor da educação superior é que... ela deveria permitir-nos conhecer um bom homem quando o vemos... Em nossa democracia, enquanto tudo mais é tão mutável, nós alunos e alunas das faculdades somos a única presença permanente, que corresponde à aristocracia nos países mais antigos... e, diferentemente deles, nós defendemos interesses ideais apenas, pois não temos nenhum egoísmo corporativo e não exercemos nenhum poder de corrupção. Deveríamos ter nossa própria consciência de classe. "Les intellectuels!" (*ECR*, 108-110; ver West, 1989, 62)

West considera que essa passagem revela claramente uma atitude patrícia e discriminatória que tinge o pragmatismo de James de modo geral.

A resposta de West a estas observações é, no mínimo, precipitada. Ele condena o "elitismo" delas (62), embora pareça claro que James está declarando que as pessoas educadas nas faculdades são uma "aristocracia" apenas no sentido de que elas são as melhores em *reconhecer* os melhores homens e mulheres, não no sentido de que eles próprios *são* necessariamente os melhores. West pergunta sobre essa classe educada: "Nenhum egoísmo? Nenhuma corrupção?". Mas James diz apenas que não há nenhum egoísmo "corporativo" da parte desse grupo, provavelmente querendo dizer que poucos interesses serão compartilhados por todas as diferentes pessoas que conseguem obter diplomas universitários; e James diz que eles não exercem nenhum *poder* de corrupção, pretendendo sem dúvida indicar que eles carecem do poder legislador da nobreza do velho mundo. E quanto à ideia de que as pessoas trabalhadoras, as pessoas de cor e as mulheres são intencionalmente excluídas dessa aristocracia, mesmo supondo-se que James não conhecia nenhuma pessoa da classe trabalhadora que houvesse alguma vez conseguido passar raspando e obter um diploma de qualquer faculdade, ele conhecia pelo menos uma pessoa de cor no grupo, pois seu aluno W. E. B. Du Bois já tinha seu *Ph.D.* na época em que James deu seu discurso; e é difícil ver como James poderia ter pretendido excluir as mulheres ao ministrar essa palestra à Associação Americana de *Alunas*, conforme elas se reuniam em Radcliffe.

Ainda assim, qualquer que seja a psicologia *por trás* do pragmatismo de James, West quer também fazer como fez Gramsci, e localizar impedimentos à revolução no interior do próprio pragmatismo. West pensa que a teoria da verdade de James, com seu apego "conservador" ao corpo de crenças prévias, constitui um "gradualismo" e reflete "uma preocupação com a continuidade", que "minimiza o rompimento e impede a subversão" (65). West cita a afirmação de James no *Pragmatismo* de que qualquer explicação verdadeira de uma nova experiência irá sempre, como uma parte essencial de seu ato de "funcionar", de ser "verificada" ou de ser verdadeira, "[preservar] o estoque antigo de verdades com um mínimo de modificação, distendendo-as apenas o suficiente para fazê-las admitir a novidade" (*P*, 35; ver West, 1989, 65). West parece pensar que esse compromisso com (a maioria dos aspectos do) *status quo* epistêmico atrapalhará os esforços para desestabilizar o *status quo* político – ou pelo menos fará isso a menos que politizemos mais essa narrativa e levemos em conta as condições políticas ocultas que moldam tanto os indivíduos que buscam a verdade quando os estoques de verdades prévias com os quais eles iniciam a busca.

"O estoque de verdades mais antigo": isso é equivalente, para James, ao conjunto inicial de crenças com o qual iniciamos nossas investigações. Isto é, por sua vez, o mesmo que aquilo que normalmente pensamos e afirmamos sobre as coisas no mundo, ou o modo como concebemos as coisas. Em outras palavras, isto é nossa "filosofia" ou nosso sistema conceitual; e "nosso sistema conceitual" é também um modo tão bom quanto qualquer outro para pensarmos nossa "linguagem". Gramsci reconhece algo semelhante a esse conjunto de equivalências quando ele diz que "a linguagem também significa cultura e filosofia (mesmo que apenas no nível do senso comum)" (Gramsci, 1971, 349). Quando reconhecemos isso, é fácil enxergar que tanto Gramsci quanto West defendem aquele que é no fundo o mesmo ponto: se o pragmatismo há de alguma vez realmente deixar para trás os debates filosóficos estéreis e deixar de ser um obstáculo menor à mudança séria e benéfica, ele deve deixar para trás sua obsessão insular com a linguagem – verdades estabelecidas, crenças antigas – e voltar o olhar para uma realidade política mais inclusiva.

A política e o mundo além da crença

O pragmatista sofisticado, na visão de West, nunca perderá de vista as condições extralinguísticas que puxam os fios de nossos jogos de linguagem e controlam a formação de nossas crenças. A linguagem não constitui ou controla os "modos de produção" ou outros determinantes extralinguísticos de poder. Nós, usuários de linguagem, precisamos dos estruturalistas, dos pós-estruturalistas e dos pragmatistas politicamente orientados para nos ajudar a ter consciência da "materialidade" da linguagem ou de sua localização entre o restante das coisas que são movidas por forças econômicas, físicas e políticas. Agora que temos essa consciência, podemos começar a olhar para além da linguagem ou de nossas "verdades" prévias, visando os poderes duradouros que controlam nossos "vocabulários transitórios" (ver West, 1989, 209).

É claro que os pragmatistas proféticos também não cometem o erro de serem realistas ou fundacionistas: eles reconhecem a falibilidade humana e se recusam a tomar qualquer vocabulário ou conjunto de crenças como fundamentalmente justificado por uma relação direta e inconfundível com a realidade. Mas embora nossas tentativas de conhecer o mundo físico e social em detalhes sejam sempre propensas ao erro, podemos ainda nos voltar para nossas teorias sociais mais bem desenvolvidas e tentar usá-las para motivar a *ação*, intervenções no mundo público que irão ao mesmo tempo testar estas teorias e começar a melhorar nossas tristes situações políticas (209-210). O antifundacionismo não deveria transformar-se em uma fixação acerca da linguagem: a tarefa de um pragmatismo maduro pode incluir a crítica a uma falsa consciência linguisticamente induzida – como exemplificada, talvez, nas tendências idealistas ou não "profeticamente" pragmáticas de compreender a relação cognitiva humana com o mundo em termos vagamente mentalistas de crenças e linguagem, em vez de em termos materiais de relações de poder – mas essa é a única relevância da linguagem ou da verdade para nosso novo projeto pragmatista.

A isso, contudo, o pragmatista jamesiano responderá que simplesmente não há alívio das perturbações e deformações das "verdades" prévias ou da linguagem, que devem figurar até mesmo nas explicações do mundo oferecidas por pensadores políticos revolucionários. Na visão do pragmatista, *toda* consciência é "falsa", no sentido de que ela é ao menos parcialmente linguística ou ao menos parcialmente um produto de "verdades" humanamente verificadas. A consciência nunca é uma reação pura ao mundo extralinguístico de coisas e fatos.

James levanta esse ponto quando ele descreve a "realidade" que conhecemos e da qual falamos em nossas verdades como consistindo de três partes, umas das quais abrange "as *verdades prévias* que toda investigação leva em conta" (*P*, 118; ênfase no original). As outras partes, se é que tais coisas realmente existem fora e além do reino da verdade, constituem o "cerne" da realidade, o estofo mudo que nós conhecedores revestimos com organizações e classificações de nossa própria lavra. Estas outras partes da realidade são descritas como "sensações" e suas relações, embora James interprete as "sensações" de modo suficientemente amplo para que este "cerne" das coisas percebidas possa vir a se revelar como sendo aquilo que o "escolasticismo" identifica como "matéria" (cf. *P*, 120). James não tem nada definitivo a dizer sobre a existência desse estofo primordial e nem sobre a medida em que podemos teorizar filosoficamente sobre ele: ele insiste apenas que a derradeira explicação verdadeira sobre isso será, como a derradeira explicação verdadeira sobre qualquer outra coisa, "aquela que se prove mais satisfatória" (*P*, 120). Mas enquanto provisoriamente sustenta que este cerne primordial está lá fora, James diz que esta não é a única coisa à qual devemos responder quando nos dispomos a dizer coisas verdadeiras sobre a realidade. As sensações e relações nem mesmo chegariam à nossa atenção se não fosse pelas "verdades prévias" ou crenças anteriores nas quais elas chegam pré-revestidas.

James diz que

> toda hora traz seus... próprios fatos de sensação e relação, para serem verdadeiramente explicados; mas a totalidade de nossas lidas *passadas* com tais fatos já está fundada nas verdades prévias. É portanto apenas a menor e mais recente fração das primeiras duas partes da realidade que chega até nós sem o contato humano, e essa fração tem imediatamente de se tornar humanizada no sentido de ser ajustada... à massa humanizada que já está lá. Como uma questão de fato, nós dificilmente podemos absorver de todo uma impressão, na ausência de uma pré-concepção acerca de quais impressões podem possivelmente existir (*P*, 119).

Assim, paradoxalmente, a menos que já tenhamos organizado as coisas percebidas e suas relações essenciais e acidentais segundo nossos próprios esquemas categoriais para nossa própria conveniência, provavelmente jamais as notaremos em primeiro lugar; e mesmo que nós de algum modo atentemos para uma realidade "original" por si mesma, nós a acharemos "absolutamente muda e fugidia". Se tentamos dizer qualquer coisa a respeito dela, acabamos em última instância avaliando e discutindo um substituto dela que foi "peptonizado e cozinhado para nosso consumo" por nossas categorias e crenças prévias (*P*, 119-120).

Isso não acarreta que nossas próprias crenças e categorias sejam as únicas coisas para conhecermos no mundo. Novamente, estando ausente qualquer boa razão para dizer o contrário, James assume que a contribuição humana equivale a apenas uma parte do mundo real. Mas ele pergunta: "Será que o rio faz suas margens ou as margens fazem o rio? Será que um homem caminha mais essencialmente com sua perna direita ou com sua perna esquerda? Pode ser exatamente assim a impossibilidade de separar os fatores reais dos fatores humanos no crescimento de nossa experiência cognitiva" (*P*, 120). E, se é impossível fazer isso, a ideia de uma realidade além destes "fatores humanos" é vazia. Não há, portanto, nada em nossa experiência que possamos isolar como um item localizado atrás ou fora de nossos arranjos humanos de categorias, conceitos e crenças ou daquilo que Gramsci chama de nossa "linguagem". Podem *existir* tais itens, mas eles não têm nada a dizer por si mesmos. Eles não podem apontar a si mesmos, e nós não podemos discerni-los, de modo que todas as nossas tentativas de apoiar nosso discurso neles se tornam ociosas.

Assim, quando Gramsci e West criticam James por se preocupar demais com a linguagem e não o suficiente com os sombrios e envolventes poderes políticos que se encontram por trás dos assuntos humanos, eles traçam uma distinção vazia. Quando eles concentram sua atenção no mundo político e "material", o que eles veem ali é indistinguível da linguagem e das crenças que tanto interessam a James.

Para colocarmos isso de outro modo, Gramsci e West estão oferecendo uma nova "linguagem", um novo vocabulário e conjunto de afirmações que, na visão deles, finalmente pára de obscurecer aquilo que realmente acontece no mundo da ação. Em apoio à sua nova linguagem eles nos oferecem não mais discursos, mas a totalidade do mundo político.

Os pragmatistas até então falharam em apreciar totalmente a independência daquele mundo em relação à linguagem, e assim Gramsci e West passam a utilizar uma nova linguagem que é, pensam eles, melhor conectada com a realidade extralinguística, especialmente por ser melhor adequada para provocar e promover a *ação*. Mas como eles podem saber que essa nova linguagem tem essa conexão melhor com o mundo para além da linguagem? E por que deveríamos acreditar neles e adotar seu modo de enxergar as coisas?

Há três maneiras possíveis de responder a essas demandas de justificação. Primeiro, há o silêncio, refletindo o fato de que as afirmações concernentes à relação entre a linguagem e o mundo só podem ser *justificadas* na linguagem. Há, é claro, outras maneiras eficientes além de oferecer justificativas para fazer uma audiência falar de certa maneira ou aceitar certas afirmações: há a demonstração ativa das novas afirmações, por exemplo, para não mencionar a remoção dos dissidentes por meio de aprisionamentos ou execuções. Estas abordagens são compatíveis com a ideia de Gramsci de que "a totalidade da civilização" deve ser transformada através da ação antes que uma nova maneira de olhar para as coisas seja adotada. Mas a ideia de que estes métodos serão *sempre* possíveis, ou mesmo que eles funcionarão sempre, não é compatível com a ideia de Gramsci de que a "hegemonia" é necessária para se obter a cooperação das pessoas. Se às vezes há realmente uma necessidade do intercâmbio de ideias filosóficas, certamente ela virá à tona neste contexto particular. E, ademais, se a realidade extralinguística é, como diz James, "como um cliente que entregou seu caso a um advogado e depois tem de ouvir passivamente no tribunal qualquer relato de suas atividades... que o advogado achar mais conveniente fornecer" (*P*, 118), as demonstrações sem palavras estarão entre as realidades que não têm nada a dizer por si mesmas e serão portanto sujeitas a interpretações "convenientes" que não apoiam a nova maneira de olhar para as coisas. Assim, a ação inteiramente sem palavras provavelmente não será a maneira correta de abordar essas questões.

A segunda resposta possível é uma justificativa da nova linguagem *na velha linguagem*; ela é uma tentativa de explicar a ideia pouco familiar de que, digamos, a epistemologia pode ter algo a ver com os problemas sociais ao, por exemplo, apontar para problemas epistemológicos ou políticos familiares e explicar como eles podem ser resolvidos ou tornados menos prementes mediante o traçado desse tipo de conexão. Este é basicamente o procedimento do próprio James em seus escritos filosóficos e reflete sua ideia de que devemos lidar com a verdade prévia quando explicamos a realidade de novas maneiras. Esse é o máximo de "conservadorismo" que

James exigiria no modo de proceder. James diz que as novas crenças devem envolver um "mínimo de modificação" da antiga ordem intelectual, mas, é claro, um "mínimo" não precisa ser pouco. James não está aqui declarando aliança ao *status quo*: ele está apenas indicando nossa aversão real e geral a novas teorias que gratuitamente desconsideram nossas crenças prévias, as quais foram obtidas com dificuldades; e ele está sugerindo que, de acordo com nossos procedimentos reais, nossas melhores teorias novas se *comprometerão* com nossas teorias antigas.

Finalmente, o gramsciano poderia lidar com as questões acerca da justificação de suas novas visões explicando a relação entre sua nova linguagem e o mundo *na nova linguagem*, ignorando todas as nossas velhas ideias acerca da mente e do mundo e tomando como garantidas suas novas ideias acerca dos oprimidos e do mundo intelectual que apoia sua opressão. Somente essa terceira abordagem requer uma resposta do pragmatista jamesiano, que rapidamente apontará que essa justificativa é uma petição de princípios. É claro que os marxistas, como todo mundo, enxergam suas crenças como as melhores explicações possíveis do mundo além das crenças: de outro modo estes pensamentos particulares não seriam suas *crenças*. Ainda assim, Gramsci e West não podem justificar suas novas crenças e nem suas ações políticas mediante apelos a objetos ou obrigações que transcendem inteiramente as crenças e conceitos familiares, exceto, novamente, de modo circular. O pragmatismo de James de fato permite que se apele para o mundo além da linguagem em justificativa daquilo que é dito e feito, porque o pragmatismo não nega "idealisticamente" a existência de um mundo que transcende a crença. Não obstante, James trivializa qualquer resultado possível de qualquer gesto desse tipo, apontando que o mundo além da linguagem e da crença não pode adiantar-se e apropriar-se de quaisquer descrições dele próprio. As explicações ou justificativas de um novo modo de falar devem vir em uma ou outra linguagem humana, devem tomar algum conjunto de crenças como garantido e, a menos que estas justificativas venham em termos mais ou menos familiares, elas não são realmente justificativas.

Notem, além disso, que essa afirmação sobre a indisponibilidade do mundo além da "linguagem" não é simplesmente uma observação acerca da falibilidade humana. O realista metafísico mais obstinado normalmente insistiria na sempre presente possibilidade do erro humano a respeito de como é realmente o mundo além de nosso presente conjunto de categorizações e crenças. James, contudo, não está simplesmente advertindo que podemos estar errados, mas antes que não faria nenhuma diferença se estivéssemos certos. O pragmatismo de James sustenta que tanto nossas visões de mundo quanto as justificativas destas visões de mundo se originam em um mundo cujas características "não linguísticas" não são distinguíveis, segundo qualquer maneira baseada em princípios, de suas características "linguísticas", e que portanto até mesmo o gesto mais fantasticamente *bem-sucedido* além do reino humanizado da linguagem e da crença é fútil e vazio. Nenhum gesto desse tipo poderia justificar coisa alguma que pudéssemos dizer, e podemos obter toda a justificação que jamais poderíamos ter sem quaisquer gestos desse tipo.

Ainda assim, talvez West respondesse que embora os apelos ao mundo além de nossos vocabulários transitórios possam ser filosoficamente triviais nesse sentido de "petição de princípios", eles podem ainda ser importantes em um sentido mais pragmático ou estratégico: eles podem ser indispensáveis como um meio de motivar a mudança. West pensa que precisamos de uma maneira de perturbar a complacência que aflige nossas pequenas comunidades voltadas para o interior de si mesmas, e de abrir estas comunidades para a influência de forasteiros e "outros" de todas as variedades. Ele poderia dizer, ecoando Gramsci, que, para esse projeto político vital, precisamos de uma *teoria*, e não apenas de mais mudanças menores em nosso discurso, atamancadas e convenientes. Nessa teoria devemos colocar a linguagem em seu lugar comparativamente pouco importante e pensar nela como um fenômeno superficial, embora as condições abaixo da superfície possam ser mais complicadas do que qualquer dos grandes teóricos pensou que fossem.

Se não pensarmos na linguagem e na crença desse modo, pode faltar-nos a motivação para questionar nossas homilias sociais familiares e calmantes, e podemos não trabalhar duro pela mudança. Há grupos de seres humanos diversamente dispostos – mulheres, residentes do mundo em desenvolvimento, americanos de ascendência africana e outros – que estão vindo das margens para descrever, a partir de suas perspectivas únicas, contornos ocultos do mundo natural e social. As vozes destas pessoas detêm a melhor esperança do mundo para a produção de modos melhores e mais justos de falar e agir no futuro, e não podemos ouvir com cuidado e com plena seriedade àquilo que eles têm a dizer a menos que nos arranquemos de nossa autoabsorção filosófica. Os pragmatistas proféticos e os filósofos da práxis manterão, portanto, seus olhos no mundo público dos objetos, pessoas e sociedades; a excessiva ênfase pragmática sobre a linguagem ou sobre a "verdade" prévia conservada é uma ameaça de isolamento e estagnação política.

Mas será que o conservadorismo cognitivo de James, entendido corretamente, deveria realmente inclinar os indivíduos ao conservadorismo político complacente? Não consigo ver por que: o pragmatismo "conservador" não diminui de modo algum nossas urgentes responsabilidades morais para com os miseráveis. Você não precisa olhar "para além da linguagem" para ver em que estado absurdo o mundo se encontra; você não precisa pensar que as verdades fazem mais do que nos ajudar a manter outras verdades organizadas, a fim de enxergar que agora mesmo, política, econômica e moralmente, nós nos encontramos em tremenda necessidade de algumas novas verdades. Quando o jamesiano olha para todas essas vítimas de injustiças, ele se torna cônscio de que algo deve ser feito e que ao longo do percurso alguns pensamentos não familiares devem ser tidos e assimilados; mas o que o deixa saber isso não é o mundo além da verdade, da linguagem e da crença, mas antes a insatisfação que ele sente com a relação entre suas novas crenças observacionais (novas experiências pré-revestidas em categorizações bastante familiares) e todas aquelas outras crenças mais antigas às quais ele está tentando se agarrar. Ele sabe que algumas de suas crenças e classificações precisarão ser abandonadas, mas quais?

Este problema pode parecer muito solipsista para permitir qualquer solução não arbitrária. Felizmente, contudo, entre as novas crenças observacionais do jamesiano estará a percepção de que alguns daqueles seres humanos sofredores estão produzindo suas próprias visões do mundo utilizando suas experiências, exatamente como ele o faz. Ele será capaz de ver que as crenças de algum modo pouco familiares destas pessoas podem ser uma rica fonte a ser vasculhada por ele em busca de novas ideias, contanto que estes forasteiros compartilhem com ele um número suficiente de ideias familiares para que ele possa entendê-los e levá-los a sério. (Infelizmente, vez ou outra encontramos pessoas sofrendo porque são loucas, inválidas em termos de desenvolvimento ou massiva e irremediavelmente autoiludidas: elas são então incapazes de participar desse processo.) Uma consideração séria dessas ideias não precisa levar à sua adoção, é claro, e um jamesiano discordará fortemente de algumas ideias expressadas por pessoas que estão fora de sua comunidade particular de crentes. Ele pode até mesmo descobrir que, após concordar inicialmente com os forasteiros, ele deve posteriormente mudar de opinião, se as ideias deles não funcionarem melhor do que as suas o faziam. (Eles podem acabar revelando-se próximos demais de seus próprios problemas.) Mas de modo nenhum ele é impedido, por sua indiferença em relação ao mundo além da linguagem, de concordar com estes forasteiros e de trabalhar com eles para modificar as circunstâncias políticas. Seu "espírito crítico" não virá daquele mundo, mas antes de suas próprias convicções e das *vozes humanas* que ele não havia ouvido ou escutado antes.

Isso não representa uma abordagem atamancada, reconstrutiva e solucionadora de problemas individuais à filosofia. Não é feito nenhum apelo a um mundo que transcenda as preocupações individuais e os esforços locais de enfrentamento que utilizam a linguagem e o pensamento. Mas não há nenhuma razão para acreditar nas afirmações de Gramsci e West de que essa abordagem não nos deixa enxergar longe o suficiente para nos voltarmos para os problemas morais e políticos difundidos ou que ela não possa resultar em teorias adequadamente grandiosas ou radicais sobre o mundo social. Podemos ser especialmente breves ao lidarmos com a versão culturalmente chauvinista que Gramsci tem dessa ideia: embora o pragmatismo de James não seja um "cientificismo" ou uma visão que toma os métodos e assunções do cientista natural como sendo os únicos que podem levar à verdade genuína, James realmente baseou seu método geral, de "casar" as novas verdades com as velhas e de prestar atenção às consequências práticas nos procedimentos dos cientistas naturais em atividade (cf. *P*, 34-35); mas a ciência, é claro, não teve nenhuma escassez de revoluções radicais ou teorias cheias de generalizações ao longo de sua história. As ideias científicas revolucionárias são bem-sucedidas se elas *funcionam*; e, de modo semelhante, se uma generalização moral ou política radicalmente nova *funciona* para nós de alguma maneira prática, se ela se engaja com nossas crenças mais antigas e trabalha seriamente no processo da verdade, então ela também será uma "verdade" pragmática.

Além do mais, James famosamente insistiu que há tanto espaço na perspectiva pragmática para a teorização religiosa e moral abstrata da "mente tenra" quanto para a atenção científica aos particulares pregada pela "mente rija" (ver *P*, 9-26, por exemplo). Acontece apenas que se uma teoria abstrata se mostra *irrelevante*, de um ponto de vista prático, para aqueles particulares – e especialmente para *nós* –, essa é uma causa para rejeitar a teoria. Este, é claro, é exatamente o tipo de coisa que os marxistas dizem ao criticarem os hegelianos e os "filósofos" em geral. Isso não é uma rejeição de todo o pensamento abstrato, mas apenas do pensamento abstrato sem consequências no mundo da experiência e da prática. O meliorismo e conservadorismo cognitivo jamesiano não precisam, portanto, ter mais a ver com o fim do radicalismo moral e político do que as visões dos próprios Marx, Gramsci e West.

Conclusão

Nada do que foi dito até agora tem a intenção de depreciar os projetos de West ou de Gramsci para tornar mundana a filosofia e tornar filosófico o mundo ou para introduzir questões políticas em nossos pensamentos sobre o pensamento. Tampouco tive a intenção de apenas reprovar a erudição desses dois autores: Gramsci foi um prisioneiro político fisicamente enfermo sem nenhum acesso a uma biblioteca quando escreveu sobre James, e os principais objetivos de West ao discutir James são sociais e motivacionais em vez de filosóficos.

Em vez disso, meu alvo foi a ideia negativa de que trazer questões históricas e sociais específicas para dentro da filosofia é o objetivo pragmático "sofisticado" e que o interesse pragmatista pela crença e pela linguagem reflete apenas isolamento e complacência. Se é algo tolo e vão ignorar a política na tentativa de estudar a linguagem e o pensamento, é igualmente tolo e vão ignorar a linguagem e o pensamento na tentativa de estudar a política. Por isso a busca pela "verdade" jamesiana, uma busca que é tanto uma questão de tentar enxergar como podemos organizar e reconciliar nossos pensamentos quanto de apontar nossos erros materiais e derivar efeitos materiais a partir deles, é ainda uma coisa razoável para se pensar e uma coisa decente para se tentar realizar.

É claro que ela é compatível com a maturidade e o compromisso político de ser reflexivo acerca das maneiras como os preconceitos afetam até mesmo o pensamento e a atividade potencialmente revolucionários. Tal reflexão pode tornar-nos mais difíceis de sermos lançados precipitadamente em ações transformadoras que nos deixam menos "poderosos" ao invés de mais. E ela pode tornar-nos menos teimosos em nossas teorizações políticas e portanto mais capazes de avaliar ou criticar alternativas inteligentes.

Ademais, a crítica social mais mordaz por si mesma não produzirá sempre a mudança necessária, mesmo que instigue algumas pessoas ao ativismo social radical, porque essa atividade e mudança podem instigar ainda mais pessoas à contrarrevolução. Às vezes, nas questões políticas, será suficiente chamar atenção para circunstâncias materiais que até então ninguém notou ou sobre as quais ninguém pensou; mas às vezes o outro lado terá uma história diferente para contar a respeito destas circunstâncias e um comprometimento ferrenho com essa história. O que será urgentemente necessário então é *uma base comum a partir da qual argumentar e uma maneira de encontrar essa base comum*. Apontar de modo ainda mais indignado para um mundo oculto além das velhas crenças e insistir que nossos oponentes tentem com mais afinco equiparar seus pensamentos àquele mundo pode não resolver o problema: as pessoas que se preocupam com os oprimidos descobriram, em alguns casos desse tipo, que evidências ostensivas daquele mundo podem ser postas de lado como meros reflexos do modo como os ideólogos e vitimologistas compungidos enxergam as coisas. Quer dizer, eles descobriram que o mundo "material", considerado em separado da linguagem ou das crenças prévias, é em última instância imaterial para a justificação de novas crenças e ações.

Se nós seres humanos vamos decidir reflexivamente e de modo não dogmático o que dizer e o que fazer a respeito de nossa condição moral e política, se vamos deixar de pregar para nossos corais e vamos começar a construir consensos e cooperações genuínos, precisaremos às vezes de outras pedras de toque além da "realidade material", para usarmos na avaliação de visões morais e políticas concorrentes. Isto é, precisaremos de um corredor entre estas visões, um modo de tomar quaisquer crenças prévias que venhamos a compartilhar, combiná-las com nossas novas experiências e usar a combinação como um modo prático e flexível de decidir no que acreditar e o que fazer. Frequentemente não haverá nenhum outro modo exequível de proceder, mesmo em circunstâncias sociais ruins e em piora constante. E é por isso que, mesmo em uma época em que novas ideias, advocacia direta e chamados simples à ação são dolorosamente necessários e escassos, podemos ainda fazer uso de um pragmatismo jamesiano que não adota lados intransigentemente e que pode, portanto, ajudar a todos nós, mesmo os céticos e os confusos, a escolhermos reflexivamente os lados que queremos adotar.

18 James e a tradição kantiana

Thomas Carlson

Um dos pontos mais interessantes e problemáticos na literatura acerca de James diz respeito à relação entre sua filosofia e a de Kant. É difícil imaginar à primeira vista dois filósofos mais distantes do que Kant e James. Kant foi um amante da unidade e da sistematicidade e exaltou as características absolutas e necessárias de nossa experiência; James tinha pouca paciência com sistemas filosóficos, pensava que havia muito menos unidade no mundo do que frequentemente se imaginava e negava que existissem quaisquer elementos absolutamente irrevogáveis em nossa experiência. Estas profundas diferenças são inegáveis. Talvez não seja, portanto, nenhuma surpresa quando encontramos Richard Rorty argumentando que o pragmatismo de James é parte daquilo que ele enxerga como "a revolução antikantiana" (Rorty, 1979, 7). Em outra parte ele escreve:

> Nenhum outro escritor americano ofereceu uma sugestão tão radical para tornar nosso futuro diferente de nosso passado como o fizeram James e Dewey... O empirismo lógico foi uma variedade de filosofia padrão, acadêmica, neokantiana e epistemologicamente centrada. Os grandes pragmatistas deveriam... ser considerados como... rompendo completamente com a tradição epistemológica kantiana (Rorty, 1982, 160).

Essa é uma afirmação poderosa. Não obstante, é minha intenção – tão quixotesca quanto possa ser – defender a ideia de que James pode ser melhor lido como um tipo de kantiano.

O próprio James estremeceria diante da sugestão de que há semelhanças significativas entre suas visões e as de Kant. Ele insistia que: "Do modo como Schiller, Dewey e eu entendemos o pragmatismo, ele é totalmente oposto tanto ao kantismo original quanto ao revivido... Ele é irreconciliável com qualquer coisa que esteja em Kant – vigorando apenas a mais superficial semelhança" (Perry, 1935, 2:469-470).[1] James, é claro, estava familiarizado com as visões de Kant, mas, contrariamente à corrente principal da filosofia em sua época, ele argumentava que "a verdadeira linha do progresso filosófico se encontra... não tanto *através* de Kant, mas *ao redor* dele". Kant, afirmava ele, "não nos legou uma única concepção que seja ao mesmo tempo indispensável para a filosofia e que a filosofia não possuísse antes dele ou não estivesse inevitavelmente destinada a adquirir depois dele através do crescimento da reflexão dos homens sobre as hipóteses mediante as quais a ciência interpreta a natureza" (*P*, 269).

Pode-se argumentar que essa última cláusula permitiria que James rejeitasse *qualquer* filósofo, e devo admitir que há um certo embaraço diante da hostilidade de James para com Kant. Mas, como muitos outros, penso que James está errado em sua avaliação da obra de Kant e da relação desta para com sua própria filosofia.

Essa crença foi aparentemente compartilhada até mesmo por alguns de seus amigos e colegas. James certa vez relatou que Munsterberg havia estado "caçoando do meu pensamento", dizendo "que pareço ignorar que Kant alguma vez escreveu, tendo Kant já dito tudo aquilo que eu digo" (*Letters*, 2:267-268). De modo semelhante, James Ward lhe informava: "Todo o valor que vejo no pragmatismo pode ser encontrado – não proteste – em Kant, em sua 'primazia da razão

---

[1] O trecho omitido aqui é importante: "Que similaridade pode possivelmente haver entre leis humanas impostas *a priori* a toda experiência como 'legislativas' e modos humanos de pensar que crescem gradualmente entre os detalhes da experiência porque em geral eles funcionam melhor? É essa parte racionalista de Kant que o pragmatismo visa expressamente derrubar. Tanto a teoria do conhecimento quanto a metafísica do pragmatismo caminham em conjunto com um modo empirista de pensar" (Perry, 1935, 2:469). A tarefa deste artigo é responder à questão retórica de James e mostrar quanto da visão de mundo de Kant sobrevive à tradução para o empirismo pragmático.

prática' e em seu ato de mostrar que há 'espaço para a fé'" (Perry, 1935, 2:655).²

Também os escritores contemporâneos viram afinidades entre James e Kant. Fazendo eco de Ward, Wiener aponta um foco para a comparação:

> William James, a seu próprio modo empírico, fez aquilo que Kant tentou fazer de um modo *a priori*, a saber, mostrar os limites da ciência a fim de abrir espaço para a fé... Que nem a ciência física nem a biológica selaram o destino do homem ou destinaram-no à resignação passiva em um universo fechado foi uma das principais conclusões morais e metafísicas do grande trabalho psicológico de James (Wiener, 1949, 99).

E essa visão é novamente proposta por Murphy em seu artigo altamente sugestivo, "Filhos de Kant: os pragmatistas de Cambridge":

> Kant foi a influência dominante sobre os pragmatistas... Se... olharmos para a origem do pragmatismo na filosofia americana, é claro que o conceito foi introduzido como parte de uma interpretação idealista da ciência e no interesse de harmonizar a ciência com visões religiosas e metafísicas... Sua determinação em proteger a liberdade e originalidade da mente levou James a enfatizar a atividade e a ação construtiva da mente de uma maneira que possui um débito profundo para com Kant e os idealistas (Murphy, 1968, 9, 14-15, 19).

Outra perspectiva é oferecida por Aiken:

> Há... algo distintamente kantiano acerca da firme desconfiança de James em relação à inclinação ou ao "fazer o que ocorre naturalmente". E é precisamente essa crença kantiana de que o que é correto ou obrigatório sempre se contrapõe à inclinação que, juntamente com seu senso igualmen-

---

[2] O próprio James uma vez sugeriu essa comparação em uma carta não-publicada a Henry William Rankin, em que ele escreve: "*Adote sua hipótese*, e veja como ela concorda com a vida – isso é fé. Como diz Kant, afastei o conhecimento a fim de abrir espaço para a Fé; e essa me parece a posição absolutamente sã e saudável" (12 de junho de 1897, James Papers, Houghton Library. Um excerto aparece em *WB*, 252).

te kantiano de lealdade ao que é correto conforme ele o concebia, fornece os indícios unificadores para muitos aspectos do pensamento e do caráter de James que de outro modo seriam paradoxais (Aiken, 1962, 241).

Mas as afirmações mais ousadas acerca da relação de James para com Kant são feitas por Kuklick em *A ascensão da filosofia americana*:

> O pragmatismo de Harvard era uma forma de neokantismo cujos aderentes se baseavam em um conjunto de doutrinas técnicas conectadas...
>
> Em vez de ser o menos neokantiano dos principais pensadores de Cambridge, James foi o mais sério neokantiano do grupo: em seu pensamento as ambiguidades e ambivalências da posição kantiana eram as mais aparentes.
>
> Será que James foi, então, um kantiano? Há muito a ser dito em prol da negação de James. A totalidade da ênfase do século XIX sobre a mudança e o desenvolvimento, juntamente com o impacto de Darwin, mediavam entre ele e Kant. Mas o débito de James para com o idealismo era igualmente evidente: seu kantismo evolutivo era claro (Kuklick, 1977, 257, 334, 272-273).

Mas o "kantismo evolutivo" de James *não* é claro; cada aspecto dessa síntese necessita de explicação.[3] Não é nem mesmo muito claro o que se pode pretender ao caracterizar James como um kantiano. Pode-se pensar que o kantismo de James deve ser esclarecido em termos de uma influência

---

[3] A afirmação de Kuklick não passou sem objeções. Madden e Hare, em sua resenha do livro de Kuklick, escrevem: "As alegações centrais são que James foi um kantiano e um idealista. Os argumentos de Kuklick em favor dessas afirmações, embora fracos, são suficientemente claros. Embora concordemos que James estudou Kant e foi em certa medida influenciado pelo modo kantiano de abordar os problemas da metafísica e da epistemologia, não estamos convencidos de que James foi fundamentalmente um kantiano. James, assim como Kant, via como sua tarefa metafísica a mediação entre o racionalismo e o empirismo, mas seu modo de alcançar essa mediação era muito diferente do de Kant. Sua ampliação do empirismo não pode ser corretamente descrita como kantiana" (Madden e Hare, 1978, 58).

direta do pensamento de Kant em James. Mas não é de todo claro qual deve ser a natureza essencial de tal influência, nem qual deve ser sua extensão, para que ela garanta essa designação.

É inegável que houve alguma influência. É claro que James havia estudado Kant, mas as fontes indiretas de kantismo eram muito mais significativas. Em primeiro lugar entre estas fontes estavam Renouvier e Lotze, e seus colegas Peirce, Munsterberg e Royce; mas havia também os psicofísicos alemães Helmholtz e Fechner, bem como os transcendentalistas americanos, que deviam muito a Kant através de Coleridge. Seria uma tarefa interessante e proveitosa tentar classificar a miríade de maneiras como as visões de James podem ser traçadas até Kant através destes intermediários.[4]

Contudo, na presente exploração desejo adotar uma linha diferente. Não pretendo oferecer uma linhagem parcial para o idealismo pragmático de James – não vou nem afirmar nem negar que ele *descendeu* da metafísica de Kant através de uma epistemologia darwiniana. Minha análise é oferecida como uma fisiologia, não como uma filogenia, e considero óbvio que ambas estejam relacionadas de várias maneiras complexas. Para mim, caracterizar James como um kantiano é simplesmente notar uma semelhança de família.

Mas é frequentemente muito mais fácil perceber uma semelhança de família do que dizer em que ela consiste, especialmente quando a semelhança reflete a estrutura profunda das visões em questão, em vez de uma concordância verbal superficial acerca de problemas filosóficos particulares. Uma estratégia é sugerida pela observação de Kant:

> O campo da filosofia... pode ser reduzido às seguintes questões:
>
> 1. O que posso saber?
> 2. O que devo fazer?
> 3. O que posso esperar?
> 4. O que é o Homem?

---

[4] O melhor lugar para iniciar tal estudo seria o monumental estudo de Pochmann (1957). Para o massivo débito de James em relação a Renouvier, ver Long, 1925; para seu débito em relação a Lotze, ver Kraushaar, 1936.

A primeira questão é respondida pela *Metafísica*, a segunda pela *Moral*, a terceira pela *Religião*, e a quarta pela *Antropologia*. Na realidade, contudo, todas estas podem ser reunidas sob a antropologia, uma vez que as primeiras três questões se referem à última (Kant, 1974, 186).

Assim, Kant pensava que nossas investigações filosóficas devem ser abordadas através da investigação da natureza da humanidade, pois ela condiciona estes três domínios de estudo. Isso foi às vezes denominado o "humanismo transcendental" de Kant: é nossa natureza humana dada que determina para nós quais são as posições filosóficas mais razoáveis para sustentarmos.

Embora James substitua a "antropologia" de Kant pela "psicologia", esse humanismo transcendental é uma base primária da semelhança entre ambos. Eles também compartilham alguns compromissos fundamentais acerca das limitações da natureza humana, que produzem então respostas similares às perguntas de Kant. E frequentemente, onde eles diferem, as diferenças podem ser traçadas ao impacto do pensamento darwinista sobre James.

Examinemos as respostas de Kant e James a estas questões fundamentais.[5]

I. O QUE POSSO CONHECER?

Na época de Kant, o paradigma do conhecimento era encontrado na física de Newton. Ao reduzir a complexidade do mundo sensível a umas poucas leis fundamentais, Newton havia aparentemente mostrado que era possível antecipar a estrutura dos eventos físicos com certeza.

---

[5] Deve-se notar que estou me baseando apenas nos escritos de James do período anterior à publicação do *Pragmatismo* [*Pragmatism*]. Embora James certamente embarque em uma nova fase como filósofo nessa época, eu argumentaria que a estrutura fundamental de sua visão de mundo permanece inalterada. Mas essa discussão se encontra além do escopo deste artigo.

Mas tais juízos pareceriam problemáticos, pois, como havia argumentado Hume, na medida em que é derivada de nosso contato com objetos independentes, nossa experiência do mundo só pode mostrar que os objetos participaram de certas relações, e não que eles *devem* fazê-lo. E se os juízos da ciência natural são problemáticos, tanto mais problemáticos devem ser os juízos da metafísica, que parecem estender as afirmações da razão para além dos limites de qualquer experiência possível. Como estes juízos podem ser possíveis *a priori*?

A solução de Kant era, é claro, o idealismo transcendental de sua *Crítica da Razão Pura*: "nada no conhecimento *a priori* pode ser atribuído aos objetos salvo aquilo que o sujeito pensante deriva de si próprio" (Kant, 1968, Bxiii). A razão científica não nos dá o conhecimento das relações que vigoram entre objetos independentes e separáveis de nós, mas meramente caracteriza nossa experiência sensível. O conhecimento é um construto, produzido pela absorção da sensação nas formas *a priori* dadas pela "constituição natural de nossa razão" (Axiii).

O mundo determinístico da Natureza é tanto uma invenção quanto uma descoberta, construído através da atividade, por parte dos cientistas, de projetarem suas hipóteses sobre os dados dos sentidos.

> A razão só penetra aquilo que ela produz segundo seu próprio plano... A razão, trazendo em uma mão seus princípios, segundo os quais, exclusivamente, as aparências concordantes podem ser admitidas como equivalentes a leis, e na outra o experimento que ela planejou em conformidade com estes princípios, deve aproximar-se da natureza para ser ensinada por ela... [como] um juiz que obriga a testemunha a responder questões que ele próprio formulou (Bxiii).

Assim, as afirmações da razão científica devem ser justificadas não através de sua derivação a partir da experiência, mas por seu consequente ajuste a esta. Um corolário imediato é que o domínio do *a priori* se esgota no fornecimento das condições determinadas da experiência sensível, conforme fixadas pela constituição natural de nossa razão. Como notou Kant, "Pode algo ser descoberto através da metafísica? Sim; acerca do sujeito, mas não do objeto" (conforme citado em Cassirer, 1981, 152).

Então a filosofia de Kant nos priva para sempre do próprio objetivo da metafísica tradicional – a segurança do conhecimento certo sobre Deus, sobre a liberdade e sobre a imortalidade –, uma vez que tais afirmações não podem ser justificadas por apelos à experiência. Nisto se encontra o verdadeiro rompimento de Kant com a tradição. Na visão dele, não apenas esta segurança não é possível; ela é indesejável, pois a própria possibilidade de uma vida moral depende de mostrarmos as limitações de nosso conhecimento teórico. Se as proposições teóricas da ciência natural estivessem em igualdade de condições com as proposições práticas acerca da liberdade, então a razão estaria em conflito consigo mesma, pois não podemos reconciliar o determinismo da necessidade natural com a pressuposição da liberdade por parte da moralidade. Mas não sofremos nenhuma perda real aqui, pois:

> A moralidade não exige, de fato, que a liberdade seja compreendida, mas apenas que ela não contradiga a si mesma, e assim permita ser pensada, e que assim pensada ela não coloque nenhum obstáculo no caminho de um ato livre (visto em uma outra relação), conformando-se de modo semelhante ao mecanismo da natureza... Isso, contudo, só é possível na medida em que a crítica... tenha limitado às meras aparências tudo aquilo que podemos teoricamente *conhecer* (Bxxix-xxx).

"Achei, portanto, necessário negar o *conhecimento*", continua Kant, "a fim de abrir espaço para a *fé*".

Na época de James, as ciências ainda forneciam os paradigmas do conhecimento, é claro, mas a teoria da evolução de Darwin, através da variação espontânea e da seleção natural, oferecia também um modelo geral dos meios pelos quais o próprio conhecimento é construído. O amigo e mentor de James, Chauncey Wright, argumentava: "nossos conhecimentos e crenças racionais resultam, *verdadeira e literalmente*, da sobrevivência das mais aptas entre nossas crenças originais e espontâneas" (Wright, 1877, 116n). A ideia de uma epistemologia evolutiva é mais profunda e mais rica do que um simples compromisso com um completo naturalismo. Quando a separação darwiniana entre a fonte das características e o mecanismo de preservação é estendida à evolução mental, o resultado é uma nova crítica do empirismo. As crenças não precisam ser derivadas indutivamente de nossa experiência para terem significado, pois, qualquer que seja sua origem, elas satisfazem o teste da experiência *ex post facto*.

James desenvolveu essa ideia em suas críticas a Spencer, cujo erro, pensava ele, jazia em caracterizar a evolução mental como um "ajuste" meramente passivo "de relações interiores a relações exteriores" (Spencer, 1872, 1:387). James escreveu em notas de conferências:

> Não podemos dar nenhuma descrição científica clara dos fatos da psicologia... sem recorrer, a cada passo, ao interior, àquela originalidade ativa e produtividade espontânea que a lei de Spencer ignora tão inteiramente... ele repete os defeitos dos predecessores de Darwin, [que] pensavam apenas na adaptação. Eles tornavam o organismo plástico em relação a seu ambiente... Darwin descarta isso quase inteiramente... Ele pretende enfatizar a verdade de que o regulador ou preservador da variação, o ambiente, é uma parte diferente pertencente ao produtor da variação (Perry, 1935, 1:478).

Com sua visão evolutiva do desenvolvimento mental, James adota a revisão "copernicana" de Kant para a epistemologia empirista: o conhecimento, enquanto produto da interação do conhecedor com seu ambiente, encontra sua justificação em parte através da contribuição do conhecedor.

Para James, nossa experiência consiste em uma variedade de qualidades sensíveis ou "sentimentos", alguns dos quais podem corresponder a fatos particulares não momentâneos. Mas o reino mental também inclui *interesses* que não representam diretamente objetos exteriores particulares, mas antes postulam "certos fins ideais". Embora "não correspondam, eles próprios, a nenhuma coisa atual ou exterior; referindo-se meramente a um futuro que *pode* ser, mas que estes interesses agora dizem que *deveria* ser; puramente ideais, em uma palavra, eles julgam, dominam e determinam todas as correspondências entre o interior e o exterior" (*EPh*, 11). Na medida em que a cognição é condicionada por estes interesses, e não derivada de nossa experiência sensível, tais interesses representam "o verdadeiro elemento *a priori* na cognição" (*EPh*, 11n.).

Assim, James reconhece o princípio fundamental do idealismo transcendental de Kant: a referência essencial deve ser feita a um elemento conceitual *a priori* dado através da espontaneidade de nossa constituição mental. Tanto para Kant quanto para James, o mundo de nossa experiência é um construto, o produto de nossa atividade mental. Para James, contudo, sua estrutura é o resultado da evolução natural da mente, que esculpiu ao longo do tempo o mundo da experiência a partir do material bruto da experiência e que poderia ter escolhido um mundo diferente:

> A mente é a cada estágio um teatro de possibilidades simultâneas. A consciência consiste na comparação destas umas com as outras, na seleção de algumas e na supressão do restante pela agência reforçadora e inibidora da Atenção... Mas isso está longe de significar que ela não implica nada além de uma faculdade de sensação passiva. Da mesma forma, pode-se dizer que o escultor é passivo, porque a estátua jazia desde a eternidade no interior da pedra. De fato ela jazia, mas com um milhão de outras diferentes a seu lado... Podemos até mesmo, por meio de nossos raciocínios, trazer as coisas de volta àquela escura e inarticulada continuidade de espaço e nuvens moventes de átomos fervilhantes que a ciência diz ser o único mundo real. Mas durante todo o tempo o mundo que sentimos e no qual vivemos será aquele que nossos ancestrais e nós, mediante pulsos de escolha lentamente cumulativos, deslindamos a partir daquele, como o escultor extrai sua estátua, ao simplesmente rejeitar outras porções da pedra (*EPs*, 51-52).

James continua com esse corolário: "Outros escultores, outras estátuas a partir da mesma pedra! Outras mentes, outros mundos a partir do mesmo caos!".

No contexto da visão evolutiva que James tem do *a priori*, essa afirmação tem dois aspectos diferentes. O primeiro diz respeito à sua rejeição da ênfase racionalista encontrada na filosofia teórica de Kant. Para Kant, a estrutura da experiência era fixada através da natureza essencial da razão teórica. Mas para James as categorias de nossa experiência são determinadas por elementos de *interesse a priori*, e em sua visão o interesse da razão teórica na unificação das representações sensíveis é apenas um interesse entre outros; ele não tem nenhum direito irrevogável acima de seus desafiadores.

O interesse da racionalidade teórica... é apenas um dentre mil propósitos humanos. Quando outros levantam suas cabeças ele deve recolher sua pequena trouxa e se retirar até que sua vez retorne. A exagerada dignidade e valor que os filósofos reivindicaram para suas soluções são assim grandemente reduzidos. A única virtude que sua concepção teórica precisa ter é a simplicidade, e uma concepção simples é um equivalente para o mundo apenas na medida em que o mundo é simples; sendo que o mundo, ao mesmo tempo, qualquer que seja a simplicidade que ele possa abrigar, é também um acontecimento enormemente complexo (*EPh*, 56).

Assim, à sua própria maneira, James segue Kant ao limitar o conhecimento para abrir espaço para a fé:

Eu mesmo acredito que todas as magníficas realizações da ciência física e matemática – nossas doutrinas da evolução, da uniformidade da lei e o resto – derivam de nosso indomável desejo de projetar o mundo em uma forma mais racional em nossas mentes do que a forma em que ele é lançado pela ordem grosseira de nossa experiência. O mundo se mostrou, em grande medida, plástico a essa nossa demanda de racionalidade. Até onde ele se mostrará plástico ninguém pode dizer. Nosso único meio de descobrir é experimentar; e eu, por minha parte, sinto-me tão livre para experimentar concepções de racionalidade moral quanto de racionalidade mecânica ou lógica. Se uma certa fórmula para expressar a natureza do mundo viola minha demanda moral, devo sentir-me tão livre para lançá-la ao largo, ou pelo menos para duvidar dela, quanto se ela desapontasse minha demanda por uniformidade de sequência, por exemplo; sendo que uma demanda, até onde posso dizer, é tão subjetiva e emocional quanto a outra (*WB*, 115-16).

Embora a negação do racionalismo kantiano por parte de James determine uma diferença fundamental entre as visões de ambos, a distância entre eles aqui não deve ser superestimada. James reconheceria que o interesse da racionalidade teórica é necessário para qualquer experiência sistemática dos objetos e poderia até mesmo admitir que, em relação à unificação da multiplicidade das sensações, ela acarreta um conjunto único de categorias teóricas.[6] Contudo, a influência de Darwin transferiu a atenção de James de uma Razão abstrata e universal para o indivíduo concreto e raciocinante inserido na ordem natural. Segundo esse ponto de vista, embora a evolução da consciência e a capacidade de raciocinar tenham contribuído enormemente para a sobrevivência da espécie humana, outros interesses característicos também influenciam nossa cognição e fundamentam nossas ações – determinando consequentemente a estrutura de nossa experiência. Aquilo a que James objeta é a identificação que Kant faz de si mesmo com sua faculdade de razão teórica. Para ele, o objeto próprio da filosofia não pode ser nada menos que o "homem inteiro": "Finjamos o que quisermos, o homem inteiro dentro de nós está atuando quando formamos nossas opiniões filosóficas. O intelecto, a vontade, o gosto e a paixão cooperam exatamente como o fazem nos assuntos práticos" (*WB*, 76).

O segundo aspecto da afirmação de James "Outras mentes, outros mundos a partir do mesmo caos!" também é baseado em seu darwinismo; ele rejeita a visão de Kant de que a filosofia considera o particular somente no universal. Em notas de aula desse período, James escreve:

> A doutrina de Darwin não mostra a existência de nenhuma diferença essencial entre caracteres individuais e genéricos. Qualquer diferença é uma diferença de um tipo real – até mesmo um acidente. A natureza [é] um contínuo que esculpimos a nosso bel prazer, e ao esculpi-lo sempre repensamos algum pensamento eterno. A superabundância comple-

---

[6] "A redução do Caos fenomênico à forma racional deve parar em um certo ponto. Ela é um processo limitado – restringida pelo número de atributos elementares que não podem ser mutuamente identificados: por um lado, pelas *qualia* específicas da representação, e, por outro lado, pelo número de entidades (átomos ou mônadas, ou o que quer que seja), com suas determinações matemáticas completas, necessárias para deduzir a totalidade do mundo concreto. Todos estes dados irredutíveis formam um sistema, não mais fenomenicamente racional, *inter se*, mas unido por aquilo que para nós são leis empíricas. Nós meramente encontramos o sistema existindo como uma questão de fato e o anotamos. Em suma, uma pluralidade de categorias e um número imenso de entidades primordiais, determinadas segundo estas categorias, é o mínimo da bagagem filosófica, o único compromisso possível entre a necessidade de clareza e necessidade de unidade" (*EPh*, 54).

ta é o modo de pensar de Deus. Os caracteres dos indivíduos em sua totalidade são os únicos *realizados*. O resto são abstrações (Houghton, bMS Am 1092.9 (4423), publicado parcialmente em *MEN*, 196-197).

Em uma folha separada ele nota: "Cada indivíduo é um tipo com um exemplo". Segundo Darwin, cada indivíduo pode ser tomado como representando um tipo real, na medida em que se distingue dos outros através de variações espontâneas que podem provar-se possuidoras de valor adaptativo e assim ser propagadas através dos descendentes daquele indivíduo. No entanto, cada um de seus descendentes pode, por sua vez, ser distinguido por variações espontâneas – *deve* ser assim distinguido, pois, como nota James, nessa visão *qualquer* diferença é uma diferença de um tipo real.[7]

Assim o leque de interesses que determina a estrutura *a priori* da experiência pode variar para cada indivíduo – a expressão "outras mentes, outros mundos" se aplica distributivamente, cada indivíduo determinando "seu próprio mundo".

> A verdade parece ser que todo homem individual pode, se lhe apraz, estabelecer seu próprio imperativo categórico privado acerca daquilo em que deve consistir a correção ou excelência no pensamento, e estes diferentes ideais, ao invés de entrarem em cena portando um mandato – seja este derivado do pólipo [através da evolução] ou de uma fonte transcendental –, aparecem apenas como várias afirmações em estado bruto, deixadas para resolver a questão entre si no tabuleiro. Estes ideais são, na melhor das hipóteses, postulados, cada um dos quais deve depender do consenso geral da experiência como um todo para dar testemunho de sua validade. A fórmula que provar ter o destino mais massivo será a verdadeira. Mas esse é um ponto que só pode ser resolvido *ambulando*, e não por uma definição *a priori*... Nossas respectivas

---

[7] Isso se abstrai, é claro, de nosso conhecimento atual da caracterização genética das espécies; o ponto de vista aqui é metafísico. É importante reconhecer que, em primeira instância, as doutrinas da variação espontânea e da seleção natural não são limitadas a nenhum tipo de ser em particular. Tudo que é exigido é algum mecanismo de propagação de caracteres de um indivíduo a outro e uma força exterior restringindo a propagação, ao limitar a existência continuada do indivíduo.

hipóteses e postulados ajudam a moldar o curso do pensamento, mas a única coisa que todos concordamos em assumir é que o pensamento será coagido para longe delas se estiverem erradas (*EPh*, 17, 20).

Contudo, isso só pode ser verdadeiro dentro de certos limites; isso é algo limitado pela extensão de determinação da estrutura da experiência sensível através do interesse e pela extensão de variação determinada pelo curso da evolução natural. Enquanto a questão de nossa convergência só pode ser resolvida *ambulando*, a hipótese do "pluralismo empirista" de James (*WB*, 208) é que este permanecerá sendo "um universo pluralista e agitado, no qual nenhum único ponto de vista pode jamais abranger a cena completa" (*WB*, 136).

II. O QUE DEVO FAZER?

Kant acreditava que, enquanto seres físicos na ordem natural, nós somos impelidos pela natureza a realizar certas ações, mas a possibilidade da ação moral é a possibilidade da liberdade. Ao agirmos moralmente, agimos de acordo com uma lei que não é dada no mundo físico, mas pela razão prática pura – dizemos que algo *deveria* ser de tal modo, mesmo que ele não seja, não tenha sido, ou nunca venha a ser. Tentamos, através de nossas ações, mudar o mundo e fazê-lo conformar-se a essa lei.

> Considero o mundo um *mundo moral*, na medida em que ele pode existir em conformidade com leis morais; e isso é o que ele *pode ser* por meio da liberdade do ser racional e o que ele *deveria ser* de acordo com as leis necessárias da moralidade. Dado que aqui deixamos fora de questão todas as condições..., este mundo é até então pensado apenas como um mundo inteligível. Nessa medida, portanto, ele é uma mera ideia, embora ao mesmo tempo uma ideia prática, que realmente pode ter, como também deveria ter, uma influência sobre o mundo sensível, para levar aquele mundo, na medida do possível, à conformidade com a ideia. A ideia de um mundo moral tem, portanto, realidade objetiva... no que se refere ao mundo sensível, vista, contudo, como sendo um objeto da razão pura em seu emprego prático, isto é, um *corpus mysticum* dos seres racionais presentes nele, na medida em que o livre-arbítrio de

cada ser se encontra, sob as leis morais, em completa unidade sistemática consigo mesmo e com a liberdade de todos os outros (Kant, 1968, A808-B836).

A razão prática pura é a lei objetiva da liberdade: para um indivíduo, agir sob a ideia da liberdade é superar sua própria natureza mediante a escolha, entre os atos para os quais somos inclinados, somente daqueles que são consistentes com uma escolha similar para todos, subjugando os interesses individuais à forma universal da lei moral. A subjugação do interesse à lei moral é um imperativo categórico – uma obrigação baseada na razão – e somente na medida em que seguimos essa exigência categórica pode ser dito que agimos livremente.

Kant se refere a esse objetivo da unidade sistemática de todos os seres racionais na livre perseguição de seus interesses como "o reino dos fins". Nele abstraímos "a partir das diferenças pessoais entre seres racionais, e também a partir de todo o conteúdo de seus fins privados... para conceber uma totalidade de todos os fins em conjunção sistemática (uma totalidade de seres racionais como fins em si mesmos e também dos fins pessoais que cada qual pode dispor diante de si)" (Kant, 1964, 101; A. 433).

O valor moral se encontra na tentativa de agir em conformidade com esse ideal, e não em quaisquer consequências que se acumulem no mundo material: uma vez que todos os eventos naturais são sujeitos à lei universal, outros fatores podem interferir, e a moralidade pode fracassar em atingir seu efeito completo. Para o indivíduo, a vida moral é portanto uma luta para superar a inclinação e tornar a lei moral o mais alto fator determinante em todas as suas escolhas. A despeito de nossos fracassos individuais em agirmos moralmente, não obstante:

> A história... nos permite esperar que, se atentarmos para o jogo da liberdade da vontade em geral, podemos ser capazes de discernir nele um movimento regular, e que aquilo que parece complexo e caótico no indivíduo singular possa ser visto da perspectiva da raça humana como uma evolução constante e progressiva, apesar de lenta, rumo a seu dom original (Kant, 1963, 11; A. 17).

Mesmo embora ela estivesse no centro de seu pensamento, James nunca ofereceu uma caracterização completa de sua filosofia moral. Ela cresceu gradualmente a partir de suas experiências iniciais e deve ser extraída de observações presentes em vários ensaios escritos em vários períodos.

Assim como Kant, o treinamento original de James como cientista levou-o a pensar sobre a ordem natural como uma ordem determinista. Seu estudo da fisiologia em Berlim, em 1867, aparentemente desencadeou uma depressão que durou vários anos. Em março de 1869, ele escreveu a um amigo:

> Estou atolado em uma filosofia empírica. Sinto que somos natureza do começo ao fim, que somos inteiramente condicionados, que nem um meneio de nossa vontade ocorre salvo como resultado de leis físicas; e ainda assim, não obstante, estamos em relação com a razão. Como conceber isso? Quem sabe? (*Letters*, 1:152-153)

E em seu diário de 1 de fevereiro de 1870, ele notou: "Hoje, eu praticamente toquei o fundo e percebo claramente que devo enfrentar a escolha com olhos abertos; devo *francamente* lançar a questão moral ao largo, como algo inadequado às minhas aptidões naturais, ou devo segui-la, e ela apenas, fazendo de tudo mais um mero estofo para ela?" (Perry, 1935, 1:322). Por "questão moral" James aparentemente entendia a tentativa de superar sua natureza egoísta através da livre aplicação de sua vontade. Finalmente ele decidiu a favor dela, pois na inscrição de seu diário em 30 de abril se lê:

> Acho que ontem foi uma crise em minha vida. Terminei a primeira parte do segundo ensaio de Renouvier e não vi nenhuma razão pela qual sua definição de livre-arbítrio – a sustentação de um pensamento *porque escolho fazê-lo* quando eu poderia ter outros pensamentos – precisa ser a definição de uma ilusão. De qualquer modo, assumirei pelo presente – até o próximo ano – que ela não é nenhuma ilusão. Meu primeiro ato de livre-arbítrio deverá ser acreditar no livre-arbítrio (*Letters*, 1:147-148).

Assim, James encontrou na doutrina neokantiana de Renouvier sobre a liberdade um modo de reconciliar seu entendimento científico com a possibilidade do livre-arbítrio, e portanto da moralidade: "A liberdade é o centro de gravidade do sistema [de Renouvier], *que consequentemente se torna uma filosofia moral*" (*ECR*, 266; ênfase acrescentada).

Para James, "um ato não tem nenhuma qualidade ética de todo, a menos que seja escolhido dentre vários, todos igualmente possíveis" (*EPs*, 50), e portanto é o compromisso com a liberdade que constitui uma filosofia moral. Mas assim como Kant, James pensa que o raciocínio deve ir da presumida validade do juízo moral para a liberdade. Em uma carta a Renouvier ele escreve:

> Acredito mais e mais que o livre-arbítrio, se aceito de todo, deve ser aceito como um postulado para justificação de nosso juízo moral de que certas coisas já feitas poderiam ter sido mais bem feitas. Isso implica que algo diferente era possível no lugar delas... Assim, por razões inteiramente práticas, sustento que somos justificados em acreditar que tanto a falsidade quanto o mal em algum grau *não precisavam ter existido* (Perry, 1935, 1:682-683).

O ponto de vista do juízo moral assume que o ideal meramente teórico de uma ordem natural determinista é falso e que a liberdade é real, pois um juízo moral assume que algo que foi feito com más consequências poderia ter sido feito de outro modo e melhor. Agir moralmente, para James, é portanto agir sob o postulado da liberdade.

Isto é ao mesmo tempo agir sob algum fim ideal disposto pelo desejo humano. Os juízos éticos "pressupõem algum Bem, Fim ou Interesse" e consequentemente são independentes da ordem natural assumida pela ciência, porque "os objetivos não podem ser postos de modo algum enquanto consideramos a ordem puramente física da existência" (*EPs*, 43).

> As palavras Uso, Vantagem, Interesse, Bem não encontram nenhuma aplicação em um mundo onde não existe nenhuma consciência. As coisas ali não são nem boas nem más; elas simplesmente são ou não são. A verdade ideal, para existir de todo, exige que exista também uma

mente que lide com ela como um juiz lidaria com a lei, criando realmente aquilo que ela apenas professa declarar (*EPs*, 44).

A verdade ideal que jaz na base da ética, a verdade de que algo é *melhor*, é "uma expressão final e arbitrária de sentimento, um decreto ou *fiat* absoluto" por parte da consciência.

Uma carta do período depressivo de James indica mais sobre o conteúdo determinado de seu próprio ideal moral:

> Tudo que posso dizer-lhe é o pensamento que em mim supera todos os outros e sobre o qual, como se ele fosse uma rocha, me vejo lançado quando as ondas da dúvida se encapelam sobre todo o resto do mundo; e esse é o pensamento de que eu tenho uma vontade e de que pertenço a uma irmandade de homens possuidores de uma capacidade para prazeres e dores de diferentes tipos... E se temos que desistir de toda esperança de divisar os propósitos de Deus ou desistir teoricamente da ideia das causas finais... podemos, por nossa vontade, fazer com que a satisfação de nossos irmãos ocupe para nós o lugar de uma causa final... (*Letters*, 1:130-132)

Outra carta do mesmo período enuncia novamente essa visão da finalidade da ação moral: "se alguém pode começar com a suposição da harmonia entre os fenômenos como o *summum bonum* e ver o mundo como um desenvolvimento progressivo, não sei se uma tal fé ['otimista'] não é a melhor. Ela parece sê-lo na prática, de qualquer modo" (Perry, 1935, 1:160-161).

James, assim como Kant, enxerga a vida moral como uma luta para superar os motivos para a ação fornecidos por nossas inclinações naturais:

> A mera tração mais forte se encontra na linha do impulso sensual. O [motivo] moral aparece em comparação com isso, uma voz ainda pequena que deve ser artificialmente reforçada para prevalecer. O que a reforça é o esforço... e se uma definição breve da ação moral fosse exigida, não se poderia dar nenhuma que melhor se ajustasse às aparências do que esta: Ela é a ação na linha de maior resistência (*EPs*, 119-120).

A ação moral requer a subordinação de certos desejos sensuais às demandas de um ideal mais alto e acarreta o esforço para superar os motivos oferecidos pelos prazeres e dores ordinários. Mas não pode haver nenhuma garantia de que a ação ocorrerá realmente: "se o ato se segue [sic] ou não à representação é uma questão bastante imaterial, no que diz respeito à *vontade* que desencadeia o ato representado... Em uma palavra, a volição é um fato psíquico ou moral puro e simples e é absolutamente completada quando a *intenção* ou o *consentimento* está presente" (*EPs*, 107).

O objetivo da "filosofia ética", diz James, "é encontrar uma explicação das relações morais que vigoram entre as coisas que as entrelace na unidade de um sistema estável e faça do mundo aquilo que alguém possa chamar de um universo genuíno do ponto de vista ético" (*WB*, 141). A tarefa do filósofo ético é a tarefa da razão prática, a busca da unidade em meio à diversidade dos ideais escolhidos pelos indivíduos dados. Assim James continua:

> Até então o mundo resiste à redução à forma da unidade; dada a medida em que as proposições éticas parecem instáveis, nessa medida o filósofo fracassa em seu ideal. O objeto de seu estudo são os ideais que ele encontra existindo no mundo; o propósito que o guia é esse ideal dele próprio, de adequá-los a uma certa forma (*WB*, 141-142).

O filósofo moral está buscando utilizar a razão para estabelecer alguma unidade em meio à diversidade das ideias morais dadas; ele tenta estabelecer uma filosofia ética sem determinar o conteúdo do ideal particular que qualquer indivíduo dado deveria seguir.

James pensa que só há um modo possível de fornecer uma medida imparcial, uma medida que se abstraia do conteúdo de qualquer ideal particular:

> Uma vez que tudo que é exigido é por esse fato um bem, o princípio para a filosofia ética (uma vez que todas as demandas não podem ser conjuntamente satisfeitas neste pobre mundo) não deve ser simplesmente satisfazer a todo momento *tantas demandas quanto pudermos*? Esse ato deve ser o melhor ato, que produz a *melhor totalidade*, no sen-

tido de despertar a menor soma de insatisfações. Na escala casuística, portanto, os ideais que devem ser postos no lugar mais alto são aqueles que *prevalecem ao menor custo* ou aqueles por cuja realização o menor número possível de outros ideais é destruído (*WB*, 155).

Ao buscarmos a forma do ideal mais alto através da aplicação da razão à ética, devemos tentar respeitar os fins de cada indivíduo como nossos próprios fins e satisfazer tantas demandas de cada indivíduo quanto pudermos. Uma vez que devemos agir segundo o ideal detentor da maior autoridade, devemos escolher agir segundo aquele ideal que é mais próximo do objetivo inatingível da preservação de todos os propósitos. Contudo, uma vez que para James o interesse da razão é apenas um interesse entre outros, ele não pode concordar com Kant que a demanda dessa regra da razão prática é *necessariamente* obrigatória para todos os indivíduos. Somente na medida em que a razão determina um ideal ético através de seu próprio objetivo de unidade em meio à diversidade dos ideais dados é que a ação moral é uma ação que está de acordo com a razão prática pura; os indivíduos poderiam, ainda assim, agir moralmente, do ponto de vista de James, se eles seguissem ideais inferiores. Mas felizmente há pessoas que seguem a demanda da razão prática pura, pois elas servem como a fonte para o progresso da sociedade:

> Uma vez que a vitória e a derrota devem existir, a vitória a ser *filosoficamente* desejada é a do lado mais inclusivo – do lado que mesmo na hora do triunfo fará justiça em algum grau aos ideais onde se depositavam os interesses do grupo derrotado. O curso da história não é nada além da história das lutas dos homens, de geração a geração, para encontrar a ordem cada vez mais inclusiva. *Invente alguma maneira* de realizar seus próprios ideais que também satisfaça as demandas alheias – esse e somente esse é o caminho da paz! Seguindo esse caminho, a sociedade se lançou em um tipo de equilíbrio relativo após o outro, por meio de uma série de descobertas sociais bastante análogas às da ciência (*WB*, 155-156; ênfase acrescentada em "filosoficamente").

O filósofo puro pode apenas seguir o desenrolar do espetáculo, confiante de que a linha de menor resistência será sempre rumo ao arranjo mais rico e mais inclusivo, e que por uma guinada após a outra alguma aproximação ao reino do céu seja feita incessantemente (*WB*, 156-157).

James vislumbra assim o reino dos fins de Kant como o produto de um processo evolutivo determinado pelos ideais espontâneos de liberdade, igualdade e unidade; "pouco a pouco, advém algum ganho estável; pois o mundo de fato se torna mais humano, e a religião da democracia tende para o aumento permanente" (*TT*, 156).

III. O QUE POSSO ESPERAR?

A "esperança" expressa um elemento de incerteza que teria sido inquietante para os companheiros de Kant, operando no contexto de uma teologia racionalista cristã com sua ênfase no absolutismo da existência de Deus e na vida após a morte para o fiel. Contudo, o resultado de sua Crítica é que a razão teórica garante apenas o agnosticismo: embora as próprias ideias de Deus e da imortalidade sejam imanentes à estrutura natural da razão, somente a experiência poderia produzir um conhecimento real da existência de Deus e da alma imortal, e nossa experiência sensível é claramente inadequada para fundamentar estes conceitos. Mas isso não é negar a existência de Deus ou uma vida futura; ele apenas enuncia os limites da razão meramente teórica. Mas há, à primeira vista, uma tensão entre as aplicações práticas e teóricas da razão.

Enquanto nossa razão prática pura exige que tornemos nossas ações conformes à lei moral, a razão teórica nos diz que, não obstante, todas as nossas ações e seus efeitos no mundo sensível são completamente determinadas por outros eventos naturais. Consequentemente, não pode haver nenhuma *garantia*, do ponto de vista teórico, de que as ações que estão de acordo com a lei moral conduzirão à satisfação de nossos desejos mais profundos. Mas haveria pouca motivação para fazermos nosso dever se a felicidade de acordo com a moralidade não fosse ao menos possível. Ademais, a esperança da religião é a esperança de um estado em que a felicidade e a moralidade *necessariamente* coincidem. Mas isso é impossível sem um Deus que garanta que esse estado *deva* ocorrer em uma vida futura.

Consequentemente, Kant oferece um argumento *moral* para a existência de Deus e para a imortalidade:

> [A respeito da moralidade] é absolutamente necessário que algo deva ocorrer, a saber, que eu deva em todos os pontos me conformar à lei moral. O fim é aqui irrefrangivelmente estabelecido, e, segundo o entendimento que posso ter, só há uma condição sob a qual esse fim pode ligar-se a todos os outros fins, e portanto ter validade prática, a saber, que haja um Deus e um mundo futuro... Uma vez que, portanto, o preceito moral é ao mesmo tempo minha máxima..., eu inevitavelmente acredito na existência de Deus e em uma vida futura e estou certo de que nada pode abalar essa crença, uma vez que meus princípios morais seriam por conseguinte derrubados, e eu não posso repudiá-los sem me tornar odioso aos meus próprios olhos (Kant, 1968, A828-B857).

Estamos justificados em agir com uma certeza moral de que Deus existe e de que ele garantirá a felicidade futura em concordância com a virtude presente. Contudo, essa certeza moral fica aquém do *conhecimento*; não podemos tirar nenhuma conclusão teoricamente válida destes postulados. Assumimos a verdade deles "para os propósitos de formar uma concepção da possibilidade do objetivo final moralmente prescrito para [nós], ... para a direção de nossas energias rumo à realização desse objetivo" (Kant, 1952, 121, 124; A. 453, 455). O indivíduo virtuoso, lutando para se aproximar das demandas aparentemente impossíveis da lei moral, sente "uma pura necessidade moral em relação à existência real de um Ser por meio do qual... a moralidade ganha em força" (113; A. 446).

James concordava com Kant que a ideia de Deus surge naturalmente, dada a nós pela natureza de nossa mente, mas também que isso é insuficiente para fundamentar afirmações sobre sua existência:

> Minha tese... é esta: que *alguma* realidade exterior de uma natureza definida como a natureza de Deus... é o único objeto último que é ao mesmo tempo racional e possível para a contemplação da mente humana... O teísmo, qualquer que seja sua garantia objetiva, pareceria assim

ter uma ancoragem subjetiva em sua congruência com nossa natureza enquanto pensadores (*WB*, 93-94).

James também rejeitava as pretensões da teologia racional de oferecer provas da existência de uma divindade: "a tentativa de demonstrar por meio de processos puramente intelectuais a verdade das declarações da experiência religiosa direta é absolutamente sem esperança" (*VRE*, 359). E acerca da alma ele concluía: "Até então, ninguém pode ser compelido a aderir a ela por razões científicas definidas" (*PP*, 1:329). Ele acrescentava, não obstante: "O leitor que encontra qualquer conforto na ideia da Alma é, contudo, perfeitamente livre para continuar a acreditar nela; pois nossos raciocínios não estabeleceram a inexistência da Alma; eles apenas provaram sua superfluidade para propósitos científicos" (*PP*, 1:332). Para James, assim como para Kant, as bases da fé são encontradas em nossas necessidades práticas; "as concepções infrateístas, o materialismo e os agnosticismos são irracionais porque são estímulos inadequados para a natureza prática do homem" (*WB*, 106). Assim, ele oferecia seu próprio argumento moral a favor da existência de Deus e de uma vida futura.

James argumenta que "para uma filosofia ter sucesso em uma escala universal, ela deve definir o futuro *de modo congruente com nossos poderes espontâneos*" (*WB*, 70).

Nossa natureza volicional coloca para nós, acima e além de nossa preocupação teórica com a unidade e a simplicidade, certas exigências que clamam igualmente por satisfação. Tentamos ver o mundo em termos dos modos ideais como ele deveria ser e ficamos insatisfeitos com qualquer concepção que deixa nossos desejos desesperançosamente frustrados. A fim de que uma concepção do universo seja racional, ela deve dar-nos uma razão para crer que nossas aspirações mais profundas podem ser satisfeitas através de nossa ação pessoal.

> A equação monstruosamente assimétrica do universo e do conhecedor, que postulamos como o ideal da cognição, é perfeitamente comparável à não menos assimétrica equação do universo e do *fazedor*. Exigimos nela um caráter para o qual nossas emoções e propensões ativas serão páreo (*WB*, 71).

Uma visão de mundo que satisfaça exigências puramente teóricas será incompleta e irracional, a menos que ela também esteja de acordo com as demandas feitas em nome da racionalidade prática. Somos impelidos por nossa própria natureza a adotar uma visão do universo que nos dê razões para a ação de maneiras que sejam consistentes com nossos ideais.

> Nada poderia ser mais absurdo do que a esperança do triunfo definitivo de qualquer filosofia que se recusasse a legitimar... as mais poderosas de nossas tendências emocionais e práticas. O fatalismo, cuja palavra de solucionamento em todas as crises de comportamento é "todo esforço é vão", nunca reinará supremo, pois o impulso de tomar a vida com esforço é indestrutível na raça. Os credos morais que se dirigem a esse impulso serão amplamente bem-sucedidos apesar da inconsistência, da vagueza e da determinação sombria da expectativa. O homem necessita de uma regra para sua vontade e inventará uma se uma não lhe for dada (*WB*, 74-75).

O que precisamos é de uma visão de mundo que apele para nossos poderes ativos e permita que nos dediquemos à vida na "atitude estrênua".

Essa visão, acredita James, deve ser teísta, pois "em um mundo meramente humano, sem Deus, o apelo à nossa energia moral fica aquém de seu poder máximo de estímulo" (*WB*, 160). Se há um Deus – um que seja favorável aos meus ideais –, o pensamento desse Deus, fazendo seu melhor para satisfazer meus ideais, proporciona-me a crença de que se ao menos eu trabalhar com afinco, as demandas desses ideais podem ainda ser satisfeitas. "Quando... há um Deus, ... a perspectiva infinita se abre... Os ideais imperativos agora começam a falar com uma objetividade e significância totalmente nova e a pronunciar uma penetrante, despedaçante e tragicamente desafiadora nota de apelo" (*WB*, 160). A fim de vivermos uma vida estrênua na perseguição de um ideal moral, *precisamos* de um Deus. Assim James, como Kant, sugere que, do ponto de vista prático, Deus pode ser *postulado* pelo bem da moralidade:

> Pareceria, também – e esta é minha conclusão final – que o universo moral estável e sistemático pedido pelo filósofo ético só é inteiramen-

te possível em um mundo onde há um pensador divino com demandas totalmente abrangentes... Nos interesses de nosso próprio ideal de verdade moral sistematicamente unificada, portanto, nós, como pretensos filósofos, devemos postular um pensador divino e rezar pela vitória da causa religiosa (*WB*, 161).

Somos portanto justificados em agir com certeza *moral* de que Deus existe além dos limites do mundo da ciência natural. "Temos um direito de acreditar que a ordem física é apenas uma ordem parcial; ... temos um direito de complementá-la com uma ordem espiritual invisível que assumimos na base da confiança, se ao menos consequentemente a vida puder parecer-nos novamente mais digna de ser vivida" (*WB*, 49).

Diferentemente de Kant, James aparentemente não enxergava seu argumento moral a favor da existência de Deus como apoiando igualmente uma fé na imortalidade. Não obstante, suas simpatias parecem correr nessa direção. Em uma carta a Stumpf ele escreveu: "Nunca senti a necessidade *racional* da imortalidade como você parece senti-la; mas conforme envelheço, confesso que sinto a necessidade prática dela muito mais do que já senti antes; e isso combina com razões... para me dar uma fé crescente na realidade dela" (Perry, 1935, 2:345).

Não é claro qual é exatamente o caráter da "necessidade prática" de James para a imortalidade, mas uma perspectiva adicional é fornecida por suas respostas a um questionário sobre a crença religiosa:

> Você acredita na imortalidade pessoal?
> Nunca intensamente; mas mais fortemente conforme envelheço.
> Se sim, por quê?
> Porque estou exatamente me tornando apto para viver (*Letters*, 2:214).

Presumivelmente, quando James diz que está "exatamente se tornando apto para viver", ele está se referindo a suas contribuições no sentido de fazer seu ideal moral avançar. Compare isso com sua observação nos *Princípios da Psicologia* [*Principles of Psychology*]:

> A demanda pela imortalidade é essencialmente teleológica. Nós nos cremos imortais porque nos cremos *aptos* para a imortalidade. Uma "substância" deve certamente perecer, pensamos, se não é digna de sobreviver; e um "fluxo" insubstancial deve prolongar-se, dado que seja digno, se a natureza das Coisas for organizada do modo racional como confiamos que ela seja (*PP*, 1:330).

Parece provável que a "necessidade prática" de James em relação à imortalidade seja baseada na visão de que o indivíduo "digno" – "apto" para a imortalidade – através da continuação da vida após a morte poderia ainda ser capaz de contribuir para o progresso do mundo rumo à perfeição moral.

Espero que eu tenho tido sucesso em mostrar exatamente o que pode significar a caracterização da filosofia de James como um "kantismo evolutivo". Isso significa reconhecer que o coração do kantismo deve ser encontrado na "revolução copernicana" do humanismo transcendental: a busca para estabelecer quais são as visões filosóficas mais razoáveis para sustentarmos, através do exame de nossa natureza como indivíduos racionais autônomos. Isso significa enxergar, como uma consequência de um exame de nossa situação epistemológica, que nossas visões da realidade são necessariamente condicionadas por nossas limitações humanas finitas e como tal não podem esgotar o reino da possibilidade. Isso significa enxergar que, como uma consequência de nossa capacidade de autodeterminação, a primeira virtude da comunidade humana ideal é o respeito democrático pelo pluralismo de perspectivas e projetos. E significa enxergar que nossa esperança para o futuro dessa comunidade pode ser baseada em uma fé raciocinada em um poder superior, lutando ao nosso lado por nossos ideais.

Bibliografia

I. Literatura primária

Edições originais

The Principles of Psychology. 2 vols. New York: Holt, 1890.
Psychology (Briefer Course). New York: Holt, 1892.
The Will to Believe, and Other Essays in Popular Philosophy. New York: Longmans, Green and Company, 1897.
Human Immortality: Two Supposed Objections to the Doctrine. Boston: Houghton Mifflin, 1898.
Talks to Teachers on Psychology: And to Students on Some of Life's Ideals. New York: Holt, 1899.
The Varieties of Religious Experience: A Study in Human Nature. New York: Longmans, Green and Company, 1902.
Pragmatism: A New Name for Some Old Ways of Thinking. New York: Longmans, Green and Company, 1902.
The Meaning of Truth: A Sequel to "Pragmatism". New York: Longmans, Green and Company, 1909.
A Pluralistic Universe: Hibbert Lectures at Machester College on the Present Situation in Philosophy. New York: Longmans, Green and Company, 1909.

Publicações póstumas

Some Problems of Philosophy: A Beginning of an Introduction to Philosophy. New York: Longmans, Green and Company, 1911.
Essays in Radical Empiricism. New York: Longmans, Green and Company, 1912.

Edição padrão

The Works of William James. Editado por Frederick H. Burkhardt, Fredson Bowers e Ignas K. Skrupskelis. Cambridge: Harvard University Press, 1975-1988.

Os volumes individuais, com a data de publicação, são os seguintes:

Volume 1 – *Pragmatism* (1975)
Volume 2 – *The Meaning of Truth* (1975)
Volume 3 – *Essays in Radical Empiricism* (1976)
Volume 4 – *A Pluralistic Universe* (1977)
Volume 5 – *Essays in Philosophy* (1978)
Volume 6 – *The Will to Believe* (1979)
Volume 7 – *Some Problems of Philosophy* (1979)
Volume 8 – *The Principles of Psychology* (3 vols.) (1981)
Volume 9 – *Essays in Religion and Morality* (1982)
Volume 10 – *Talks to Teachers on Psychology* (1983)
Volume 11 – *Essays in Psychology* (1983)
Volume 12 – *Psychology: The Briefer Course* (1984)
Volume 13 – *The Varieties of Religious Experience* (1985)
Volume 14 – *Essays in Psychical Research* (1986)
Volume 15 – *Essays, Comments and Reviews* (1987)
Volume 16 – *Manuscript Lectures* (1988)
Volume 17 – *Manuscript, Essays and Notes* (1988)

Correspondência

The Letters of William James. 2 vols. Editado por Henry James. Boston: Atlantic Monthly Press, 1920.
Selected Letters of William James. Editado por Elizabeth Hardwick. Boston: David R. Godine, 1961.
The Correspondence of William James. William and Henry. Editado por Ignas K. Krupskelis e Elizabeth M. Berkeley. 3 vols. Charlottesville

e London: University Press of Virginia, 1992-4 (Há um plano para nove volumes adicionais).

II. Literatura secundária

AIKEN, Henry D. "American Pragmatism Reconsidered: II. William James". *Commentary* 34: 1962, 238-246.
ALLEN, Barry. 1993. *Truth in Philosophy*. Cambridge: Harvard University Press.
_____. 1994. "Atheism, Relativism, Enlightenment and Truth". *Studies in Religion* 23: 167-178.
ALLEN, Gay Wilson. 1970. *William James*. Minneapolis: University of Minnesota Press.
ALLISON, Dorothy. 1994. *Skin: Talking about Sex, Class and Literature*. Ítaca, NY: Firebrand Books.
AUSTIN, J. L. 1962. *Sense and Sensibilia*. Editado por G. J. Warnock. Oxford: Oxford University Press.
AYEr, A. J. 1968. *The Origins of Pragmatism: Studies in the Phlosophy of Charles Sanders Peirce and William James*. San Francisco: Freeman, Cooper.
BARRETt, William. 1978. *The Illusion of Technique: A Search for Meaning in a Technological Civilization*. New York: Doubleday and Company.
BARZUN, J. 1983. *A Stroll with William James*. New York: Harper and Row.
BAYM, Nina. 1978. *Women's Fiction: A Guide to Novels by and about Women in America: 1820-1870*. Ithaca e London: Cornell University Press.
_____. 1984. *Readers, Writers and Reviewers: Responses to Fiction in Antebellum America*. Ithaca e London: Cornell University Press.
BEASELY, Conger. 1990. "In Animals We Find Ourselves". *Orion: Nature Quarterly* 9, 2 (primavera): 16-23.
BENNETT, Jonathan. 1971. *Locke, Berkeley, Hume*. Oxford: Oxford University Press.
BERGSON, Henri. 1959. *Oeuvres*. Paris: Presses Universitaires de France.
BEST, Steven e KELLNER, Douglas. 1991. *Postmodern Theory: Critical Interrogations*. New York: Guilford Press.

BIRD, Graham. 1986. *William James.* New York: Routledge and Kegan Paul.

BORING, Edwin G. 1953. "A History of Introspection". *Psychological Bulletin* 50: 169-186.

_____. 1961. *Psychology at Large: An Anthology and Selected Essays.* New York: Basic Books.

BOURNE, Randolph. 1977. *The Radical Will: Selected Writings, 1911-1918.* New York: Urizen.

BRADLEY, F. H. 1914. *Essays on Truth and Reality.* Oxford: Oxford University Press.

BRENNEN, Bernard P. 1961. *The Ethics of William James.* New York: Bookman Associates.

BRENT, Joseph. 1993. *Charles Sanders Peirce: A Life.* Bloomington: Indiana University Press.

BRINK, D. O. 1989. *Moral Realism and the Foundations of Ethics.* Cambridge University Press.

BRODHEAD, Richard H. 1993. *Cultures of Letters: Scenes of Reading and Writing in Nineteenth-Century America.* Chicago e London: University of Chicago Press.

BROWN, Gillian. 1990. *Domestic Individualism: Imagining Self in Nineteenth-Century America.* Berkeley e Los Angeles: University of California Press.

BRUCE, Dickson. 1992. "W. E. B. Du Bois and the Idea of Double Consciousness". *American Literature* 64: 299-309.

BURGE, T. 1979. "Individualism and the Mental". *Midwest Studies in Philosophy* 4: 73-121.

_____. "Inidividualism and Psychology". *The Philosophical Review* 95: 3-46.

CARLSON, Thomas Bruce. 1990. "The Pragmatic Inidividual: From Kant to James". Dissertação de doutorado, Harvard University.

CARTER, Stephen. 1993. *The Culture of Disbelief: How American Law and Politics Trivialize Religious Devotion.* New York: Basic Books.

CASSIRER, Ernst. 1981. *Kant's Life and Thought.* Traduzido [para o inglês] por James Haden. New Haven: Yale University Press.

CHURCHLAND, Paul. 1984. *Matter and Consciousness*. Cambridge: MIT Press.

CLIFFORD, W. K. 1877. "The Ethics of Belief". *Contemporary Review* 29: 283-309.

_____. 1879. "The Influence upon Morality of a Decline in Religious Belief". Em seu *Lectures and Essays*, vol. 2. London: Macmillan Publishers Ltd.

COBB-STEVENS, Richard. 1974. *James and Husserl: The Foundations of Meaning*. Haia: Martinus Nijhoff.

COOPER, W. E. 1990. "William James's Theory of Mind". *Journal of the History of Philosophy* 28, 4 (outubro): 571-593.

CORMIER, Harvey Jerome. 1993. "William James's Reconception of Truth". Dissertação de doutorado, Harvard University.

COTKIN, George. 1990. *William James: Public Philosopher*. Baltimore e London: Johns Hopkins University Press.

CROCE, Ann Jerome. 1988. "Phantoms from and Ancient Loom: Elizabeth Barstow Stoddard and the American Novel, 1860-1900". Dissertação de doutorado, Brown University.

DANCY, Jonathan e SOSA, Ernest, eds. 1992. *A Companion to Epistemology*. Oxford: Basil Blackwell.

DAVIES, Martin. 1991/92. "Perceptual Content and Local Supervenience". *Proceedings of the Aristotelian Societyu* 92: 21-45.

DEARBORN, Mary V. 1988. *Love and the Promised Land*. New York: Free Press.

DEWEY, John. 1897. "The Psychology of Effort". Reimpresso em *The Early Works*, vol. 5, editado por Jo Ann Boydston. Carbondale: Southern Illinois University Press, 1972.

_____. 1905/10. "The Postulate of Immediate Empiricism". Reimpresso em *The Middle Works*, vol. 3, editado por Jo Ann Boydston. Carbondale: Southern Illinois University Press, 1977.

_____. 1908. "What Pargmatism Means by Practical". Reimpresso em *The Middle Works*, vol. 4, editado por Jo Ann Boydston. Carbondale: Southern Illinois University Press, 1977.

_____. 1920. "The China Lectures of 1920". Reimpresso em *The Middle Works*, vol. 12, editado por Jo Ann Boydston. Carbondale: Southern Illinois University Press, 1982.

_____. 1925. "The Development of American Pragmatism". Reimpresso em *The Later Works*, vol. 2, editado por Jo Ann Boydston. Carbondale: Southern Illinois University Press, 1984.

_____. [1929] 1958. *Experience and Nature*. La Salle, Ill.: Open Court Publishing Company. Reedição, New York: Dover Publications.

_____. 1934. *A Common Faith*. New Haven: Yale University Press.

_____. 1940. "The Vanishing Subject in the Psychology of James". Reimpresso em *The Later Works*, vol. 14, editado por Jo Ann Boydston. Carbondale: Southern Illinois University Press, 1988.

_____. 1942. "William James and the World Today". Reimpresso em *The Later Works*, vol. 15, editado por Jo Ann Boydston. Carbondale: Southern Illinois University Press, 1989.

_____. 1942a. "William James as Empiricist". Reimpresso em *The Later Works*, vol. 15, editado por Jo Ann Boydston. Carbondale: Southern Illinois University Press, 1989.

_____. 1980. *Art as Experience*. New York: Putnam.

DOUGLAS, Ann. 1977. *The Feminization of American Culture*. New York: Avon Books.

DU BOIS, W. E. B. 1944. "My Evolving Program for Negro Freedom". Em *What the Negro Wants*, editado por Rayford Logan. Chapel Hill: University of North Carolina Press.

_____. 1968. *Autobiography*. New York: International Publishers Company.

_____. 1986. *Writings*. New York: Library of America.

_____. 1992. *Black Reconstruction*. New York: Atheheum.

EARLY, Gerald. 1993. *Lure and Loathing: Essays on Race, Identity, and the Ambivalence of Assimilation*. New York: Penguin.

EDIE, James. 1987. *William James and Phenomenology*. Bloomington: Indiana University Press.

EMERSON, Ralph Waldo. 1983. *Essays and Lectures*. New York: Library of America.

Esposito, Joseph L. 1977. *Schelling's Idealism and Philosophy of Nature*. Lewisburg, Pa.: Bucknell University Press.

Evans, Elizabeth Glendower. 1929. "William James and his Wife". *The Atlantic Monthly*, setembro, 374-387.

Evans, Gareth. 1982. *The Varieties of Reference*. Oxford: Clarendon Press.

Feinstein, Howard M. 1894. *Becoming William James*. Ithaca e London: Cornell University Press.

Flanagan, Owen. 1984. *The Science of the Mind*. Cambridge: MIT Press.

Flower, Elizabeth e Murray, Murphey. 1977. *A History of Philosophy in America*. New York: Putnam.

Fodor, Jerry. 1992. *A Theory of Content and Other Essays*. Cambridge: MIT Press.

Ford, Marcus Peter. 1982. *William James's Philosophy*. Amherst: University of Massachusetts Press.

Gale, Richard M. 1980. "William James and the Ethics of Belief". *American Philosophical Quarterly* 17: 1-14.

_____. 1991. *On the Nature and Existence of God*. Cambridge University Press.

_____. 1994. "William James on the Identity of Self over Time". *The Modern Schoolman* 71: 165-189.

Geary, Susan. 1976. "The Domestic Novel as a Commercial Commodity: Making a Bestseller in the 1850's". *Papers of the Biographical Society of America* 70: 365-393.

Goodman, Russell B. 1990. *American Philosophy and the Romantic Tradition*. Cambridge University Press.

Gramsci, Antonio. 1991. *Selections from the Prison Notebooks*. Editado e traduzido [para o inglês] por Quentin Hoare e Geoffrey Nowell Smith. New York: International Publishers Company.

Gurwitsch, Aron. 1964. *The Field of Consciousness*. Pittsburgh: Duquesne University Press.

HALDANE, J. 1989. "Reid, Scholasticism, and Contemporary Philosophy of Mind". Em *The Philosophy of Thomas Reid*, editado por M. Dalgarno e E. Mathews. Dordrecht: Kluwer.

_____. 1992. "Putnam on Intentionality". *Philosophy and Phenomenological Research* 52: 671-682.

HARRIS, Susan K. 1990. *19th-Century Amercian Women's Novels: Interpretive Strategies*. Cambridge University Press.

HARVEY, Van A. 1979. "The Ethics of Belief Reconsidered". *Journal of Religion* 59: 406-420.

HEBB, D. O. 1949. *The Organization of Behavior*. New York: John Wiley and Sons.

HELLER, Agnes. 1990. *A Philosophy of Morals*. Oxford: Basil Blackwell.

HOLLINGER, David A. 1985. "William James and the Culture of Inquiry". Em *In the American Province: Studies in the History and Historiography of Ideas*, editado por David A. Hollinger. Bloomington: Indiana University Press.

_____. 1992. "The 'Though-Minded' Justice Holmes, Jewish Intellectuals, and the Making of an American Icon". Em *The Legacy of Oliver Wendell Holmes, Jr.*, editado por Robert W. Gordon. Stanford: Stanford University Press.

HOLT, Thomas. 1990. "The Political Uses of Alienation: W. E. B. Du Bois on Politics, Race, and Culture, 1903-1940". *American Quarterly* 42: 301-323.

HOOKWAY, Christopher. 1985. *Peirce*. London: Routledge.

_____. "Vagueness, Logic and Interpretation". Em *The Analytic Tradition*, editado por D. Bell e N. Cooper. Oxford: Basil Blackwell.

_____. "Belief, Confidence and the Method of Science". *Transactions of the Charles S. Peirce Society* 29: 1-32.

HOPKINS, Pauline. 1988. *Of One Blood*. Em *The Magazine Novels*. New York: Oxford University Press.

HOWE, Mark De Wolfe, ed. 1941. *Holmes-Pollock Letters*. Cambridge: Harvard University Press.

HUGHES, H. Stuart. 1958. *Consciousness and Society: The Reconstruction of European Social Thought, 1890-1930*. New York: Alfred A. Knopf.

HUMPHREY, George. 1951. *Thinking: An Introduction to Its Experimental Psychology*. New York: John Wiley and Sons.

HUSSERL, Edmund. 1970. *Logical Investigations*. 2 vols. Traduzido [para o inglês] por J. N. Findley. London: Routledge and Kegan Paul. Originalmente publicado em 1900/1913.

HUTCHISON, William R. 1977. *The Modernist Impulse in American Protestantism*. Cambridge: Harvard University Press.

JACOBY, Russell. 1987. *The Last Intellectuals: American Culture in the Age of Academe*. New York: Basic Books.

JAMES, Henry. 1984. "Elizabeth Stoddard". Em *Essays on Literature, American Writers, English Writers*. New York: Library of America, 614-617.

_____. 1984a. "Preface to the New York Edition of Portrait of a Lady". Em *French Writers, Other European Writers, The Prefaces to the New York Edition*. New York: Library of America, 1070-1085.

JOHNSTON, Mark. 1989. "Dispositional Theories of Value". *Proceedings of the Aristotelian Society*, vol. supl. 63: 139-174.

KALLEN, Horace. 1924. *Culture and Democracy in the United States*. New York: Boni and Liveright.

KANT, I. 1952. *Critique of Judgement*. Traduzido [para o inglês] por J. C. Meredith. Oxford: Clarendon Press (Ak. V.).

_____. 1963. *Idea for a Universal History from a Cosmopolitan Point of View*. Traduzido [para o inglês] por L. W. Beck em *On History*. Indianapolis: Bobbs-Merrill (Ak. VIII).

_____. 1964. *Groundwork of the Metaphysics of Morals*. Traduzido [para o inglês] por H. J. Paton. New York: Harper and Row (Ak. IV).

_____. 1968. *Critique of Pure Reason*. Traduzido [para o inglês] por Norman Kemp Smith. New York: St. Martin's Press (Ak. III e IV). [391]

_____. *Logic*. Traduzido [para o inglês] por R. Hartman e W. Schwartz. Indianapolis: Bobbs-Merrill (Ak. IX).

KAUBER, Peter e Hare, Peter H. 1974. "The Right and Duty to Will to Believe". *Canadian Journal of Philosophy* 4: 327-43.

KELLEY, Mary. 1984. *Private Woman, Public Stage: Literary Domesticity in Nineteenth-Century America*. New York e Oxford: Oxford University Press.

KLOPPENBERG, James T. 1986. *Uncertain Victory: Social Democracy and Progressivism in European and American Thought, 1870-1920*. New York: Oxford University Press.

KRAUSHAAR, Otto F. 1936. "Lotze's Influence on the Psychology of William James". *Psychological Review* 47: 517-526.

_____. 1938. "What James Philosophical Orientation Owed to Lotze". *Philosophical Review* 47: 517-26.

_____. 1939. "Lotze as a Factor in the Development of James's Radical Empiricism and Pluralism". *Philosophical Review* 48: 455-471.

_____. 1940. "Lotze's Influence on the Pragmatism and Practical Philosophy of William James". *Journal of the History of Ideas* 1: 439-458.

KUKLICK, Bruce. 1977. *The Rise of American Philosophy: Cambridge, Massachusetts, 1860-1930*. New Haven: Yale University Press.

LAMBERTH, David C. No Prelo. *Metaphysics, Experience and Religion in William James's Thought*. Em *Cambridge Studies in Religion and Critical Thought*, editado por Wayne Proudfoot, Jeffrey L. Stout e Nicholas Wolterstorff. Cambridge University Press.

LEARS, T. J. Jackson. 1981. *No Place of Grace: Antimodernism and the Transformation of American Culture 1880-1920*. New York: Pantheon Books.

LENTRICCHIA, Frank. 1986. *Ariel and the Police*. Madison: University of Wiscosin Press.

LEVINSON, Samuel. 1978. *Science, Metaphysics and the Chance of Salvation: An Interpretation of the Thought of William James*. AAR Dissertation Series. Missoula: Scholars Press.

_____. 1981. *The Religious Investigations of William James*. Chapel Hill: University of North Carolina Press.

LEWIS, R. W. B. 1991. *The Jameses: A Family Narrative*. New York: Anchor Doubleday.

LEWIS, David. 1984. "Putnam's Paradox". *Australasian Journal of Philosophy* 62: 221-236.

LEWIS, Levering David. 1993. *W. E. B. Du Bois: Biography of a Race, 1868-1919*. New York: Henry Holt.

LIGHTMAN, Bernard. 1987. *The Origins of Agnosticism: Victorian Unbelief and the Limits of Knowledge*. Baltimore: Johns Hopkins University Press.

Linschoten, Hans. 1968. *On the Way Torward a Phenomenological Psychology: The Psychology of William James*. Pittsburgh: Duquesne University Press.

LIPPMANN, Walter. 1962. *A Preface to Politics*. Ann Arbor: University of Michigan Press.

_____. 1985. *Drift and Mastery*. Madison: University of Wiscosin Press.

LIVINGSTON, James. 1994. *Pragmatism and the Political Economy of Cultural Revolution, 1850-1940*. Chapel Hill: University of North Carolina Press.

LOCKE, Alain. 1989. "Who and What is 'Negro'?". Em *The Philosophy of Alain Locke*, editado por Leonard Harris, 207-226. Philadelphia: Temple University Press.

_____. ed. *The New Negro*. New York: Atheneum.

LONG, Wilbur. 1925. "The Philosophy of Charles Renouvier and Its Influence on William James". Dissertação de doutorado, Harvard University.

LUKES, Steven. 1985. "Taking Morality Seriously". Em *Morality and Objectivity: A Tribute to J. L. Mackie*, editado por T. Honderich. London: Routledge and Kegan Paul.

LUTZ, Tom. 1991. *American Nervousness 1903: An Anecdotal History*. Ítaca e Londres: Cornell University Press.

LYONS, William. 1986. *The Disappearance of Introspection*. Cambridge: MIT Press.

MACFARLANE, Alexander. 1916. *Lectures on Ten British Mathematicians of the Nineteenth Century*. New York: John Wiley and Sons.

MACINTYRE, Alasdair e RICOEUR, Paul. 1969. *The Religious Significance of Atheism*. New York: Columbia University Press.

MADDEN, Edward H. e HARE, Peter H. 1978. Resenha de *The Rise of American Philosophy*, de B. Kuklick. *Transactions of the Charles S. Peirce Society* 14: 53-72.

MATLACK, James H. 1967. "The Literary Career of Elizabeth Barstow Stoddard". Dissertação de doutorado, Yale University.

MATTHIESSEN, F. O. 1962. *The James Family*. New York: Alfred A. Knopf.

MCDOWELL, J. 1992. "Putnam on Mind and Meaning". *Philosophical Topics* 20: 35-48.

_____. 1994. *Mind and World*. Cambridge: Harvard University Press.

MCNAUGHTON, D. 1988. *Moral Vision*. Oxford: Basil Blackwell.

MERLEAU-PONTY, Maurice. 1968. *The Visible and the Invisible – Followed by Working Notes*. Evanston, Ill.: Northwestern University Press.

MOORE, Edward C. 1961. *American Pragmatism: Peirce, James and Dewey*. New York: Columbia University Press.

_____. 1966. *William James*. New York: Washington Square Press.

MOORE, G. E. 1907-1908. "Professor James' 'Pragmatism'". *Proceedings of the Aristotelian Society*, n. s., 8: 33-77. Reimpresso em Moore (1922).

_____. 1922. *Philosophical Studies*. Londres: Routledge and Kegan Paul.

MOUFFE, Chantal. 1979. "Hegemony and Ideology in Gramsci". Em *Gramsci and Marxist Theory*, editado por Chantal Mouffe. London e Boston: Routledge and Kegan Paul.

MURPHEY, Murray. 1968. "Kant's Children: The Cambridge Pragmatists". *Transactions of the Charles S. Peirce Society* 4: 3-33.

MYERS, Gerald E. 1986. "Introspection and Self-Knowledge". *American Philosophical Quarterly* 23: 199-207.

_____. 1986a. *William James: His Life and Thought*. New Haven: Yale University Press.

NIEBUHR, Richard R. 1983. *Streams of Grace: Studies of Jonathan Edwards, Samuel Taylor Coleridge and William James*. Kyoto: Doshisha University Press.

NISBETT, Robert E. e WILSON, Timothy de Camp. 1977. "Telling More than We Can Know". *Psychological Review* 84: 231-259.

OLIN, Doris, ed. 1992. *William James: Pragmatism in Focus*. London e New York: Routledge and Kegan Paul.

OTTEN, Thomas. 1992. "Pauline Hopkins and the Hidden Self of Race". *English Literary History* 59: 227-256.

PEIRCE, Charles Sanders. 1877. "The Fixation of Belief". *Popular Science Monthly* 12: 1-15.

_____. 1931-1960. *Collected Papers of Charles Sanders Peirce*. 8 vols. Editado por C. Hartshorne e P. Weiss (vols. 1-6) e A. Burks (vols. 7-8). Cambridge: Harvard University Press.

_____. 1992. *Reasoning and the Logic of Things*. Editado por K. Ketner e H. Putnam. Cambridge: Hravard University Press.

PERRY, Ralph Barton. 1935. *The Thought and Character of William James*. 2 vols. Boston: Little, Brown and Company.

_____. [1938] 1979. *In the Spirit of William James*. Reimpressão, Westport, Conn.: Greenwood Press.

PETTIT, Philip e MCDOWELL, John, eds. 1986. *Subject, Thought and Context*. Oxford: Clarendon Press.

POCHMANN, Henry A. 1957. *German Culture in America 1600-1900: Philosophical and Literary Influences*. Madison: University of Wiscosin Press.

POIRIER, Richard. 1987. *The Renewal of Literature*. New York: Random House.

_____. 1992. *Poetry and Pragmatism*. Cambridge: Harvard University Press.

_____. 1993. "Pragmatism and the Sentence of Death". Em *Wild Orchids and Trotsky*, editado por Mark Edmundson. New York: Penguin.

POSNOCK, Ross. 1989. "Assessing the Oppositional: Contemporary Intellectual Strategies". *American Literary History* 1: 147-171.

_____. *The Trial of Curiosity: Henry James, William James and the Challenge of Modernity*. New York: Oxford University Press.

PRATT, J. B. 1909. *What is Pragmatism?* New York: Macmillan Publishing Company.

PUTNAM, Hilary. 1975. "The Meaning of Meaning". Em *Mind, Language and Reality*. Cambridge: Harvard University Press.

_____. 1981. *Reason, Truth and History*. Cambridge University Press.

_____. 1987. *The Many Faces of Realism*. LaSalle, Ill.: Open Court Publishing Company.

_____. 1988. *Representation and Reality*. Cambridge: MIT Press.

_____. 1990. "James' Theory of Perception". Em *Realism with a Human Face*. Cambridge: Harvard University Press.

_____. 1992. *Renewing Philosophy*. Cambridge: Harvard University Press.

_____. 1994. *Pragmatism*. Oxford e Cambridge: Harvard University Press.

_____. 1994a. "Pragmatism and Moral Objectivity". Em *Words and Life*. Cambridge: Harvard University Press.

_____. 1994b. "THE DEWEY LECTURES 1994: Sense, Nonsense and the Senses: An Inquiry into the Powers of the Human Mind". *The Journal of Philosophy* 91: 445-517.

PUTNAM, Ruth Anna. 1990. "The Moral Life of a Pragmatist". Em *Identity, Character, and Morality*, editado por Owen Flanagan e Amélie Rorty. Cambridge e London: MIT Press.

RATNER, S. e Altman, J., eds. 1964. *John Dewey and Arthur F. Bentley*. New Brunswick: Rutgers University Press.

RAYMOND, Mary E. 1937. "Memories of William James". *The New England Quarterly* 10: 419-429.

REY, George. 1992. "Semantic Externalism and Conceptual Competence". *Aristotelian Society Proceedings*, n. s., 192, 3: 315-331.

RHEES, R. 1970. *Discussions with Wittgenstein*. New York: Schocken Books.

RORTY, Richard. 1979. *Philosophy and the Mirror of Nature*. Princeton: Princeton University Press.

_____. 1982. *Consequences of Pragmatism: Essays 1972-1980*. Minneapolis: University of Minnesota Press.

_____. 1986. "Pragmatism, Davidson, and Truth". Em *Truth and Interpretation*, editado por Ernest LePore e Brian McGuinness. Oxford: Basil Blackwell.

_____. 1994. "Religion as a Conversation Stopper". *Common Knowledge* 3: 1-6.

_____. 1994a. "Sind Aussagen universelle Geltungsansprüche?". *Deutsche Zeitschrift für Philosophie* 42, 6: 975-988.

_____. 1995. "Is Truth a Goal of Inquiry: Davidson vs. Wright". *The Philosophical Quarterly* 45: 281-300.

_____. No prelo. "McDowell, Davidson and Spontaneity". *Philosophy and Phenomenological Research*.

ROTH, John K. 1969. *Freedom and the Moral Life: The Ethics of William James*. Philadelphia: Westminster Press.

ROYCE, Josiah. 1908. *Philosophy of Loyalty*. Norwood, Mass.: Macmillan Publishing Company.

_____. 1915. *Studies in Good and Evil*. New York: Appleton.

_____. 1951. *Royce's Logical Essays*. Editado por Daniel Robinson. Dubuque, Iowa: Wm. C. Brown Company.

_____. 1960. *The Letters of Josiah Royce*. Editado por John Clendenning. Chicago: University of Chicago Press.

_____. 1965. *The Religious Aspect of Philosophy*. Glouster, Mass.: Peter Smith Publisher. Originalmente publicado em 1885.

_____. 1969. *Basic Writings*. 2 vols. Editado por John J. McDermott. Chicago: University of Chicago Press.

_____. 1971. *The Philosophy of Josiah Royce*. Editado por John Roth. New York: Thomas Crowell Press.

RUDDICK, Lisa. 1990. *Reading Gertrude Stein*. Ithaca: Cornell University Press.

RUSSELL, Bertrand. 1945. *A History of Western Philosophy*. New York: Simon and Schuster.

_____. 1966. *Philosophical Essays*. London: Allen and Unwin. Originalmente publicado em 1910.

_____. 1986. *The Philosophy of Logical Atomism and Other Essays, 1914-1918*. Volume 8 dos *Collected Papers*, editado por J. G. Slater. London: Allen e Unwin.

RYLE, Gilbert. 1949. *The Concept of Mind*. New York: Barnes and Nobble.

SANTAYANA, George. 1920. *Character and Opinion in the United States*. New York: Charles Scribner's Sons.

_____. [1920] 1967. *Character and Opinion in the United States*. Londres: Constable and Company. Reedição, New York: W. W. Norton and Company.

_____. 1923. *Scepticism and Animal Faith*. Londres: Constable and Company.

SCHEFFLER, Israel. 1974. *Four Pargmatists: A Critical Introduction to Peirce, James, Mead, and Dewey*. New York: Humanities Press International.

SCHELLING, F. W. J. 1807. "The Relation of Plastic Art to Nature". Em Wilshire (1985).

SCHILLER, F. C. S. 1907. *Studies in Humanism*. London: Macmillan Publishers Ltd.

_____. 1927. "William James and the Making of Pragmatism". *The Personalist* 8, 2: 81-93. Reimpresso em Schiller (1934).

_____.1934. *Must Philosophers Disagree?* London: Macmillan Publishers Ltd.

SCHILLER, Friedrich. 1965. *On the Aesthetic Education of Man in a Series of Letters*. Traduzido [para o inglês] por Reginald Snell. New York: Frederic Ungar Publishing Company.

SEIGFRIED, Charlene H. 1978. *Chaos and Context: A Study in William James*. Atenas: Ohio University Press.

_____.1990. *William James Radical Reconstruction of Philosophy*. Albany: State University of New York Press.

SKINNER, B. F. 1976. *About Behaviorism*. New York: Vintage.

SMITH, Quentin. 1986. *The Felt Meanings of the World: A Metaphysics of Feeling*. West Lafayette, Ind.: Purdue University Press.

SOLLORS, Werner. 1986. "A Critique of Pure Pluralism". Em *Reconstructing American Literary History*, editado por Sacvan Bercovitch. Cambridge: Harvard University Press.

SPENCER, Herbert. 1872. *The Principles of Psychology*. 2ª ed. 2 vols. Londres: Williams and Norgate.

SPRIGGE, T. L. S. 1993. *James and Bradley*. Chicago: Open Court Publishing Company.

STARBUCK, Edwin D. 1943. "A Student's Impressions of James in the Middle '90's". *Psychological Review* 50: 128-131.

STEPHEN, James Fitzjames. 1874. *Liberty, Equality, Fraternity*. 2ª ed. London: Smith, Elder.

STODDARD, Elizabeth. 1984. *The Morgesons and Other Writings, Published and Unpublished*. Editado por Lawrence Buell e Sandra Zagarell. Philadelphia: University of Pennsylvania Press.

STOUT, G. F. 1907. Resenha de Schiller (1907). *Mind*, n. s. 16: 579-588.

STROUSE, Jean. 1980. *Alice James: A Biography*. Boston: Houghton Mifflin.

SUNDQUIST, Eric. 1993. *To Wake the Nations*. Cambridge: Harvard University Press.

TILLICH, Paul. 1974. *Mysticism and Guilt Consciousness in Schelling's Philosophical Development*. Lewisburg, Pa.: Bucknell University Press.

TITCHENER, E. B. 1909. *Lectures on the Experimental Psychology of the Thought-Processes*. New York: Macmillan Publishing Company.

TODES, Samuel. 1989. *The Body and the Material Subject of the World*. New York: Garland Publishing.

TOMISCH, John. 1971. *A Genteel Endeavor: American Culture and Politics in the Gilded Age*. Stanford: Stanford University Press.

VEEDER, William. 1975. *Henry James – The Lessons of the Master: Popular Fiction and Personal Style in the Nineteenth Century*. Chicago e London: University of Chicago Press.

WATSON, J. B. 1919. *Psychology from the Standpoint of a Behaviorist*. Philadelphia: J. B. Lippincott.

_____. 1924/1925. *Behaviorism*. New York: The People's Institute Publishing Company. [397]

WEIGAND, Paul. 1952. "Psychological Types in Friedrich Schiller and William James". *Journal of the History of Ideas* 13: 376-383.

WELTER, Barbara. 1966. "The Cult of True Womanhood: 1820-1860". *American Quarterly* 18: 151-174.

WERNHAM, James C. S. 1987. *James's Will-to-Believe Doctrine: A Heretical View*. Kingston, Ontario: University of Toronto Press.

WEST, Cornel. 1989. *The American Evasion of Philosophy*. Madison e London: University of Wiscosin Press.

_____. 1991. *The Ethical Dimension of Marxist Thought*. New York: Oxford University Press.

WHITEHEAD, Alfred North. 1929. *Process and Reality*. New York: Macmillan Publishing Company.

WIENER, Philip. 1949. *Evolution and the Founders of Pragmatism*. Cambridge: Harvard University Press.

WILD, John Daniel. 1989. *The Radical Empiricism of William James*. Garden City, N. Y.: Doubleday.

WILLIAMS, Michael. 1993. *Unnatural Doubts*. Oxford: Basil Blackwell.

WILSHIRE, Bruce. 1979. *William James and Phenomenology: A Study of 'The Principles of Psychology'*. New York: AMS Press.

_____. 1984. *William James: The Essential Writings*. Albany: State University of New York Press.

_____. 1985. *Romanticism and Evolution: The Nineteenth Century*. Lanham, Md.: University Press of America.

_____. No prelo. "Edie's Hard-Nosed James and the Retrieval of the Sacred". Em *James Edie: Phenomenology and Scepticism*, editado por B. Wachterhauser. A ser publicado como um *Festchrift* a Edie.

_____. No prelo. *Wild Hunger: Nature's Excitements and Their Addictive Distortions*.

WITTGENSTEIN, Ludwig. 1953. *Philosophical Investigations*. Editado por G. E. M. Anscombe. Oxford: Basil Blackwell.

WOOD, Ann D. 1971. "The 'Scribbling Women' and Fanny Fern: Why Women Wrote". *American Quarterly* 23: 3-24.

WOODFIELD, Andrew, ed. 1982. *Thought and Object: Essays in Intentionality*. Oxford: Clarendon Press.

WRIGHT, Chauncey. 1877. *Philosophical Discussions*. Editado por C. E. Norton. New York: Henry Holt.

YEAZELL, Ruth Bernard. 1981. *The Death and Letters of Alice James*. Berkeley e Los Angeles: University of California Press.

Índice remissivo

absoluto, o, 147, 156, 174
ação, 98, 197-198, 316, 442-443
    moral, 445
afecções secundárias, 326
Aggassiz, Louis, 13
Agnosticismo, 98, 102, 353, 471, 473
Agostinho
    Confissões, 284
Al-Ghazzali, Abu Hamid Muhammad, 292
Alheamento, 304, 307, 309
Allen, Barry, 124, 125
Allison, Dorothy, 130
Allport, Gordon W., 269
alma, 55, 88, 279
    doente, 283
ambiguidade, 177
Aristóteles, 82-83, 82-83
Arnold, Matthew, 409
ateu, 124-125
atenção, 75, 79-80, 174, 286
atinência do pensamento, 168-182
    ver também conteúdo mental, referência
atividade, 164, 316
    experiência da, 85
atitude, 204
    atlética, 282
ato mental, 158, 171
    ver também atinência do pensamento, referência

autoconsciência, 314, 421
autodeterminação, 476
autoridade religiosa, 108

Babbitt, Irving, 409
Bain, Alexander, 26, 32
Barzun, Jacques, 13, 23, 218
Baudelaire, Charles Pierre, 398
Beaseley, Conger, 159
Beethoven, Ludwig, 396
behaviorismo, 36, 72, 74
beleza, 394
Benedict, Ruth, 416
Bennett, Jonathan, 326, 332-338
Bentley, A. F., 77
Bergson, Henri, 89-91, 185, 218, 403, 405, 414
Best, Steven, 95
Binet, Alfred, 415
Boas, Franz, 416
Boehme, Jacob, 292
Borden, Lizzie, 233
Boring, Edwin, 25
Bourne, Randolph, 401, 405, 408, 412, 413, 416
Bradley, F. H., 177-178, 317, 429
Brainerd, David, 284-285
Bretanha, 108, 161, 163
Budismo, 286
Bunyan, John, 284

Carter, Stephen, 115
Caráter, 362
Cartesianismo, 51, 55
Ceticismo, 252-253
Chisholm, Roderick, 82

Clifford, W., cap. 4, 118-120, 122-123, 125, 129
Coleridge, Samuel Taylor, 104, 455
Comitê do Consórcio Hibbert, 298
comportamento, 287
    arco-reflexo, 75
compatibilismo, 59, 69
comunidade, 133, 476
concepção, 193, 196, 198, 201, 206, 211
conduta, 102
"Confidences of a Psychical Researcher" ["Confidências de um pesquisador do paranormal"], 86, 314
conhecer como função do pensamento, o, 67-68
conhecimento, 113, 116, 175, 458
    por familiaridade direta, 311
    conhecimento-sobre, 316, 311
consciência, 108, cap. 2
    moral, 408
    científica, 98
    extramarginal (transmarginal), 87, 285, 287
    falsa, 440
    campo de, 287
    mística, 289
    objetos da, 279-278
    secundária 49, 288
    de si, 26, 86, 363
    subliminar, 87
consequencialismo, 197, 357
criação doméstica, 397
conteúdo mental, 170, 180
    ver também atinência do pensamento, referência
continuidade, 209
    sensível, 177
conversão, 145
correspondência, 217, 397-398

crença, 62, 75, 99, 107, 109, 116, 126, 1165-169, 227
    ética da, 113-114, 121
    religiosa, 101, 104, 106, 109-111, 116, 118, 121, 123, 127, 133
    cientificamente justificada, 109, 113-114, 121, 145, 147, 151
cristianismo, 103-104, 123
cultura
    americana, 388, 394, cap. 16
    de vanguarda, 405
    e refinamento, 358-362

Darwin, Charles, 57, 95, 140, 454, 458, 459, 462-463
darwinismo, 57, 127, 431
Davidson, Donald, 115, 127, 431
democracia, 90, 114, 155, 157
Descartes, René, 26, 137, 157
determinismo, 15, 19, 46, 47, 52, 59, 61, 62, 205, 356, 458
Deus, 279, 282
    crença em, 62, 106
    nas experiências de conversão, 288
    finito, 322
    como garantia da ordem ideal, 132
    doutrina kantiana de, 471-472
    na visão de Tolstoy, 285
Dewey, John, 15, 18, 25, 26, 44, 53, cap. 2
Diderot, Denis, 124
Divino, 131, 281-282, 301, 321, 475
"Does 'Consciousness' Exist?" ["A 'consciência' existe?"], 64, 73
domesticidade, 376, 378, 379, 394, 396, 397, 399, 400
Dreyfus, Alfred, 360, 406
dualismo, 45, 53, 58, 64, 119, 122
    cartesiano, 27, 49
    de senso comum, 73
    interacionismo, 58, 73
    mental/físico, 73, 92

moral, 328, 346
ontológico, 71
de substância, 14, 45, 58, 64, 65, 68, 138
completo, 53
Du Bois, W. E. B., 401, 408-409, 414, 421, 422
    consciência dupla, 414, 421-423
    e a NAACP ["Associação Nacional para o Avanço das Pessoas de Cor"], 423

educação liberal, 360
Edwards, Jonathan, 276-277
ego, 41, 55, 56, 137, 160, 391
egoísmo, 438
Emerson, Ralph Waldo, 265, 381, 382, 400, 404, 406, 422
empirismo, 185, 189, 204, 207-209, 237, 458
    imediato, 76
    radical, 143, 144, 152, 154-156, 177, 183, 189, 190, 204, 207-209, 211, 217, 220-221, 228, 271, 281, 290, 298, 299, 301-306, 308-323 *passim*, 353
epifenomenalismo, 49- 50, 314, 319
epistemologia, 458
erro, *ver* Royce, Josiah
Espinosa, Bento, 129, 355
Essays in Philosophy ["Ensaios em filosofia"], 293
Essays in Radical Empiricism ["Ensaios em empirismo radical"], 16, 17, 45-47, 64, 67-68, 144, 217, 271, 298
essencialismo, 40, 103
eu, 72, 92, 110, 304, 397
    ativo, 80
    dividido, 283
    oculto, 415
    interior, 85
    secundário, 76
    senso do, 295

        subliminar, 415
        mais amplo, 319-320
Eutífron, problema de, 329
evento mental, 175
        ver também atinência do pensamento, referência
evolução, 458
experiência, 152, 168, 182, 197, 209, 272, 316, 336
        da atividade, 298
        conceito de, 144, 147, 196
        conjuntiva, 221
        vivida, 181, 302, 318
        mística, 87, 293
        pura, 17, 20, 27, 46, 65-67, 74, 76-77, 142, 144, 146, 148, 154,
                158, 185, 221-222, 228, 232, 271, 290, 298, 302-305, 310-
                312, 315-319, 353
        religiosa, 16, 21, 78, 86, 144, 148, 157, 225, 257, 269-296, 297,
                299, 301, 318-320, 379, 381, 473
        sensorial, 90, 117-118, 172, 335
externalismo/internalismo, debate, 126

falácia
        genética, 66
        da concretude mal-posicionada, 69
falibilismo, 354
falta de lar, 404
familiaridade, 222-223, 270, 276, 280-281, 311, 384
fé, 263, 284, 461, 476
        cristã, 103
        positivista, 100
        religiosa, 105, 110, 121, 129
Fechner, Gustav F., 86-88, 157, 160, 455
fenomenologia, 66, 135, 139, 142, 147, 153, 312, 402
Ferrari, Dr. G. C., 396
Filipinas, ocupação norte-americana das, 365, 372

fluxo da consciência, 56, 290, 422
fluxo do pensamento, 26, 33, 45, 56, 63
Foucault, Michel, 95, 107, 408
Fox, George, 275
Frost, Robert, 401
"The Function of Cognition" ["A função da cognição"], 73, 174
Fundacionismo, 116-117

Gale, Richard, 83, 96
gênio, 394, 404
Gifford Lectures ["Conferências Gifford"], *ver Varieties of Religious Experience,* 21, 269, 297
Goethe, Wolfgang V., 422
Gramsci, Antonio, 428-439, 442-442, 447-448

Habermas, Jurgen, 114
hábito, 75
    de ação, 114, 126
    de investigação conscienciosa, 99
harmonia pré-estabelecida, 53-54
Heller, Agnes, 361
Hegel, G. W. F., 71, 135-139,147, 309, 413, 429, 430,432, 435
Herskovits, Melville, 416
Heymans, Gerhardus, 313, 315
Hibbert Lectures ["Conferências Hibbert"], *ver A Pluralistic Universe*
Hobbes, Thomas, 326
Holbach, Paul-Henri, 124-125
Holmes, Oliver Wendell, 110
Hopkins, Pauline, 414
Howe, Alice, 101, 382
Hudson, W. H., 398
humanismo, 163
Hume, David, 26, 32, 33, 55, 119, 124, 125, 286, 309, 355, 457
humildade epistêmica, 95

Husserl, Edmund, 154, 179
Huxley, Thomas, 49, 99
hipótese
    religiosa, 103, 105, 111, 120, 125, 126, 129, 132
    científica, 166

idealismo, 137, 140, 143-144, 247, 314, 318, 320, 429, 431
    absoluto, 171
    transcendental, 461-475
idealistas, 382, 407, 430
ideais, 343, cap. 14 *passim*
identidade, 140-141
    auto, 93
Iluminismo, 101, 108
imaginação, 130, 133
imortalidade, 279
    humana, 46, 62, 86
    objetiva, 132
    pessoal, 47, 62
imperialismo, 358, 372, 406-407, 410, 413
inconsciente freudiano, 48
individualismo, 246, 406
intelectual, 360, 369, 407
    afro-americano, 414
    orgânico, 437
intencionalidade, 17, 18, 151, 175, 181, 182, 184, 223
interacionismo, 58, 79
intimidade, 92-93, cap. 12 *passim*
    como racionalidade metafísica, 304-305
    como afeto fenomenológico, 302-303
    como ideal de sociabilidade, 304-308
introspecção, cap. 1 *passim*, 92, 137
    como observação, 27-28
    como fonte para o pragmatismo, 39-40

intuicionismo, 326-327
irracionalismo, 21, 211, 258, 259
investigação
    crítica, 103
    reflexiva, 200
    científica, 19, 72, 96, 111, 115, 159, 201, 206

James, Henry, 297-298, 375, 377, 390-391, 395, 400
João da Cruz, São, 292
Johnston, Mark, 326, 329, 331, 332, 336-338, 340-342, 349-351
juízo, 238, 244
    existencial, 274
    moral, 344-347, 467
    sobre o que deveria ser, 213

Kallen, Horace, 401, 416-420
Kant, Immanuel, 153, 356, 451, 452, 455-458
    humanismo transcendental, 456, 476
kantismo evolutivo, 454, 476
Kierkegaard, Soren, 128, 153
"The Knowing of Things Together" ["O conhecimento das coisas em conjunto"], 315
Kuhn, Thomas, 95
Kuklick, Bruce, 385, 454

Lar, 104, 375-400 *passim*, 404
liberdade, 108
linguagem, 117, 439, 440, 442-449
"La Notion de Conscience" ["A noção de consciência"], 67, 298
Leibniz, Gottfried Wilhelm, 51-52
Leuba, James Henry
    carta a, 272
Levinson, Henry, 96, 133, 312
Lewis, David, 125, 284, 421

libertarismo, 79, 82
Lippman, Walter, 401, 404, 405, 409-412
livre-arbítrio, 15, 22, 59-62, 79, 82, 84, 205, 206, 320, 322, 355, 464, 466, 467
Locke, Alain, 23, 401, 417, 421
Locke, John, 93

MacIntyre, Alasdair, 123, 124
Madden, Edward H., 102, 367, 454
Malebrache, Nicolau de, 102, 307, 454
Marx, Karl, 409, 428, 429-435, 451, 448
matéria, 67, 77
materialismo, 15, 17, 82, 88, 300, 301, 309, 314, 317, 318, 384, 473
      fenomenológico, 77, 78, 92
materialistas médicos, 275
Matthiesen, F. O., 406
McDowell, John, 116, 127, 170, 224
Mead, Margaret, 416
The Meaning of Truth ["O significado de verdade"], 20, 73, 174, 207, 212, 281
meliorismo, 378, 448
memória, 94
método
      histórico, 89
      científico, 103
      de verificação, 118
Michelangelo, 396
Mill, John Stuart, 113, 114, 121
Milton, John, 265, 266, 357
mente, 108, 135
      absoluta, 136, 139, 143, 147, 156, 265, 384
      e cérebro, 140
      corpo, 50, 52
mente saudável, atitude da, 283

misticismo, 91, 280, 283, 284, 291-293, 402
monismo, 15, 82, 144, 293, 353, 355, 418, 421
    neutro, 17, 45, 56, 65-67, 69, 164, 303
Moore, G. E., 18, 161-164, 167-169, 177, 184
"The Moral Equivalent of War" ["O equivalente moral da guerra"], 364
"The Moral Philosopher and the Moral Life" ["O filósofo moral e a vida moral"], 22, 113, 246, 325, 356, 357
moralidade, 282, 328, 349
Morse, Frances
    carta a, 270, 271, 274
Myers, Frederic, 288
Myers, Gerald E., 39, 110

natureza, 57, 100, 135, 457
    uniformidade da, 100
naturalismo, 71
    metodológico, 89
    ontológico, 72
necessidades
    humanas, 116, 125
    práticas, 66
Newton, Isaac, 456
Nietzsche, Friedrich, 117, 402, 405, 411
nominalismo, 191, 198, 207, 228

objetividade, 22, 122, 128, 209, 217, 247, 250, 410, 423, 474
"On a Certain Blindness in Human Beings" ["Sobre uma certa cegueira nos seres humanos"], 22, 91, 354, 369, 379, 390, 396, 397, 416
"On Some Omissions of Introspective Psychology" ["Sobre algumas omissões da psicologia introspectiva"], 26
"The One and the Many" ["O uno e o múltiplo"], 271
oração, 270, 271, 292, 364, 366

panpsiquismo, 92, 183, 299, 312-315
    idealista, 317
    pluralista, 21, 315
    forte, 314-317
    fraco, 314
panteísmo, 292, 300
paralelismo, 51-53
    deísta, 52
    panteísta, 52
Park, Robert, 401, 416
Paulsen, Friedrich, 314, 317
Peirce, Charles Sanders, 18, 19, 22, 25, 26, 39, 64, 104, 109, 110, 114, 115, 120, 137, 138, 140, 144, 142, 144, 187-212, 214-218, 227, 228, 232, 237, 250, 277, 367, 455
pensamento, 63, 171, 178
    como função do cérebro, 63
percepção, 233, 316
    moral, 372
    sensorial, 88
perceptos, 17, 18, 74, 174, 195, 214, 221
Perry, Ralph Barton, 102, 211, 216, 232, 233, 248, 288, 312, 406, 422, 452, 453, 466-467, 475
"The Place of Affectional Facts in a World of Pure Experience" ["O lugar dos fatos afeccionais em um mundo de experiência pura"], 77, 298
plasticidade, 225
pluralismo, 44, 82, 130, 136, 271, 278, 281, 306, 353-355, 362, 367, 372, 416-421, 464, 476
A Pluralistic Universe ["Um universo pluralista"], 16, 21, 22, 78, 153, 271, 298, 414
Positivismo, 96, 112, 353, 404
práticas sociais e linguísticas, 66
pragmatismo, 168, 174, 204, 205, 404, 408-409, 428-439, 444-445
    desenvolvimento do, 78
    como doutrina de significado, 193-194
    e a psicologia de James, 37

        jamesiano, 203-207
        como método, 38
        peirceano, 187-203
        profético, 433
        crítica de Russell ao, 165-168
Pragmatism ["Pragmatismo"], 16, 18, 19, 23, 39, 93, 161, 211, 271, 298, 403, 427, 456
The Principles of Psychology ["Os Princípios da psicologia"], 14, 15, 26, 38, 45, 71, 72, 140, 269, 357, 386, 402, 475
propriedades morais, 330, 331, 342- 343, 345, 349- 350
        origens metafísicas das, 328
        realidade das, 325
Providência, 86, 105, 124, 398
        ver também Deus
psicologia, 45, 60, 72, 273
        biológica, 71
        introspectiva, *ver* introspecção
Psychology: The Briefer Course ["Psicologia: curso breve"], 45, 46, 47, 60, 65, 269
Putnam, Hilary, 44, 152, 160, 180, 182

qualidades secundárias
        explicação de Bennett para as, 332-337
Quine, W. V. O., 44, 69, 95

racionalidade, 311, 323
Rankin, Henry W., 288, 289, 291, 453
Ratner, Sidney, 77
realismo, 116, 117, 156, 429, 432
        epistemológico, 216
        moral, 325, 350
        natural, 221
        do empirismo radical, 156
        científico, 125

realidade
    sentimento de, 82, 311
    material, 450
    das propriedades morais, 325
    das relações, 312, 319, 418
"The Reality of the Unseen" ["A realidade do invisível"], 278, 280, 282, 287
razoabilidade concreta, 196
referência, 183
    ver também atinência do pensamento, conteúdo mental
"Reflex Action and Theism" ["Ação reflexa e teísmo"], 314
religião, 125, 272, 281, 282, 291, 294-296
    filosofia da, 22, 122, 129
Renouvier, Charles, 15, 455, 466, 467
responsabilidade, 113, 118, 119, 266
retrospecção, 27-30, 37, 40
Ricoeur, Paul, 123
Roosevelt, Theodore, 407, 413
Rorty, Richard, 124, 188, 211, 431, 451
Royce, Josiah, 171, 172, 177, 235, 236, 252, 259, 265, 317, 429, 455
    argumento do erro, 236, 247
Russell, Bertrand, 18, 26, 65, 161, 164-167, 169, 170, 172, 176, 177, 183, 184, 211, 218, 229

Santa Teresa, 292
santidade, 283, 284, 290, 291
Santayana, George, 165, 184, 393, 403, 405
Sartre, Jean-Paul, 82
Schelling, F. W. J., 135, 137-140, 144, 149
Schiller, F. C. S., 18, 161, 163, 165, 177, 272, 288, 297, 395, 396, 399, 452
Schleiermacher, F. D. E., 103
senso comum, 15, 44, 50, 56, 73, 74, 75, 79, 80, 99

"The Sentiment of Rationality" ["O sentimento de racionalidade"], 15, 22, 215, 263, 310, 354, 379
sentimentos, 103
Shakespeare, William, 51-53
Shaw, Robert Gould, 364, 405
Skinner, B. F., 26, 28, 29
sobrenaturalismo, 292, 299, 319, 331
"The Social Value of the College Bred" ["O valor social dos universitários"], 360, 437
Socialidade, 299, 306-308, 318, 321-323
solidão moral, 246, 328, 346
solipsismo, 239, 245, 246, 248, 298, 446
Sollors, Werner, 417, 418
Some Problems of Philosophy ["Alguns problemas da filosofia"], 148
"Some Reflections on the Subjective Method" ["Algumas reflexões sobre o método subjetivo"], 83
Spencer, Herbert, 19, 26, 33, 212, 459
Sprigge, T. L. S., 18, 78, 161
Stein, Gertrude, 401, 402
Stephen, Fitzjames, 106, 107, 132
Stevenson, Robert Louis, 370, 396, 399
Stoddard, Elizabeth Barston, 379, 390-396, 398, 400
Strong, Charles, 313, 314
Swift, Morrison, 345, 368, 429

Talks to Teachers ["Palestras para professores"], 276
    Prefácio, 354
"The Tasks of Religious Philosophy" ["As tarefas da filosofia religiosa"], 272
teísmo
    dualista, 300, 301, 306, 321
    pragmático, 124
teoria do autômato, 49, 51, 79
Tillich, Paul, 123, 125-127, 146
tolerância, 22, 108, 360, 364, 365, 372, 373, 397, 407, 411, 416

Tolstoy, Leo, 284, 285, 294, 399
universo
    moral, 328, 343
    pluralista, 88
utilitarismo, 129, 191, 196, 198, 247, 326, 327

Varieties of Religious Experience ["Variedades de experiência religiosa"], 16, 21, 16, 78, 102, 144, 148, 257, 269, 272, 296, 297, 301, 381, 379
verdade, 103, 113, 114, 115, 121, 142, 150
    absoluta, 100, 218, 229-231, 250
    concepção de, 165
    teoria por consenso, 216-217
    teoria da correspondência, 151
    meia, 217, 229
    significado de, 233
    natureza da, 211
    teoria pragmática da, 20, 135, 150, 236, 253-255
    da religião, 291
voluntarismo, 59, 378, 407
vontade, 75, 79-81
    consciente, 57, 60
    divina, 116
    livre, 15, 22, 59-62, 79, 82, 84, 205, 206, 320, 322, 355, 464, 466, 467

West, Cornel, 428-433, 435-439, 442, 444, 445, 447, 448
"What Makes a Life Significant" ["O que torna uma vida significativa"], 23, 354, 358, 365
"What Pragmatism Means by Practical" ["O que o pragmatismo entende por prático"], 78
White, Morton, 381
Whitehead, Alfred North, 69, 132, 146
Whitman, Walt, 131-134, 265, 266, 292, 399, 403, 404

"The Will to Believe" ["A vontade de crer"], 16, 23, 44, 46, 47, 61, 91, 96, 109, 115, 165, 187, 217, 258, 270, 297, 353, 415
Williams, Bernard, 117, 125
Wittgenstein, Ludwig, 26, 33, 38, 95, 166, 219, 220, 328
Wordsworth, William, 129, 133, 134
"A World of Pure Experience" ["Um mundo de experiência pura"], 46, 77, 271, 298, 304
Wright, Chauncey, 120, 458
Wundt, Wilhelm, 26, 35

Zenão, paradoxo de, 209

Impressão e acabamento
Gráfica e Editora Santuário
Em Sistema CTcP
Rua Pe. Claro Monteiro, 342
Fone 012 3104-2000 / Fax 012 3104-2036
12570-000 Aparecida-SP